Wolfgang Krieger (Hrsg.)

Beschäftigungsförderung und betriebliche Soziale Arbeit

Sozialpädagogisch-systemische Perspektiven
im Kontext von Erwerbstätigkeit

SYSTEMISCHE IMPULSE FÜR DIE SOZIALE ARBEIT

herausgegeben von Prof. Dr. Wolfgang Krieger

ISSN 2191-1835

1   *Wolfgang Krieger (Hrsg.)*
     Systemische Impulse
     Theorieansätze, neue Konzepte und Anwendungsfelder systemischer
     Sozialer Arbeit
     ISBN 978-3-8382-0194-8

2   *Juliane Sagebiel*
     unter Mitarbeit von Edda Vanhoefer
     Teamberatung in Unternehmen, Verbänden und Vereinen
     Niklas Luhmann und Mario Bunge: Systemtheorien für die Praxis
     ISBN 978-3-8382-0345-4

3   *Wolfgang Krieger (Hrsg.)*
     Beschäftigungsförderung und betriebliche Soziale Arbeit
     Sozialpädagogisch-systemische Perspektiven
     im Kontext von Erwerbstätigkeit
     ISBN 978-3-8382-0645-5

Wolfgang Krieger (Hrsg.)

BESCHÄFTIGUNGSFÖRDERUNG UND BETRIEBLICHE SOZIALE ARBEIT

Sozialpädagogisch-systemische Perspektiven im Kontext von Erwerbstätigkeit

ibidem-Verlag
Stuttgart

Bibliografische Information der Deutschen Nationalbibliothek
Die Deutsche Nationalbibliothek verzeichnet diese Publikation in der
Deutschen Nationalbibliografie; detaillierte bibliografische Daten sind im
Internet über http://dnb.d-nb.de abrufbar.

Bibliographic information published by the Deutsche Nationalbibliothek
Die Deutsche Nationalbibliothek lists this publication in the Deutsche Nationalbibliografie;
detailed bibliographic data are available in the Internet at http://dnb.d-nb.de.

Coverabbildung: © twinlili / pixelio.de

∞

Gedruckt auf alterungsbeständigem, säurefreiem Papier
Printed on acid-free paper

ISSN: 2191-1835

ISBN-13: 978-3-8382-0645-5

© *ibidem*-Verlag
Stuttgart 2014

Alle Rechte vorbehalten

Printed in Germany

Inhaltsverzeichnis

Systemische Perspektiven für die Betriebliche Soziale Arbeit

Wolfgang Krieger

Einleitung

Mit diesem dritten Band der Reihe Systemische Impulse erscheint wieder ein Buch, welches unterschiedliche systemische und systemtheoretische Perspektiven auf das Handlungsfeld der Sozialen Arbeit richtet und dabei zahlreiche Optionen bietet, Bezüge zwischen den systemischen Erträgen dieser Fokussierungen herzustellen. Damit soll auch dieser Band die Möglichkeit befördern, den Dialog zwischen den systemischen und systemtheoretischen „Schulen" und Richtungen im Feld der Sozialen Arbeit voranzubringen.

Die Tätigkeitsfelder der Sozialen Arbeit, die in diesem Buch aus systemischer Sicht perspektiviert werden, verbindet der Bezug zum Thema Arbeit und Beruf. Dass „Arbeit" in einer nach wie vor leistungsorientierten Gesellschaft der wichtigste Integrationsfaktor und damit für die Menschen ein wesentlicher Parameter gelingender Lebensführung ist, stellt für das Engagement der Sozialen Arbeit in den beiden Tätigkeitsfeldern Beschäftigungsförderung und Betriebliche Soziale Arbeit den gemeinsamen Ausgangspunkt dar. Teilhabe am gesellschaftlichen Arbeitsleben, in welcher Form auch immer, vorzubereiten, zu erleichtern, zu ermöglichen, zu managen, ist eines der vorrangigen Ziele für diese Praxis Sozialer Arbeit. Dass sich Soziale Arbeit dabei, manchmal schmerzlich, mit gesellschaftlichen Bedingungen für Teilhabe zu arrangieren hat, die von ökonomischen Dynamiken der Gewinnmaximierung eher determiniert werden als von Ideen der Verteilungsgerechtigkeit und Chancengleichheit, ist für die alltägliche Praxis schlicht ein Faktum. Das heißt nicht, dass Soziale Arbeit hier einfach alles unkritisch hinzunehmen hat, was ihrem Klientel (und im Übrigen – inzwischen – auch ihr selbst) als Exklusionsfaktoren entgegenschlägt. Sehr wohl hat Soziale Arbeit auch in diesen Feldern eine Funktion und eine Chance, am Ganzen mit zu weben, indem sie in Betrieben und auf den Märkten für berufliche Bildung, im Übergangsmanagement und in anderen Feldern der Beschäftigungsförderung zur Darstellung bringt, dass den von ihr Betreuten in ihren Potenzialen nicht nur ein „ökonomischer Wert" zukommt, sondern auch ein Mitgestaltungsrecht und - vermögen am Gesamten der gesellschaftlichen Realität des Arbeitslebens. Zugleich hat sie durch ihre Erfahrungen mit den Lebenssituationen und -geschichten ihrer Klientel einen vertieften Einblick in die gesellschaftlichen Bedingungsverhältnisse, die hinter individuellen Entwicklungen und scheinbar persönlich verschuldeten Desintegrationsmomenten[1] liegen, und sie hat damit eine analytische Qualifikation im Aufspüren dessen, was sozial und ökonomisch nicht gelingt, die für gesellschaftlicher Innovation von höchstem Wert wäre, würde ihr eine entsprechende Wertschätzung seitens des wirtschaftlichen und politischen Systems zu Teil.

Übergangssystem und Übergangsmanagement sind seit Einführung der Verdinglichungsordnung für soziale Leistungen (VOL) im Jahre 2000 und der damit verbundenen Restrukturierung der Vergabeprozesse einer Marktdynamik unterworfen, die für die Träger der Maßnahmen einen „andauernden und inzwischen ruinösen Preisverfall für Integrationsleistungen"[2] hervorbrachte und die Einrichtungen der gemeinnützigen Träger durch betriebsbedingte Kündigungen, ein schamloses Absinken der Gehälter und die Verlagerung von Arbeitsanteilen auf Honorarkräfte selbst zu einem prekären Arbeitsfeld geraten ließ. Die pedantische Formalisierung von Vergabeprozessen, Terminierungen von Angebotsfristen, die kaum einzuhalten sind, und die oftmals erforderliche Koordinierung von Bietergemeinschaften erhöhten andererseits die Belastungen und personellen Bedarfe für diese Einrichtungen. Die „Bedienung" der Regionalen Einkaufszentren des Service Hauses der Bundesagentur für Arbeit durch die Leistungserbringer wurde bereits seit der Einführung von öffentlichen Ausschreibungsverfahren für Dienstleistungen der Beschäftigungsförderung in den Neunzigerjahren hochgradig „ökonomisiert": Konnte man sich vorher auf der Basis zuverlässiger kontinuierlicher Finanzierung qualitativ gut profilierte, langfristig nutzbare Angebote erarbeiten, so galt es nun, fix, flexibel und preisgünstig die Ausschreibungskriterien und Bewertungsmatrices zu bedienen und die Konkurrenz zu unterbieten. Dass dies keine Rahmenbedingungen sind, die einen Vorrang von Qualität vor Preis gewährleisten, liegt auf der Hand. Die heute geforderte Individualisierung von Angeboten steht zu diesen Rahmenbedingungen fraglos im Widerspruch. Die in den letzten Jahren immer massiver sich formierende Kritik an der mangelnden Effektivi-

---

[1] Vgl. Michel-Schwartze 2010, S. 257f.
[2] Vgl. Lünenborg 2010, S. 105.

tät (und Effizienz) und der wachsenden „Zumutungsqualität" der Maßnahmen hinsichtlich der zu Beratenden macht deutlich, dass eine „systemische Durchleuchtung" des Übergangssystems und seiner Strukturen und eine Hinterfragung der Interventionspraxis auf ihre systemische Qualifikation und sozialpädagogische Profilierung not tut.

Die Beiträge in diesem Buch sind teilweise darauf angelegt, für diese beiden Handlungsfelder systemische Modellierungen zur Anwendung zu bringen und so systemische Strukturen aufzudecken, teilweise mit dem Ziel verbunden, auf der Basis systemischer Argumentationen konzeptionelle Innovationen und methodische/didaktische Verbesserungen nahezulegen. Die Beiträge zur Betrieblichen Sozialen Arbeit machen durchweg deutlich, dass hier Soziale Arbeit in den letzten Jahren Funktionen übernommen hat, die auf einer gemeinsamen Ebene von betrieblich ökonomischen Interessen und sozialer Fürsorge aufbauen. Das heißt nicht, dass die dialektische Oppositionalität von ökonomischen Wertkriterien und sozialintegrativen so aus der Welt geschaffen wäre, aber es deutet an, dass in mehr und mehr Bereichen des Arbeitslebens der Wert der Person als gestaltende Kraft wachsende Anerkennung erfährt und ökonomische und sozialintegrative „Wertschöpfung"[3] auf ein gemeinsames Potenzial zurückgreifen. Vielleicht ist dies – in Luhmannscher Systemlogik interpretiert – ein Erfolg der Interpenetration von Wirtschafts- und Hilfesystem bzw. Politik- und Hilfesystem, vielleicht auch ein Penetrationseffekt eines weiteren Systems (öffentliche Meinung). Dem „Import" von sozialintegrativer Werteorientierung in das Wirtschaftssystem korrespondiert auf Seiten der Sozialen Arbeit der „Import" von Kriterien des ökonomischen Nutzens: Betriebliche Soziale Arbeit kann sich in der Funktion sehen, den Betrieb als lernende Organisation in notwendigen Veränderungsprozessen zu unterstützen und ihn so gegenüber aktuellen gesellschaftlichen Wandel zu flexibilisieren.[4] Es steht außer Frage, dass sie mit dieser Funktion gegenüber der herkömmlichen Rolle als „Reparaturinstanz" nicht nur an Renommee gewinnt, sondern die Chance erhält, auf Augenhöhe mit dem Management die betriebliche Realität mitzugestalten.

Zu den Beiträgen: Das Buch beginnt mit Beiträgen zum Arbeitsfeld der Beschäftigungsförderung und leitet mit zwei Artikeln, deren Thematik gewissermaßen zwischen beiden Arbeitsfeldern angesiedelt ist, zum Bereich der Betrieblichen Sozialen Arbeit über. In beide Arbeitsgebiete wird jeweils durch einen allgemeiner ausgerich-

---

[3] Vgl. etwa die Bemerkungen zu einer „werteorientierten Unternehmensführung" von Matthias Schmidt 2012, S. 46ff.
[4] Vgl. Krings-Sarhan 2006, S. 69ff.

teten Artikel des Herausgebers eingeführt, welcher auch eine Übersicht zu möglichen systemischen Fragestellungen spezifischer Qualität bieten soll. Die Reihenfolge der Artikel wird entsprechend dem Prinzip „Vom Allgemeinen zum Besonderen" arrangiert.

Einführend in das Übergangsmanagement förderungsbedürftiger Jugendlicher zeigt *Wolfgang Krieger* auf, dass neuere Forderungen zum Umbau des Übergangssystems verschiedentlich auf systemisch begründbare Prinzipien rekurrieren und eine stärkere Integration der Interessen der Jugendlichen berücksichtigen. Trotz dieses argumentativen Hintergrundes, der in vielen Konzeptionen anklingt, fehlt es an einer systematischen Erarbeitung systemischer und systemtheoretischer Zusammenhänge für diesen Wirkungsbereich Sozialer Arbeit. Der Autor entwickelt auf der Grundlage des systemisch-konstruktivistischen Ansatzes pädagogische Orientierungen, die Beratungen im Übergangssystem oder -management im Sinne von Empowerment verstehen und die Entwicklung hin zur Selbstaktivierung auf der Grundlage der individuellen Erfahrungen, Ressourcen und Stärken und durch Förderung der Selbstwirksamkeitserfahrungen und damit der Selbstakzeptanz verfolgt. Aus solchen pädagogischen Orientierungen ergeben sich nicht nur klare Präferenzen im methodischen Bereich, sondern auch Anforderungen an eine systemisch qualifizierte Professionalität der Fachkräfte im Übergangsmanagement.

Die Beratung von Jugendlichen im Übergang Schule – Beruf konzipiert *Stephan Ellinger* als eine pädagogische Beratung, die als Hilfe im Prozess der Selbsterziehung zu verstehen ist. Sie soll den Jugendlichen helfen, ihre Situation neu zu deuten und ihre Ressourcenlage unter neuen Fragestellungen so zu reflektieren, dass ein Mehr an Mündigkeit und Handlungsfähigkeit erreicht werden kann. Förderlich ist für diesen Zweck, die Beratung als „kontradiktische Beratung" anzulegen, als einen Prozess, der die wahrgenommenen Probleme als Chancen für eine gewinnbringende Neuorientierung umdeutet und die seitens der Jugendlichen erlebte Situationsunabhängigkeit stärkt. Es gilt, „eine Situation für das Gegenteil ihres anfänglichen Verzweiflungspotentials *kontradiktisch* zu nutzen und darüber hinaus Kompetenzen zu entwickeln, die derartiges Vorgehen in späteren, vergleichbaren Situationen erleichtern".

Ralf Osthoff betrachtet in seinem Artikel einige Aspekte der Struktur- und Organisationsebene von sozialpädagogischer Beschäftigungsförderung aus dem Blickwinkel der soziologischen operativen Systemtheorie Niklas Luhmanns. Auf der Basis der Unterscheidungslogik, die Luhmann von Spencer-Brown[5] übernommen hat, themati-

---

[5] Zur operativen Logik des Unterscheidens vgl. Spencer-Brown 1997.

siert er gängige Differenzbildungen in der Sprache und Praxis der Beschäftigungsförderung. Als intermediäres Teilsystem ist Soziale Arbeit in der Beschäftigungsförderung zwischen den Handlungslogiken des sozialstaatlichen Handelns und des arbeitsmarktpolitischen Handelns eingespannt und hat beiden gegenüber Erwartungen zu erfüllen. Beschäftigungsförderung soll arbeitsmarktpolitisch wirken und hat sich dadurch den Strukturen des Wirtschaftssystems anzudienen, insofern sie aber mithilft, den Einzelnen zu qualifizieren, unterwirft sie sich der Logik des Erziehungs- und Bildungssystems und vertraut auf Kompetenzen. Dass beides zusammengeht, gewährleisten funktional ausdifferenzierte spätmoderne Gesellschaften jedoch nicht: Während das Wirtschaftssystem darauf hinarbeitet, die Produktivität an Kapitalinteressen anzuschließen, bleibt die Bewältigung von Arbeitslosigkeit dem Politiksystem überlassen, welches seinerseits nur in struktureller Koppelung mit dem Wirtschaftssystem Einfluss auf den Arbeitsmarkt gewinnen kann. In diese Paradoxität ist Beschäftigungsförderung, die für Einzelne Vermittelbarkeit für den Arbeitsmarkt erreichen soll, eingebunden.

Volker Schäfer stellt nach einer einführenden Kritik am gegenwärtigen Übergangssystem am Beispiel der Stadt Worms das Aufgabenprofil und Selbstverständnis der Kompetenzagenturen vor und zeigt auf, mit welchen systemisch orientierten Methoden und Zielvorstellungen ein Case Management realisiert werden kann, das soziale und berufliche Integration in einem verfolgt. Schäfer gibt einen Überblick über die Phasen des Case Managements und erörtert verschiedene Instrumente des systemischen Case Management. Im Assessment, in der Hilfeplanung und in den Förderangeboten werden verschiedene systemisch relevante Aspekte herausgearbeitet. In erlebnispädagogischen Maßnahmen entwickelt sich die Bereitschaft, sich auf Neues einzulassen – eine Voraussetzung, um Selbsthilfepotenziale zu aktivieren – und durch Elternarbeit wird die Unterstützung durch das familiale Umfeld der KlientInnen gefördert.

Christiane Bauer transferiert das vor allem in der Arbeit mit Kindern und Jugendlichen bekannte Programm von Ben Furman „Ich schaffs!" auf die Anforderungen im Übergangsmanagement. Die Autoren zeigt die Möglichkeiten des lösungsorientierten Motivationsprogrammes auf, das Selbstvertrauen von Jugendlichen zu stärken und sie zu zielgerichtetem Handeln zu befähigen. In der Darstellung der 15 Schritte des Programmes wird immer wieder entlang von Fallbeispielen veranschaulicht, wie sich Jugendliche Ziele setzen und für die zu ihrer Erreichung notwendigen Fähigkeiten motivieren, wie sie Zuversicht gewinnen, Entwicklungsschritte planen und sich auch auf Rückschläge einstellen. Bauer erörtert in diesem Zusammenhang den Begriff der

Systemkompetenz als Fähigkeit, „die relevanten Systeme der Jugendlichen in unsere Denk- und Vorgehensweise mit ein zu beziehen". In Anwendung der Personalen Systemtheorie von Gregory Bateson und der Grundlagen des Sozialen Konstruktivismus stellt sie dar, wie Jugendliche neue Deutungsmuster erwerben und neue soziale Muster einüben können, und wie im Rahmen einer lösungsorientierten Haltung Methoden für eine produktive Gesprächsführung entwickelt werden können.

Im Zentrum des Interesses steht bei *Peter C. Weber* die Frage nach der Bedeutung von Wissen im Beratungsprozess, insbesondere im Bereich der bisher wenig erforschten arbeitsweltlichen Beratung. Der Autor arbeitet zentrale Wissensbereiche heraus, die für die Beratenden zu rekonstruktiv-diagnostischen Zwecken, zum Zweck der Interventionsbegründung und zum Zweck der Darstellung eigener Standpunkte relevant sind. Weber stellt das System der Ratsuchenden und der für ihre Biographie bedeutsamen sozialen Umwelten in den Mittelpunkt. Das Wissen der Beratenden über dieses System und seine Umwelten ist zentral für die Gestaltung des Beratungsprozesses, aber auch die Wissensstrukturen der Ratsuchenden gehen interaktional in den Beratungsprozess ein, wenn sie artikuliert werden. Zugrunde liegt dem Beitrag neben einer gründlichen Literaturstudie die Auswertung von 105 biographischen Interviews zur Entwicklung der Bildungs- und Berufsbiographie, deren wichtigste Ergebnisse kurz dargestellt werden.

Brigitta Michel-Schwartze richtet den systemischen Blick auf die berufliche Rehabilitation psychisch kranker und behinderter Menschen. Sie geht zunächst den begrifflichen Codierungen von Beschäftigungsförderung, Krankheit, Behinderung und Berufliche Rehabilitation nach, und stellt sodann das systemtheoretische Modell der Kontextbeschreibung dem traditionellen ätiologischen Modell einer individualisierenden Kausalattribuierung gegenüber. Indem sie den Bezugsrahmen der beruflichen Rehabilitation auf drei Ebenen betrachtet: auf einer Makroebene der begrifflichen Konstitutionen, einer Mesoebene der Institutionalisierung der Codierungen und einer Mikro-Ebene der Interaktionen zwischen Betroffenen und Fachkräften, zeigt sie den gleichermaßen analytischen wie kritischen Wert einer systemischen Betrachtung dieses Sektors der Beschäftigungsförderung auf.

Dass Betriebliche Soziale Arbeit und Beschäftigungsförderung nahe beieinander liegen, wenn man erstere als „Beschäftigtenförderung" auffasst, wird im Artikel von *Christine Jahn* deutlich, der die Beschäftigungsförderung ebenfalls als System in luhmannscher Perspektive betrachtet. Nach einer kurzen Einführung in die Basiskonzepte dieser Systemtheorie gibt Jahn einen kompakten historischen Aufriss der Beschäftigungsförderung in Deutschland, in welchem die Abhängigkeit dieses Feldes von wirtschaftlichen Strukturen und von der Personalsituation in den Betrieben deutlich wird. Die Autorin beschreibt die Situation von benachteiligten Jugendlichen als einen Konflikt zwischen psychischem Sinn (Jugendlicher) und sozialem Sinn (Wirtschaftssystem), dessen Folge Desintegration in den Arbeitsmarkt ist. Maßnahmen der Beschäftigungsförderung fungieren als Kompensation der fehlenden Kommunikationskompetenz der Jugendlichen dem Arbeitgeber gegenüber und als Trainings dieser Kompetenz. Soziale Arbeit in der Beschäftigungsförderung leistet in diesem Sinne Verstehenshilfe zwischen personalen Systemen und dem Wirtschaftssystem.

Im ersten Beitrag zur Betrieblichen Sozialen Arbeit gibt *Wolfgang Krieger* zugleich einen Überblick über die Entwicklung dieses Bereiches der Sozialen Arbeit als auch einen Einblick in das Potenzial systemischer Perspektiven auf die Interaktionsverhältnisse in diesem Feld. Zu Anfang skizziert der Autor die Zusammenhänge zwischen personalen Systemen anhand einer Darstellung des Beziehungsnetzes von Fokuspersonen der Sozialberatung und entwirft ein Wirkfeld der Betrieblichen Sozialen Arbeit, das unterschiedliche Akteure des sozialen Systems Betrieb berücksichtigt. Nach einem kurzen Abriss der historischen Ursprünge und Entwicklungen der Betrieblichen Sozialen Arbeit und der Argumente ihrer Legitimation aus ethischer und unternehmerischer Sicht diskutiert Krieger aus konstruktivistischer Perspektive die basale Relativität von „Problemsichten" in der Betrieblichen Sozialen Arbeit und aus dem unternehmerischen Blickwinkel. Die Einsicht in diese Relativität ist maßgeblich für eine systemische Betrachtung der Stereotypen und Attributionen in Teams und in der Unternehmensführung und hochrelevant für eine kritische Sicht der Aufgaben der Betrieblichen Sozialen Arbeit, welche der Autor sodann für einige zentrale Arbeitsfelder der Betrieblichen Sozialberatung zur Darstellung bringt.

Wolfram Schulze entwirft ein Profil moderner Betrieblicher Sozialarbeit und fragt nach ihrem Nutzen und Ertrag für eine systemische Organisationsentwicklung. Er greift zunächst einige historische Aspekte ihrer Entwicklung heraus, um ihr von vornherein ganzheitliches Aufgabenverständnis zu dokumentieren. Er profiliert sodann sein Verständnis einer *„modernen"* Betrieblichen Sozialarbeit vor dem Hintergrund der Entwürfe des Berufsverbandes und der International Federation of Social Workers und diskutiert ihre Stellung im Betrieb und ihre Funktion gegenüber der Belegschaft. Schulze stellt die Grundlagen systemischer Organisationsentwicklung dar und beschreibt das Passungsverhältnis zur Betrieblichen Sozialarbeit: Letztere fördert psychosoziale Änderungsprozesse, die Bestandteil der Basisprozesse systemischer Organisationsentwicklung im Change Management sind, aber sie verantwortet diese Basisprozesse nicht. Vielmehr kommt ihr die Funktion zu, „beratend, begleitend, unterstützend, intervenierend und anregend bei Organisationsveränderungsprojekten in den Unternehmen" aktiv zu werden.

Kristina Fanelli verdeutlicht in ihrem Beitrag, warum systemische Beratungsmethoden in der Betrieblichen Sozialen Arbeit sowohl in der Einzelfallberatung als auch in der Zusammenarbeit mit Teams von besonderer Wirksamkeit sind. Am Beispiel der Betrieblichen Sozialberatung in einer großen psychiatrischen Klinik in München wird ein Konzept von Sozialberatung mit systemischen, lösungs- und kurzzeitorientierten Methoden dargestellt, welches neben der Einzelberatung vor allem auf das Setting „Moderationen in Klausurtagen" aufbaut. Dieses Konzept der systemischen Moderation zu erläutern, ist das zentrale Anliegen der Autorin. Der Artikel veranschaulicht, wie bekannte Haltungen und Arbeitstechniken der systemischen Beratung in dieser Form der Moderation zur Anwendungen gelangen können. In ihrem zweiten Teil schildert die Autorin, wie durch Achtsamkeitspraxis und bewertungsfreies „Nicht-Urteilen" nach Jon Kabat-Zinn Berater und Klient Distanz und Neutralität gegenüber artikulierten Problemwahrnehmungen gewinnen können.

Am Beispiel der Burnoutprophylaxe und -behandlung zeigen *Anett Renner* und *Leila Steinhilper* die Bedeutung des Systemischen Ressourcen-Managements in der Betrieblichen Sozialen Arbeit auf. Die Folgen von destruktivem Stresserleben und Burnout für die Arbeitsfähigkeit und damit auch ihre Auswirkungen für die aktuelle Arbeitswelt werden dargestellt und wesentliche Entstehungsbedingungen des Stresserlebens erörtert. Die AutorInnen differenzieren die Begriffe Stress, Burnout und Depression und verdeutlichen die Kontextbedingtheit von Burnoutsymptomen, d.h. sie interpretieren sie als Beziehungsformen in diversen sozialen Systemen. Für ihr Interventionskonzept ist wesentlich, dass Burnoutfolgen als Ressource nutzbar gemacht werden, indem sie als Lösungsversuche umgedeutet werden. In ihrem Modell der Gesundheits- und Ressourcen-ACHT beschreiben sie die komplexen Wechselwirkungen von psychisch-emotionalen und kommunikativen Prozessen. Mit diesem Modell ist es nicht nur möglich, die Belastungssituation von MitarbeiterInnen zu analysieren; vielmehr können durch Umdeutungen auch Veränderungsprozesse in Gang gesetzt werden. Hier setzt das Systemische Ressourcen-Management an.

Literatur

Krings-Sarhan, Vanessa (2006): Betriebliche Soziale Arbeit in lernenden Organisationen. Ein Modell zur erfolgreichen Personal-, Team- und Organisationsentwicklung. Saarbrücken: VDM.

Lünenborg, Ludger (2010): Kurzfristige Maßnahmen statt einem nachhaltigen Integrationskonzept. Einrichtungen der beruflichen Integration benachteiligter Jugendlicher und Erwachsener verlieren immer mehr an Gestaltungs- und Entwicklungsmöglichkeiten. Blätter der Wohlfahrtspflege H.3, S. 104-106.

Michel-Schwartze, Brigitta (2010): Kontinuum Beschäftigungsförderung: Beobachtungen einer Abhängigkeit. In: Krieger, Wolfgang (Hrsg.): Systemische Impulse. Theorieansätze, neue Konzepte und Anwendungsfelder systemischer Sozialer Arbeit. Stuttgart: ibidem, S. 252-267.

Schmitt, Matthias (2012): Die Ethik der betrieblichen Sozialarbeit im Kontext einer werteorientierten Unternehmensführung. In: Klein, Susanne/Appelt, Hans-Jürgen (Hrsg.): Praxishandbuch betriebliche Sozialarbeit. 2. Aufl. Kröning: Asanger, S. 45-54.

Spencer-Brown, George (1997): Laws of Form. Gesetze der Form. Übers. V. Thomas Wolf. Lübeck: Bohmeier (Orig. Laws of Form, London 1969).

Teil 1

Systemische Perspektiven
für die Beschäftigungsförderung

Wolfgang Krieger

Systemisch-konstruktivistische Perspektiven einer sozialpädagogischen Unterstützung förderungsbedürftiger Jugendlicher im Übergangsmanagement

„Nicht gegen den Fehler, sondern für das Fehlende!"

Paul Moor, Heilpädagoge (1965)

1. Das „Übergangsmanagement" – ein falsches Versprechen

In Deutschland hat sich neben dem Dualen Ausbildungssystem und dem Schulberufssystem eine *dritte Säule* der beruflichen Bildung entwickelt, die seit einigen Jahren nun unter der Bezeichnung „Übergangssystem" firmiert. Seine Zuständigkeit hat dieses „System" vor allem für die Jugendlichen mit besonderem Förderungsbedarf, die als nicht ausbildungsreif oder leistungsschwach gelten.[6] Durch die Maßnahmen in diesem System sollen den Jugendlichen Fähigkeiten und Haltungen vermittelt werden, die ihre Chancen auf eine qualifizierende Ausbildung verbessern. Das Ziel dieser Maßnahmen ist in erster Linie also nicht die unmittelbare Vermittlung in Ausbildung,

---

[6] In der Praxis konstituiert sich diese Klientel vor allem aus Jugendlichen mit Migrationshintergrund, Jugendlichen mit familiären Belastungen (elterliche Trennung, Prekariat), Jugendlichen mit diversen Lerneinschränkungen oder aus „arbeitsfernen" Milieus, in denen diese in ihrer Entwicklung von nicht leistungsorientierten Eltern und ihrem sozialen Umgang „ausgebremst" werden.

19

sondern die Erlangung einer „Ausbildungsreife", die für die Akzeptanz auf dem Ausbildungsmarkt als unerlässlich eingeschätzt wird. Das Übergangssystem hat sich in den vergangenen Jahren mehr und mehr ausgeweitet, es sind vor allem auf kommunaler Ebene enorme Kräfte aufgewendet worden, um zielführende Maßnahmen zu entwickeln, zu institutionalisieren und zu koordinieren. Landauf landab wurden Modellprojekte aus dem Boden gestampft und Initiativen gegründet. Die finanziellen Investitionen in diesen „dritten Sektor" übersteigen die für den Schulberufssektor nach Angaben des Nationalen Bildungsberichtes um mehr als die Hälfte.[7]

Dieser Aufwand wäre gerechtfertigt, wenn die Maßnahmen mit einer entsprechenden Effektivität (und Effizienz) aufwarten könnten. Genau dies wird aber immer öfter bezweifelt und empirische Studien belegen, dass viele Jugendliche mit Beendigung solcher Maßnahme keine Ausbildung aufnehmen, sondern in weitere Maßnahme überwechseln („Maßnahmekarrieren").[8] Etwa ein Drittel der in Übergangsmaßnahmen integrierten Jugendlichen haben zwei Jahre nach der Maßnahme keinen Zugang zur Berufsausbildung gefunden oder eine angefangene Ausbildung sofort wieder abgebrochen. Der Anteil von MigrantInnen ist dabei mit 42% überproportional repräsentiert.[9] Damit bewahrheitet sich, dass das sogenannte Übergangssystem de facto für eine Vielzahl der Jugendlichen als ein Warteschleifensystem fungiert, in welchem im Übrigen nicht nur die „Nicht-Ausbildungsreifen"[10] geparkt werden, sondern auch diejenigen, die wegen der Verdrängungseffekte durch die höheren Schulabschlüsse oder einfach wegen des regionalen Mangels an Ausbildungsplätzen keine Ausbildungsstelle finden können.[11] Auch aus der Sicht dieser Jugendlichen erscheinen „Übergänge"

---

[7]   Autorengruppe 2010, S. 317.
[8]   Vgl. Münk 2009, BIPP-Datenreport 2010.
[9]   BIBB-Datenreport 2010.
[10] Der Begriff der „fehlenden Ausbildungsreife" ist trotz seiner bedeutsamen legitimativen Funktion noch immer nicht konkret definiert (vgl. zur Kritik Eberhard 2006); die hierzu genannten Kriterien bewegen sich meist auf dem begrifflichen Niveau von allgemeinen Schlüsselqualifikationen und sozialen Haltungen. Entsprechend diffus ist das Bewusstsein darüber, was hier gefördert werden müsste (vgl. Dobischat/Kühnlein/ Schurgatz 2012). Im Übrigen ist der Ausdruck „fehlende Ausbildungsreife" genauso defizitär wie der der „Vermittlungshemmnisse" bei Langzeitarbeitslosen: Er schreibt ein Defizit des Arbeitsmarkts als Defizit von Personen fest; zur Kritik der Begriffsakrobatik im Feld der Beschäftigungsförderung sei der höchst aufschlussreiche Artikel von Michel-Schwartze (2010) empfohlen.
[11] Vgl. Senn 2012, S. 291. Auch wenn der Anteil von Jugendlichen, die Maßnahmen des Übergangssystems in Anspruch nehmen, infolge der demographischen Entwicklung seit einigen Jahren sinkt (2006 waren es 36%, 2011 nur noch 28%; vgl. Destatis 2013), verbleibt doch ein gravierender Teil von Jugendlichen in Maßnahmekarrieren, in denen sie Jahre ihres Lebens verlieren und sich teilweise durch frustrierende Erfahrungen bei Bewerbungen schrittweise von der Hoffnung auf Integration ins Erwerbsleben entfernen. Mit Einführung der „integrierten Ausbildungsberichterstattung" (iABE) wird es künftig möglich sein, die Anteile der Nutzer nach den

daher weniger als Krisen oder als Situationen mit neuen Anforderungen, sondern als extern aufgezwungene Zumutungen. In das Übergangssystem „hineinzurutschen" ist selbst schon ein Stigma für einen Mangel an Kompetenz, für „Bildungsferne"; und darin zu verweilen fördert nur die Selbstzweifel und die Skepsis gegenüber der eigenen Selbstwirksamkeit. Pädagogik im Übergangssystem hat daher einen paradoxen Auftrag, nämlich Selbstwirksamkeit denen zu vermitteln, die schon durch die Teilnahme am Übergangssystem das Stigma von Erfolglosigkeit zementieren.[12]

Im Feld der Beschäftigungsförderung ist seit Jahren die gesamte institutionelle Struktur des Übergangssystems ein Provisorium. Die Maßnahmen haben Projektcharakter und sind gleichermaßen vielfältig wie unvergleichbar – verbreitet ist vom „Dschungel der Übergangsmaßnahmen" die Rede. Nachdem sich der Bund aus der konzeptionellen Arbeit weitgehend zurückgezogen hat und statt eigener strukturierender Leistungen eine Praxis *unkoordinierter* Förderpolitik für Maßnahmen regionaler *Koordinierung* anbietet, sind Länder und Kommunen nun auf sich selbst gestellt. Vereinzelt gehen sie dazu über, das, was der Bund nicht mehr bietet, nämlich ein bildungs- und sozialpolitisches Konzept des Übergangssystems, nun selbst zu entwickeln und die Infrastruktur der unterstützenden Institutionen zu stabilisieren.[13] Dies wäre einfacher, wenn die Spielräume zur Gestaltung dieser Strukturen nicht durch Faktoren eingeschränkt wären, die gerade durch Bund und Länder geprägt werden.[14] Die Forderung nach einer systematischen Zusammenführung der Elemente der Übergangspolitik in ein überschaubar strukturiertes Übergangssystem, das diesen Namen verdient,[15] ist schon seit Jahren zu vernehmen[16], für den überregionalen Vergleich fehlen aber nach wie vor die bildungspolitischen Kriterien wie auch die Standards hinsichtlich der zu gewährleistenden Maßnahmen. An diesem Dilemma setzen die neueren Diskussionen

---

verschiedenen Funktionen des Übergangssystems genauer zu bestimmen (vgl. Krekel/Dionisius 2014).

[12] In diesem Sinne skizziert Wolfgang Mack das Übergangssysteme als „Bildungsfalle", die Selbstausgrenzung eher bestärkt als aufhebt (vgl. Mack 2013).

[13] So etwa in Dresden (Iris 2009) Hamburg (Sturm 2011, Stomporowski 2014) und in den Städten und Kreisen der Weinheimer Initiative (Arbeitsgemeinschaft Weinheimer Initiative 2012). In Hessen werden konzeptionelle Grundlagen hierfür erarbeitet (Weishaupt u.a. 2012), in Nordrhein-Westfalen wird derzeit mit dem Programm „Kein Abschluss ohne Anschluss" ein landesweit verbindliches Übergangsmodell geschaffen (Ministerium für Arbeit, Integration und Soziales des Landes Nordrhein-Westfalen 2013).

[14] Vgl. Oehme, S. 806 f.

[15] Der Begriff „Übergangssystem" suggeriert zweierlei: zum ersten, dass durch die Maßnahmen tatsächlich ein Übergang in Ausbildung gewährleistet würde, zum zweiten, dass es sich um ein System, d.h. ein Ganzes mit definierten Teilen und Relationen, handeln würde. Beides trifft nicht zu; der Begriff kann nicht halten, was er verspricht (vgl. Fröhlingsdorf u.a. 2009).

[16] Vgl. etwa Kruse u.a. 2010.

an, die mit der Absicht geführt werden, sowohl mehr Effektivität und Passgenauigkeit in das Übergangssystem zu bringen und den bisherigen „Wildwuchs" von Maßnahmen beherrschbar zu machen als auch durch präventive Maßnahmen („Prävention statt Reparatur") eines für alle Jugendlichen zugänglichen „Übergangsmanagements"[17] von vornherein Benachteiligungen abzubauen.

Die von der Bertelsmann-Stiftung veranlasste Initiative „Übergänge mit System" schlägt vor, das System auf zwei Säulen zu reduzieren, zum einen ausbildungsreife Jugendliche ohne Ausbildungsplatz in einem der drei Segmente Duale Ausbildung, schulische Ausbildung und Bildungsträgerausbildung unterzubringen, zum andern nicht ausbildungsreife durch qualifizierte Maßnahmen, die tatsächlich den Übergang in Ausbildung gewährleisten oder einen außerbetrieblichen Abschluss ermöglichen, an die Ausbildungsreife heranzuführen.[18] Der Vorschlag zielt darauf ab, dass ausbildungsreife Jugendliche nicht weiterhin in Übergangsmaßnahmen „geparkt" werden, die ihnen keinen Vorteil bringen, und dass nicht ausbildungsreife schlussendlich effektiv in den Ausbildungsmarkt integriert werden. Dabei wäre davon Abstand zu nehmen, diese Jugendlichen in mehr oder minder schulisch gestaltete Übergangsmaßnahmen aufzunehmen, da sie ja mehrheitlich gerade unter schulischen Bedingungen gescheitert sind; vielmehr sollten praktisch ausgerichtete Bildungsmaßnahmen, die der Realität in der betrieblichen Ausbildung weitgehend entsprechen, im Verein mit sozialpädagogischen Unterstützungsformen den Kern der Ausbildungsvorbereitung bilden. Dieses Plädoyer wird auch durch die Studie des Bundesinstituts für Berufsbildung (BIBB; Autorengruppe 2011) gestützt, aus welcher sich eine prioritäre betriebliche Einbindung der Maßnahmen ebenso ergibt wie auch die Notwendigkeit, die Ausbildungsanteile in den Betrieben durch eine externe Unterstützung integrationsfördernd auszustatten.[19]

Aus der Kritik an der bisher wenig befriedigenden Förderungspraxis haben sich damit Orientierungsprinzipien ergeben, welche sich aus systemischem Blickwinkel ohnehin empfohlen hätten: etwa die Einrichtung von Lernräumen, die positiv assoziiert werden und nicht von der bisherigen Lebensgeschichte als Orte des Versagens kategorisiert sind, die Ausrichtung an einem Lernen durch Erfahrung mit den Erfolgen und

---

[17] Die Autorengruppe des BIBB-Datenreports 2012 schlägt vor, den Begriff „Übergangsmanagement", verstanden als „Regelangebot für alle Jugendlichen im Übergang", abzugrenzen vom „Übergangssystem" als Bezeichnung für „spezielle Systemelemente für nicht ausbildungsreife respektive leistungsschwächere Jugendliche" (vgl. BIPP Datenreport 2012, C Vorbemerkungen). Wir halten uns hier an diese Sprachregelung, weisen aber darauf hin, dass die Fachliteratur oft hiervon abweicht.

[18] Bertelsmann Stiftung 2010.

[19] Kritisch hierzu aus der Perspektive einer „Pädagogik des Übergangs" Elster 2013.

Misserfolgen eigenen Handelns statt belehrender Prävention, die Nutzung der praktischen Kreativität von Lernenden statt hypothetischen Phantasierens und die Stärkung des Selbstbewusstseins der Jugendlichen durch die Erfahrung von Selbstwirksamkeit. Systemische Perspektiven können hier also mithelfen, das zu fundieren, was als hoffnungsvollere Alternativen zur bisherigen Förderungspraxis nottut. Geradezu ein „systemic turn" deutet sich an in den Ergebnissen des BIBB-Forschungsprojektes „Anforderungen an die Professionalität des Bildungspersonals im Übergang von der Schule in die Arbeitswelt", wo es heißt:

> „Die individuelle Bildungs- und Übergangsbegleitung beinhaltet eine kontinuierliche und verlässliche Begleitung des jungen Menschen von der Schule in den Beruf. Sie endet nicht an einzelnen Bildungsabschnitten, sondern verknüpft diese miteinander und stellt Anschlüsse her. Dieses setzt voraus, dass alle beteiligten Bildungsinstitutionen ‚Hand in Hand' arbeiten. Damit stellt sich den beteiligten Bildungsinstitutionen und pädagogischen Fachkräften gemeinsam die Aufgabe, ein Konzept zu erarbeiten, das – von Kompetenzen, Stärken und Interessen des/der einzelnen Jugendlichen ausgehend – individuelle maßgeschneiderte Unterstützungsangebote entwickelt. Begleitung ist dann individuell an der Biografie des jungen Menschen orientiert und als Prozess zu verstehen, der system- und ressourcenorientiert angelegt ist und regional eingebettet sein muss. Ziel ist, gemeinsam mit der/ dem Jugendlichen realisierbare Bildungs- und Ausbildungsperspektiven zu entwickeln."[20]

Der Fortbestand des Übergangssystems trotz des demographischen Wandels wird von den meisten ExpertInnen nicht in Zweifel gezogen.[21] Es wird sicherlich weiterhin bei den AbgängerInnen aus allgemeinbildenden Schulen in gewissem Umfang Qualifikationsdefizite geben, die vor dem Einstieg in Ausbildung eine Nachqualifizierung erforderlich machen, und es wird immer AbgängerInnen geben, die vor ihrer Ausbildung einen höheren Schulabschluss erreichen wollen. Gleich welche Lösungen für die Zukunft entwickelt werden, es wird immer einen Bereich der Förderung von nicht ausbildungsreifen Jugendlichen geben müssen, für welchen die pädagogische und sozialpädagogische Begleitung der Nutzer unerlässlich ist. Systemischen Orientierungen kommt aus ihrer individualisierenden Perspektive heraus gerade für die Arbeit mit Jugendlichen, die in ihrer schulischen Entwicklung keine ausreichende Leistungs-

---

[20] BIPP-Datenreport 2012, C4.3. Im Abschlussbericht heißt es ferner: „Einerseits erfordert die individuelle Begleitung und Beratung der jungen Menschen Kompetenzen zur biographieorientierten Berufswegebegleitung und das Einnehmen einer Haltung und Einstellung der pädagogischen Fachkräfte, pädagogische Interventionen ‚vom Jugendlichen aus zu denken' sowie Bildungsangebote und Lernsituationen zu individualisieren und in heterogenen Lerngruppen Vielfalt als Wert zu erkennen.' (Bylinski 2013, S. 2).

[21] Vgl. BIPP-Datenreport 2012, C3.

fähigkeit erreichen oder durch bildungsprekäre Rahmenbedingungen ihres sozialen Umfelds keine Affinität zum Berufsleben finden konnten, ein besonderer Stellenwert zu.

2. Systemisch-konstruktivistische Perspektiven auf die Förderung von Jugendlichen im Übergang

Systemische Orientierungen sind im Feld der Beschäftigungsförderung seit Jahren hinsichtlich der methodischen Relevanz und hinsichtlich der Beachtung lebensweltlicher Zusammenhänge fast eine Selbstverständlichkeit. Natürlich erhebt man die Ressourcenlage der KlientInnen, versucht etwas über ihre Interessen in Erfahrung zu bringen, fragt nach dem, was bisher schon gelungen ist, beachtet die sozialen Netzwerke und richtet seine Methoden „subjektbezogen" aus. Das Bewusstsein der Verschiedenheit von Jugendlichen artikuliert sich auch jenseits der Unterscheidung von bestimmten Zielgruppen (Marktbenachteiligte, sozial Benachteiligte etc.). In vielen Konzepten des Übergangssystems ist davon die Rede, dass die Heterogenität der Jugendlichen zu würdigen sei.[22] Dies sind „Rücksichten" auf Erkenntnisse über die individuelle Verfasstheit des Subjektes einerseits, die Funktionalität von sozialen Systemen andererseits, die sich weitgehend systemischer oder systemtheoretischer Ansätze verdanken.

Dennoch existiert für den Bereich der Beschäftigungsförderung bis heute kein theoriefundierter Konzeptrahmen, der in systematischer Weise ein systemisches Grundverständnis der Sicht auf die KlientInnen und der Arbeitsweisen in diesem Feld umreißt. Erste Versuche in diese Richtung liegen allerdings bei Neuffer vor, der bei seinen „Grundbedingungen und Grundzügen der systemischen Beratung"[23] zum einen auf Prinzipien der familiensystemischen Beratung und der konstruktivistisch-systemischen Beratung wie auch auf der prozessual-systemischen Denkfigur von Staub-Bernasconi und Ansätzen der Netzwerktheorie[24] aufbaut. Für das Case Management lassen sich zahlreiche Anregungen in dem von Kleve u.a. herausgegebenen

---

[22] Vgl. etwa Metzger 2012, S. 70.
[23] Vgl. Neuffer 2013, S. 166.
[24] Zu Unterscheidung systemischer Theorieschulen vgl. Krieger 2010a und 2010b.

Buch zum Systemischen Case Management[25] gewinnen, welches allerdings in erster Linie auf die Familienarbeit ausgerichtet ist. Hinsichtlich einer systemischen Sichtweise der Situation von Menschen im Übergang bestehen bereits Ansätze, die den Übergang als Wechsel zwischen sozialen Systemen thematisieren. So etwa bei Balz[26], der das Modell „kognitiver Berufslandkarten" (Wissen um bestimmte Berufe), die nicht unwesentlich durch die Einflüsse der Herkunftsfamilien geprägt werden, für die Berufsberatung nutzbar machen möchte, oder bei Bührmann und König[27], die auf der Grundlage der Personalen Systemtheorie von König[28] den Übergang als einen kritischen Prozess in einem systemischen Phasenmodell beschreiben. In der Weiterentwicklung des Ansatzes bei Bührmann und Wiethoff[29] wird deutlich, dass dieses Phasenmodell unmittelbar Bedeutung für den Beratungsprozess gewinnt. Wiethoff beschreibt in diesem Sinne „Systemkompetenz" im Übergangscoaching als „als das Wissen, die Fertigkeiten und die Einstellungen sowohl des Coachs als auch des Coachees, um in den entsprechenden sozialen Systemen (Schule, Ausbildungsbetrieb und Coachingsystem) erfolgreich zu handeln."[30]

Der Begriff „Übergang" sollte nicht zu der Vorstellung verleiten, dass Professionelle für ihre KlientInnen einfach eine Brücke bauen von einem Lebensstadium zu einem anderen. Auch der Begriff „Übergangsmanager" könnte insofern diese Vorstellung nahelegen, als sich die BeraterInnen als die eigentlichen Akteure im Management, in der Bewältigung des Übergangs perzipieren.[31] Das sind riskante Vorstellungen, denn sie verleiten zu dem Trugschluss, dass die Bewältigungsgrundlagen nicht von den KlientInnen, sondern von den BeraterInnen geschaffen werden müssten.[32] Doch die Jugendlichen können nicht einfach in ein „Übergangsvehikel" gesetzt werden, das sie glücklich ins Arbeitsleben überführt. Der Übergang muss von ihnen selbst „gegangen" werden, er muss aktiv hervorgebracht werden.

---

[25] Kleve u.a. 2003.
[26] Vgl. Balz 2004, 2005.
[27] Vgl. Bührmann 2008, König/Bührmann 2005.
[28] König 2005.
[29] Vgl. Wiethoff 2011 und Bührmann/Wiethoff 2013.
[30] Wiethoff 2011, S. 138.
[31] Welche Vieldeutigkeit der Begriff „Übergangsmanagement" inzwischen erlangt hat, stellt Andreas Oehme in seinem Beitrag (2013) dar. Die ursprüngliche Bedeutung von Übergangsmanagement als Maßnahme zur „regionalen Vernetzung von Bildungs-, Beratungs- und Unterstützungsangeboten" (Oehme 2014, S. 791) und zur Abstimmung der Angebote im Übergang von Schule zu Arbeit wird inzwischen weit überschritten, wenn etwa auch Maßnahmen im Übergang vom Kindergarten zur Schule oder von Arbeit in Rente als „Übergangsmanagement" bezeichnet werden.
[32] Vgl. Hille 2207, S. 59.

Situationen des Übergangs sind Krisensituationen, d.h.: Bisherige Routinen reichen nicht aus, um neue Anforderungen zu bewältigen. Die neue Situation ist von zahlreichen Unsicherheiten geprägt, auf die man sich wohl einlassen muss, ohne sie vorher angemessen einschätzen zu können. Dazu gehört Mut und die Bereitschaft zu besonderem Engagement. Die Zuschreibung von Selbstwirksamkeit, eine positive Kontrollmeinung gegenüber den neuen Anforderungen sind günstige Voraussetzungen für eine aktivierende Haltung. Gelernte Hilflosigkeit, Ohnmachtsvorstellungen und „Schwellenängste" sind hingegen Hindernisse in der Motivationsentwicklung.

Wir wollen im Folgenden einige orientierende Perspektiven herausstellen, die für das pädagogische Handeln im Rahmen von Case Management, Coaching und Beratung von Jugendlichen und jungen Menschen, die hinsichtlich ihrer Ausbildungs- und Beschäftigungschancen benachteiligt sind, aus systemischer Sicht hilfreich sind.

3. Systemische Orientierungen der Beratung von Jugendlichen im Feld der Beschäftigungsförderung

Die auf der Grundlage des (radikalen) Konstruktivismus entstandenen systemischen Konzepte gehen von der „Autopoiese" lebender Systeme aus, d.h. von der Tatsache, dass lebende Systeme zwar in Wirkabhängigkeit von der Umwelt, aber in ihrer Selbstformation autonome Systeme sind. Will heißen: Wie sich lebende Systeme entwickeln, worauf sie reagieren und wie sie sich verhalten, muss in der gegebenen Umwelt insofern erfolgreich sein, als sie sich dadurch erhalten und ihre Ziele erreichen können, unterliegt aber einzig der Eigendynamik („Strukturdeterminiertheit") des Systems. Ein lebendes System kann durch die Einflüsse dieser Umwelt nicht unmittelbar beeinflusst werden, es kann aber durch Veränderungen der Umwelt veranlasst werden, sich sozusagen „neu einzurichten", neue Strukturen auszubilden. Im kognitiven Bereich (zumindest) macht dies Lernen aus.

Systemisch-konstruktivistische Beratungskonzepte müssen also an der Prämisse anschließen, dass selbstorganisierte Systeme, hier die zu Beratenden, sich nur durch autonome Reorganisation ihrer Strukturen weiterentwickeln können. Als operational geschlossene Systeme können sie das Wissen anderer nicht einfach aufnehmen, geschweige denn Motivationen anderer adaptieren. Vielmehr brauchen Sie Anregungen zur Strukturänderung, die anschlussfähig sind an ihre bisherigen Strukturen und die durch ihre bestehenden Motivationen positiv aufgenommen werden können. Aus systemisch-konstruktivistischer Sicht sind daher pädagogische Einflussmöglichkeiten darauf beschränkt, zum einen Subjekten neue Lernanlässe zu bieten, sie zu irritieren, ihnen Interpretationen der zu bewältigenden Situationen anzubieten, zum anderen ihnen Erfolge zu ermöglichen und sie so in ihrem Selbstvertrauen und damit in der Bereitschaft zum Agieren zu stärken. Beides hängt eng mit einander zusammen, denn die Bereitschaft, sich Neues anzueignen oder sich neuen Situationen überhaupt auszusetzen, braucht eine optimistische Grundhaltung, ein Grundvertrauen in die eigenen Bewältigungsfähigkeiten. Im Kern zielt ein systemisch-konstruktivistisches Beratungskonzept darauf ab, die „Selbststeuerungskompetenz" von zu Beratenden zu erhöhen, die ihnen zur Verfügung stehenden Deutungen und Handlungsperspektiven zu erweitern und sie in die Lage zu versetzen, bisherige problemstabilisierende Muster durch gelingendere Muster zu ersetzen. Treffend hat es einmal Winfried Hosemann so formuliert:

> „Die Selbststeuerungskompetenz der Jugendlichen wird erhöht, indem sie darin bestärkt werden, auf neue Art und Weise ihre losen und strukturellen Koppelungen zu gestalten, unterschiedliche Sichtweisen zu integrieren und Vertrauen zu ihren eigenen Interpretationen zu gewinnen. Dieser Aspekt wird dadurch unterstützt, dass eine systemische Perspektive auf der Integration bisheriger Entscheidungen aufbaut und nicht auf ihrer Entwertung oder der Differenz zu normativen Zielen. Der Zugewinn an Selbststeuerung wird über Leistungen und die Ressourcen der Jugendlichen (ermittelt z.B. durch den Ressourcencheck) hervorgebracht."[33]

Pädagogisch kann man versuchen, Subjekte Erfahrungen auszusetzen, die ihre Sicht auf sich selbst, ihr Selbstbild, positiv verändern und so ihre Bereitschaft, ihr Interesse stärken, sich in ähnlichen Situationen wieder bewähren zu wollen. Der Pädagoge agiert hier als „Manager" von Umgebungen, die Handlungserfolge wahrscheinlich werden lassen, die Selbstwirksamkeitserfahrungen ermöglichen. Er „ermutigt" (ein altpädagogisches Erziehungsmittel) die Jugendlichen, sich der Situation zu stellen, Ungewissheit auszuhalten und zu testen, mit welchen Mitteln sich die neuen Anforderungen bewältigen lassen. Er kann hilfreiche Ideen einbringen, er kann helfen, die Situation zu strukturieren, die eigenen Erfahrungen zu reflektieren und wieder neue Wege auszuprobieren. Er kann Hindernisse „klein machen", negative Gedankenspiralen aufbrechen, Ängste „zur Seite zu stellen". Er kann aufzeigen, was schon gelungen

---

[33] Hosemann 2011, S.108.

ist, welche Erfolge man sich schon zuschreiben kann und welchen Aufgaben man sich ohne zu großes Risiko als nächstes zuwenden kann. Bei all diesen Interventionsformen bewegt sich der Pädagoge in Rollen, die der Selbstverfügung des Subjekts gegenüber Respekt zollen: er richtet Lernumgebungen und Lernanlässe ein, er ist er ist Interpret der Situationen, er ist Empowerer und Facilitator[34]. Aber er bewältigt nicht stellvertretend die situativen Anforderungen, er führt keine Gespräche anstelle des Jugendlichen, bereitet sie allenfalls vor, er liefert keine Rezepte oder Verhaltensanleitungen.

Beratung ist auch ein Mittel dabei zu helfen, neue Wirklichkeiten zu konstruieren und neue Deutungen zu finden. Hierzu werden Informationen bereit gestellt, z.B. über berufliche Tätigkeiten, erforderliche Kompetenzen etc., und Gelegenheiten zum Kennenlernen von Tätigkeiten und zur Selbsterfahrung im beruflichen Handeln geschaffen. Die selbstreferentiell konstruierten Wirklichkeiten, die zu Beratende konstruieren, schließen dabei auch Vorstellungen über sich selbst mit ein wie Attributionen über eigene Fähigkeiten und Stärken (Selbstwirksamkeit), eigene Interessen und Perspektiven oder das ideale Selbst. Auch diese Wirklichkeiten sind Gegenstand von Beratungsprozessen in der Beschäftigungsförderung und sind für die Aktivierung der zu Beratenden von hoher Relevanz.

Auf der Grundlage eines solchen systemisch-konstruktivistischen Verständnisses von Beratung lassen sich eine Reihe von Orientierungen begründen, die im Folgenden bezogen auf die Situation von Beratungen im Übergangssystem oder -management genauer dargestellt werden sollen:

---

[34] Antony Williams hat diesen Begriff im Rahmen seiner Rollendiskussion entwickelt. Er unterscheidet ferner noch die Rollen „Teacher", „Consultant" und „Evaluator" (Williams 1995).

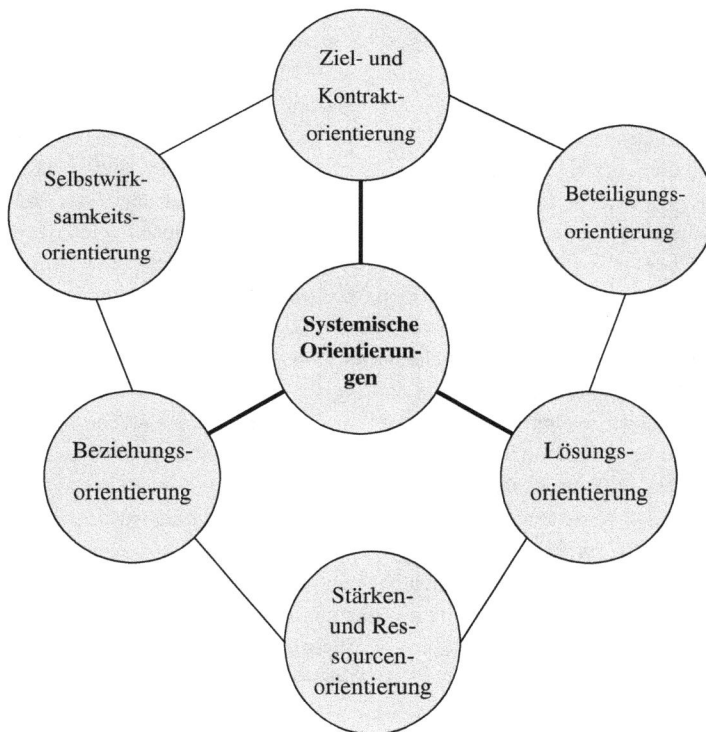

Abb. 1: Systemische Orientierungen in der Beratung von Jugendlichen

Stärken- und Ressourcenorientierung

Ressourcenorientierung geht von der Annahme aus, dass KlientInnen über Selbsthilfekräfte verfügen, um ihre Probleme zu lösen, auch wenn sie diese bisher nicht zu diesem Zweck aktiviert haben. Es geht nicht darum, neue Fähigkeiten oder neues Wissen zu erwerben; wenn überhaupt etwas gelernt werden soll bei ressourcenorientierten Interventionen, dann ist es die Anwendung vorhandener Potenziale auf neue

Situationen bzw. insgesamt eine Steigerung der Fähigkeiten zum Transfer und zur kreativen Erschließung der eigenen Kräfte.

Ressourcen erfassen. Ressourcen werden dadurch zu Ressourcen, dass sie sich als nützlicher Faktor auf dem Wege zur Lösung eines Problems erweisen. Was eine Ressource ist, lässt sich daher im Grunde erst erfassen, wenn man von der Lösung des Problems zurückschaut auf die eingesetzten Mittel. Freilich lehrt die Erfahrung, dass in vielen Fällen auf bestimmte Ressourcen zurückgegriffen wird, und so lässt sich dann auch im vorhinein spekulieren, welche Ressourcen zur Lösung eines Problems wichtig sein könnten. Dennoch hat dieses „spekulative" Vorgehen seinen Preis: es lässt übersehen, was man nicht vorher schon wissen kann. Klassische Formen der Ressourcenerhebung im Übergangssystem beruhen auf dieser spekulativen Vorentschiedenheit, sie beruhen auf Testverfahren (Profilings, Talentchecks, Assessments, Bögen zur Selbst- und Fremdeinschätzung etc.). Diese sind zumeist hochstandardisiert und erlauben so eine zeitsparende und im Blick auf (vergleichende) Auswertungen komfortable Erfassung von Ressourcen. Mancherorts werden solche Erhebungen bereits online durchgeführt. Jedoch sind solche Annehmlichkeiten sind mit der Gefahr verbunden, dass die Ressourcenerhebung sozusagen am Subjekt vorbei „abgearbeitet" wird, das Ressourcenbewusstsein der KlientInnen völlig ausgeblendet wird und möglichweise im Einzelfall wichtige Ressourcen gar nicht bemerkt werden.[35] Auch wenn solche Verfahren unverzichtbar sein mögen und als „objektivierte" Manifestationen von Gesprächen auch ihren pädagogischen Nutzen haben mögen, sollten Ressourcen auch im Dialog und entlang der bisherigen Erfahrungsgeschichte erkundet werden, um der Kompetenz der KlientInnen als „Experten in eigener Sache" Rechnung zu tragen. Es ist im Übrigen auch wertvoll, dass Jugendliche gefordert sind, ihre Selbstsicht in Worte zu fassen und anderen gegenüber „zur Sprache zu bringen".

Mit Ressourcen subjektorientiert arbeiten. Pädagogisch setzt die Arbeit mit Ressourcen voraus, dass die Motivationen der KlientInnen erkannt, gewürdigt und genutzt werden. Viele Jugendliche müssen mit ihren Stärken erst in Kontakt gebracht, auf ihre Fähigkeiten hingewiesen und in ihrem Vertrauen in das eigene Können bestärkt werden. Jugendliche, die in der Schule fortgesetzt Misserfolg erlebt haben, verfügen über ein Selbstbild negativer Attributionen, in welchem der Glauben an die eigenen Potenziale unter einem Berg von Versagenserlebnissen verschüttet worden ist. Die vorwiegend defizitorientierten Bewertungspraktiken der Schule vermitteln zudem eine generalisierte Haltung der Selbstbewertung, die von vornherein sozialen Ver-

---

[35] Zum Anspruch eines systemisch orientierten Assessment vgl. Monzer 2013, S. 142ff.

gleichsprozessen unterworfen ist und von einer grundsätzlichen Inferiorität der Schülerleistung gegenüber einem Ideal der „sehr guten" Leistung geprägt ist. Im Habitus dieser Bewertung ist „Unvollkommenheit" das, was gemessen wird; der Abstand zum Vollkommenen drückt sich in Noten aus. Dies ist kein Weg, eigene Stärken zu entdecken, allenfalls die Überlegenheit anderer gegenüber. Insofern ist das Entdecken von Stärken in einer ressourcenorientierten Pädagogik für viele Jugendliche eine ungewohnte Herangehensweise, die sie möglicherweise seit ihrer Kindheit nicht mehr kennengelernt haben. Es ist nur logisch, dass sie Verwunderung auslöst.

Das Bewusstsein von Stärken nutzen. Stärkenorientierung bedeutet im Unterschied zur allgemeineren Ressourcenorientierung, dass man methodisch bei dem ansetzt, was die Betroffenen bisher in ihrer Lebensgeschichte als gelungen wahrgenommen haben. Stärken entstehen manchmal auf das Basis persönlicher Talente, meist aber infolge von positiven Erfahrungen und förderlichen Feedbackbedingungen in bestimmten Situationen („implizites Lernen"). Sie sind in ihren jeweiligen Handlungsbereichen mit einem positiven Selbstwirksamkeitsgefühl verbunden und sind oft die Grundlage für persönliche Interessen und Motive. Sie lassen sich daher oftmals auffinden, indem man danach fragt, was besonderen Spaß macht oder gemacht hat.[36] Stärken sind meist bewusst in dem Sinne, dass in bestimmten Anforderungssituationen eine Erfolgserwartung aufgrund eigener Fähigkeiten besteht. Dank dieser bewussten Verfügbarkeit von Stärken, kann in der Beratung gut an die etablierten Erfolgserwartungen angeknüpft werden.

Das Ziel sollte sein, mittels der Stärken Schwächen zu überwinden. BeraterInnen sollten daher durchaus die Schwächen im Blick haben, wenn sie Stärken fördern. Im Weiteren kann diese methodische Haltung der Beratung auch für die Betroffenen eine Haltung ihres Selbstmanagements werden. Denn in gewissen Bereichen ist es förderlich oder gar notwendig, dass die KlientInnen ein vertieftes „Ressourcenbewusstsein" entwickeln, d.h. ein Wissen von ihrer eigenen Person, dass sie ihr Wissen und ihre Fähigkeiten einschätzen können, dass sie zu ihren Einstellungen gegenüber Arbeit und Mitmenschen ein reflexives Verhältnis entwickeln, dass sie ihre sozialen Ressourcen bewerten können, dass sie sich als Träger bestimmter Charaktereigenschaften und Gewohnheiten sehen. Es geht schlussendlich darum, die eigenen Stärken und Schwächen zu kennen und in ihrer Relevanz im Blick auf die Arbeitswelt einschätzen zu können.

---

[36] Zur Entdeckung, Bewusstmachung und Artikulation von Stärken sind viele Handreichungen für die Praxis entwickelt worden. Beispiele hierfür wären das Stärkenheft und die Stärkenkarten (Jugendstiftung 2011), der Quali-Pass, usw.

Selbstwirksamkeitsorientierung

Förderungsbedürftige Jugendliche im Übergangssystem sind häufig von manifesten Selbstzweifeln geprägt, da sie auf ihrem bisherigen Lebensweg vielfältigen Misserfolgserfahrungen ausgesetzt waren, oft nur selten Ermutigung erfahren haben und Leistungsanforderungen gegenüber ein routinisiertes Reaktionsmuster des Aus-dem-Wege-Gehens erworben haben. Sie bedürfen daher, um sich Ausbildungsanforderungen und beruflichen Anforderungen stellen zu können, einer basalen Förderung ihres Selbstwertgefühls, die zum einen durch Erfolgserfahrungen, zum anderen durch positive Fremdattributionen (Ermutigungen, Hinweise auf Fortschritte)[37] erreicht werden kann.

Wie gesagt beruht die Stärkenorientierung auf der Prämisse, dass Menschen in bestimmten Handlungsbereichen sich eine hohe Selbstwirksamkeit („self-efficacy", Bandura)[38] zuschreiben, die mit bewussten Erfolgserwartungen verbunden ist. Methodisch erhöht die Stärkenorientierung aber durch ihre kommunikative Thematisierung auch die Attribution von Selbstwirksamkeit. Kann diese Wirkung immer wieder erzielt werden, verbessern sich das Selbstbild und das Selbstwertgefühl der Betroffenen und die Selbstakzeptanz[39] nimmt zu. Dies wiederum wirkt ermutigend und die Betroffenen entwickeln allmählich ein Interesse, sich Anforderungen zu stellen, um sich selbst darin erleben zu können. Dadurch werden ihre Stärken gestärkt und zugleich Fähigkeiten erworben, die bisher eher schwach ausgebildet waren. Schwächen werden durch Stärken also nicht kompensiert, sondern bewältigt.

---

[37] Vgl. Schwarzer/Jerusalem 2002.
[38] Die Selbstwirksamkeitstheorie wurde bereits Ende der Siebzigerjahre von Bandura entwickelt (Bandura 1977, 1997). Die Selbstwirksamkeitserwartung bezeichnet die subjektive Gewissheit, wirksame Handlungen aufgrund eigener Fähigkeiten ausführen zu können. Die Theorie basiert auf dem psychologischen Konstrukt der „Kontrollmeinung" (vgl. Flammer 1990).
[39] Zur Psychologie der Selbstakzeptanz vgl. Potreck-Rose 2003 und Schütz 2003.

Stärken-
orientierung

Selbstwirk-
samkeits-
über-
zeugungen

Erfolgs-
erfahrungen

Selbst-
akzeptanz
Selbstwert-
gefühl

Selbst-
aktivierung

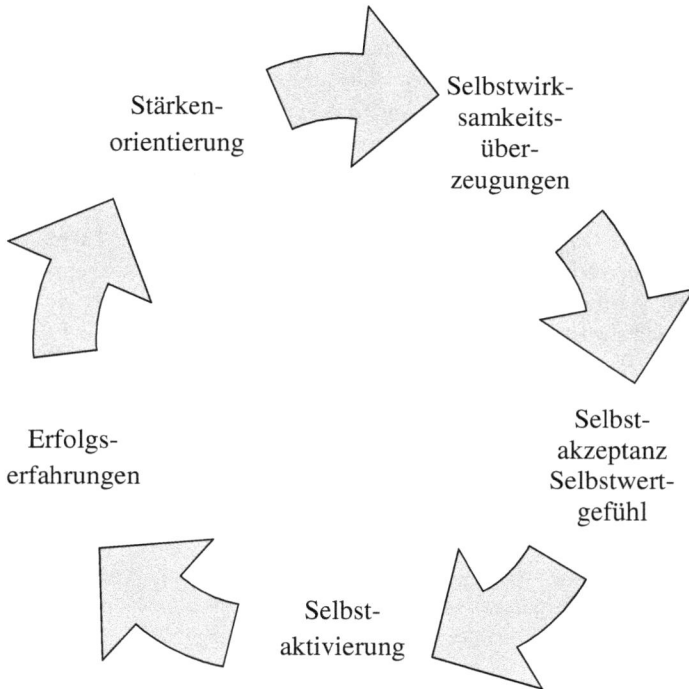

Abb.2: Selbstverstärkender Regelkreis stärkenorientierter Beratung

Die Einflussnahme stärkenorientierter Beratung auf die Selbstwirksamkeitsüberzeu-
gungen zeitigt somit nicht nur eine Verbesserung der Selbstakzeptanz und des
Selbstwertgefühls, sondern schließlich eine erhöhte Selbstaktivierung, durch die neue
(Selbst-) Erfahrungsmöglichkeiten geschaffen und die Fähigkeit zur Selbstregulation
gestärkt werden. Die Beratung lässt sich damit auf einen selbstverstärkenden Regelkreis aufbauen, der sich wie oben dargestellt zusammensetzt.
Bandura hat vier Quellen zur Entstehung und Stärkung von Selbstwirksamkeitsüber-
zeugungen beschrieben, die methodisch für die Beratung und Förderung von Jugend-

lichen genutzt werden können.[40] Es geht um Erfahrungen, die beim Menschen ein Selbstwirksamkeitsbewusstsein bewirken und sich als Erfolgserwartungen im Gedächtnis einprägen, die in vergleichbaren Situationen wachgerufen werden und wesentlichen Einfluss auf die Motivation zum Handeln nehmen. Er unterscheidet eigene Handlungserfolge und -misserfolge, stellvertretende Erfahrungen (Vergleiche mit anderen Personen), „Überredungen" (Fremdattributionen über Fortschritte) und die Bewertung gefühlsmäßiger Erregung (Interpretation somatischer Zustände als Ausdruck von erlebtem Erfolg, Engagiertheit oder Flow-Erlebnissen). Letzterer Faktor ist sicherlich wegen der Vieldeutigkeit von somatischen Reaktionen von unsicherem prognostischen Wert; die anderen drei Faktoren können aber methodisch sicher genutzt werden. Selbstwirksamkeit kann somit gesteigert werden,

- indem Chancen zum Erleben von Erfolgen vermittelt werden und die Wahrscheinlichkeit von Erfolg durch entsprechend dosierte Anforderungsniveaus erhöht wird,
- indem Gelegenheit zum Vergleich mit anderen gegeben wird[41] und dabei aufgezeigt wird, dass Anstrengung sich lohnt und Grundfähigkeiten und -fertigkeiten schon vorhanden sind, und
- indem den Betroffenen Fähigkeiten zugesprochen werden, gezeigtes Verhalten als Beleg von Fähigkeiten interpretiert wird und eine positive Erfolgserwartung für künftige Anforderungen vermittelt wird (Ermutigung).[42]

Lösungsorientierung

Lösungen gibt es immer schon. Lösungsorientierte Beratung beruht auf der Annahme, dass jegliches menschliches Handeln als der Versuch zu verstehen ist, Probleme zu lösen. Das gilt ungemindert auch dann, wenn Verhaltensweisen aus der Sicht anderer nicht als erfolgreiche Lösungen anerkannt werden: Für den Betroffenen werden sie vollzogen, weil er damit ein Problem löst, welches für andere vielleicht gar nicht ersichtlich ist. Wenn also in diesem Verhalten ein Problem erkannt wird (von wem auch immer), welches selbst einer Lösung harrt, so kann der Beratende klar machen, dass das bisherige Verhalten zwar durchaus seinen Sinn hatte, aber auch mit einem hohen Preis verbunden war und es deshalb einer neuer Lösung bedarf, die keine oder

---

[40] Bandura 1997, S. 80 ff.
[41] Festingers Theorie sozialer Vergleichsprozesse hat deutlich gemacht, dass der Vergleich mit anderen für die Beurteilung eigener Fähigkeiten eine zentrale Rolle spielt.
[42] Wird ersteres mit letzterem kombiniert, spricht Klemenz von „aktionaler Ressourcenaktivierung" (Klemenz 2007, S. 270): Erfolgreiches Handeln wird von den Betroffenen anderen vorgeführt und von diesen wiederum als Indiz für vorhandene Stärken gewürdigt.

weniger negative Folgen hat. Auch wenn durch die Beratung letztlich eine neue Lösung gefunden werden soll, ist es wichtig, das bisherige Verhalten in seiner Bewältigungsqualität zu würdigen.

Lösungsorientierung als Beratungshaltung. Der im Übergangssystem allseits verbreitete Mangel an zeitlichen und personellen Ressourcen macht es nötig, dass Interventionsformen zur Anwendung kommen, die transparent zielführend und zeitsparend angelegt sind. Im Rahmen des systemischen Methodenkompendiums sind hier lösungsorientierte Ansätze von besonderer Bedeutung, da sie schon sehr früh eine Ausrichtung der Intervention auf das gewünschte Lösungsverhalten verfolgen und die motivationalen Potenziale der KlientInnen in hohem Maße nutzen.[43]

Dieser pragmatische Grund ist allerdings recht profan gegenüber der methodischen Begründung, dass lösungsorientierte Vorgehensweisen eine Vision des gelösten Problems implizieren, von welcher selbst eine hilfreich orientierende Wirkung ausgeht. Denn zu den lösungsorientierten Verfahren gehört die Antizipation einer Zukunft *nach* erfolgter Lösung des Problems; durch die Vorstellung eines Zukunftsentwurf wird die Entwicklung von Lösungsideen gefördert, da man sich bereits in einem gedanklichen Kontext, einem fiktionalen Muster, bewegt, welches notwendigerweise Elemente enthält, die der Aufrechterhaltung der Lösung dienen. Diese sind zugleich oft jene Elemente, die auch die Lösung herbeiführen.

Lösungsfaszination statt Problemtrancen. Leider neigen Menschen dazu, sich mit ungelösten Problemen anhaltend zu beschäftigen, und das kulturell etablierte Ursache-Wirkungs-Denken verpflichtet geradezu dazu, ein Problem als unlösbar zu erkennen, wenn seine Ursachen nicht geklärt sind. Für diesen Zustand hat sich in der systemischen Fachsprache in den letzten Jahren der Begriff „Problemtrance" durchgesetzt. Von „Problemtrance" spricht man, wenn die Wahrnehmung eines Menschen so sehr auf ein Problem konzentriert ist, dass sich alle gedanklichen Prozesse an dieses Thema fesseln und eine Befassung mit Lösungen nicht mehr möglich ist. Problemtrancen[44] sind immer mit einem hohen emotionalen Engagement, in der Regel mit Angst- und Ablehnungsreaktionen verbunden und bewirken, dass sich die Person als ohnmächtig ausgeliefert erlebt. Bei dauerhafter Konfrontation mit dem Problem wird ein generalisiertes Vermeidungsverhalten aufgebaut. Die Person lehnt daher auch die

---

[43] Vgl. Junge/Dorsch-Beard/Freckmann 2012, S. 13.

[44] Die begriffliche Zuordnung von Problemtrancen zu hypnotischen Zuständen ist fraglich, obschon der Trancebegriff etwa bei Milton Erickson so ausgeweitet worden ist, dass er die Merkmale von Problemtrancen weitgehend bestätigt. Wir verstehen den Begriff hier eher im übertragenen Sinne.

Befassung mit Lösungen ab, weil sie dadurch ja dem Problem begegnen könnte. Leider sind Problemtrancen im Beratungsprozess „leicht ansteckend", d.h. sie können auch den Berater in ihren Bann schlagen und den gesamten Interaktionsprozess dominieren.

Die dauerhafte Fokussierung auf Probleme, die nicht zu lösen sind, ist aber demotivierend und zerstörerisch für das Selbstwertempfinden wie auch für eine konstruktive Interaktion mit anderen. Man wäre daher gut beraten, Probleme Probleme sein zu lassen und sich fruchtbareren Vorhaben zuzuwenden. Ein erster Ansatz hierzu ist, aus der Problemtrance herauszuführen, indem man nach Beispielen sucht, in welchen das Problem nicht bestand bzw. in welchen das Problemverhalten nicht gezeigt wurde. In der Analyse solcher Situationen können hilfreiche Elemente aufgespürt werden, die zu Lösungen Wesentliches beitragen können. Eine weitere Möglichkeit ist, sich – wie schon begründet – eingehend mit der Situation zu beschäftigen, die sich nach Lösung des Problems einstellen würde („Wunderfrage"). Und ein dritter Weg wäre, sich mit Erfahrungen zu beschäftigen, die zunächst gar nichts mit dem Problem zu tun zu haben scheinen, aber mit eigenen Erfolgen assoziiert sind. Denn Menschen können zuweilen auch Lösungen entwickeln, die das ursächliche Problem nicht lösen, aber den Umgang mit ihm auf eine Ebene heben, auf der kaum mehr „Leidensdruck" entsteht. Dies kann sich durch einen Wechsel der Sichtweisen ergeben, in dem neues Verhalten hervorgebracht wird, das gegenüber den Folgen des Problems indifferent ist.[45] So entstehen kleine „Handlungswelten", die nicht problembehaftet sind, die Erfolge vermitteln und das Selbstwertgefühl bestärken. In ihnen können möglicherweise eben jene Fähigkeiten – gewissermaßen im Labor – erworben werden, die zur Lösung des Problems gebraucht werden und dann transferiert werden können. In Konsequenz der konstruktivistischen Kritik an linear-kausalen Erklärungsmodellen sollte auch das Verhältnis von Problem und Lösung überdacht werden: Gehen wir von einer zirkulären Kovarianz von Problem und Lösung aus, dann können veränderter Lösungen auch veränderte Sichtweisen auf das Problem erbringen. Das fiktionale „Spiel" mit Lösungsvisionen kann daher auch helfen, das Problem neu zu modellieren (reframing).

Drei Zurückhaltungen. Lösungsorientierung sollte vom Anfang des Beratungsprozesses an den Horizont der Interaktion prägen. Dennoch sollten Lösungen nicht angegangen werden, bevor die Probleme nicht bekannt und formuliert sind. Lösungen sol-

---

[45] Vgl. Krieger 2008, S. 172. Dieses Verfahren passt sich ein in das „Strategische Unterlassen", wie es Osthoff (2010, S. 248) für das Coaching in der Beschäftigungsförderung im Sinne der pädagogischen Gelassenheit empfohlen hat.

len kein Mittel sein, um von der Situation abzulenken (wie dies in der Alltagskommunikation gern betrieben wird); vielmehr sind sie nur dann schlussendlich dauerhaft taugliche Lösungen, wenn sie in ihren Strukturen die Strukturen des Problems präzise widerspiegeln.[46] In jedem Falle hat sich der Berater daher darin zurückzuhalten, Lösungen selbst vorzuschlagen oder den zu Beratenden zu früh auf den „Lösungsweg" zu schicken. Vorweg sollte das Problem eingegrenzt und – etwa mit den bekannten W-Fragen – präzisiert werden.

Desweiteren ist Zurückhaltung geboten hinsichtlich der Versuchung, im Dienste einer optimistischen und zuversichtlichen Grundstimmung Lösungen anzubieten oder an solche heranzuführen, die am Ende zu kurz greifen. In der Entwicklung von Lösungen, von wem auch immer sie ausgehen, gilt zu beachten, ob die jeweilige Lösung für *diesen* Jugendlichen in *diesem* sozialen Kontext und unter *diesen* Rahmenbedingungen eine gelingende, durchstehbare und nachhaltige Lösung ist. Um hier eine begründete Prognose wagen zu können, bedarf es zeitaufwendiger Vergewisserungen darüber, welche Voraussetzungen der Jugendliche mitbringt, welche Wahrnehmung er für die Lösung wohl entwickeln wird und mit welchen schwächenden oder bestärkenden Einflüssen aus seinem sozialen Umfeld wohl zu rechnen ist.

Zurückhalten sollte sich der Berater auch von der Versuchung, sich mit den KlientInnen auf eine lange Suche nach *Ursachen* ihrer Probleme zu begeben. Notwendige Informationen über stabilisierende Faktoren des Problems werden oftmals nebenbei erwähnt und erfordern keine anhaltenden Instruktionen des Beraters. Aus konstruktivistischer Sicht sind Ursache-Wirkungs-Beziehungen für die Erklärung von Verhaltensweisen lebender Systeme ein ohnehin fragliches Analysemuster. Doch es kommen auch „rhetorische" Funktionen in den Blick: Ursachen können als Rechtfertigungen genutzt werden und stabilisieren so die Problemtrance, ja sie bringen möglicherweise die Logik ins Spiel, dass eine Veränderung nicht möglich sei, weil die Ursache nicht mehr zu ändern sei. Die Befassung mit Ursachen ist ferner auch immer eine Befassung mit dem Problem statt mit seiner Lösung und verstärkt daher die Problemtrance.

Beziehungsorientierung

Aus konstruktivistisch-systemischer Sicht[47] macht es die Qualität und Dichte von Beziehung aus, in welchem Umfang und in welchen Verhaltenssektoren zwischen le-

---

[46]   Vgl. Mutzeck 2008, S. 96 f.
[47]   Bezug genommen wird hier auf die Biologie der Sozialität von Humberto Maturana (1990) und
        seine Theorie der autopoietischen Systeme (1983).

benden Organismen „strukturelle Koppelung" entsteht und wie in welcher Weise dabei „konsensuelle Bereiche" hervorgebracht werden, die die Interagierenden aneinander binden, vielleicht sogar voneinander abhängig machen. „Strukturelle Koppelung" bedeutet, dass ein Organismus seine Strukturen auf ein Medium abstimmt bzw. rekurrent seine Strukturen bei Veränderungen des Mediums (auch andere Organismen können zu diesem Medium gehören) selbst verändert; Organismen können dabei Verhaltensweisen so miteinander verschränken, dass sie einander wechselseitig Anlass zu Reaktionen geben; dies führt teilweise dazu, dass Erwartungen über die Reaktionen des jeweils Anderen hervorgebracht werden, durch die ein Bereich synreferentiell abgestimmter Interaktionen hervorgebracht wird, den Maturana als „konsensuellen Bereich" bezeichnet.

Konsensuelle Bereiche spielen in Beratungskontexten eine besondere Rolle: Abgesehen von gewissen sprachlichen Routinen in der Kulturgemeinschaft müssen sie bezüglich der Rollenkomplementarität, der institutionellen Rahmenbedingungen für angemessenes Verhalten, der Zielorientierung der Kommunikation und in vielerlei Hinsichten mehr erst aufgebaut werden. Soweit nicht Zwangskontexte hier Bedingungen zur kommunikativen Nötigung hervorbringen, basiert die Bereitschaft zur Kommunikation hier auf Vertrauen.[48]

Vertrauen als das Bewusstsein, dass der Andere eine entschiedene und weitgehend enttäuschungsresistente Haltung zur Förderung meines Wohlergehens hat und in der Lage ist meine Bedürfnisse zu verstehen, ist das tragende Fundament für die Kommunikation zwischen BeraterIn und KlientIn. Über eigene Fähigkeiten zu sprechen, eigene Erfahrungen darzustellen und einem Anderen Einblick in das eigene Selbstkonzept zu gewähren, das setzt die Bereitschaft voraus, auch Schwächen zuzugeben und sich so eine Blöße zu geben. Pädagogische Beratung in der Beschäftigungsförderung kommt nicht ohne eine gewisse Intimität aus; der Grad, in dem sie möglich ist, gestaltet die Erfolgschancen ganz erheblich mit.

Die Grundlage für die Entstehung solchen Vertrauens ist die Wahrnehmung des/der Jugendlichen, dass der Berater „ihn versteht", d.h. in der Lage ist, seine Perspektiven, Motive und Entscheidungen nachzuvollziehen. Der generationale Unterschied zwischen beiden macht nun Verstehen ebenso unwahrscheinlich wie die oftmals sehr

---

[48] Im Anschluss an Luhmann (2000) wäre es eine spannende Frage, inwieweit bei Beratungsprozessen im Übergangssystem neben Personenvertrauen auch Systemvertrauen wesentlich zur Reduktion von Komplexität beiträgt. Systeme legitimieren sich auf Dauer nicht durch Versprechungen, sondern durch Leistungen. Vertrauen als „riskante Vorleistung" bewährt sich eben nur in dem Maße, wie die Versprechungen des Systems auch eingelöst werden.

verschiedenen Lebenswelten und sozialen Rollen.[49] Die Chance, auf die Attribution von „Verstehen" hoffen zu können, hängt daher mehr davon ab, dass sich der Berater mit Deutungen zurückhält, als davon, dass er richtig deutet. Das soll heißen: Unter der Bedingung von Fremdheit verläuft Kommunikation umso erfolgreicher, je mehr die Beteiligten Gelegenheit haben, ihre eigenen Deutungen unabhängig von der Bewertung durch den anderen präsentieren zu können und je weiter damit das Wissen um die Deutungen des jeweils Anderen entwickelt werden kann. Das ist erstmal ein Plädoyer für Zuhören, aber es kann auch einiges getan werden dafür, dass die Kommunikation aufrecht erhalten bleibt und erwünscht ist, und dafür, dass „Verständnis" glaubhaft werden kann.

An die Stelle von Deutungen rücken Fragen: Fragen, nach den Gründen für eine Bewertung, den Gründen für ein Handeln, Fragen nach den Empfindungen, die ein Sachverhalt auslöst, Fragen nach den Aussichten, die eine Perspektive eröffnet. Fragen sind Dokumentationen von Interesse am Anderen und sie ermöglichen Gelegenheiten zum Zustimmen und zur affektiven Kommunikation.

Grundlage für eine kooperative Beziehungsqualität sind vor allem Haltungen des Beratenden wie das Ernstnehmen des Jugendlichen, das Interesse an seiner Individualität, pädagogische Geduld, Bereitschaft zur emotionalen Unterstützung, Offenheit und der Ausgang vom Postulat des „Nicht-Wissens", die prinzipielle Unterstellung, dass der Andere für sein Verhalten stets gute Gründe hat und vieles mehr.[50] Sie bilden auch die Basis für den Umgang mit Widerständen und mit Rückzugsverhalten.

Die Beziehungsqualität ist auch wesentlich für das Maß an subjektiv empfundener Verbindlichkeit hinsichtlich der „Kontrakte" im Casemanagement oder in der Beratung.[51] Wenn der Jugendliche das Gefühl hat, dass die Maßnahmen ein *gemeinsames* Projekt zu seiner Förderung darstellen, dann kann er damit umgehen, als ob beide Seiten an einem Dritten arbeiten würden. Das ermöglicht ihm zum einen eine gewisse Distanz gegenüber eigenen Emotionen (gerade auch bei Misserfolgserlebnissen), zum anderen lässt es ihn die Beziehung zum Berater in einem quasi-professionellen Verhältnis sehen, in welchem es gilt, eine Aufgabe zu erfüllen. Er erlebt, dass man ihm eine erfolgreiche Bewältigung zutraut, und erlebt Anerkennung für seinen Willen, für seine Anstrengung und am Ende für seinen Erfolg.

---

[49] Vertrauen wird auch durch den institutionellen Auftrag selbst erschwert, wenn dieser als Zumutung und gar nicht als zielfördernd erlebt wird (vgl. Wendt 2007).

[50] Eindrucksvoll stellt Wiethoff in seiner Dissertation die Wirksamkeit dieser Haltungen vor (vgl. Wiethoff 2011, S. 108 ff.); mit dem Begriff des „social support" fasst er einige dieser Haltungen zusammen (vgl. Wiethoff 2011, S. 111 ff.).

[51] Vgl. Neuffer 2007.

Beteiligungsorientierung

Auf der systemischen Linie liegt auch die Einsicht, dass erfolgreiches Arbeiten mit KlientInnen deren Mitwirkung voraussetzt. Menschen müssen sich wiederfinden in den Entscheidungen, die tagtäglich ihr Handeln motivieren sollen, und sie müssen sich als Gestalter ihres Alltags verstehen können. Dem steht ein Übergangssystem eher entgegen, welches die jungen Menschen einseitig als „Kunden" oder „Nutzer" versteht, die auf ein fertiges Angebot zurückgreifen. Es ist die Frage zu stellen, wieviel Platz in den regionalen institutionellen Strukturen des Bildungs- und Ausbildungssystems für die Lebensentwürfe, Bedürfnisse und Vorstellungen der konkreten jungen Menschen besteht. „Partizipation" muss mehr bedeuten als die Freiheit zwischen sehr beschränkten Alternativen zu wählen, sie muss für ein Mitgestalten der Bildungs- und Unterstützungsleistungen und für eine Einflussnahme auf die regionalen Übergangsstrukturen selbst stehen.[52] Wolfgang Hinte hat formuliert, dass man die Beteiligungsdiskussion „vom Kopf auf die Füße stellen" müsste: Die Diskussion müsste sich von der „Beteiligung" an einem Prozess, den die Betroffenen nicht bestimmen können, zum Prinzip hin entwickeln, „sich so an dem Lebensentwurf der jeweils betroffenen Menschen zu beteiligen, dass diese sich in ihrem eigenen Sinne unterstützt fühlen"[53].

> „Die Frage dürfte also nicht mehr heißen: ,Wie können wir die Betroffenen stärker an den Hilfen beteiligen?', sondern ,Wie können die Betroffenen die Sozialarbeit wirkungsvoller bei der Realisierung ihres Lebensentwurfs einsetzen?' Folglich beteiligt nicht die Bürokratie die Betroffenen, sondern die Betroffenen beteiligen die Bürokratie ... (…) Die fachliche Kunst besteht somit nicht darin, die Betroffenen zu beteiligen, sondern darin, ein Arrangement zu schaffen, das die Betroffenen dabei unterstützt, die Sozialarbeit zu beteiligen."[54]

Konkret sollten Jugendliche ihrem Willen nach mitbestimmen können, welche Fähigkeiten sie erproben wollen und welche Erfahrungen sie machen wollen. Dabei können Motivationslagen, die auf der Grundlage ihrer eigenen Interessen einer Verbesserung des Selbstbewusstseins dienen können, angesprochen werden und sensibel die Anforderungen, denen sich die Jugendlichen selbst gewachsen sehen, aufgegriffen werden. Dieses Vorgehen – im Übrigen ganz auf der Linie einer Stärkenorientierung – kann im weiteren mehr und mehr auf die Anforderungen in der betrieblichen Ausbildung ausgerichtet werden und so schließlich Erfahrungen ermöglichen, die der

---

[52] Vgl. die Beiträge in Walther/duBois-Reymond/Biggart 2006.
[53] Hinte 2007, S. 426.
[54] Ebenda.

Ausbildungsrealität adäquat sind. Um dies zu gewährleisten, müssen Professionelle nicht nur mit diesen Anforderungen in ausreichendem Umfang vertraut sein; sie müssen auch in der Lage sein, den Transfer von dem, was die Jugendlichen an Interessen und Grundfähigkeiten mitbringen, zu dem, was die „Ausbildungsreife" schließlich ausmacht, didaktisch versiert zu vollziehen. Zunächst aber setzt dieses Vorgehen auf Seiten der Jugendlichen die Bereitschaft und Fähigkeit voraus, sich zu beteiligen und eigene Bedürfnisse und Vorstellungen einzubringen,[55] und auf Seiten der Professionellen eine Bereitschaft zum Beteiligen der Jugendlichen im o.g. Sinne und die Fähigkeit des Beteiligens, kurzum eine „Ermöglichungskompetenz" für Beteiligung.

Ziel- und Kontraktorientierung

Anlass – Anliegen – Auftrag – Kontrakt. Bevor man sich mit Zielen befassen kann, muss allen Beteiligten klar sein, wie der Kontakt zum Berater zustande kam, welche Erwartungen an die Beratung bestehen und inwieweit es bereits Vorerfahrungen mit ähnlichen Beratungen gibt. So kann nicht nur vermieden werden, dass man längere Zeit „aneinander vorbei redet", sondern es wird auch ein Rahmen gesetzt, der potenzielle Aufträge und Zielsetzungen eingrenzt. Um Klarheit über die Hintergrundserwartungen in Beratungssituationen zu erhalten, ist es daher hilfreich, sich darüber zu verständigen, a) welches der Anlass für die Inanspruchnahme der Beratung ist, b) welches Anliegen der zu Beratende verfolgt und c) welchen Auftrag er dem Berater gerne geben möchte.[56] Dieser Auftrag wird im Weiteren dann noch zu klären sein. Erst wenn dieser formuliert ist, besteht die Möglichkeit, Kontrakte zu schließen. Durch sie wird Transparenz über die Rollen und Aufgaben, Sicherheit über das, was zu erwarten ist, und Verbindlichkeit von Spielregeln und Entscheidungen hergestellt.[57] Zugleich zeigen Kontrakte auch auf, was durch die Hilfe nicht zu erwarten ist; sie benennen Grenzen des Auftrags. Auch und gerade für Kontrakte gilt, dass ihre Verbindlichkeit vom Grad der Zustimmungsfähigkeit abhängt (soweit nicht Sanktionen mitwirken). Kontrakte sind nur dann Kontrakte, wenn sie auf dem Wege einer

---

[55] Beides kann nicht unbedingt vorausgesetzt werden. Viele Jugendliche mit abgebrochener Schulausbildung haben kaum die Erfahrung gemacht, dass ihre Beteiligung gefragt ist, und verfügen daher auch kaum über ein entsprechendes Artikulationsvermögen. Somit sind pädagogisch an die Professionellen besondere Anforderungen gestellt, hier schlummernde kommunikative Potenziale zu erwecken. Einfach davon auszugehen, dass die KlientInnen selbst die Experten für die Problemlösungen sind (vgl. Kleve 2003, S. 11), lässt schnell übersehen, dass es oftmals erst eines „Beteiligungsempowerments" bedarf, bevor die entsprechende Artikulationsfähigkeit erreicht werden kann.
[56] Vgl. Hosemann/Geiling 2013, S. 152.
[57] Vgl. Schwing/Fryszer 2006, S. 104.

Co-Konstruktion zustande gekommen sind. Zuweilen werden Kontrakte als durchgängiges Arbeitsprinzip verwendet. Dann können etwa von Sitzung zu Sitzung kleine Arbeitsschritte in Form von Kontrakten vereinbart werden, können in der Folgesitzung im Blick auf die Zielsetzungen evaluiert und besprochen werden, gegebenenfalls aber auch zurückgenommen und ersetzt werden. Die „Kontraktkultur" verleiht der Beratungssituation wie auch den dort avisierten Vorhaben mehr Verbindlichkeit und „Würde".

Zielbewusstsein. Es ist ein allgemeines Ziel systemischer Beratung, für KlientInnen den „Möglichkeitsraum"[58] ihrer schon vorhandenen Potenziale zu erweitern. Dieses Ziel geht der Ressourcenorientierung voraus und es ist im Sinne des von Heinz von Foerster kreierten Leitsatzes (des ethischen Imperativs) zu verstehen: Handle stets so, dass die Anzahl der Wahlmöglichkeiten größer wird![59] Zielsetzungen im Rahmen systemischer Beratung sollten daher übergeordnet immer auf eine Erweiterung der Klientenpotenziale ausgerichtet sein. Zielsetzungen in der Beratung, die auf eine Einschränkung der Handlungsmöglichkeiten von KlientInnen („schwarze Pädagogik") zielen, sind einem konstruktivistischen Verständnis von menschlichem Wachstum entsprechend nicht mit einer systemischen Ethik vereinbar.

Die Erarbeitung von Zielen und die verbindliche Vereinbarung einer praktischen Zielorientierung ist die Voraussetzung für ein aktives Engagement der KlientInnen. Schon das Sprechen über Ziele bringt den Fokus auf lebensplanerische Dimensionen, die vielleicht in der alltäglichen Lebensführung der Betroffenen schon lange keine Rolle mehr gespielt haben, und schafft damit ein Reflexionsmoment, das den Blick wieder nach vorne richten lässt. Es ruft Bilder des idealen Selbstkonzepts in Erinnerung, die auf der Prämisse aufbauen, dass sich das Lebens gestalten lässt, und bringt schon so einen fundamentalen Aktivierungsimpuls hervor. Das Bewusstsein von Zielen richtet das Handeln auf die Zukunft aus und motiviert, die Lebensführung wieder stärker selbst in die Hand zu nehmen. Sehr gut lassen sich Ziele an die Zukunftsvisionen anschließen, die im lösungsorientierten Arbeiten entworfen worden sind.

Zielabsprachen und Vereinbarungspraxis. Die Erarbeitung von Zielen im Rahmen eines Interventionszusammenhangs ist ein Aushandlungsprozess, sie müssen auf Einsicht und Motivation beruhen, damit sich die KlientInnen damit identifizieren können. Zugleich wirkt in der Vereinbarung ein Moment sozialer Verbindlichkeit mit: Man sieht sich beobachtet und man will nicht enttäuschen. Dieses Quantum „Fremd-

---

[58] Haselmann 2007, S. 173.
[59] Foerster 1993, S. 234. Tsirigotis transformiert diesen Leitsatz auf Empowermentprozesse: „Handle so, dass du die Wahlmöglichkeiten deiner KlientInnen vergrößerst und sie ihre Wahl selbstentscheidend treffen und umsetzen können!" (Tsirigotis 2011, S. 162).

kontrolle" kann die Motivation da und dort im entscheidenden Maße fördern, um aktiv zu werden und durchzuhalten. Der Lohn hierfür ist soziale Anerkennung als Rückmeldung auf das Engagement hin. Sind die Ziele zu hoch gesteckt oder gehen sie an der Lebensrealität der KlientInnen vorbei (was man manchmal erst später bemerkt), muss die Möglichkeit bestehen, sie revidieren und neue Ziele ersatzweise zu vereinbaren. Wenn es in der Beratung von jungen Menschen in der Beschäftigungsförderung von zentraler Bedeutung ist, realistische Perspektiven für die berufliche Zukunft (Ausbildungs- oder Arbeitsplatzsuche) zu entwickeln und Schritte in die jeweilige Richtung unter Beachtung der reellen Bedingungen zu planen, so braucht es eine „Zielsystematik"[60], die unterschiedliche „Zielebenen" kennt und den personellen und sozialen Voraussetzungen der Betroffenen entsprechend eine Feingliedrigkeit von konkreten Schritten zur Zielerreichung hervorbringt, die Erfolge wahrscheinlich macht. Ziele sollten konkret, positiv formuliert und verbindlich sein.[61] Hilfreich ist auch, wie dies Neuffer beschreibt, ein System von „Indikatoren"[62] zu entwickeln, die beiden Seiten anzeigen, wann eine Veränderung erreicht ist. An ihnen wird der Nutzen der Hilfe ebenso ersichtlich wie die Entwicklung der Potenziale seitens der Jugendlichen. Hier ließen sich Ergebnisindikatoren formulieren, die sowohl die Fähigkeiten und Haltungen der Jugendlichen als auch die tatsächlichen Fortschritte bei der Integration in Arbeitstätigkeit und bei der Verbesserung sozialer Kontakte markieren. Solche Indikatoren lassen sowohl zu einem Leitziel (als Endergebnis: Abschluss einer Ausbildung), als auch zu einem Teilziel (etwa Entscheidung zu einer Ausbildung, Aufnahme der Ausbildung, Durchstehen von Motivationskrisen etc.) auf dem Wege zum Erfüllung des Leitziels als auch zu einzelnen Handlungszielen auf dem Wege zum Teilziel formulieren.[63]

---

[60] Vgl. Neuffer 2013, S. 117.
[61] Sie sollten, wie Bauer/Hegemann dies im Anschluss an Walter und Peller formulieren, „wohldefiniert" sein. Bauer und Hegemann zeigen auf, mit welchen Kontrollfragen solche Formulierungen sichergestellt werden können (vgl. Bauer/Hegemann 2008, S. 36 f.).
[62] Ebenda.
[63] 1999 hat das Bundesministerium für Familie, Senioren, Frauen und Jugend einen Leitfaden zur Zielentwicklung herausgegeben, der auf dem Modell einer systematischen Hierarchie von Handlungszielen, Teilzielen und Leitzielen beruht und der auch von Neuffer in seinem Konzept der Zielentwicklung verwendet wird. (vgl. Bundesministerium 1999).

4. Systemische Kompetenzen der Professionellen im Übergangssystem

Wenn für neue Orientierungen im Übergangssystem gefordert wird, dass die Maßnahmen und Interventionen stärker „vom Jugendlichen aus zu denken sind", dann wird hier eine für konstruktivistisch-systemische Sichtweisen immer schon vorausgesetzte Prämisse beschworen, die als Voraussetzung für die „Anschlussfähigkeit" von Interventionen gilt, dass nämlich für den Jugendlichen nur das vermittelbar ist, was an sein bisheriges Leben anknüpft, und dass das, was helfen soll, letztlich mit ihm selbst in Übereinstimmung mit seinen Erfahrungen und Bewertungen entwickelt werden muss. Diese Prämisse steht in logischer Konsequenz zu einer „biographieorientierten Berufswegebegleitung" (Bylinski)[64], die zu berücksichtigen hat, welche Sichtweisen und Motivationen Jugendliche mitbringen, welche Erfolgs- und Misserfolgserfahrungen sie gemacht haben und welche Stärken sie bei sich selbst erkennen. Aus dieser Perspektive lassen sich einige Kompetenzanforderungen für Professionelle im Bereich des Übergangssystems ableiten, von welchen wir abschließend im Folgenden unter den Stichwörtern „Systemische Beratungskompetenz", „Empowermentkompetenz" und "(Selbst)Reflexivität" drei herausgreifen wollen.

Systemische Beratungskompetenz. In den Beratungssituationen mit Jugendlichen und insbesondere im Case Management bedarf es beraterischer Kompetenzen, die einigermaßen gewährleisten können, dass zwischen den Beteiligten tragfähige und produktive Beziehungen entstehen können und dass damit eine kooperative Arbeitsbasis für eine nachhaltige Förderung der Jugendlichen geschaffen wird. Es besteht bei den Professionellen im Übergangssystem, wie in verschiedenen Studien festgestellt wurde[65], ein Mangel an Beratungskompetenz, der insbesondere die Sensibilität gegenüber den Lebenslagen der zu Beratenden betrifft.[66]

Systemische Beratungskompetenz richtet sich an der Selbstwahrnehmung der zu Beratenden aus und baut auf ihrem Selbstverständnis auf. Regelrechte „basics" dieser

---

[64] Was man darunter verstehen könnte, wird vielleicht in einem Beitrag von Bettina Völter deutlich, der sich auf „biographiesensible Zuwendung und Beratung" in Übergängen konzentriert und auch methodische Implikationen verdeutlicht (vgl. Völter 2014).

[65] Vgl. Hielscher/Ochs 2009, Ludwig-Mayerhofer u.a. 2009.

[66] Edgar Kemp sieht diese Qualifikation im Fallmanagement in der Beschäftigungsförderung in hohem Umfang als nicht gewährleistet und verweist darauf, dass kompetente MitarbeiterInnen hier „schnell in Teamleiterfunktionen (aufsteigen) und in der Basisarbeit (fehlen)" (Kemp 2007, S.449).

Kompetenzen sind die Fähigkeit, zuzuhören und dem Gegenüber einen möglichst großen Mitgestaltungsraum für das Gespräch zu lassen, ihn erzählen zu lassen, um seine „Geschichten" kennenzulernen, oder die Fähigkeit, offene Fragen zu stellen. Systemische Berater müssen in der Lage sein, Erwartungen, Anliegen und Aufträge zu klären, Kontexte[67] zu analysieren, Probleme zu würdigen, Kontrakte zu schließen, Hypothesen zu bilden, systemische Fragetechniken anzuwenden, neue Erfahrungsräume zu erschließen, Fortschritte festzustellen, Visionen zu erarbeiten und vieles mehr, was wir hier nicht darstellen können.[68] Es wäre wünschenswert, dass BeraterInnen in der Beschäftigungsförderung im Kompetenzbereich der systemischen Beratung weitergebildet würden.

Empowermentkompetenzen. Auf der Grundlage eines systemisch-konstruktivistischen Paradigmas ergeben sich in pädagogischer Hinsicht eine Reihe von methodischen Implikationen, die sich im Wesentlichen aus dem Autopoiese-Konzept und insbesondere aus der Tatsache der Strukturdeterminiertheit kognitiver Systeme ableiten lassen. Zugleich berücksichtigt dieses Paradigma, dass Lebewesen ihre Strukturen in Transaktion mit spezifischen sachlichen, kulturellen und sozialen Umwelten herausbilden und die „Viabilität"[69] ihrer Lösungen durch die Bedingungen in diesen Umwelten beschränkt wird. Pädagogisches Handeln zielt in diesem Selbstverständnis auf die Förderung der kognitiven Komplexität und Flexibilität von Subjekten in ihren verschiedenen psychologischen Vermögensbereichen (Wahrnehmungs- und Denkschemata, Einstellungen und Haltungen, Motivation und Willensbildung), auf die Erschließung und Nutzung förderlicher Umweltressourcen und auf die Verbesserung sozialer Integrations- und Unterstützungsbedingungen. Hier findet sich eine Systematik wieder, die auch in der Ressourcentheorie in gewissen Varianten anzutreffen ist und im Kern auf drei Ressourcenbereiche abhebt, nämlich personale, soziale und strukturelle Ressourcen. Ein *ressourcenorientiertes* Empowerment ist entsprechend darauf ausgerichtet, diese Ressourcenfelder in Augenschein zu nehmen und verschiedentlich Verbesserungen der Ressourcenlage für die KlientInnen zu erreichen. Ein ausdifferenziertes Modell eines solchen Empowerments findet sich etwa bei Sohn.[70]

---

[67] Vgl. einführend und übersichtlich etwa Kleve 2011.
[68] Einen guten Überblick über systemische Beratungskompentenzen wie auch -methoden geben die Arbeiten von Bamberger 2005, Brüggemann/Ehret-Ivankovic/Klütmann 2012 und Radatz 2013.
[69] Vgl. Krieger 2012.
[70] Sohns 2007.

Empowermentkompetenz beschreibt aber nicht allein einen analytischen Blick auf die Ressourcenlage von KlientInnen, sondern auch eine reflexive Haltung seitens der Professionellen gegenüber ihren eigenen Anregungen und Interventionen. Es gilt hier, Prozesse unmittelbarer oder mittelbarer Bevormundung der Klientel durch die eingebrachten Impulse aufzuspüren und ihre Wirkungen zu rekonstruieren. Was den Betroffenen nur „aufgesetzt" wurde, wird bald abgeworfen sein und sie nicht weiter tragen. Zur Empowermentkompetenz gehört daher auch die Bereitschaft, das „Eingebrachte" immer wieder auf seine Anschlussfähigkeit an die Deutungsmuster und Lebenswelten der KlientInnen zu überprüfen und selbstkritisch wieder zur Disposition zu stellen. Diese Haltung muss auch in die Gesprächsführung der Beratenden eingehen.[71]

(Selbst)Reflexivität. Zu den systemischen Kompetenzen gehört auch eine Haltung der grundsätzlichen Skepsis gegenüber den eigenen Wahrnehmungs- und Deutungsmustern, Einstellungen und Haltungen. Das Wissen um die Diversität kognitiver Strukturen bei verschiedenen Subjekten bildet die Grundlage dieser Skepsis. Die Anerkennung der prinzipiellen „Anderheit" oder „Fremdheit" des/der Anderen indiziert vor allem zwei Konsequenzen: a) ein aktives Bemühen um reflexive Vergegenwärtigung der eigenen Denk-, Wahrnehmungs- und Verhaltensschemata und b) methodische Konsequenzen der Zurückhaltung hinsichtlich eigener Normalitätsvorstellungen und Erklärungsschemata in der Kommunikation mit den KlientInnen.

Vor der Hintergrund der Forderung nach einer „benachteiligungssensiblen Betrachtungsweise" (Kruse) betont Bylinski die Bedeutung der Fähigkeit zur Selbstreflexion für das professionelle Handeln im Übergangssystem. In einer benachteiligungssensiblen Betrachtungsweise „soll sich abbilden, wie insbesondere Risikogruppen, -situationen und -bereiche von den pädagogisch Handelnden identifiziert werden und wie dies im Kontext einer biographischen Berufswegebegleitung aufgegriffen werden kann"[72]. Hier sollten insbesondere die Perzepte von „Benachteiligung", die auch im Fachdiskurs allzuleicht zum Klischee geraten, auf ihre Voraussetzungen überprüft werden, da Stereotypen von „Benachteiligten" sehr wahrscheinlich den Blick aufs Defizitäre verengen und damit auch die Handlungsoptionen unangemessen beschränken. Aus systemisch-konstruktivistischer Sicht sind vorschnelle Expertenurteile und Problemkategorisierungen einschränkende Konstruktionen, die der Beratung ein Korsett von Denkverboten und logischen Verordnungen überziehen. In reflexiver Hin-

---

[71] Vgl. Krieger 2011.
[72] Bylinski 2012, S. 35. Zur Kritik an einem defizitorientierten Benachteiligungsbegriff vgl. Christe 2002, S. 129 f.

sicht sind Widerstände der zu Beratenden möglicherweise ein Indiz dafür, dass erarbeitete Zielsetzungen oder Maßnahmen an der Lebensrealität und den Lebensentwürfen der Betroffenen vorbeigehen.

In methodischer Hinsicht ist grundsätzlich ein strategischer Wechsel von belehrenden oder gar vorschreibenden Instruktionen hin zu erkundenden und konsensbildenden Prozessen zu verfolgen. Das konstruktivistische Diktum der Nichtinstruierbarkeit autopoietischer Systeme erteilt allen Hoffnungen, dass zu Beratende durch gründliche Argumentation nachhaltig zu überzeugen seien, geschweige denn an solchen Überzeugungen ihr künftiges Handeln ausrichten würde, ein Absage. Alle Schritte zur Veränderung und zur Initiative müssen die zu Beratenden selber gehen. Der Weg, zu gemeinsamen Deutungen zu kommen, kann nur der Weg des dialogischen Verstehens sein und der Weg, zu konsentischen Entscheidungen zu kommen, kann nur der Weg geteilten Willens sein.

Literatur

Arbeitsgemeinschaft Weinheimer Initiative (Hrsg). (2013). Lokale Bildungsverantwortung. Kommunale Koordinierung beim Übergang von der Schule in die Arbeitswelt. Stuttgart.

Autorengruppe Bildungsberichterstattung (2010): Bildung in Deutschland 2010. Ein indikatorengestützter Bericht mit einer Analyse zu Perspektiven des Bildungswesens im demographischen Wandel. Bielefeld.

Autorengruppe BIBB/Bertelsmann Stiftung (2011): Reform de Übergangs von der Schule in die Berufsausbildung. Aktuelle Vorschläge im Urteil von Berufsbildungsexperten und Jugendlichen. Bonn, Gütersloh.

Bamberger, Günter G. (2005): Lösungsorientierte Beratung: Praxishandbuch. 3. Aufl. Weinheim/Basel: Beltz.

Bauer, Christiane/Hegemann, Thomas (2008): Ich schaffs! – Cool ans Ziel. Das lösungsorientierte Programm für die Arbeit mit Jugendlichen., Heidelberg: Carl Auer.

Bandura, Albert (1977): *Self-Efficacy: Toward a Unifying Theory of Behavioral Change. Psychological Review*, 84 (2), S. 191-215.

Bandura, Albert (1997): Self-efficacy: The exercise of control. New York: Freeman.

Balz, H.-J. (2004): Berufswelt im Wandel – Möglichkeiten und Grenzen systemischen Denkens in der Berufs- und Laufbahnberatung. *Erziehungswissenschaft und Beruf*, H.2, S. 235-249.

Balz, H.-J. (2005): Berufs- und Laufbahnberatung – Beitrag einer systemischen Perspektive. *Zeitschrift für Berufs- und Wirtschaftspädagogik*, H. 3, S. 379-395.

Bertelsmann Stiftung (2010): Eckpunkte der Initiative „Übergänge mit System". Eckpunkte aus den beteiligten Ländern: Baden-Württemberg, Berlin, Hamburg, Nordrhein-Westfalen, Sachsen, Bielefeld.

BIBB-Datenreport (2010): Internetversion des BIBB-Datenreports zum Berufsbildungsbericht 2010 - Informationen und Analysen zur Entwicklung der beruflichen Bildung. Hrsg.: Bundesinstitut für Berufsbildung, Bonn, http://datenreport.bibb.de/html/1229.htm.

BIBB-Datenreport (2012): Internetversion des BIBB-Datenreports zum Berufsbildungsbericht 2012 - Informationen und Analysen zur Entwicklung der beruflichen Bildung. Hrsg.: Bundesinstitut für Berufsbildung, Bonn, http://datenreport.bibb.de/html/4789.htm.

Brüggemann, Helga/Ehret-Ivankovic, Kristina/Klütmann, Christopher (2012): Systemische Beratung in fünf Gängen. Ein Leitfaden. 4. Aufl. Göttingen: Vandenhoeck & Ruprecht.

Bührmann, Thorsten (2008): Übergänge in sozialen Systemen. Weinheim/Basel: Beltz.

Bührmann, Thorsten/Wiethoff, Christoph (2013): Erfolgreiche Berufsorientierung für Jugendliche. Forschungsergebnisse und Handlungsempfehlungen für Schule und sozialpädagogische Praxis. Paderborn: In Via.

Bundesministerium für Familie, Senioren, Frauen und Jugend Hrsg.) (1999): Zielfindung und Zielklärung – ein Leitfaden. Materialien zur Qualitätssicherung in der Kinder- und Jugendhilfe, H. QS 29, Bonn.

Bylinski, Ursula (2012): Anforderungen an die Professionalität des Bildungspersonals im Übergang von der Schule in die Arbeitswelt – Ergebnisse aus dem Forschungsprojekt des BIPP. In: Loebe, Herbart/Severing, Eckart (Hrsg.): Jugendliche im Übergang begleiten. Konzepte für die Professionalisierung des Bildungspersonals. Bielefeld: Bertelsmann, S. 33-49.

Bylinski, Ursula u.a. (2013): Anforderungen an die Professionalität des Bildungspersonals im Übergang von der Schule in die Arbeitswelt. Abschlussbericht. Bonn: BIBB.

Christe, Gerhard (2002): Perspektiven benachteiligter Jugendlicher jenseits des regulären Arbeitsmarktes und traditioneller Berufsorientierung. Fähigkeiten und Kompetenzen für die Alltagsbewältigung. In: Stark, Werner/Fitzner, Thilo/Schubert, Christoph (Hrsg.): Jugendberufshilfe im Dilemma. Eine Fachtagung. Evang. Akad. B ad Boll. 4. Aufl. Stuttgart: Klett, S. 129-137.

DeStatis (2013): Berufsbildung auf einen Blick. Hrsg. Vom Statistischen Bundesamt, Wiesbaden. Internet: https://www.destatis.de/DE/Publikationen/ Thematisch/BildungForschungKultur/BeruflicheBildung/BerufsbildungBlick 0110019129004.pdf?__blob=publicationFile

Dobischat R, Kühnlein G, Schurgatz R (2012) Ausbildungsreife. Ein umstrittener Begriff beim Übergang Jugendlicher in eine Berufsausbildung. Hans-Böckler-Stiftung, Düsseldorf.

Eberhard, Verena (2006): Das Konzept der Ausbildungsreife – ein ungeklärtes Konstrukt im Spannungsfeld unterschiedlicher Interessen (Wissenschaftliche Diskussionspapiere des Bundesinstituts für Berufsbildung, H. 83). Bonn.

Elster, Frank (2013): Pädagogik des Übergangs. In: Maier, Maja S./Vogel, Thomas (Hrsg.): Übergänge in eine neue Arbeitswelt. Blinde Flecke der Debatte zum Übergangssystem Schule-Beruf. Wiesbaden: Springer, VS, S. 298-306.

Flammer, August (1990): Erfahrung der eigenen Wirksamkeit. Einführung in die Psychologie der Kontrollmeinung. Bern: Huber.

Foerster, Heinz von (1993): Wissen und Gewissen. Versuch einer Brücke. Hrsg. v. Siegfried J. Schmidt. Frankfurt am Main: Suhrkamp.

Fröhlingsdorf, Michael u.a. (2009): Im Dschungel. Hunderttausende Jugendliche finden keinen Ausbildungsplatz, sondern drehen Warteschleifen in Fördermaßnahmen. In: *Der Spiegel*, H. 51, S. 40 f.

Haselmann, Sigrid (2007): Systemische Beratung und der systemische Ansatz in der Sozialen Arbeit. In: Michel-Schwartze, Brigitta (Hrsg.): Methodenbuch Soziale Arbeit. Basiswissen für die Praxis. Wiesbaden: VS, S. 153-206.

Hielscher, V./Ochs, P. (2009): Arbeitslose als Kunden? Beratungsgespräche in der Arbeitsvermittlung zwischen Druck und Dialog. Berlin: Sigma.

Hille, Jürgen (2007): Kritische Anmerkungen zum Casemanagement. http://edoc.sub.uni-hamburg.de/haw/volltexte/2007/115/pdf/Hille_Kritische_Anmerkungen_zum_Case_Management.pdf

Hinte, Wolfgang (2007): Wer beteiligt wen? Willen und Wünsche im Case Management. *Soziale Arbeit*, H.11+12, S. 425-432.

Hosemann, Wilfried (2011): Systemisches Vorgehen bei Sozialpädagogischer Intensivbetreuung. In: Müller, Matthias/Bräutigam, Barbara (Hrsg.): Hilfe, sie kommen! Systemische Arbeitsweisen im aufsuchenden Kontext. Heidelberg: Carl Auer, S. 100-109.

Hosemann, Wilfried/Geiling, Wolfgang (2013): Einführung in die Systemische Soziale Arbeit. München/Basel: Reinhardt.

Iris E.V. Dresden (Hrsg.): Professionalisierung des Systems der Berufsorientierung im Freistaat Sachsen. Bericht C1/C2: Internationale Fallstudien, Nationales Fallstudien, Ist-Stand Sachsen, unveröffent. Forschungsbericht, Dresden.

Jugendstiftung (Hrsg.) (2011): Stärken erkennen, Kompetenzen stärken, Qualifikationen nachweisen. Internet: http://jugendstiftung.de/fileadmin/Dateien/ Staerkenheft.pdf.

Junge, Annette/Dorsch-Beard, Karin/Freckmann, Brigitta (2012): Jugendliche im Übergang begleiten: Handlungsfelder und Anforderungen. In: Loebe, Herbart/Severing, Eckart (Hrsg.): Jugendliche im Übergang begleiten. Konzepte für die Professionalisierung des Bildungspersonals. Bielefeld: Bertelsmann, S. 7-31.

Kemp, Edgar (2007): Fallmanagement in der Beschäftigungsförderung. *Soziale Arbeit* H.11+12, S. 448-449.

Klemenz, Bodo (2007): Ressourcenorientierte Erziehung. Göttingen: dgvt.

Kleve, Heiko (2003): Systemisches Case Management. Aachen.

Kleve, Heiko (2011): Systemische Kontextklärung. Fragestellungen für die Kontextualisierung während der Falleinschätzung. In: Ders. (Hrsg.): Systemisches Case Management. Falleinschätzung und Hilfeplanung in der Sozialen Arbeit. 3. Aufl. Heidelberg: Carl Auer, S. 91-103.

König, Eckard (2005): Das Systemmodell der Personalen Systemtheorie. König, E./Volmer, G. (Hrsg.): Systemisch denken und handeln. Weinheim/Basel: Beltz, S. 11-32.

König, Eckard/Bührmann, Thorsten (2005): Berufseinstieg als Wechsel sozialer Systeme. In: König, Eckard/Volmer, Gerda (Hrsg.): Systemisch denken und handeln. Weinheim/Basel: Beltz, S. 229-242.

Krekel, Regina/Dionisius, Elisabeth M. (2014): Zur Bedeutung und künftigen Entwicklung des Übergangsbereichs – Welche Informationen liefert die integrierte Ausbildungsberichterstattung (iABE)? In: Ahrens, Daniela (Hrsg.): Zwischen Reformeifer und Ernüchterung. Übergänge in beruflichen Lebensläufen. Wiesbaden: Springer, S. 35-54.

Krieger, Wolfgang (2008): Systemisch-konstruktivistische Gesprächsführung – Kommunikationsgrundlagen und Beratungsprinzipien. In: Götzelmann, Arnd (Hrsg.): Seelsorge systemisch gestalten. Konstruktivistische Konzepte für die Beratungspraxis in Kirche, Diakonie und Caritas, Norderstedt: Books on Demand, S. 151-174.

Krieger, Wolfgang (2010a): Systemische Ansätze im Überblick und ihre Anwendungen in der Sozialen Arbeit. In: Ders. (Hrsg.): Systemische Impulse. Theorieansätze, neue Konzepte und Anwendungsfelder systemischer Sozialer Arbeit. Stuttgart: ibidem, S. 25-70.

Krieger, Wolfgang (2010b): Die Pluralität systemischer Ansätze in der Sozialen Arbeit. Grundlagen, historische Linien, Entwicklungsprozesse und Forschungsperspektiven. In: Gahleitner, Silke Brigitta u.a. (Hrsg.): Disziplin und Profession Sozialer Arbeit. Entwicklungen und Perspektiven. Theorie, Forschung und Praxis Sozialer Arbeit, Bd. 1. Opladen & Farmington Hills: Barbara Budrich, S. 139 – 152.

Krieger, Wolfgang (2011): Empowerment durch systemisch-konstruktivistische Gesprächsführung im Gesundheitswesen. In: Министерстьо образоьания и науки РФ Башкирский государсвенный университет: Социальто-медицинская работа состояниею, проблеми и перспективы разьития ь соьременном общестье. Том II. Уфа РИЦ БашГУ 2011, Ufa (Russ. Föderation), C. 135-151.

Krieger, Wolfgang (2012): Stichwort „Viabilität". Lexikon des systemischen Arbeitens. Grundbegriffe der systemischen Praxis, Methodik & Theorie. Hrsg. v. H. Kleve und J.V. Wirth. Heidelberg: Carl Auer, S. 447-451.

Kruse, Wilfried u.a. (2010): Jugend: von der Schule in die Arbeitswelt. Bildungsmanagement als kommunale Aufgabe. Stuttgart : Kohlhammer, 2010.

Ludwig-Mayerhofer, W./Behrend, O./Sondermann, A. (2009): Auf der Suche nach der verlorenen Arbeit. Arbeitslose und Arbeitsvermittler im neuen Arbeitsmarkt. Konstanz: UVK.

Luhmann, Niklas (2000): Vertrauen. Ein Mechanismus der Reduktion sozialer Komplexität, Stuttgart: Lucius & Lucius.

Mack, Wolfgang 82013): Riskante Übergangsprozesse Bildungs- und bewältigungstheoretische Überlegungen. In: Maier, Maja S./Vogel, Thomas (Hrsg.): Übergänge in eine neue Arbeitswelt. Blinde Flecke der Debatte zum Übergangssystem Schule-Beruf. Wiesbaden: Springer, VS, S. 323-333.

Maturana, Humberto (1983): Erkennen: Die Organisation und Verkörperung von Wirklichkeit. Ausgewählte Arbeiten zur biologischen Epistemologie, Braunschweig: Vieweg.

Maturana, Humberto (1990): Biologie der Sozialität. In: Schmidt, Siegfried J. (Hrsg.): Der Diskurs des Radikalen Konstruktivismus. Frankfurt am Main: Suhrkamp, S. 287-302.

Metzger, Hans-Dieter (2012): Das Nürnberger Modell: Ein abgestimmtes Konzept des Übergangsmanagements. In: Loebe, Herbart/Severing, Eckart (Hrsg.): Jugendliche im Übergang begleiten. Konzepte für die Professionalisierung des Bildungspersonals. Bielefeld: Bertelsmann, S. 63-74.

Michel-Schwartze, Brigitta (2010): Wirklichkeitskonstruktionen durch beschäftigungsorientiertes Fallmanagement – eine Wegweisung für Soziale Arbeit? In: Dies. (Hrsg.): „Modernisierungen" methodischen Handelns in der Sozialen Arbeit. Wiesbaden: VS, S.323-346.

Ministerium für Arbeit, Integration und Soziales des Landes Nordrhein-Westfalen Hrsg.) (2013): Kein Abschluss ohne Anschluss – Übergang Schule – Beruf in NRW. Zusammenstellung der Instrumente und Angebote. Düsseldorf. Internet: http://www.arbeit.nrw.de/pdf/ausbildung/uebergang_gesamtkonzept_ instrumente.pdf.

Monzer, Michael (2013): Case Management Grundlagen. Heidelberg: medhochzwei.

Moor, Paul (1965): Heilpädagogik. Ein pädagogisches Lehrbuch. Bern/Stuttgart: Huber.

Münk, Dieter (2009): Berufliche Bildung im Labyrinth des pädagogischen Zwischenraums: Von Eingängen, Ausgängen, Abgängen – und von Übergängen, die keine sind. In: Münk, Dieter/Rützel, Josef/Schmidt, Christian (Hrsg.): Labyrinth Übergangssystem. Bonn, S. 31-52.

Mutzeck, Wolfgang (2008): Kooperative Beratung. Grundlagen, Methoden, Training, Effektivität. 6. überarb. Aufl. Weinheim/Basel: Beltz.

Neuffer, Manfred (2007): Beziehungsarbeit im Case Management. in: *Soziale Arbeit,* Heft 11+12, S. 417-424.

Neuffer, Manfred (2013): Case Management. Soziale Arbeit mit Einzelnen und Familien. 5. Aufl. Weinheim/Basel: Beltz Juventa.

Oehme, Andreas (2013): Übergangsmanagement. In: Schröer, Wolfgang u.a. (Hrsg.): Handbuch Übergänge. Weinheim/Basel: Beltz, S. 791-809.

Osthoff, Ralf (2010): Systemisch-konstruktivistisches Denken und Handeln in der Beschäftigungsförderung. Ausgangslage – Ansatzpunkte – Perspektiven. In: Krieger, Wolfgang (Hrsg.): Systemische Impulse. Theorieansätze, neue Konzepte und Anwendungsfelder systemischer Sozialer Arbeit. Stuttgart: ibidem, S. 230-251.

Potreck-Rose, Friederike (2003): Selbstzuwendung, Selbstakzeptanz, Selbstvertrauen. Psychotherapeutische Interventionen zum Aufbau von Selbstwertgefühl. Stuttgart: Klett-Cotta.

Radatz, Sonja (2013): Beratung ohne Ratschlag. Systemisches Coaching für Führungskräfte und Berater. Wien: Verlag Systemisches Management.

Schlippe, Arist von/Schweitzer, Jochen (2013): Lehrbuch der systemischen Therapie und Beratung. Das Grundlagenwissen. 2. Aufl. Göttingen: Vandenhoeck & Ruprecht.

Schütz, Astrid (2003): Psychologie des Selbstwertgefühls von Selbstakzeptanz bis Arroganz. 2. Aufl. Stuttgart: Kohlhammer.

Schwarzer, Ralf/Jerusalem, Matthias (2002): Das Konzept der Selbstwirksamkeit. In: Jerusalem, Matthias/Hopf, Diether (Hrsg.): Selbstwirksamkeit und Motivationsprozesse in Bildungsinstitutionen. *Zeitschrift für Pädagogik* (Beiheft), 44, S. 28-53.

Schwing, Rainer/Fryszer, Andreas (2006): Systemisches Handwerk. Werkzeug für die Praxis. Göttingen: Vandenhoeck & Ruprecht.

Sell, Stefan (2011): auswege aus dem labyrinth des „übergangssystems ". Internet: http://www.kas.de/upload/dokumente/2011/11/Aufstieg_Aus-Bildung/ Aufstieg_Aus-Bildung_4-4.pdf

Sohns, A. (2007): Empowerment als Leitlinie Sozialer Arbeit. In: Michel-Schwartze, Brigitta: Methodenbuch Soziale Arbeit. Wiesbaden: VS, S. 73-100.

Stomporowski, Stephan (2014): Und Sie bewegt sich doch" - Das Hamburger Ausbildungsmodell und die Veränderungen im Übergangssystem. In: Ahrens, Daniela (Hrsg.): Zwischen Reformeifer und Ernüchterung. Übergänge in beruflichen Lebensläufen. Wiesbaden: Springer, S. 121-143.

Sturm, Hartmut u.a. (Hrsg.) (2011) Übergangssystem Schule – Beruf in Hamburg: Entstehung und Herausforderungen. Hamburg: Berufsbildungswerk Hamburg.

Tsirigotis, Cornelia (2011): Empowermentprozesse anregen – fördern – begleiten. Systemische Arbeitsweisen. In: Lenz, Albert (Hrsg.): Empowerment. Handbuch für die ressourcenorientierte Praxis. Tübingen: dgvt, S. 161-182.

Völter, Bettina (2014): Übergänge in Lebensgeschichten. Biographiesensible Zuwendung und Beratung. In: Lorenzen, Jule-Marie/Schmidt, Lisa-Marian/Zifunon, Darius (Hrsg.): Grenzen und Lebenslauf. Beratung als Form des Managements biographischer Übergänge. Weinheim/Basel: Beltz Juventa, S. 262-283.

Walther, Andreas/DuBois-Reymond, Manuela/Biggart, Andy (2006) (Hrsg.): Participation in transition. Motivation of young adults in Europe for learning and working. Frankfurt a.M.: Lang.

Weishaupt, Horst u.a. (2012): Optimierung des Übergangsbereichs in Hessen. Wiesbaden. Internet: http://www.wirtschaft.hessen.de/irj/HMWVL_Internet? cid=2863007461af1336f399d02a9f7ccee8 [Zugriff 1.9.2012]

Wendt, Wolf Rainer (2007): Wo bleibt die Beziehung? in Case Managment, Heft 1/2007.

Wiethoff, C. (2011): Übergangscoaching mit Jugendlichen. Wirkfaktoren au Sicht der Coachingnehmer beim Übergang von der Schule in die Ausbildung. Wiesbaden: VS.

Williams, Antony: Visual and active supervision. London 1995.

Stephan Ellinger

Kontradiktische Beratung von Jugendlichen im Übergang Schule – Beruf

1. Problemfeldsichtung

Es soll im Folgenden um die Spezifizierung eines Beratungskonzeptes im Blick auf eine eingegrenzte Zielgruppe gehen. Damit sind zugleich eine Handvoll Fragen aufgeworfen, die im Vorfeld der beiden Schwerpunktthemen *Kontradiktische Beratung* und *Jugendliche im Übergang Schule – Beruf* geklärt werden müssen. In einem ersten Schritt werden deshalb vorab drei strukturgebende Thesen begründet:

a) Hilfreiche Beratung von Jugendlichen sollte die jeweilige Lebensphase angemessen würdigen. Hierzu sind neben den verschiedenen Bezugssystemen insbesondere *entwicklungspädagogische Aspekte* maßgeblich. Jugendliche stehen oft – abgesehen von bedrängenden Lebensumständen – altersbedingt vor großen Herausforderungen. Eine angemessene Beratung berücksichtigt lebensphasenbezogene Spezifika.

b) Hilfreiche Beratung von Jugendlichen muss *mit gebrochenen Lebensverläufen* rechnen – und darf nicht normativ vorgehen. In den Lebensläufen ratsuchender Jugendlicher im Übergang zu Arbeit und Beruf sind häufig Brüche zu beschreiben, die eine berufliche Eingliederung schwierig machen. Im Bundesdurchschnitt verlassen allein rund 7% der Jugendlichen die Schule ohne Abschluss. In einigen Bundesländern verfügen bis zu 14% der Jugendlichen nicht über einen Schulabschluss. Eine angemessene Beratung berücksichtigt vorhandene Maßnahmenangebote und stellt individuell alternative Überlegungen an. Hieraus leitet sich eine dritte Forderung ab.

c) Hilfreiche Beratung von Jugendlichen muss *pädagogische Beratung* sein und darf sich nicht auf Auskunfts- oder Informationstätigkeiten beschränken. Pädagogische Beratung fokussiert nicht das vordergründige Problem als solches, sondern transformiert dieses in einen größeren Zusammenhang, um das bestehende *Lebensproblem* des Einzelnen zu bearbeiten. So verstandene Beratung motiviert den Ratsuchenden schließlich, sich für veränderte Strukturen einzusetzen. Im Fall des Übergangs Schule – Beruf wird es darum gehen, an der Auflösung destruktiver Zeitmaßgaben des Lernens zu arbeiten. Gering qualifizierte Jugendliche sind im tradierten Übergangssystem vom Diktat einer vorgegebenen „richtigen Zeit fürs Lernen" betroffen, das häufig dem individuellen Zugang in Arbeit und Beruf im Weg steht. Lebenslanges Lernen und Qualifizieren sollte auch denjenigen Jugendlichen offen stehen, die in der staatlich verordneten Lernphase innerhalb der ersten 21 Jahre ihres Lebens nicht erfolgreich waren. Deshalb ist die Einführung einer lebensbegleitenden Sonderberufsschule unabdingbar.

1.1 Entwicklungspädagogische Perspektive auf die Lebenssituation der Jugendlichen

Aus pädagogischer Sicht lässt sich der Lebenslauf als eine Abfolge von Lebensaltern beschreiben. Hierzu gehören das Säuglings-, Kleinkind- und Kindergartenalter (Familienerziehung), das Schulkind-, frühe Jugend- und Jugendalter (Schulerziehung), sowie das frühe, mittlere und das späte Erwachsenenalter (Selbsterziehung). In den verschiedenen Lebensaltern werden die spezifischen Lerninhalte angeeignet und in jeder Phase wird vom Prozess des lebenslangen Lernens als dem *der Erziehung* gesprochen – unabhängig vom Alter des Edukanden.[73] Als Schwerpunktlernbereiche gelten *Können, Wissen* und *Wollen*. Blickt man also genauer auf die Lebenssituation eines Menschen, lassen sich Aussagen darüber treffen, was bisher gelernt wurde und was nicht, was noch zu lernen nötig wäre und was noch in Zukunft gelernt werden soll. Bei der Bewertung von Versagen ist bedeutend, ob nicht *gekonnt*, nicht *gewusst* oder nicht *gewollt* wurde. Darüber hinaus lassen sich aktuelle Lernhemmungen sowohl vertikal (in lebensaltersspezifischer Hinsicht), als auch horizontal (mit Hinblick auf die Lernbereiche Können, Wissen und Wollen) verorten und können entsprechende Hilfen oder Beratungsinhalte abgeleitet werden.

Mit dieser pädagogisch inspirierten Konzeptualisierung von Lebensaltern einerseits und den Lernbereichen andererseits entfaltet sich eine Theorie der pädagogischen Entwicklungslinien:

---

[73] Vgl. Oelkers 2009, S. 251.

- Die Entwicklungslinie des Könnens – Von der Regulation der Körperfunktionen bis zur verkörperten Handlungsfähigkeit.
- Die Entwicklungslinie des Wissens – Von den „Regeln des Hauses" zum reflexiven Tatbestandswissen.
- Die Entwicklungslinie des Wollens – Von Bindung und Autonomie bis zur konkreten Lebensgestaltung und zu Willenseinstellungen.

Im Folgenden werden tabellarisch und beispielhaft zentrale Lernaufgaben der Familienerziehung, der Schulerziehung und der Selbsterziehung zusammengefasst.

Orte der Erziehung / Lerndimensionen	Familienerziehung (Säuglings-, Kleinkind-, Kindergartenalter)	Schulerziehung (Schul-, frühes Jugend-, Jugendalter)	Selbsterziehung (frühes Erwachse- nen-, Erwachsenen-, spätes Erwachse- nenalter)
Können	Laufen und Sprechen, Grobmotorik	Feinmotorische Fertig- keiten und Ordnungssinn	Körperwahrnehmung und Körperpflege
Wissen	Regeln des Hauses; Soziales Miteinander	Lesen, Rechnen und Schreiben; Spezifisches Fachwissen; Lebensstile	Reflexive Kenntnisse; Umgang mit Proble- men
Wollen	Trotz und Autonomie- entwicklung; Ingroup-outgroup; Milieu und Werte	Disziplin; Lernen lernen; Neue Welten und Kulturen; andere Werte	Lebensform und Willenseinstellungen; Wahrnehmungs- veränderung

Tabelle 1: Exemplarische Lernthemen im Lebensverlauf[74]

Ohne Zweifel haben alle Lerndimensionen in allen Lebensphasen Bedeutung. Allerdings verschieben sich die Anteile am Gesamtlernvolumen. So geht es in der *Familienerziehung* überwiegend um ein Einüben in Fertigkeiten (Können). Die Themen dieses Lernens reichen vom Abstimmungsprozess zwischen den Eltern und dem Säugling über das Sprechen- und Laufen-Lernen, bis hin zum Erlernen einer Schleife an den Schuhen. Gelernt wird überwiegend durch Nachahmung und Übung. In der *Schulerziehung* geht es nun darum, dass sich das Kind und der Jugendliche ein Sachwissen über die Welt aneignet und zugleich das Lernen selbst erlernt. Vordergründig liegt das zentrale Ziel der Schulerziehung im Lesen-, Schreiben- und Rechnen-Lernen. Gelernt wird hier überwiegend durch Unterrichtung. In diesem Lernen-Lernen entsteht eine Grundhaltung zur Selbstüberwindung, zur Anstrengung, zur

---

[74] Vgl. Ellinger/Hechler 2013.

Selbstwirksamkeit und zur Disziplin. Die *Selbsterziehung* schließlich hat im Wesentlichen die Ausbildung von persönlichen Haltungen und Einstellungen (Wollen) zum Gegenstand. Der Mensch weiß nun einiges und kann auch vieles und ist mit der Tatsache konfrontiert, Entscheidungen für sein (künftiges) Leben zu treffen. Für gute Entscheidungen bedarf es nicht nur eines gehörigen Maßes an Wissen und Können, sondern auch konstruktiver Einstellungen zu sich, zu den Anderen und zur Welt. In vielen Fällen reichen die erworbenen Wissensbestände, Fertigkeiten und Haltungen des Jugendlichen aus, um das Leben nun zu meistern. In einigen Situationen wird aber deutlich, dass der Jugendliche auf die Phase der Selbsterziehung nicht ausreichend vorbereitet ist. Er ist überfordert, findet keine Struktur und verliert mehr und mehr den Boden unter den Füßen. Obwohl „Fremderziehung" (Familie und Schule) abgeschlossen ist, sucht der Mensch einen Reflexionspunkt außerhalb seiner selbst. In diesem Sinne wird dann die Beratung als ein Mittel der Selbsterziehung notwendig. Der Jugendliche sucht in dieser Phase nicht in erster Linie eine Auskunft, den Verweis auf systemische Institutionen oder rechtliche Möglichkeiten, sondern eine Hilfe zur Selbsterziehung – eine pädagogische Aufarbeitung des vorhandenen Lerndefizits, das durch eine nicht-bewältigte Lebensproblematik offensichtlich wurde.

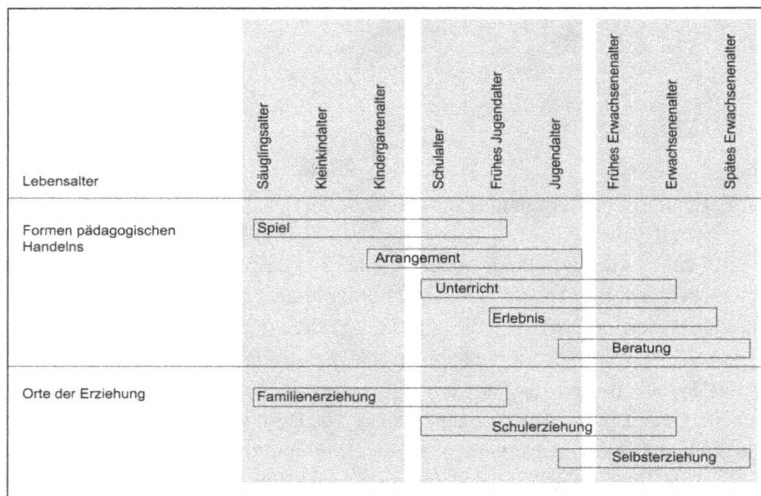

Lebensalter	Säuglingsalter	Kleinkindalter	Kindergartenalter	Schulalter	Frühes Jugendalter	Jugendalter	Frühes Erwachsenenalter	Erwachsenenalter	Spätes Erwachsenenalter
Formen pädagogischen Handelns	Spiel								
		Arrangement							
			Unterricht						
			Erlebnis						
						Beratung		
Orte der Erziehung	Familienerziehung								
			Schulerziehung						
						Selbsterziehung		

Abb. 1: Die Funktion der Pädagogischen Beratung im Lebenslauf [75]

---

[75] Aus: Ellinger/Hechler 2012, S. 276.

1.2 Gebrochene Lebensläufe

Verschiedene Verbleibstudien zeigen, dass gering qualifizierte Jugendliche aus sozial benachteiligenden Kontexten in ihrem Lebenslauf häufig beachtliche Brüche aufweisen.[76] Mitunter liegen im Anschluss an die Phase des Schulbesuchs so genannte „Maßnahmen-Karrieren" hinter ihnen und sind tief sitzende Frustrationen und ein negatives Selbstkonzept verankert. Dagmar Orthmann analysierte retrospektiv den beruflichen Werdegang von 17 Mädchen mit Lernbeeinträchtigungen und zeigt, dass die nachschulische Anhäufung beruflicher Vorbereitungsmaßnahmen – freilich immer mit dem Ziel, ein Ausbildungsverhältnis zu generieren – bei den Mädchen zusätzlich zu ernsthaften Problemen führte[77]. Gotthilf Hiller und Team begleiteten 91 junge Männer über zehn Jahre und stellten schließlich fest, dass am Ende des Betrachtungszeitraumes weniger als 50% der Jugendlichen noch in ihrem gelernten Beruf arbeiteten. Hiller spricht in diesem Zusammenhang mit Blick auf die in Deutschland als obligatorisch angesehene Berufsausbildung von „Dogmatismus, ... der junge Leute glauben machen will, dass jeden der Teufel holt, der keine Ausbildung macht. Dieser Dogmatismus verhindert eine alltagstaugliche Bildung."[78] Matthias Grünke und Team kommen 2003 in ihrer Studie mit 83 Jugendlichen zum Jobcoaching zur Schlussfolgerung, dass die Übernahme ehemaliger Sonderschüler in Förderkurse nicht automatisch, sondern nur in dringenden Fällen in Betracht gezogen werden sollte[79], und schließlich beschreiben Breitenbach, Stein und Ellinger anhand einer Stichprobe mit 500 Jugendlichen ernstzunehmende Hinweise darauf, dass sich die Einstellung bezüglich Arbeitsbereitschaft und Selbstwirksamkeit mit dem Näherrücken des Eintritts in die Arbeitswelt positiv veränderte. Die Anstrengungsbereitschaft der so genannten „Versager-Jugendlichen" stieg erheblich, je realistischer sie dem wirklichen Arbeitsmarkt näher kamen. Sobald allerdings den Jugendlichen mitgeteilt wurde: „Es gibt noch einen Vorbereitungskurs", fielen die Werte wieder deutlich ab.[80] Aus Sicht der betroffenen Jugendlichen, so die Ergebnisse der verschiedenen Untersuchungen, stellen Berufsvorbereitung, Berufsgrundbildung, Förderkurse etc. keinen wirklichen Fortschritt dar. Vielmehr kann von einer Art „Hängematteneffekt" gesprochen werden: Die Zielgruppe selbst erlebt in der Zeit der Rezeption keine persönliche oder berufliche Weiterentwicklung, die vielen verschiedenen Maßnahmen scheinen lediglich Ressourcen zu verschlingen und Lebenszeit in Anspruch zu neh-

---

[76] Zur sozialen Benachteiligung ausführlich: Ellinger 2013a.
[77] Orthmann 2001.
[78] Hiller 2004, S. 121; vgl. auch Baur et al. 2004.
[79] Grünke/Stöcken/Viganske 2003, S. 15.
[80] Breitenbach/Stein/Ellinger 2005, S. 25.

men. Im weiteren Verlauf ihres Lebens finden sich dann nach Auslaufen der letzten gesetzlich vorgesehenen Maßnahme typischerweise Arbeitslosigkeit, häufiger Jobwechsel, Schulden, Beziehungskrisen, Sozialhilfe und prekäre Lebensumstände. Mittlerweile liegt eine Vielzahl qualitativer Studien zu Biographien betroffener Jugendlicher vor, in welchen das Schicksal derjenigen dokumentiert ist, die im berufsbildenden Maßnahmen-Dschungel Deutschlands nur bedingt Hilfe erfuhren.[81] Aus eigener Beratungspraxis sollen hier Werdegänge von vier Jugendlichen – anonymisiert – skizziert werden:

Hartwig ist 17 Jahre alt und Teilnehmer des Förderlehrgangs Holz. Seine bisherige Schulkarriere ist eher bescheiden. Mit 14 besuchte er nur noch sporadisch den Unterricht, schließlich flog er von der Schule. Förderschule, andere Förderschule und schließlich Sonderberufsschule. Dort kam er in den Genuss eines Berufsvorbereitungsjahres (BVJ) und eines Berufsgrundschuljahres (BGJ), bevor er schließlich in einer BvB (berufsvorbereitende Bildungsmaßnahme) landete. Nach eigenen Aussagen hat er die Nase von Schule und Schulbank total voll. Das, was er am wenigsten kann, muss er Maßnahme für Maßnahme weiter erdulden: Lernen, Theorie, Zuhören, Schreiben. Jetzt will er gar nichts mehr mitmachen. Nullo. Er kam in die Beratung, weil er jemanden suchte, der ihm Recht gibt.

Richards Spur hat sich verloren. Er wohnte in den letzten zwei Jahren im örtlichen Schulzentrum des Berufsbildungswerkes und nahm dort an einer Werkerausbildung Metall teil. Mit seinen 18 Jahren gehörte Richard zu den älteren Schülern. Er war aus Süddeutschland gekommen. Hatte dort an einem Berufsvorbereitungsjahr teilgenommen. Danach noch den Förderlehrgang Holz besucht. Jetzt hätte er Zerspanungsmechaniker lernen können. Aber er ist verschwunden, keine Spur mehr von ihm.

Kathleen, 17 Jahre, Mutter eines einjährigen Sohnes, hat keinen Job und sucht eine eigene Wohnung, weil das mit dem Vater des Kindes nicht mehr klappt. Kathleen hat noch nie gearbeitet. Sie kam mit 15 zu St. Sebastian, einer berufsbildenden Schule und durchlief dort verschiedene Förderlehrgänge. Schließlich hatte sie einen Platz im Ausbildungsgang zur Beiköchin. Bevor das Schuljahr losgegangen wäre, war sie im 3. Monat schwanger und verließ ihre Klasse. Sie kommt in die Beratung, um mal „abzuchecken", was geht.

Susy ist mit 14 von zuhause „ausgezogen" und lebt jetzt in einem Kinderdorf. Sie „hat keinen Bock auf Schule", setzt sich aber für praktische Arbeiten mit beachtli-

---

[81] Z.B. Bauer/Mack/Schroeder 2004.

chem Fleiß ein. Sobald es einen Job zu erledigen gibt, ist sie dabei. Eine Lehre kommt noch nicht in Frage, denn es fehlt ihr ein Schulabschluss – und bisher ist sie mit ihren 16 Jahren noch nicht über Klasse 8 hinaus gekommen. Seit Beginn des Schuljahres sitzt Susy in der Sonderberufsschule als so genannte „Jungarbeiterin". Berufsschule ohne Ausbildungsplatz – „´was Bescheuerteres gibt es" in Susys Augen „nicht". Seit drei Jahren spricht sie davon, im Getränkehandel der Stadt jobben zu wollen.

1.3 Pädagogische Beratung

Bisweilen scheint die Überzeugung zu herrschen, dass Beratung bereits durch ihre Anwendung in einem pädagogischen Handlungsfeld zur „pädagogischen Beratung" werde. So werden z.b. Lernberatung oder Berufsberatung deshalb als Formen pädagogischer Beratung bezeichnet, weil sie in der Jugend- und Familienhilfe, der Förderschule oder in der Behindertenarbeit stattfinden. In weitergehenden begrifflichen Verfeinerungen wird nach der gleichen Logik sogar von „*sozial*pädagogischer Beratung", „*schulp*ädagogischer Beratung" oder auch „*sonder*pädagogischer Beratung" gesprochen. Ähnlich verhält es sich mit dem zweiten denkbaren Zugang, den pädagogischen Charakter einer Beratung zu bestimmen: Hier wird davon ausgegangen, dass Beratung dann *pädagogische* Beratung ist, wenn sie von einem Pädagogen oder einer Pädagogin durchgeführt wird. Allerdings muss festgehalten werden: Pädagogische Beratung setzt professionelle Kompetenz voraus und wird insbesondere in pädagogischen Kontexten begünstigt und auch gefordert, diese stellen jedoch nicht die hinreichende Gewähr dafür dar, dass Beratung zugleich pädagogische Beratung ist.

Beratung ist dann als pädagogische Beratung zu bezeichnen, wenn sie den Beratungsanlass aus pädagogischer Perspektive zu verstehen und zu bearbeiten versucht. Dieser Sachverhalt stellt ein durchaus komplexes Kriterium dar: Viele Beratungsanlässe wurzeln in einem schulorganisatorischen Problem, offenbaren eine finanzielle Unsicherheit, gehen mit einer rechtlichen Schwierigkeit einher, lassen sich auf denkbare psychiatrische Indikationen verdichten oder stellen ein sprachliches, bzw. kommunikatives Problem dar. Pädagogische Beratung, die diese Bezeichnung verdient, setzt voraus, dass der Beratende das geschilderte Problem professionell in einen pädagogischen Bezugsrahmen, also in ein pädagogisches Deutungsmuster übertragen kann. Der pädagogische Berater sucht also die pädagogische Frage, bzw. das pädagogische Problem. Ziel jeder pädagogischen Beratung muss sein, für den Ratsuchenden grundsätzlich mehr Mündigkeit und Handlungsfähigkeit zu erreichen und Probleme als Orte des Lernens und der Bildung optimal zu nutzen.

Selbst wenn also ein Problem zwar schulorganisatorischen Ursprungs ist, benötigt der Ratsuchende dennoch in letzter Konsequenz keine organisatorische Hilfe, sondern leidet schlicht darunter, dass er nicht weiß, wie er mit den vorgegebenen Pflichten, den verpassten Chancen, den aufgetretenen Selbstvorwürfen oder den resultierenden Einschränkungen umgehen soll. Er weist ein Lern- bzw. Kompetenzdefizit auf.

Auch im Fall akuter finanzieller Probleme ist dem Ratsuchenden in erster Linie durch die gemeinsame Erarbeitung einer grundsätzlichen Strategie im Umgang mit Geld geholfen. Er hatte immer Schulden und ein überzogenes Konto und weiß nicht, wie er auf Dauer damit umgehen soll.

Die denkbaren Beratungsanlässe sind von einem pädagogischen Berater dann adäquat aufgegriffen, wenn durch die gemeinsame Bearbeitung reflexive Lernprozesse in Gang gesetzt werden. Nicht Fachkenntnis, schnelle Problemlösung oder eine moralisch vertretbare Anweisung machen eine Beratung zur pädagogischen Beratung, sondern die Weiterentwicklung des Ratsuchenden in Richtung Mündigkeit und Autonomie. Es geht dabei um Veränderung der Denkweise, letztendlich um Veränderung einer Lebensweise. Aus dieser Perspektive wird deutlich, dass pädagogische Beratung den Tatbestand der Erziehung erfüllt. Der deutsche Begriff der Pädagogik schließt sowohl das erzieherische Handeln selbst, als auch die wissenschaftliche Theorie der Erziehung ein. Bei der pädagogischen Beratung von Jugendlichen handelt es sich um Hilfe im Prozess der Selbsterziehung[82]. Der pädagogische Berater nimmt den Ratsuchenden in seiner Selbstständigkeit und Würde ernst, begleitet ihn, tritt mit ihm in einen Prozess des Aushandelns seines individuellen Handlungsspielraumes ein und hilft ihm zu erkennen, wo seine Ressourcen zu finden sind. Der so respektierte Mensch erlebt (1) den Berater als Autorität im positiven Sinne, wird (2) zur Selbständigkeit ermutigt, nimmt (3) das Potential von reflektierten Problemen neu wahr und wird (4) grundsätzlich in seiner Situationsüberlegenheit bestärkt.[83]

---

[82] Vgl. Tabelle 1 und Abbildung 1.
[83] Ausführlich bei Ellinger 2010, S. 24ff.

2. Grundidee und Theorie Kontradiktischer Beratung

Das kontradiktische Konzept ist besonders für die Beratung in komplexen Problemlagen geeignet, an deren Entstehung unterschiedliche Faktoren oder Personen beteiligt sind und aus deren Beurteilung und Einschätzung der Berater mit „fremdem Blick" gemeinsam mit dem Ratsuchenden ein Puzzle zusammenstellen kann, das eine Gegendarstellung zur Wahrnehmung des Ratsuchenden markiert. Besondere Zugkraft entwickelt das Konzept *in akuten persönlichen Krisensituationen*, z.B.

- bei Problemen am Arbeitsplatz,
- bei Erziehungsproblemen,
- bei Konflikten zwischen Kollegen oder Partnern,
- bei schwerer Krankheit oder Tod enger Angehöriger,
- bei eigenem Versagen und nach schweren persönlichen Fehlern und
- in alltäglichen Überforderungssituationen.

Die grundsätzliche Ausrichtung kontradiktischer Beratung zielt auf eine exemplarische Lebensveränderung am Beispiel der Krise. Sie will zugleich Mechanismen und Gewohnheiten etablieren, durch die der Ratsuchende in die Lage versetzt wird, kreative Zugänge zur Wahrnehmungsveränderung zu finden. Grundfrage ist immer: „Was ist die ganz besondere Chance in dieser ganz besonders besch ... Situation?" oder weniger dramatisch: „Auf welche Weise kann ich dieses Erlebnis gegenteilig verstehen und für mein Leben nutzen?". Ein kontradiktisch eingestellter Mensch ist frei vom Diktat der Situation. Er nimmt kein Ereignis mehr per se als eindeutig (positiv oder negativ) determiniert an und findet Spaß daran, sich kreative Gedankenspiele und ungewöhnliche Phantasien zu erlauben. Ein kontradiktischer Lebensstil ist geprägt von Impulsen zur ständigen Aushandlung von Grenzen und Grenzerweiterungen, vom Bemühen, Wahrnehmungen und Wahrheiten zu hinterfragen und von der Diskussion diverser verdeckter Regeln und *advanced organizer* im sozialen Miteinander.[84]

Bereits der antike Philosoph Aristoteles stellte dar, dass ein vernunftbegabter Mensch ein glückliches Leben führen könne, wenn es ihm oder ihr gelingt, die Extreme des „Zuviel" und des „Zuwenig" im Handeln und im Erleben zu vermeiden. Die jeweilige Entscheidung für eine solche Art *aurea mediocritas* (goldene Mitte) ist einerseits gänzlich losgelöst vom Nachdenken über Erfahrenes nicht möglich und setzt andererseits in aktuellen Erlebenszusammenhängen eine innere Freiheit (z.B. von emotiona-

---

[84] Zum *advanced organizer* und zur Grundidee kontradiktischer Beratung vgl. Ellinger 2013b.

lem Befangensein oder irgendwie gearteten Abhängigkeiten) voraus. Für Aristoteles ist Vernunft die herausragende Eigenschaft des Menschen, die ihn letztlich zu den Tugenden führen kann. Dabei beschreibt Aristoteles zwei Arten von Tugenden. Sie sind mittels Denken und Einsicht oder aber mittels Übung und Gewohnheit erreichbar, werden also entweder durch Belehrung oder durch Gewöhnung vermittelt. Es sind dies einerseits die so genannten *dianoetischen Tugenden* (dia = durch, noos = Verstand) und andererseits *ethische Tugenden* (= Sitte, Gewohnheit), die eher die emotionalen Befindlichkeiten, lebensorganisatorischen Routinen und Affekte beschreiben.[85]

Der Mensch kann sein Verhalten solange frei und von der jeweiligen Situation unabhängig selbstverantwortlich gestalten, wie er bereit und fähig ist, durch das Abwägen unterschiedlicher Gesichtspunkte neue Schlüsse zu ziehen. Aus diesen neuen Schlüssen können konkrete Handlungen abgeleitet und damit kontinuierlich Kompetenzerweiterungen erzielt werden. Kompetenzerweiterungen stellen schließlich, so Aristoteles in seiner Nikomachischen Ethik, die Voraussetzung für menschliches Glück, bzw. menschliche Zufriedenheit, und damit das Ziel menschlicher Ethik, dar. Grundlegend für diese Zufriedenheit ist demnach eine spezifische Form der selbsterlebten Situationsunabhängigkeit – oder treffender formuliert: der *Situationsüberlegenheit* – des Menschen. Situationsüberlegenheit im Sinne der Selbstverantwortung oder gerade auch der Verantwortungsübernahme in widrigen Umständen, ist allerdings mit einem Leben in bekannten und vorgezeichneten Bahnen, nicht vereinbar. Vielmehr muss der handlungsfähige Mensch über die Bereitschaft verfügen, Grenzen zu erweitern. Nur so kann er in einer Krisensituation, die per definitionem ja Chance und Bedrohung zugleich darstellt, nicht nur bestehen, sondern vielmehr gewinnen.

Welche Bedeutung haben die Aristotelische Philosophie und das Prinzip Selbstverantwortung für das Konzept der kontradiktischen Beratung? Zentrale Anknüpfungspunkte sind

   a) die hohe Priorität der Vernunft und des Denkens, der Wahrnehmungsanalyse und der Begründung,

   b) die Idee, eine offensichtliche Logik von ihrem Gegenteil her zu denken,

   c) das unbedingte Ziel, Situationsüberlegenheit zu erreichen und damit persönliche Grenzen zu erweitern, und schließlich

   d) eine grundsätzliche Suche nach neuen Lesarten durch Hinzuziehen anderer Wissensgebiete.

---

[85] Aristoteles 1832, 1103a, S. 3ff.

Die Grundstruktur des kontradiktischen Beratungskonzeptes lässt sich mit wenigen Strichen skizzieren: Dem Ratsuchenden erscheinen eine aktuelle berufliche Problemkonstellation, eine konfliktgeladene Beziehung oder grundsätzlich die Koordinaten seiner Lebenssituation unüberschaubar, untragbar oder ausweglos. Er sucht nach Möglichkeiten, die belastenden Umstände zu bewältigen.

Leitziel der kontradiktischen Beratung ist es, im Unterschied zu einigen anderen Konzepten, nun *nicht,*

- die Hintergründe seines Handelns, seines Empfindens oder seiner Bedürfnisse zu analysieren, zu erklären und eventuell zu korrigieren, oder
- eine systemische Perspektive auf seine Lebenswelt, die Systemmitglieder und das Beziehungsgeflecht einzunehmen, und auch nicht
- den Fokus auf die Logik des Gelingens in weniger problematischen Situationen zu lenken und daraus zu lernen – oder andersherum
- ursachenorientiert kausale Problemfelder im Zusammenspiel von internalen und externalen Faktoren zu diskriminieren und auszuschalten.

Im Zentrum einer kontradiktischen Beratung steht vielmehr – ganz im Sinne der Situationsüberlegenheit des Menschen – die Analyse der Problemsituation auf Möglichkeiten einer entgegengesetzten Lesart. Anders formuliert will die *kontradiktische* Beratung Interpretationsmöglichkeiten im *Kontra* zur gängigen *Diktion* aufspüren und fruchtbar machen[86]. Zwei zentrale Überzeugungen prägen das kontradiktische Denken und machen den kontradiktischen Beratungsansatz plausibel:

1. Wirklichkeit existiert nicht objektiv, sie ist immer nur subjektive Wirklichkeit. Das bedeutet: Von jeder subjektiven Wahrnehmung einer Situation lässt sich immer auch die gegenteilige Bedeutung und das gegenteilige Potential entdecken.

2. Fest gefügte innere Logiken strukturieren subjektive Wahrnehmung häufig so verbindlich, dass es dem Menschen schwer fällt bis unmöglich ist, eine alternative Sicht auf die Situation zu entwickeln. Das bedeutet: Der Mensch folgt der irrigen Annahme, er erkenne objektiv und interpretiere die betreffende Situation auf die einzig mögliche Weise. Hier ist es wichtig, neue Denkgewohnheiten zu entwickeln.

Den Zusammenhang zwischen menschlich beschreibbarem Wissen und der *objektiven Wirklichkeit*, die von allem subjektiven Empfinden und Erleben unabhängig ist, haben namhafte Wissenschaftler in konstruktivistischer Tradition immer wieder aus unterschiedlichen Perspektiven und in unterschiedlichen Wissensgebieten kritisch

---

[86] Ellinger 2010, S. 42ff.

beleuchtet und kommen zur gemeinsamen Überzeugung, dass es objektive Wirklichkeit nicht gibt.[87] Heinz von Foerster formuliert es zugespitzt mit den Worten „Wahrheit ist die Erfindung eines Lügners"[88] und beschreibt damit das, was der Philosoph Nikolaus von Kues den „Zusammenfall von Gegensätzen" (coincidentia oppositorium) nannte.[89]

Situationen, Ereignisse, Krisen und sogar Naturgesetze beinhalten demnach widersprüchliche Informationen und Optionen. Sie bieten gleichermaßen die ganze Bandbreite zwischen Regel und Ausnahme, Beweis und Gegenbeweis, Wahrheit und Lüge – und stellen in ihrer derartigen *Antinomie* idealtypisch das dar, was im Zusammenhang mit dem Phänomen Licht als *Dualismus* von Welle und Korpuskel erklärt wird: Das Licht ist physikalisch in zwei sich widersprechenden Seinsformen beschreibbar, die sich allerdings beide unabhängig von einander beweisen lassen. Licht besteht in Wellenform *und* ist als Teilchen beschreibbar. Beides gilt. Damit lassen sich im Blick auf den Charakter des Lichts zwei „wahre" Positionen entdecken, behaupten und sogar beweisen, die aber zugleich eine jeweils andere Sicht zwingend als „unwahr" entlarven. Antinomien werden in vielen Wissenschafts- und Wissensbereichen beschrieben. So unterscheiden wir logische Antinomien, syntaktische und semantische Antinomien und nicht zuletzt auch pädagogische Antinomien.[90] Auch außerhalb der Wissenschaft und der individuellen Erlebniswelt können kulturgeschichtliche Beispiele das unlösbare Verwobensein von Unvollkommenheit und Vollkommenheit, Wahrheit und Negation, Diktion und Kontradiktion in verschiedenen Situationen belegen.[91]

Auf menschliche Problemkonstellationen bezogen geht es nicht lapidar darum, „das Beste aus einer Situation zu machen", sondern darum, eine Situation für das Gegenteil ihres anfänglichen Verzweiflungspotentials *kontra diktisch* zu nutzen und darüber hinaus Kompetenzen zu entwickeln, die derartiges Vorgehen in späteren, vergleichbaren Situationen erleichtern.

---

[87] Vgl. z.B. von Glasersfeld 2001; von Foerster 2001; Berger/Luckmann 1993.
[88] Von Foerster/Pörkensen 1999, S. 11.
[89] Vgl. Flasch 1992, S. 225.
[90] Vgl. Domeisen 1990; Kutschera 1964; Luchtenberg 1963.
[91] Ellinger 2010, S. 47ff.

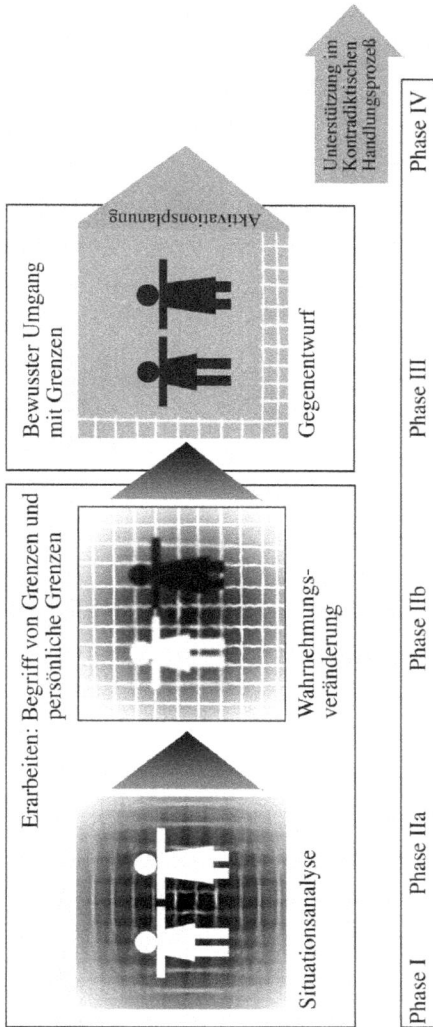

Erarbeiten: Begriff von Grenzen und persönliche Grenzen

Bewusster Umgang mit Grenzen

Aktivationsplanung

Situationsanalyse

Wahrnehmungsveränderung

Gegenentwurf

Unterstützung im Kontradiktischen Handlungsprozeß

Phase I   Phase IIa   Phase IIb   Phase III   Phase IV

Abb. 2: Der kontradiktische Beratungsprozess

Der Beratungsprozess verläuft idealtypisch in vier Phasen:

Phase I: Hilfen zur *Situationsanalyse und Wahrnehmungsveränderung* (im Sinne der reductio ad contrario)

Phase IIa: Erarbeiten eines grundsätzlich *angemessenen Begriffs von Grenzen* (im Sinne der aurea mediocritas)

Phase IIb: Ermitteln der maßgeblichen *persönlichen* Grenzen in der konkreten Problemsituation (im Sinne der Erlangung von Situationsüberlegenheit)

Phase III: *Gegenentwurf* und *kreative Aktivationsplanung* (im Sinne neuer Schlüsse)

Phase IV: Unterstützung im *kontradiktischen Handlungsprozess* (im Sinne einer Einübung ethischer Tugenden)

3. Kontradiktische Beratung von Jugendlichen innerhalb eines überkommenen Übergangssystems

3.1 Individuelle Lösungen

Ratsuchende denken häufig innerhalb fester persönlicher Grenzen, ohne sich ihrer „Begrenztheit" bewusst zu sein. Die wahrgenommene – und als besonders belastend empfundene – Situation ist in ihrer Bedeutung von den persönlichen Grenzen der Menschen determiniert. Viele Menschen erleben ihre Grenzen zunächst gar nicht als Einschränkung, leiden jedoch ohne es zu reflektieren unter deren Folgen. So kann es eine Jugendliche z.B. als ganz normal empfinden, sich in Gruppen ab drei Personen lieber im Hintergrund zu halten – und damit auch den Lauf des Gespräches nur selten mit zu beeinflussen. Vielleicht hat sie aber genau damit später ein Problem, weil auf diese Weise anfallende Entscheidungen und Vereinbarungen immer von Anderen getroffen werden. Von Anderen, die vielleicht wesentlich weniger Ahnung von den Dingen haben, die für die Jugendliche gerade wichtig sind. Vielleicht beginnt diese junge Frau – weiterhin ohne darüber zu reflektieren – einem inneren Impuls und der jahrelangen Frustration folgend dann, zu intrigieren, weil sie den berechtigten Wunsch empfindet, ebenfalls Einfluss auf Entwicklungen nehmen. Oder betrachten wir den Schüler, der in seiner Schüchternheit gefangen ist und unter keinen Umständen das Risiko eingehen will, Arbeit in schulisches Lernen zu investieren und bei Misserfolg als „unfähig" da zu stehen. Dann entwickelt er schon lieber eine arrogant wirkende „Is-mir-doch-wurscht"-Haltung und bleibt damit weit hinter seinen Möglichkeiten zurück. Auftretende Probleme in Schule und Wohngruppe werden dann von ihm nicht mit der beschriebenen Grenze assoziiert. Oder denken wir an den jungen Mann, der durch den frühen Tod seiner Mutter und die resultierende Verlustangst ein ausgeprägtes Sicherheitsverhalten entwickelt hat. Er hält in allen Dingen 100% Ordnung. Er ist nicht mehr frei, einen formal richtigen Weg zu verlassen und möglicherweise etwas Neues auszuprobieren. Die beschriebenen Grenzen treten je nach Persönlichkeit eher in Form auffälligen, oppositionellen und störenden Verhaltens auf oder aber schlagen sich in schüchterner, unauffälliger und zurückgezogener Verhaltensweise nieder. So gesehen bedürfen sowohl „grenzenlos" erscheinende (weil externalisierend agierende) Kinder und Jugendliche möglicherweise ebenso Hilfe in der Erweiterung ihrer Grenzen, wie dies die stillen und zurückgezogenen (weil internalisierend reagierende) Kinder und Jugendlichen brauchen.

Lfd Nr.	Grenze / Beschreibung der Dimension	Bedeutung der Grenze	Fehlfunktionen und negative Folgen
1	Zugehörigkeit und Verbindung (= Gemeinsame Grenze einer Gruppe einschließlich des Individuums nach außen)	• Bedürfnis der Geborgenheit und des Zuhauseseins wird befriedigt • Vertrauen, Offenheit, Erholung sind psychohygienisch wichtige Momente • Bewusstsein von „Ingroup" und „Outgroup" strukturiert den Alltag • Bewusstsein der eigenen Rolle in einer Gruppe wächst • Entwicklung eines sicheren Bindungsmusters ist möglich • Befriedigende Intimität ist möglich	• Verschmelzen des Individuums mit seiner Gruppe (z.B. Clique) führt zu immer größerem Bestreben, sich anzupassen (Konfluenz) • Individuum übernimmt Eigenschaften andere Gruppenmitglieder unhinterfragt (Introjektion) • Zugang zur eigenen Persönlichkeit ist versperrt, eigene Eigenschaften werden anderen Personen zugeschrieben (Projektion)

2	Eigenständigkeit und Abgrenzung (= Grenze zwischen einem Individuum und einer Gruppe oder einzelnen Individuen)	• Selbstbewusstsein ist möglich, es entstehen eigene Ziele, ein eigener Geschmack, eigenes Auftreten und ein eigener Stil • Konfliktfähigkeit und Kommunikationsfähigkeit können ausgebildet werden • Eigene Empfindungen und Wertschätzungen formen den Charakter • Freie Entscheidungen für engere Beziehungen und feste Bindungen werden möglich	• Die Kontaktgrenze ist zu starr, so dass Impulse nicht nach außen gelangen: die Person verfährt stellvertretend mit sich so, wie sie andere behandeln will – z.b. in Form von Autoaggressionen (Retroflektion) • Der Kontakt wird vom Individuum willentlich einschneidend reduziert (Deflektion) • Erlebnisse aus der Umwelt werden nur gedämpft wahrgenommen, mittelfristig ist Abstumpfung die Folge (Desensitivierung)
3	Angst und Furcht (= Intrapersonale Handlungsgrenze)	• Warnsignal bei Gefahr ist lebenswichtig • Situationen mittelbarer und unmittelbarer Bedrohung werden als solche wahrgenommen • Reflexion angemessener Handlungsstrategien baut auf vorherige Gefahreneinschätzung • Sorgfältige Risikoabwägung bringt im günstigen Fall Mut und Handlungsfreiheit hervor • Durch erfolgreiche Überwindung von Ängstlichkeit wachsen Selbstbewusstsein und Ich-Stärke	• Ängstlichkeit und neurotische Züge (Kontrolle) schränken den Aktionsradius des Individuums ein und verkomplizieren den Alltag. Von Angststörungen spricht man dann, wenn • Trennungsangst, • Posttraumatische Belastungsstörungen, • Phobien, wie Agoraphobie oder soziale Phobie oder eine • Panikstörung das tägliche Leben wesentlich beeinflussen (DSM-IV; Dilling et al. 1994).
4	Ressourcen und Kräteökonomie (= Intrapersonale Handlungsgrenze)	• Prioritätenregulation zwingt zur Strukturierung des Lebens • Leistungsmotivation entsteht durch positive Einsatz-Ertrag-Bilanzen und Verstärkungen nach dem Überwinden von Widerständen • Erfolgserlebnisse stärken das Erfolgsmotiv	• Bei chronischer physischer und psychischer Überlastung schwindet die Wirksamkeit der Grenze und mach Hoffnungslosigkeit Platz • Bei chronischer Unterforderung oder abwechselnder Unter- und Überforderung stellt sich mitunter Leistungsangst ein

		• Regulation, Anspannung und Entspannung stellen wichtige Selbstkompetenzen dar	
5	Emotionalität (= Intrapersonale Handlungsgrenze)	• Erlebnisqualität entsteht, • Antizipation wird ermöglicht • Sozialkompetenz baut auf emotionale Intelligenz (Goleman 1997) • Persönlichkeitsprofil entwickelt sich sowohl konstant in verschiedenen Lebenssituationen, als auch situationsbezogen	• Überangepasstheit ist häufig Folge von Übersteuerung und / oder Ängstlichkeit • Emotionale Blockaden und Verhaftetsein in emotionalen Befindlichkeiten machen handlungsunfähig • Erlernte Hilflosigkeit (Seligman 1979), Depressionen und chronische Entmutigungen führen zur Situationsergebenheit (Resignation) • Oberflächlichkeit, Empfindungslosigkeit und Angst vor Empfindungen stumpfen ab

Tabelle 2: Bedeutung und mögliche Fehlfunktionen persönlicher Grenzen

Kontradiktische Beratung misst einem reflektierten Umgang mit menschlichen Grenzen großen Wert zu. Dabei sind drei zentrale Grundprinzipien einzuhalten:

a) Grenzen müssen angemessene Würdigung erfahren. Nicht nur das Bewusstsein der Existenz von Grenzen und ihrer verschiedenen Funktionen nimmt bei der Entwicklung von Problemlösefähigkeit einen wichtigen Stellenwert ein, sie sollten zudem

auch nicht überbewertet und als unverrückbar eingestuft werden. Bewusst gewordene Grenzen sind verhandelbar und eine wichtige Reflexionswand für zu entwickelnde Lösungsszenarien.

b) Grenzen haben grundsätzlich eine Schutzfunktion. Auch unter dem Aspekt der Verhandelbarkeit erfüllen persönliche Grenzen für den betreffenden Menschen in erster Linie wichtige Schutzfunktionen. Sie warnen vor physischer und psychischer Beschädigung. Der Verlust persönlicher Grenzen in einer der beschriebenen Dimensionen führt zwangsläufig zu Fehlfunktionen und negativen Folgen. Allerdings gilt auch:

c) Grenzen dürfen und sollen erweitert werden. Diese Feststellung gilt für alle Dimensionen der persönlichen Grenzen. Die Bearbeitung persönlicher Grenzen und der Entschluss, eine Grenze zeitlich befristet oder unbefristet zu erweitern stützt sich auf neue Informationen oder individuelle Wachstumsprozesse.

In den oben skizzierten Fallbeispielen zeigten sich übereinstimmende Merkmale „begrenzter" Wahrnehmungen und erarbeiteter Kontradiktionen. Im Laufe der Arbeit an ihren persönlichen Grenzen erkannten Hartwig (17) und Susy (16) ihre Ängstlichkeit und Obrigkeitshörigkeit im Blick auf die Bedeutung der Schule und im Blick auf die Bedeutung eines qualifizierten Schul- und Berufsabschlusses. Ohne sich dessen bewusst zu sein, hatten beide auf verschiedenen Ebenen resigniert und scheuten beide zugleich das Risiko, weiter zu versagen. Schule und Lernen machte ihnen Angst und war immer weniger von Erfolg gekrönt. Dagegen träumten beide von praktischer Arbeit, Schweiß und Anstrengung. Es bestand kein Zweifel, dass sie keinen weiteren Tag ausschließlich die Schulbank drücken konnten. Dies zuzugestehen und als Option auszuschließen, öffnete ein Tor zur gedanklichen Freiheit. Entwicklungspädagogisch betrachtet arbeiteten beide in der Lerndimension des Wollens und ergriffen neue Werte und akzeptierten neue Wertigkeiten. Die Schwelle zur Selbsterziehung – und damit zur Selbständigkeit ging einher mit Wahrnehmungsveränderung und der Entscheidung für eine Lebensform (vgl. Tabelle 1). Hartwig und Susy suchen nach einem Job als angelernte Kraft. Sie finden beide einen Nischenarbeitsplatz im Weinbau. Kathleen (17) erkannte im Laufe der Beratung, dass ein bevorstehender Eintritt in die Arbeitswelt vor ihrer Schwangerschaft mit dem Gefühl des Kontrollverlustes einhergegangen war. Durch das Mutterwerden und die Aussicht auf staatliche Unterstützungsleistungen hatte sie Kontrollüberzeugung zurückgewonnen. Das Ende der Beziehung zu ihrem Freund, Kürzungen in den finanziellen Zuwendungen nach dem ersten Lebensjahr und die Aufnahme ihres Sohnes in den Hort stellen eine neuerliche Krise dar, die aus kontradiktischer Sicht zur besonderen Chance werden kann.

3.2 Veränderte Strukturen denken

Kontradiktische Lebenseinstellung nimmt sich die Freiheit, Grenzen zu erweitern und „Wirklichkeiten" zu hinterfragen, bzw. die Kontradiktion von einer wahrgenommenen Situation zu entwerfen. Dabei sollen Situationen ihrer bedrückenden Bestimmtheit beraubt und durch eine Umkehrung ihrer Deutung auf ihre Chancen hin analysiert werden, zu einer besonderen Chance für die Jugendlichen zu werden. Die dargestellten Fallbeispiele und referierten Untersuchungsergebnisse zu den Lebensverläufen benachteiligter Jugendlicher lassen folgenden Schluss zu: Ein wichtiger Schritt im Zuge kontradiktischer Beratung ist es, die Bedürfnisse der betroffenen Jugendlichen nach dem vorläufigen Ende ihrer Schulzeit ernst zu nehmen und eine De-Institutionalisierung zu ermöglichen. Gebrochene Lebensverläufe entstehen nach Maßnahmen-Karrieren infolge individuellen Schulversagens und drücken sich in Jobber-Karrieren und Zeiten der Arbeitslosigkeit aus (= Diktion). Jugendliche wollen arbeiten und werden stattdessen gezwungen, dort zu verharren, wo ihnen Demütigung, Versagen, Minderleistung und Ohnmacht beschert wurde: Auf der Schulbank. Die unmittelbare Folge im Anschluss an die Leidenszeit sind dann später prekäre Arbeitsverhältnisse. Renommierte Wissenschaftler unterstützen aus diesem Grund den genuin kontradiktischen Ansatz, prekäre Arbeitsverhältnisse im Jugendalter auf ihre besonderen Potentiale hin ernst zu nehmen und solchen Jugendlichen so früh wie möglich die Erwerbstätigkeit weit ab der Schulbank – in Nischenarbeitsplätzen – zu ermöglichen. So will z.B. Horst Biermann systematisch auf Nischentätigkeiten vorbereiten,[92] beschreibt Werner Baur für den Übergangsbereich Schule – Beruf die „milieubezogene Pädagogik" als eine Pädagogik, die praktische Arbeit im räumlichen Umfeld sucht[93] und sieht Joachim Schroeder in der Nischensuche eine wesentliche Aufgabe der Schulpädagogik.[94] Schließlich haben Ellinger, Stein und Breitenbach mithilfe eines Interviewleitfadens zunächst in Würzburg 98 Betriebe und Unternehmen aus verschiedenen Branchen ausfindig gemacht, die ungelernte Sonderschulabgänger als Nischenarbeitskräfte einstellen würden.[95] Im Laufe der folgenden Jahre wurden in Hamburg, Frankfurt und Gießen weitere 80 Betriebe und Unternehmen beschrieben, die Jugendlichen Gelegenheit geben würden, Nischenarbeitsplätze mit unterschiedlichem Arbeitsumfang zu belegen.

Unter Nischenarbeitsplätzen werden dabei Arbeitsplätze verstanden, die einfache Tätigkeiten vorsehen und bisher nicht als eigene Arbeitsbereiche oder Berufe entdeckt oder beschrieben wurden. Hierzu zählen z.B. das Waschen von Autos währen des Werkstattaufenthaltes, Telefondienste in Geschäften, Sortier- und Regaleinräumarbeiten in Supermärkten, Gärtnereidienste, Catering-Services usw. Zentrales Anliegen: Kein unnötiges Ableisten der Schulpflicht, sondern frühzeitige Eingliederung in die Arbeitswelt zu einer Zeit, in der die Jugendlichen nichts anderes wollen und zudem aufgrund ihrer Lebenssituation als alleinstehender Jugendlicher Prekariat zugunsten eigener Erwerbsarbeit in Kauf nehmen können.

---

[92] Biermann 2005.
[93] Baur 2004.
[94] Schroeder 2004.
[95] Ellinger/Stein/Breitenbach 2006.

In verschiedenen Gebieten der Bundesrepublik ist deutlich geworden, dass Jugendliche im Laufe ihrer Erwerbstätigkeit in Nischen zunehmend Interesse an Fortbildung und Weiterqualifikation zeigen. Wenn z.b. an einem Nischenarbeitsplatz in der Wäscherei die Option besteht, dass ein Jugendlicher, statt nur „hinten" Hemden zu bügeln und Hosen zu verpacken, künftig auch „vorne" Ware ausgeben und kassieren kann, besteht die Notwendigkeit, einen Aufbaukurs in mathematischen Grundoperationen zu belegen. Hierfür wurde in Hamburg ein Modul entwickelt und von den Jugendlichen angenommen.[96] Anhand solcher Entwicklungen lässt sich erkennen, dass segmentierte Ausbildungsverordnungen, die über Jahre in kleinen Modulen angeboten werden, Jugendlichen zu abgeschlossenen Ausbildungsberufen verhelfen können, wenn sie der ersten Diktion („Prekäres Arbeitsverhältnis, Katastrophe!") nicht folgen, sondern in einem solchen Nischenarbeitsplatz eine Chance sehen. Die Arbeitsagentur Frankfurt a.M. entwickelt seit Jahren kleinschrittige modularisierte Berufsausbildungen, die auch phasenweise wahrgenommen werden können.[97]

Aus der Kontradiktion ist ein Konzept entstanden: Die lebensbegleitende Sonderberufsschule. Ausgehend von der Tatsache, dass betroffene Jugendliche zunächst in Nischenarbeitsplätzen Beschäftigung finden und sich dann sukzessive Module zur eigenen Weiterbildung aneignen können, gilt es, das enge zeitliche Postulat des Lernens angeknüpft an eine bestimmte Lebensphase aufzubrechen. Sozial benachteiligte Jugendliche sind häufig von verschiedenen Risiken betroffen und benötigen über eine lange Phase ihres Lebens Hilfe in der Selbsterziehung, Beratung, Ausbildung und Unterstützung. Eine lebensbegleitende Sonderberufsschule könnte die Not prekärer Nischenerwerbstätigkeit in eine Tugend sukzessiver beruflicher Eingliederung verwandeln.

---

[96] Flegel/Schroeder 2005.
[97] Frankfurter Jobcenter 2011.

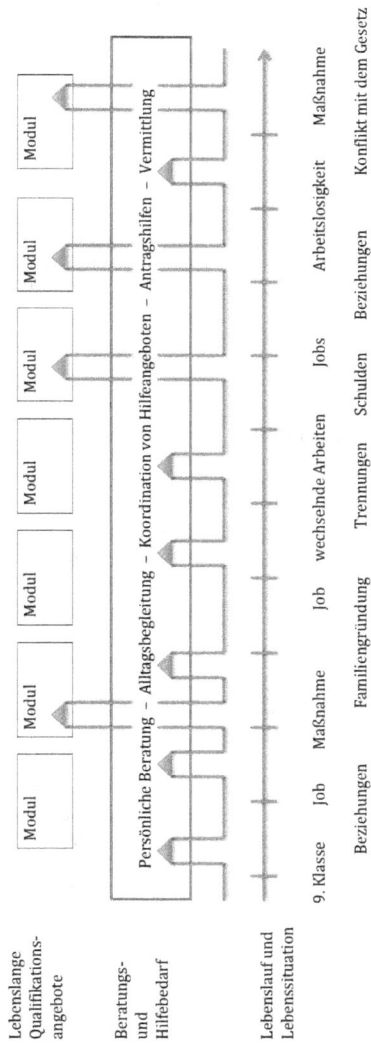

Lebenslange
Qualifikations-
angebote

Beratungs-
und
Hilfebedarf

Lebenslauf und
Lebenssituation

Modul Modul Modul Modul Modul Modul Modul

Persönliche Beratung – Alltagsbegleitung – Koordination von Hilfeangeboten – Antragshilfen – Vermittlung

9. Klasse Job Maßnahme Job wechselnde Arbeiten Jobs Arbeitslosigkeit Maßnahme

Beziehungen Familiengründung Trennungen Schulden Beziehungen Konflikt mit dem Gesetz

Abb. 3: Konzept der lebensbegleitenden Sonderberufsschule[98]

---

[98] Vgl. Ellinger/Stein/Breitenbach 2007.

Literatur

Aristoteles (1832): Aristotelis opera. II. Band. Hrsg.von I. Bekker. Berlin, Neuausgabe von O. Gigon (1960).

Baur, W./Mack, W./Schroeder, J. (2004)(Hrsg.): Bildung von unten denken. Bad Heilbrunn.

Berger, P.L./Luckmann, T. (1993): Die gesellschaftliche Konstruktion der Wirklichkeit. Frankfurt a.M.

Breitenbach, E./Ellinger, S./Stein, R. (2007): Suche nach Nischenarbeitsplätzen: Entwicklung und Erprobung eines Instruments. *Vierteljahresschrift für Heilpädagogik und ihre Nachbargebiete* (VHN) 2, S. 142-155.

Breitenbach, E./Stein, R./Ellinger, S. (2005): Schwellen zu Arbeit und Beruf bei Verhaltensauffälligkeiten und Lernbeeinträchtigungen. In: *Sonderpädagogik in Bayern* 2, S. 21-26.

Domeisen, N. (1990): Logik der Antinomien. Bern.

Ellinger, S. (2010): Kontradiktische Beratung. Stuttgart.

Ellinger, S. (2011): Kontradiktische Beratung. In: Diuani-Streek, M./Ellinger, S. (Hrsg.): Beratungskonzepte in sonderpädagogischen Handlungsfeldern. Oberhausen, S. 111-138.

Ellinger, S. (2013a): Förderung bei sozialer Benachteiligung. Stuttgart.

Ellinger, S. (2013b): Grundidee kontradiktischer Beratung. In: http://www.kontradiktischeberatung.de/beratungskonzepte-im-vergleich/kontradiktische-beratung.html (Abruf 01.10.2013).

Ellinger, S. /Hechler, O. (2012): Beratung und Entwicklungspädagogik: Zur Begründung einer pädagogischen Handlungsform. *Zeitschrift für Heilpädagogik* 7, S. 268-278.

Ellinger, S./Hechler, O. (2013): Pädagogisches Sehen, Denken und Handeln. In: Brumlik, M./Ellinger, S./Hechler, O./Prange, K. (Hrsg.): Theorie der praktischen Pädagogik. Stuttgart, S. 96-116.

Ellinger, S./Stein, R./Breitenbach, E. (2007): Ziel ist die lebensbegleitende Sonderberufsschule. Würzburger Forschungsprojekt zu den Grunddimensionen einer neu zu denkenden Institution. In: Spöttl, G./Kaune, P./Rützel, J. (Hrsg.): Berufliche Bildung? Innovation? Soziale Integration? Band 22: Berufliche Rehabilitation, Innovation und soziale Integration. Bielefeld, S. 138-145.

Ellinger, S./Stein, R./Breitenbach, E. (2006): Nischenarbeitsplätze für Menschen mit geringer Qualifikation: Forschungsstand und erste Ergebnisse eines Projektes im Kontext von Lernbeeinträchtigungen und Verhaltensauffälligkeiten. *Zeitschrift für Heilpädagogik* 4, S. 122-132.

Flasch, K. (1992): Nikolaus von Kues: Die Idee der Koinzidenz. In: Speck, J. (Hrsg.): Grundprobleme der großen Philosophen. Philosophie des Altertums und des Mittelalters. Göttingen, S. 221-261.

Flegel, D. /Schroeder, J. (2005): Welche Rechenkompetenzen braucht eine Wäscherin? Schulpädagogische Konsequenzen aus den realen Anforderungen in Jobs des unteren Qualifikationsbereiches. *Sonderpädagogische Förderung* 4, S. 52-68.

Foerster, H. von (2001): Das Konstruieren einer Wirklichkeit. In: Watzlawick, P. (Hrsg.): Die erfundene Wirklichkeit: Wie wissen wir, was wir zu wissen glauben? Beiträge zum Konstruktivismus. München, S. 39-60.

Foerster, H. von/Pörkensen, B. (1998): Wahrheit ist die Erfindung eines Lügners. Gespräche für Skeptiker. Heidelberg.

Frankfurter Jobcenter (2011): Job Mobil Frankfurt. März. Frankfurt a.M.

Ginnold, A. (2008): Der Übergang Schule – Beruf von Jugendlichen mit Lernbehinderung. Einstieg – Ausstieg – Warteschleife. Bad Heilbrunn.

Glasersfeld, E. von (2001): Einführung in den radikalen Konstruktivismus. In: Watzlawick, P. (Hrsg.): Die erfundene Wirklichkeit: Wie wissen wir, was wir zu wissen glauben? Beiträge zum Konstruktivismus. München, S. 16-38.

Luchtenberg, P. (1963): Antinomie der Pädagogik. Darmstadt.

Oelkers, J. (2009): Erziehung. In: Andresen, S./Casale, R./Gabriel, T./Horlacher, R./Larcher Klee, S. /Oelkers, J. (Hrsg.): Handwörterbuch Erziehungswissenschaft. Weinheim, S.248-262.

Schroeder, J. (2004a): Arbeit am Tabu: Grenzerfahrungen pädagogischer Verständigung. In: Bauer, W./Mack, W./Schroeder, J. (Hrsg.): Bildung von unten denken. Bad Heilbrunn, S. 29-40.

Schroeder, J. (2004b): Lebenskunst stärken – Nischen erschließen. *Die Deutsche Schule*, S. 298-312.

Stepper, K. (2004): „Es soll kommen, wie es kommen mag": Über Selbsteinschätzung und Zukunftserwartung junger Männer. In: Bauer, W./Mack, W./Schroeder, J. (Hrsg.): Bildung von unten denken. Bad Heilbrunn, S. 121-127.

Ralf Osthoff

Sozialpädagogische Beschäftigungsförderung im Paradigma der soziologischen operativen Systemtheorie

1. Bezugsrahmen der Gesellschaftstheorie im Rahmen der Sozialen Arbeit in Blickrichtung auf das Arbeitsfeld Beschäftigungsförderung

Die soziologische Systemtheorie ist als Gesellschaftstheorie zunächst ein Theorievorschlag und in diesem Sinne eine mögliche analytische Zugangsweise zu gesellschaftlichen Zusammenhängen. Ihr Programm und Instrumentarium kann für eine Erörterung komplexer Fragestellungen unterschiedlicher Fachdisziplinen wie Soziologie, Rechtswissenschaft, Wirtschaftswissenschaft, Psychologie oder Pädagogik genutzt werden. Auch in der Sozialarbeitswissenschaft lassen mit diesem analytischen Zugang Prozesse gelingender und misslingender komplexer sozialer Ordnungsbildungen in ihren übergeordneten Zusammenhängen beobachten, wodurch auf eine spezifische Weise systematische Erkenntnisse über Gesellschaft konstituierende Dynamiken gewonnen werden können. Als soziologische Beobachtertheorie stellt die soziologische Systemtheorie ein Angebot dar, welches die Soziale Arbeit in ihren eigenen fachlichen Diskursen darauf hin überprüfen kann, ob bzw. in welcher Weise dieses soziologische Programm als Metatheorie mit den Reflexionstheorien der Sozialarbeitswissenschaft in einen wissenschaftstheoretisch stimmigen und heuristisch brauchbaren Zusammenhang gebracht werden kann. Weil es dabei um grundsätzlich verschiedene Theorieformen bzw. -ebenen geht, kann eine soziologische Wissenstheorie die Beobachtertheorien Sozialer Arbeit nicht ersetzen oder additiv ergänzen. Vielmehr geht es darum, mögliche Anschlussfähigkeiten zu überprüfen und zu nutzen.

Der grundsätzliche Anspruch der soziologischen (operativen) Systemtheorie besteht darin, theoretische und methodische Ordnungsgewinne zu erzielen durch eine Beschreibung von modernen und insbesondere von spätmodernen Gesellschaften als sich mit ihren jeweiligen spezifischen eigenen Mitteln funktional differenzierende soziale Teilsysteme. Ihre Heuristik basiert dabei auf einer stringenten begrifflichen Durchführung von System-Umwelt-Unterscheidungen sowie auf der strikten analytischen Trennung von sozialen und personalen in ihren jeweiligen spezifischen Operationsweisen als selbstbezüglich konzeptualisierten Systemen. Wissenschaftstheoretisch geht sie von der Prämisse aus, dass kein intersubjektiv teilbarer, markierbarer einheitlicher Bezugspunkt für Wissensgenerierungen sowie für interpretierende Bemühungen und normative Setzungen gesamtgesellschaftlich festgelegt werden kann.

Unter dem Paradigma eines „operativen Konstruktivismus"[99] findet eine Umstellung erkenntnistheoretischer Denkfiguren vom Sein auf Vorgänge, d.h. von Substanzbegriffen auf Funktionsbegriffe statt.

Im diesem Beitrag werden einige grundsätzliche Aspekte der Struktur- und Organisationsebene von sozialpädagogischer Beschäftigungsförderung aus dem Blickwinkel der soziologischen operativen Systemtheorie beleuchtet. Die Fall- bzw. Personenebene wäre ein zweiter möglicher Referenzbereich, der hier ausgeblendet bleibt.[100]

2. Die Unterscheidungslogik als eine mögliche Heuristik für eine semantische Bestimmung von zentralen Begriffen in der Beschäftigungsförderung

Unterscheidungen sind methodische Anfänge jeder Erkenntnisgewinnung und damit Voraussetzung von Welterschließung überhaupt. Sie werden faktisch im Alltag und in der Wissenschaft getroffen, und sie sind notwendigerweise zu treffen, um den hypothetisch angenommenen und den empirisch durch Konstruktbildungen erfassbaren „Objekten" überhaupt Identität im Sinne einer Markierung zuschreiben zu können.

---

[99] Siehe Luhmann 1992, insb. S. 519-531 sowie 1988.
[100] Impulse hierzu z. B. bei Osthoff 2010.

Unterscheidungen zeigen an, sie weisen hin, sie bezeichnen.[101] Durch diese Hinwendung (ein Eintreten, Einsatz, Anfang, Eintrag[102]) erzeugen sie zwei Seiten einer analytisch gebrauchsfähigen Struktur („Form"): eine zunächst ausgewählte Seite (Innenseite der Form) und eine zweite Seite, die durch diese Differenzbildung ebenfalls hervorgebracht wird, allerdings als vorerst noch unbestimmtes Sonstiges in zeitlicher Hinsicht erst nachrangig markiert und dadurch beschrieben werden kann (Außenseite der Form).

Logisch gleichwertig sind die zu der Zwei-Seiten-Form hinzukommenden Aspekte der Grenze zwischen dem Unterschiedenen sowie ein impliziter Hintergrundkontext, innerhalb dessen dieses Unterschiedene als ein voneinander Verschiedenes sichtbar wird.[103] Auf diese Weise entstehen als Beobachterkonstrukte Systeme im Sinne einer getroffenen System-Umwelt-Unterscheidung.

In der soziologisch-systemtheoretischen Konzeptualisierung[104] sind Beobachtungen keine lediglich von Einzelmenschen wahrgenommenen singulären Ereignisse, sondern stets Differenz bildende aktualisierte und dabei notwendigerweise anschlussfähigen Operationen: jede Systempraxis von Erkennen, Unterscheiden, Bezeichnen, Handeln, Kommunizieren, Erleben.[105] Diese sozialen und psychischen „realen Systeme" sind im Sinne Luhmanns erkenntnistheoretisch nicht als natürlich-dinghaft vorgegebene Objekte anzunehmen, sondern vielmehr als durch den Vollzug von Operationen des Unterscheidens erzeugte Beobachterbeschreibungen, und lediglich in diesem Sinne sind sie empirisch (re-)konstruierbare Referenzobjekte.[106]

Für Unterscheidungen der Leitkategorie „Arbeit" böten sich je nach Erkenntnisinteresse beispielsweise folgende Differenzschemata an:

- Arbeit/Freizeit
- Arbeit/Muße
- Arbeit/Ehrenamt
- Arbeit/Kapital
- Arbeit/Beruf
- Arbeit/Erwerbsarbeit
- Erwerbsfähigkeit/Nichterwerbsfähigkeit

---

[101] Siehe einführend Lau 2008 sowie Schönwälder-Kuntze u.a.2009.
[102] Lau 2008, 32.
[103] Ausführlich ebenda S. 37, 52, 138, 169 sowie Schönwälder-Kuntze u. a. 2009, S. 49, 61.
[104] Luhmann: exemplarisch 1992, S. 84ff.
[105] Luhmann 2002c, S. 25, 91 sowie 1998, S. 757 (Fußnote).
[106] Vgl. Luhmann 1992, S. 73ff., 305, 318.

- Arbeitslosigkeit/Erwerbslosigkeit
- Arbeit/Arbeitslosigkeit
- Arbeitslosigkeit: gewollt/nicht gewollt
- Arbeitslosigkeit: gemeldet/nicht gemeldet
- Arbeitslosigkeit: arbeitsuchend/nicht arbeitsuchend

Diese Zwei-Werte-Codierungen ließen sich anschließend wiederum unterscheiden; zunächst auf der derzeit markierten linken Seite, anschließend auch auf der rechten Seite.

Systemisch-unterscheidungslogisches Beobachten ist in der empirischen Praxis der Beschäftigungsförderung ein geistiges Oszillieren zwischen verschiedenen Referenzbereichen wie Auftragszielen, Aktivitäten oder Kundengruppen unter der Fragestellung, welche Aspekte durch die jeweilige Unterscheidung und Benennung eingeschlossen und welche ausgeschlossen werden – sowie darüber hinaus, unter welchen Bedingungen das gerade Ausgeschlossene vielleicht latent wirkt, und wie es wiederum in die Betrachtung hinein genommen werden kann. Die Differenzbildungen sind je nach Anlass und Intention vielfältig möglich: Fördern/Fordern mit den weiteren Unterscheidungen Forderungsaspekte im Fördern, Unterstützung im Zusammenhang mit dem Fordern oder beispielsweise Ausdifferenzierungen der Unterscheidungen Helfen/Aktivieren oder Beraten/Trainieren.

3. Das Arbeitsfeld der sozialpädagogischen Beschäftigungsförderung

Mit der Einführung des Sozialgesetzbuchs (SGB II) fand eine Zusammenlegung der Leistungssysteme Arbeitslosenhilfe und Sozialhilfe zu einem neuen Leistungsrecht der „Grundsicherung für Arbeitsuchende" statt.[107] Es handelt sich dabei um ein Aktivierungssystem mit einem Grundsicherungsauftrag. Unter der Erstrangigkeit der Beschäftigungsorientierung besteht das Hauptziel von Interventionen seitens der Bedarfsträger in der (Wieder-)Erlangung der Vermittlungsfähigkeit der „erwerbsfähigen Hilfebedürftigen" und in deren Integration in den sogenannten „ersten Arbeitsmarkt".

---

[107] Arbeitslosengeld II, ALG II; Viertes Gesetz für moderne Dienstleistungen am Arbeitsmarkt: „Hartz IV"; verkündet 12/2003, in Kraft seit 1/2005.

Die Umsetzung erfolgt im Rahmen von diversen einzelnen oder gekoppelten Programmen wie Bewerbungsmanagement, Maßnahmen zur Feststellung oder zur Orientierung und Aktivierung, Maßnahmen zur beruflichen Eingliederung sowie zur Minderung oder Beseitigung von Vermittlungshemmnissen durch Qualifizierung, Training und Arbeitserprobung.

Das Funktionssystem Politik entscheidet, welche Art von Förderung notwendig ist, um „Adressen" ohne Erwerbsarbeit (einzelne Personen, Personen in Bedarfsgemeinschaften) Grundsicherung nach SGB II zu gewähren. Die Leitdifferenz Fördern/Fordern verweist dabei auf das Kommunikationsmedium Anspruch mit der Mitwirkungspflicht der arbeitslos gemeldeten Personen als Gegenleistung. Das Aktivierungsparadigma knüpft die Erbringung bedarfsorientierter staatlicher Unterstützungsleistungen im Rahmen der Grundsicherung für Arbeitsuchende an Kontrollbedingungen mit finanzieller Sanktionskraft und steht damit in Kontrast zu Prinzipien der Jugendhilfe und Jugendberufshilfe (SGB VIII), nach denen Fordern Bestandteil eines pädagogischen Konzepts ist.[108] Das an Grundsätzen der Wirtschaftlichkeit und Sparsamkeit orientierte beschäftigungsorientierte Fallmanagement oszilliert zwischen an arbeitsmarktpolitischen Maßstäben orientierten Interventionsformen der Aktivierung und Kontrolle auf der einen Seite und den an sozialpolitischen Maßstäben ausgerichteten Interventionsformen Integrationshilfe und Beratung auf der anderen Seite.

Dem gemäß ist die Soziale Arbeit in der Beschäftigungsförderung als ein gesellschaftliches intermediäres Teilsystem konfrontiert mit den beiden äußerst verschiedenen Handlungslogiken des sozialstaatlichen Handelns (Bildung, soziale Hilfen) und zugleich des arbeitsmarktpolitischen Handelns (Verwertung als Arbeitskraft). In diesem Sinne ist auch der Empowerment-Ansatz in der sozialpädagogischen Beschäftigungsförderung, versehen mit Anteilen der teilnehmerorientierten Kompetenzreflexion und -entwicklung, strukturell stets eng gekoppelt an die ökonomische Verwertungslogik. Institutionen der Sozialen Arbeit, die als Bildungsträger im Auftrag der örtlichen Agenturen für Arbeit und der Jobcenter Leistungen der Beschäftigungsförderung anbieten, werden somit als Hilfesysteme ökonomisiert.[109]

---

[108] Siehe Beschäftigungsorientiertes Fallmanagement im Rahmen der Grundsicherung für Arbeitsuchende (SGB II) als ein Dienstleistungsansatz bzw. eine Betreuungsmethode der „aktiven Arbeitsmarktpolitik" – die grundlegende ausführliche und differenzierte Abhandlung bei Göckler ³2009. Außerdem zum Fachkonzept für Fach- und Führungskräfte im Jobcenter bzw. optierenden Kommunen Göckler (Hrsg.) 2005. Zu den unterschiedlichen „Handlungsrationalitäten" von SGB II und SGB III auf der einen und SGB VIII auf der anderen Seite siehe Michel-Schwartze (Hrsg.) ²2009, S. 14-19.

[109] Vgl. Michel-Schwartze 2010.

Die arbeitslosen Hilfesuchenden aus der Gruppe der sogenannten „Langzeitarbeitslosen" schließen zwangsweise mit den Fallmanagern der Jobcenter einen Vertrag („Eingliederungsvereinbarung") über einen festgelegten Zeitraum, um überhaupt materielle Hilfe in vollem Umfang der Grundsicherung erhalten zu können. Die Sanktionsmöglichkeiten bei Nichteinhaltung der Eingliederungsvereinbarung liegen einseitig beim Jobcenter, wodurch eine grundlegend asymmetrische Beziehung zwischen den Vertragsparteien gegeben ist.[110]

Besonders zu erwähnen ist im Rechtskreis des SGB III die institutionalisierte Unterstützung zur Chancenverbesserung von Jugendlichen im Übergang zwischen allgemeinbildender Schule und betrieblicher Berufsausbildung.[111] Neben der schulischen Berufsvorbereitung gibt es von der Agentur für Arbeit geförderte außerschulische berufsvorbereitende Maßnahmen und Qualifizierungen für noch nicht ausbildungsgeeignete Jugendliche, unterstützende Hilfen während der Ausbildung sowie Berufsausbildungen in außerbetrieblichen Ausbildungseinrichtungen, die an externe Bildungsträger vergeben werden.

Es existiert ein ergebnisorientiertes System der beruflichen Benachteiligtenförderung[112] mit dem Ziel, Mädchen und Jungen die Aufnahme und den erfolgreichen Abschluss einer Berufsausbildung sowie den Übergang in eine Beschäftigung zu ermöglichen. Hierfür gibt es geregelte Zuweisungsprozesse der ausschließlichen Zuteilung durch die regionalen Agenturen und Jobcenter von „sozial benachteiligten und/oder lernbeeinträchtigten Jugendlichen". Die Maßnahmen sind konzeptionell orientiert am individuellen Förderbedarf der Mädchen und Jungen.

Die Problematisierung der ökonomischen Sanktionslogik ist insbesondere bezogen auf die Adressatengruppe der im Jobcenter gemeldeten Jugendlichen evident. Sie kollidiert prinzipiell mit einem Anspruch, wonach Anforderungen entwicklungsbedingt bei jungen Menschen an einer pädagogischen Logik von Grenzziehungen erfahrbar gemacht werden sollten.[113]

Im Fallmanagement der Jobcenter werden zur Zielerreichung zwei Systeme zusammengeführt, auf der einen Seite das institutionelle System, in dem es um die Koordi-

---

[110] Siehe hierzu z. B. Enggruber 2005, S. 69 f.
[111] Vgl. hierzu Dressel/Plicht 2006, S. 48-58: Das neue Fachkonzept der Berufsvorbereitung SGB III von 2004.
[112] „(Berufliche) Benachteiligtenförderung" ist ein unscharfer relationaler Sammelbegriff für die Schnittstelle zwischen schulischem Bildungssystem, betrieblicher Berufsausbildung und Arbeitsmarkt. Ausführlich hierzu: Bojanowski u. a. (Hrsg.) 2005, S. 10 ff.
[113] Siehe Enggruber 2005, S. 70.

nation von Sachleistungen und Dienstleistungen sowie den Aufbau von Kooperationsbeziehungen geht, sowie auf der anderen Seite das individuelle System, in dem durch persönliche Interaktion die Förderung des Selbstmanagements und die Stärkung der Selbstverantwortung der erwerbslos gemeldeten Personen erreicht werden soll.

4. Soziale Systeme in der sozialpädagogischen Beschäftigungsförderung[114]

Das Funktionssystem Politik hat im Rahmen der Arbeitsmarktreform eine deutliche Ausdifferenzierung durch die Schaffung neuer Organisationen auf kommunaler Ebene vorgenommen, die Funktionen der ehemaligen Arbeitsämter mit denen der Sozialämter verbinden unter der Funktionslogik von Ökonomie und Wettbewerb. Die Bundesagentur für Arbeit, die von ihr beauftragten Regionalen Einkaufszentren, zentrale Trägerbüros der Agentur für Arbeit sowie die örtlichen Agenturen für Arbeit und die Jobcenter für Arbeitsmarktintegration bilden den institutionellen Kontext der Bedarfsträger, die Dienstleistungen von Beschäftigungsgesellschaften und von Trägern der Fort- und Weiterbildung einkaufen.

Bei der Einbindung unterstützender „geeigneter Einrichtungen und Dienste Dritter" haben die Bildungsträger eine besondere Bedeutung. Es handelt sich dabei insbesondere um Wohlfahrtsverbände und freie private Anbieter, deren Leistungen hauptsächlich von den Regionalen Einkaufszentren der Bundesagentur für Arbeit abgenommen werden. Die Bildungsträger werden mit Teilaufgaben beauftragt, zu denen insbesondere Profiling, unterstützende Vermittlung und Bewerbungstraining gehören.[115]

Es besteht ein freier Bildungsmarkt mit zahlreichen Einzelanbietern, die sich zwischen Konkurrenz, Koexistenz und Kooperation positionieren.

---

[114] Zu unterscheiden von Beschäftigungsförderung als Form der Organisation arbeitsweltbezogener Hilfen in Betrieben. Inwieweit die sozialpädagogische Beschäftigungsförderung als Teilgebiet bzw. als funktionaler Organisationsbereich der Sozialen Arbeit von der Sozialen Arbeit/ Sozialarbeitswissenschaft selbst und von anderen sozialen Systemen/sozialwissenschaftlichen Disziplinen verstanden wird, wäre eine eigens zu vertiefende Fragestellung für systemtheoretische Beobachtungen.

[115] Zum Personal der Träger gehören Frauen und Männer, die als Ausbilder, Lehrkräfte, Bildungsbegleiter, sozialpädagogische Betreuer, Trainer, Berater, Coachs arbeiten.

So bewerben sich die Bildungsträger bei Ausschreibungen der Agentur für Arbeit meist getrennt voneinander, gehen mitunter bei größeren Produktpaketen allerdings auch kurz- oder mittelfristige maßnahmenbezogene Kooperationen im Rahmen von Bietergemeinschaften ein.

5. Die fortschreitende funktionale Differenzierung der Gesellschaft in der Spätmoderne

In der hochkomplexen Gesellschaft der Gegenwart findet eine zunehmend beschleunigte Ausdifferenzierung gesellschaftlicher Funktionen in Teilsystemen der Gesellschaft statt. Hierzu gehören insbesondere die Funktionssysteme Politik, Wirtschaft, Recht, Wissenschaft, Religion und Erziehung. Jedes dieser gesellschaftlichen Funktionssysteme führt spezifische Selbstbegrenzungen ein, die als von anderen Funktionssystemen unterscheidbare Bedingungen der eigenen generalisierbaren irgend etwas ausschließende Thematisierungsmöglichkeiten zur Aufgabenerfüllung in eine geordnete Form bringen.

Die soziologische operative Systemtheorie geht von der Prämisse einer informationalen Geschlossenheit von Funktionssystemen aus, die jeweils in spezifischer Weise ihre Abläufe und Sinnzuschreibungen durch ausschließlich innere Versorgung mit Entscheidungen organisieren.[116] Dies betrifft alle Operationen wie die Ideengenerierung, die Besetzung von Themen, die Ausbildung von Kommunikationsregeln, die Positionierung von Personen oder die Einführung und Überprüfung von Handlungsanleitungen. Eine interne Differenzierung in Funktion, Leistung und Reflexion ist konstitutiv für die Selbstausbildung und -erhaltung von gesellschaftlichen Funktionssystemen. Korrekturen beziehen sich auf die eigenen Intentionen, Entscheidungen und deren Folgen. Die damit einhergehende funktionale Selbstbeschränkung im Rahmen der eigenen Handlungslogik schafft erst gesellschaftliche Legitimation und ist dadurch sinnbildend. Alle Funktionssysteme sind darauf angewiesen, dass sowohl sie selbst als auch die anderen Funktionssysteme ihre Funktionen als spezifische Eigenleistungen für andere erfüllen. Dadurch sind die Funktionssysteme trotz bzw. gerade wegen ihrer operativen Geschlossenheit wechselseitig voneinander abhängig.

---

[116] Luhmann exemplarisch 2002a, S. 105ff., 118, 138, 243.

Funktionssysteme können ein anderes Funktionssystem nicht steuern, kontrollieren oder gar determinieren, jedoch sehr wohl (mehr oder minder empfindlich) stören, einschränken, irritieren, provozieren, verwirren, enttäuschen, überraschen oder anregen. Solche „Perturbationen" müssen vom jeweiligen sozialen System stets durch eigene Operationen in funktionsspezifische Informationen transformiert werden. Diese strukturelle Selektion ist die einzige Möglichkeit für Systeme, um Operationen überhaupt Anschlussfähigkeit zu gewähren.

Die gesellschaftlichen Funktionssysteme wie Politik, Wirtschaft und Erziehung organisieren ihre spezifische Selbstbeobachtung strukturbildend durch die Schaffung interner und externer Umwelten. Die Unterscheidung Selbst-/Fremdreferenz ist ausschließlich innerhalb der jeweiligen Funktionssysteme möglich.[117] Diese konstruieren ihre eigenen Alternativen durch Selbstreflexion, Orientierung nach innen und nach außen und schaffen Kontinuität durch die Erfüllung ihrer spezifischen Bestimmungsleistung für andere Funktionssysteme.[118] Auch ihr spezifisches Eigengedächtnis bezieht sich auf die zu erfüllenden Leistungen für andere soziale Systeme: das Wirtschaftssystem durch Erinnern an Zahlungen, das Erziehungssystem durch Erinnern an interne Selektionen im Code bessere/schlechtere Leistungen.[119]

Durch die sehr spezifischen strukturellen Kopplungen von Funktionssystemen an ihre jeweiligen Umwelten in Folge ihrer Leistungserbringung dynamisieren sich die gesellschaftlichen Systeme wechselseitig. Sie treiben sich zwar gegenseitig an, können einander jedoch nicht funktionsbezogen ergänzen oder ersetzen.

Da Funktionssysteme nur für spezifische Funktionen ausdifferenziert sind, haben sie keinen Vorrang bzw. keine übergeordnete Bedeutung im Vergleich zu anderen Funktionssystemen, wodurch auch keine gesellschaftliche Rangordnung der Funktionssysteme möglich ist. Somit gibt es auch keine zuständige Zentralinstanz zur Problemregulierung von Moral, Arbeitslosigkeit oder Beschäftigungsförderung. Weder die Gesellschaft als Ganzes noch einzelne Funktionssysteme können Herrschaft oder Werte zentralisiert steuern.

Die spezifischen Anforderungen an das Funktionssystem Politik in der Gegenwartsgesellschaft beispielsweise sind gekennzeichnet durch eine deutlich zunehmende zeitorientierte Reaktivität von Entscheidungen. Dadurch ist seine Handlungslogik auf Schnelligkeit und Flexibilität ausgerichtet und nicht auf eine zielorientierte Rationali-

---

[117] Luhmann 1992, S. 545.
[118] Vgl. Luhmann 2008, S. 58 sowie 1998, S. 861.
[119] Luhmann 2002a, S. 184 f.

tät der sachlichen Richtigkeit.[120] Politik muss deshalb unkontrollierbare Effekte ihrer Entscheidungen zunehmend von der Sachdimension in die Zeitdimension verlagern.[121]

Auch kann der Staat nicht über Politik das Wirtschaftssystem ordnen. Für Wirtschaft lautet der Problembezug Knappheit mit der Leitdifferenz Zahlungen/Nichtzahlungen sowie weiteren spezifischen binären Unterscheidungen wie Kapital/Arbeit und Investition/Konsum[122]. Die Organisationsweise der Wirtschaft ist die Geld verwendende Transaktion. Die Steuerung des Wirtschaftssystems lässt sich somit nur über Geldmengenunterscheidungen bewerkstelligen und liegt deshalb ausschließlich in der Systemreferenz Wirtschaft.[123] Geld ist als Medium von allen rechtlichen, politischen und moralischen Kontrollinstanzen der Gesellschaft abgekoppelt.[124] Die zentrale Differenz in der Spätmoderne heißt Internationaler Finanzmarkt/Regional organisierte Komplexe von Industrie und Arbeit. Der internationale Handel verstärkt die Differenzierung der Funktionssysteme Wirtschaft und Politik durch die Verselbständigung der Geldmacht und der Finanzströme jenseits der Erwerbs- und Arbeitsgesellschaft mit eigenen Funktionsregeln zunehmend entkoppelt von territorialstaatlicher Politik und von Verankerungen in sozialstaatlichen Sicherungssystemen. Die neu hinzugekommene Entkopplung von Finanzsphäre und Wirtschaft führt zu einer dramatischen Neuordnung von Besitz- und Machtverhältnissen, die durch Sicherungssysteme nicht gesteuert oder korrigiert, geschweige denn verhindert, sondern bestenfalls gestört werden können.

In dieser Gesamtdynamik verschärft sich auch die Differenz von Individuum und Gesellschaft[125] mit massiven Folgen für die Arbeitsgesellschaft.

6. Die Arbeitswelt in der Spätmoderne

Die Erwerbsformen in Deutschland weisen in den zurückliegenden Jahren eine deutliche Zunahme von Teilzeitbeschäftigungen, geringfügigen Beschäftigungen, Befristungen und Zeitarbeit auf. Die Auflösung der klaren Grenze zwischen Arbeit im Sin-

---

[120] Siehe Luhmann 2002a, S. 142.
[121] Ebenda, S. 164.
[122] Luhmann 1994, S. 81.
[123] Luhmann 1994, S. 345.
[124] Negt 2008, S. 64.
[125] Luhmann 1994, S. 25.

ne von Erwerbstätigkeit in Vollbeschäftigung und Nichtarbeit im Sinne von Arbeitslosigkeit und die damit einhergehende Pluralisierung von Formen zwischen diesen beiden Polen ist eines der Hauptmerkmale der heutigen Berufswelt. Helferstellen für Ungelernte und wenig Qualifizierte haben deutlich abgenommen, und die wenigen vorhandenen Stellen können den Arbeitenden zudem oft keine materielle Existenzsicherung bieten; zunehmend sind sie Ergänzungen zur staatlichen Unterstützung. Der Mangel an „Einkommensplätzen" ist entstanden durch eine Zunahme kurzfristiger oder/und nicht existenzsichernder Arbeitsverhältnisse, bedingt durch geringen Beschäftigungsumfang, unregelmäßige Arbeitszeiten, Befristung und größere räumliche Entfernung zwischen Wohnung und Arbeitsort/-en. Rasche zeitliche, räumliche und fachliche Wechselnotwendigkeiten mit ungewissen Zukunftsaussichten sind somit wesentliche strukturelle Bedingungen für die Entwicklung von Bewerbungsstrategien im Jobcoaching mit Arbeitsuchenden und für die sozialpädagogische Beschäftigungsförderung insgesamt.

Die gesellschaftlichen Dynamisierungsprozesse einer fortschreitenden Prekärisierung im Sinne einer Verallgemeinerung sozialer Unsicherheit und Gefährdungslagen als Folge der Ausdifferenzierung des Funktionssystems Wirtschaft und des daran gekoppelten Erwerbssystems sind offensichtlich.[126] Die De-Regulierung von Arbeitsverhältnissen im Sinne von Arbeitsmarktflexibilisierung unter der Leitidee ökonomische Vernunft hat restrukturierende Wirkungen auf das Sozialsystem Arbeitsgesellschaft zur Folge.

7. Arbeit und sozialpädagogische Beschäftigungsförderung aus der Perspektive der soziologischen operativen Systemtheorie

Der soziale Zugriff auf Arbeit geschieht über Einzelmenschen durch regelmäßig wiederholte Beschäftigung.[127] „Die Politik verspricht, Arbeitsplätze ´zu schaffen´, obwohl es sich um bezahlte Arbeit handeln soll und Zahlungen nur in und nur auf Kosten der Wirtschaft geleistet werden können. (…) Sie fördert den Zugang zu höherwer-

---

[126] Vgl. hierzu Brinkmann/Dörre u. a. 2006, S. 17 f.
[127] Luhmann 1998, S. 827 f.

tigen Ausbildungen, ohne für entsprechende Beschäftigungsmöglichkeiten sorgen zu können."[128]

Doch erst durch Geldwirtschaft wird der Preis der Arbeit zum Maßstab des ökonomischen Wertes.[129] Mit wachsendem Wohlstand wird Arbeit zudem knapp. Dadurch wird die Unterscheidung Mit Arbeitsplatz/Ohne Arbeitsplatz bedeutsamer, bei gleichzeitig zunehmender Verwischung der Grenzen zwischen Arbeit und Freizeit.[130] Durch die funktionale Ausdifferenzierung des Wirtschaftssystems und die damit verbundene Fortschreitung der Monetarisierung der Wirtschaft entscheiden die Märkte über berufliche Karrieren und nicht der Einzelmensch über seine Kompetenzen.[131] Die Gegenwartsgesellschaft vollzieht sich nicht mehr im vormodernen Schema Mühe/Muße, sondern im Schema Arbeit/Arbeitslosigkeit 1998.[132] Durch die Eigendynamik von gesellschaftlichen Funktionssystemen und somit auch von Wirtschaft in modernen und insbesondere in spätmodernen Gesellschaften findet eine Loslösung der Arbeitszuteilung von Schichtprämissen bzw. von der Herkunft der Bewerber/-innen um Arbeitsplätze statt. Gleichzeitig sind Arbeitsplätze in der Gegenwartsgesellschaft das wichtigste Verteilungsinstrument für Einkommen und dadurch auch für an Geld anschließende Lebenschancen. Durch die Fluktuation der Wirtschaft werden strukturelle Kopplungen von Personen und Arbeitsplätzen riskant, unabhängig von wirtschaftlichen, politischen oder rechtlichen Steuerungsversuchen.[133]

Mit dem Übergang zur Dienstleistungsgesellschaft entwickelten sich zunehmend flexible Beschäftigungsformen mit der Legalisierung von Leiharbeit, dem Beschäftigungsförderungsgesetz, der Zulassung von Befristungen ohne sachlichen Grund, der Möglichkeit von Arbeit auf Abruf und der Arbeitsplatzteilung.[134] Die Folge ist eine Zersplitterung von arbeits- und sozialrechtlichen Normen mit einer wachsenden Normenflut im betrieblichen Personalrecht, wodurch die Transparenz von Vorgaben und die Handlungsanleitungsfunktion für Personalverantwortliche verloren gehen.

Zu den strukturellen Merkmalen prekärer Beschäftigung gehören Einkommen, die nicht mehr existenzsichernd sind, eine Abnahme von Arbeitnehmerrechten und ins-

---

[128] Luhmann 1999, S. 127.
[129] Luhmann 1994, S. 213.
[130] Ebenda, S. 223.
[131] Luhmann 1998, S. 727.
[132] Ebenda, S. 734.
[133] Luhmann 1999, S. 116.
[134] Siehe nachfolgend Blanke 2007, S. 55 ff.

gesamt eine deutlich zunehmende Entgrenzung der Arbeitsbeziehungen in zeitlicher, räumlicher, sachlicher, wirtschaftlicher und sozialer Hinsicht.

Die Handlungslogik des Funktionssystems Wirtschaft sieht vor, das Arbeitsrecht an die Interessen des Kapitals anzupassen, und versucht, durch Perturbationen dem Funktionssystem Politik das Gesellschaftsproblem Arbeitslosigkeit zu überlassen.

Die funktional hochgradig ausdifferenzierte spätmoderne Gesellschaft lässt sich zudem nicht mehr als durch Moral interpretiert beschreiben.[135] So sind die Werte der verschiedenen gesellschaftlichen Funktionssysteme keine moralischen Werte, die sich mit der Leitdifferenz gut/schlecht gleichgesetzt codieren lassen. Deshalb ist auch keine moralische Integration der Gesellschaft erreichbar. Ein Rückgriff auf Moral geschieht dann, wenn die spezifischen Funktionscodes in den einzelnen gesellschaftlichen Funktionssystemen in zerstörerischer Weise in den Systemen selbst oder durch massive Störungen aus ihrer Umwelt gefährdet werden. Funktionalistisch betrachtet wird auf das Medium Moral deshalb referiert, damit die systeminterne Organisation durch Vertrauen sicher gestellt werden kann.[136]

Moral zirkuliert als Kommunikationsweise gesellschaftsweit, ohne sich selbst als eigenes gesellschaftliches Funktionssystem ausdifferenzieren zu können. Als Operationsmodus ist Moral in kein eigenes gesellschaftliches Funktionssystem und auch in kein sonstiges gesellschaftliches Teilsystem eingebunden, obgleich diese Systeme in jeweils hochspezifischer Weise auf Moral angewiesen sind. Moral kann jedoch gesellschaftliche Systeme irritieren.

In der funktional differenzierten Gesellschaft wird Inklusion durch die jeweiligen Funktionssysteme geregelt.[137] Die Leitdifferenz Inklusion/Exklusion ist eine jeweils systeminterne Unterscheidung.[138] Es gibt keine ausschließende Teilsysteminklusion mehr für Einzelmenschen. Dadurch können Menschen auch nicht mehr „gesamtgesellschaftlich" aufgefangen werden. Vielmehr findet innerhalb von Funktionssystemen eine Fluktuation von kommunikationsbezogenen Einschlüssen und Ausschlüssen statt. Mit der Inklusion von Personen in gesellschaftliche Systeme werden mitunter auch andere Personen aus diesen Systemen exkludiert, denn Inklusion schafft Konkurrenz und produziert neue Verlierer. Diese systeminterne Diskriminierungslogik gilt auch in der sozialpädagogischen Beschäftigungsförderung, wenn arbeitslose Maßnahmeteilnehmende gecoacht werden, um sich gegen andere Arbeitsuchende auf

---

[135] Luhmann 2008, S. 166f.
[136] Luhmann 2008, S. 334.
[137] Luhmann 2008, S. 232
[138] Ebenda, S. 244.

dem Arbeitsmarkt durchzusetzen. Selbst kleine Abweichungen von Arbeitsbereitschaft und Arbeitsfähigkeit, von berufspraktischen Erfahrungen arbeitsloser Personen werden in Bewerbungstrainings mit aufwändigen Profilingverfahren und Förderplänen herausdestilliert, um insbesondere bei der Adressatengruppe der Langzeitarbeitslosen einige wenige Personen vielleicht zu vermitteln. Die Mehrzahl der Teilnehmenden wird mit hoher Wahrscheinlichkeit jedoch ihre „Maßnahmenkarriere" fortsetzen und dann mit dem gleichen Instrumentarium wieder konfrontiert werden.

Insbesondere die Funktionssysteme Wissenschaft und Erziehung nehmen billigend in Kauf, dass beständig ein Fünftel der jugendlichen und jungen Erwachsenen vom Arbeitsmarkt abgekoppelt ist.

In der sich beschleunigt funktional ausdifferenzierenden Gesellschaft der Spätmoderne gehen die jeweiligen Grenzen der einzelnen Teilsysteme durch Einzelmenschen und Gruppen hindurch. Nicht „ganze" Menschen (Leute, Einzelmenschen, Individuen) sind in soziale Systeme wie Erziehung und Bildung oder in Arbeitsmärkte inkludiert, sondern Personen im Sinne von Rollenträgern, die bestimmte Teilaspekte ihres Menschseins in ihren sozialen Bezügen zur Geltung bringen (sollen) sind strukturell an mehrere Funktionssysteme oder sonstige gesellschaftliche Teilsysteme gekoppelt, von anderen sozialen Systemen können sie abgekoppelt sein. An der Erwerbsarbeitswelt teilzunehmen kann beispielsweise gleichzeitig bedeuten, vom Familiensystem mehr oder minder ausgeschlossen zu sein, wenn das prekäre Beschäftigungsverhältnis eine extreme raumzeitliche Flexibilität erfordert.

Auch die für eine soziologisch-systemtheoretische Betrachtung der Beschäftigungsförderung besonders relevanten Funktionssysteme Wirtschaft, Politik und Erziehung/Bildung erzeugen und reflektieren ihre eigenen Operationen durch interne Festlegungen ihres Systems und ihrer Umwelt. Als bedeutsam für Verstehensansprüche und Verständigungsleistungen im Hinblick auf die nichteigenen Systeme erweist sich, dass jedes Funktionssystem die Beobachterperspektive dafür, wie und weshalb es von den anderen Funktionssystemen jeweils unterschiedlich beschrieben wird, zwangsläufig ausklammert. Denn alle Funktionssysteme arbeiten mit der internen Unterscheidung von Selbstreferenz und Fremdreferenz. Dadurch nehmen diese gesellschaftlichen Teilsysteme nicht wahr, wie sie von den anderen Funktionssystemen jeweils unterschiedlich beschrieben werden. Die gesellschaftlichen Teilsysteme Wirtschaft, Politik und Bildung bleiben füreinander intransparent und unkalkulierbar, sie können sich nicht so verhalten, als ob sie ein anderes Funktionssystem wären. So ist das Wirtschaftssystem lediglich als Beschäftigungssystem für das Erziehungssystem relevant unter dem Gesichtspunkt der Verfügbarkeit von Ausbildungs- und Arbeitsplätzen. Einer Langfristigkeit von Lebenslaufplanungen im Kontext ausdifferenzierter Berufsausbildungen steht die Kurzfristigkeit wirtschaftlicher Bedarfe mit Chancenunsicherheiten trotz Fort- und Weiterbildungsmöglichkeiten entgegen. Andererseits sind alle Funktionssysteme in umfänglicher Weise vom Wirtschaftssystem abhängig, sie können und müssen sich aneinander orientieren; sie können sich jedoch aufgrund ihrer funktionalen Differenzierung in ihrer operativen Geschlossenheit nicht wechselseitig ersetzen, sondern nur sich selbst über ihre eigenen Systemreferenzen spezifiziert steuern. Das Funktionssystem Politik kann lediglich durch kollektiv bindende Entscheidungen Einfluss auf das Funktionssystem Wirtschaft nehmen. Strukturell gekoppelt sind Politik und Wirtschaft bezogen auf Eingriffe in den Arbeitsmarkt.

Es gibt in unserer modernen funktional differenzierten Gesellschaft keine die Teilsysteme übergreifende gesamtgesellschaftliche Steuerungsinstanz; die Beziehungen der Funktionssysteme zueinander werden durch strukturelle Kopplungen hergestellt und aufrechterhalten. Diese wirken zweiseitig in die beiden beteiligten Funktionssysteme hinein, bleiben jedoch innerhalb der Systeme als Anschlüsse unsichtbar. Die zunehmende Verschränkung des schulischen Bildungssystems mit der Beschäftigungsförderung und deren arbeitsmarktpolitischen, berufspädagogischen und sozialpädagogischen Zugänge liefert Anhaltspunkte für solche strukturelle Kopplungen.[139]

Organisationen generell und somit auch Organisationen der Beschäftigungsförderung sind ebenso wie soziale Funktionssysteme ausdifferenzierte soziale Systeme, die nur von sich selbst reformiert werden können.[140] Ihre gesellschaftliche Funktion besteht darin, für Funktionssysteme wie Politik oder Wirtschaft spezifische Leistungen sicherzustellen. Festlegen können sie Funktionssysteme indes nicht, auch können sie nicht von Funktionssystemen, was ihre operationsweise anbelangt, festgelegt werden. Organisationen der Beschäftigungsförderung müssen darüber hinaus auch nicht ei-

---

[139] Eine Verortung der Beschäftigungsförderung als „Übergangssystem" wäre in ihren Verarbeitungsweisen von Vorgaben und Anregungen, die sie insbesondere aus den Funktionssystemen Wirtschaft, Politik, Recht und Bildung erhält, noch auszuarbeiten; z.B. die Kopplung an das politische System durch die Zusammenarbeit mit der Agentur für Arbeit, die für viele Bildungsträger der „Monopolkunde" ist; oder Kopplungen der Beschäftigungsförderung an das Erziehungs-/Bildungssystem und an das Wirtschaftssystem in seiner Funktion der Integration von Personen in den Ausbildungs- und Arbeitsmarkt; Mehrfachkopplungen wie im Förderbereich Kompetenzentwicklung und Lebensbewältigung im Kontext von Bildung, Arbeit und Ökonomie. Auch: Bezüge zur Sozialen Arbeit im Hinblick auf materielle und immaterielle Ressourcen, Kompetenzen und soziale Teilhabe im Code Helfen-Nicht-Helfen (vgl. hierzu Hosemann/Geiling 2005, S. 61) bzw. in der Ambivalenz zwischen Ansprüchen nach Wirtschaftlichkeit (Selektion) und sozialer Gerechtigkeit (Integration).
[140] Siehe nachfolgend Luhmann 1998, S. 166, 830, 840 ff. sowie 2002c, S. 231, 235, 245ff. und 2002a, S. 128f. und 231ff.

nem gesellschaftlichen Funktionssystem zugeordnet werden. Ihre spezifische Operationsweise besteht darin, Entscheidungsbedarfe sowie die Notwendigkeit von Entscheidungen zu kommunizieren, um damit Ausgangspunkte für weitere zu treffende Entscheidungen zu schaffen. Innerhalb ihrer Operationsweise Entscheiden erzeugen sie auch ihre Entscheidungsmöglichkeiten für Mitgliedschaft. Dies geschieht mittels Arbeitsprogrammen, Weisungen, Kommunikationswegen, Personaleinstellungen und -bewertungen. Organisationen bilden und reproduzieren sich also als operative Netzwerke von Entscheidungen selbst durch Entscheidungen sowie die Sicherung von Fortsetzbarkeit von Entscheidungsprozessen. Sie haben systemeigene Routinen und Interpretationen, wodurch sie Unsicherheiten reduzieren. Innerhalb ihrer spezifischen Operationsweise Entscheidungen treffen und vollziehen sie Gesellschaft als Kommunikation.

Aufgrund ihrer begrenzten Kapazität der Verarbeitung von Information bei gleichzeitig hohen Anforderungen an ihre Leistungserbringung müssen Organisationen der Beschäftigungsförderung stets neue Wege finden Entscheidungen zu treffen, die akzeptabel sind für den Leistungsempfänger und gleichzeitig intern revidierbar sein müssen, wenn sich ihre Systembedingungen intern oder die Anforderungen aus ihrer Umwelt verändern.

Das Reflexionsdefizit von Organisationen der Beschäftigungsförderung erklärt sich systemtheoretisch aus der enormen Fähigkeit und Notwendigkeit im Konkurrenzkampf mit anderen Organisationen ein Höchstmaß an differenzierter Sensibilität, an Auflösungsvermögen und an organisierter Informationsverarbeitungskapazität aufzuweisen.[141]

Während Funktionssysteme grundsätzlich für alle Leute zugänglich sein müssen, haben Organisationen jeweils einen spezifischen Mechanismus mit dem Inklusionsmechanismus Mitglied/Nichtmitglied, in unserem Falle die Mitarbeiter/-innen in Einrichtungen der Beschäftigungsförderung. Auch die organisierten Sozialsysteme wie Agentur für Arbeit oder Jobcenter geben durch die Festlegung von Inklusionsregeln für Maßnahmeteilnehmende (Eintritt durch Zuteilung, Austritt durch Vermittlung in Arbeit, Ausschluss durch Verletzung von Mitwirkungspflichten) generalisierte Verhaltensmuster für systeminterne Bearbeitungen vor. Durch diese Stabilisierung von Erwartungen mittels einer rekursiven Erzeugung von Entscheidungen erzeugen die Agentur für Arbeit und die Bildungsträger selbst ihre eigenen systemintern notwendigen Sicherheiten.

---

[141] Siehe allgemein zu Organisationen Luhmann 2008, S. 220.

Komplementär hierzu gilt jedoch auch, dass für Organisationen in der Spätmoderne der Oberbegriff der Systemrationalität von Management nicht mehr Steuerung, sondern Störung heißt.[142] Störungen im eigenen System zu erzeugen, um neue Antworten zu provozieren, die produktiven Möglichkeiten von Irritationen angemessen zu erkennen und dadurch sich für neue Lösungen zu öffnen, lautet dann die Devise. Auch die Explizierung von Fehlern und von Unsicherheiten bieten in Organisationen Anlässe für Reflexion im Hinblick auf Innovation bei der Leistungserbringung und für Selbstreflexion, was die Organisationserhaltung bzw. -entwicklung betrifft.[143]

Handeln in Organisationen ist stets auch Handeln im Funktionssystem Wirtschaft.[144] Organisationen sind abhängig vom Medium Geld; gleichzeitig bedürfen Funktionssysteme wie Politik, Recht, Wirtschaft und Erziehung/Bildung Organisationen, um Entscheidungen überhaupt treffen und umsetzen zu können.

Beschäftigungs- und Qualifizierungsgesellschaften sind als Organisationen komplexe Mehrzielsysteme des temporären Qualifizierungs- und Ersatzarbeitsmarktes und agieren meist auf lokaler bzw. regionaler Ebene.[145] Unterschiedliche gesellschaftliche Teilsysteme erwarten unterschiedliche Arten der Leistungserbringung von den Bildungsträgern. Hierzu gehören die Kostenträger Agentur für Arbeit/Jobcenter, Trägerbüro, Drittmittelgeber, außerdem potentielle Arbeitgeber, ggf. Käufer von Produkten und Dienstleistungen, die in den Beschäftigungsbereichen der Gesellschaften erstellt wurden, Kooperationspartner und nicht zuletzt: die teilnehmenden arbeitslosen Personen selbst.

Ein Dauerkonflikt in Weiterbildungsorganisationen der sozialpädagogischen Beschäftigungsförderung besteht zwischen eng kalkulierten Zuwendungen zur Förderung von Maßnahmen, qualitätsvoller Förderung der Teilnehmenden und einer Arbeitsmarktorientierung in der Qualifizierung, in Bewerbungstrainings und einer Absatzmarktorientierung beider der Erstellung von Produkten und Dienstleistungen, die auf dem „zweiten Arbeitsmarkt" in Beschäftigungsgesellschaften hergestellt bzw. erbracht wurden.

Die Erhaltung der eigenen Organisation steht im Spannungsfeld der zunehmenden Prekärisierung von Arbeit – die auch die Arbeitenden in Institutionen der Beschäftigungsförderung selbst konkret betrifft (bei Bildungsträgern, Beschäftigungsgesellschaften, aber auch in Jobcentern) mit ihren Einkommensbedingungen, Teilzeitver-

---

[142] Siehe hierzu ausführlich Baecker 2011.
[143] Ebenda 2003.
[144] Luhmann 1994, S. 308.
[145] Siehe hierzu Vomberg 2005, insb. S. 136ff.

trägen und Befristungen (Stichwort: „Sind wir bald unsere eigenen Kunden?). Organisationen der sozialpädagogischen Beschäftigungsförderung sind nervöse Unternehmen mit einem hohen Grad an Unruhe und Ungewissheit. Sie sind gekennzeichnet durch einen permanenten Transport von Gegenwartsunsicherheit und erst recht von Zukunftsungewissheit.

Die zum Teil diffuse Unruhe verhindert insbesondere bei den Weiterbildungsträgern eine Entwicklung positiver Routinen in ihrem Management, in ihrer Verwaltung von Maßnahmen und im eigentlichen Kernbereich der Leistungserbringung (Qualifizierung und Vermittlung in Arbeit und Berufsausbildung). Zahlreiche paradoxe Effekte im Hinblick auf die eigene, stets auf „Projekten" (Maßnahmen) aufbauende Systemerhaltung lassen sich feststellen. So können gute pädagogische und sozialpädagogische Leistungen und/oder Vermittlungen in Berufsausbildung dazu führen, dass geförderte Maßnahmen für Jugendliche, an deren Ende Berufsabschlüsse stehen, pädagogisch, ökonomisch bzw. zeitlich erfolgreich sind und gerade dadurch die Finanzierungszeit der ohnehin für die Laufzeit des Programms befristeten Mitarbeiter/-innen früher beenden, als wenn Teilnehmende die Prüfung nicht bestanden hätten. Dies mag als ein Beispiel für die Selbst-Prekärisierung des Übergangssystems Benachteiligtenförderung als Teilsystem der sozialen Beschäftigungsförderung genügen.

Literatur

Arnold, H./Böhnisch, L./Schröer, W. (Hrsg.)(2005): Sozialpädagogische Beschäftigungsförderung. Lebensbewältigung und Kompetenzentwicklung im Jugend- und jungen Erwachsenenalter. Weinheim und München: Juventa.
Baecker, D. (2003): Organisation und Management. Frankfurt a. M.: Suhrkamp.
Baecker, D. (2011): Organisation und Störung. Frankfurt a. M.: Suhrkamp.
Bojanowski, A./Ratschinski, G./Straßer, P. (Hrsg.)(2005): Diesseits vom Abseits. Studien zur beruflichen Benachteiligtenförderung. Bielefeld: wbv.
Brinkmann, U./Dörre, K. u. a. (2006): Prekäre Arbeit. Ursachen, Ausmaß, soziale Folgen und subjektive Verarbeitungsformen unsicherer Beschäftigungsverhältnisse. Hrsg. Von der Friedrich-Ebert-Stiftung, Bonn.
Bruse, D. (2007): Leiharbeit, befristete Beschäftigung und Dienstleistungsfreiheit. Schafft oder bedroht Europa die soziale Absicherung prekärer Arbeitsverhältnisse. Aus: Lorenz, F./Schneider, G. (Hrsg), S. 32-54.
Burghardt, H./Enggruber, R. (Hrsg.)(2005): Soziale Dienstleistungen am Arbeitsmarkt. Soziale Arbeit zwischen Arbeitsmarkt- und Sozialpolitik. Weinheim /München: Juventa.
Dressel, K./Plicht, H. (2006): Das neue Fachkonzept der Berufsvorbereitung und sein Einfluss auf die Übergangswege jugendlicher Ausbildungssuchender. Aus: Wirtschafts- und

sozialpolitisches Forschungs- und Beratungszentrum der Friedrich-Ebert-Stiftung. Bonn, S. 48-58.

Enggruber, R. (2005): „Moderne Dienstleistungen am Arbeitsmarkt" – ausgewählte berufs- und sozialpädagogische Reflexionen. Aus: Burghardt, H./Enggruber, R. (Hrsg.), S. 65-84.

Füllsack, M. (2009): Arbeit. Wien: Facultas.

Göckler, R. (2009): Beschäftigungsorientiertes Fallmanagement. Betreuung und Vermittlung in der Grundsicherung für Arbeitsuchende (SGB II), Case Management in der Praxis. 3. Aufl. Regensburg: Walhalla Fachverlag.

Göckler, R. (Hrsg.) (2005): Fachkonzept „Beschäftigungsorientiertes Fallmanagement im SGB II". Abschlussfassung des Arbeitskreises. Handlungsempfehlung. Bundesagentur für Arbeit 4/2005.

Hartz, P. u. a. (2002): Moderne Dienstleistungen am Arbeitsmarkt. Vorschläge der Kommission zum Abbau der Arbeitslosigkeit und zur Umstrukturierung der Bundesanstalt für Arbeit. Berlin.

Hosemann, W./Geiling, W. (2005): Einführung in die systemische Soziale Arbeit. Freiburg i. Br.: Lambertus.

Krieger, W. (Hrsg.) (2010): Systemische Impulse. Theorieansätze, neue Konzepte und Anwendungsfelder systemischer Sozialer Arbeit. Stuttgart: ibidem.

Lau, F. (2008): Die Form der Paradoxie. Eine Einführung in die Mathematik und Philosophie der „Laws of Form" von G. Spencer Brown. 3. Aufl. Heidelberg: Carl-Auer.

Lorenz, F./Schneider, G. (Hrsg)(2007): Alternsgerechtes Arbeiten. Der demografische Wandel in den Belegschaften. Hamburg.

Luhmann, N. (1988): Erkenntnis als Konstruktion. Bern: Benteli.

Luhmann, N. (1992): Die Wissenschaft der Gesellschaft. Frankfurt a. M.: Suhrkamp.

Luhmann, N. (1993): Gesellschaftsstruktur und Semantik. Studien zur Wissenssoziologie der modernen Gesellschaft. Bd. 3. Frankfurt a. M.: Suhrkamp.

Luhmann, N. (1999): Gesellschaftsstruktur und Semantik. Bd. 4. Frankfurt a. M.: Suhrkamp.

Luhmann, N. (1994): Die Wirtschaft der Gesellschaft. Frankfurt a. M.: Suhrkamp.

Luhmann, N. (1998): Die Gesellschaft der Gesellschaft. 2 Bde. Frankfurt a. M.: Suhrkamp.

Luhmann, N. (2002a): Die Politik der Gesellschaft. Frankfurt a. M.: Suhrkamp.

Luhmann, N. (2002b): Das Erziehungssystem der Gesellschaft. Frankfurt a. M.: Suhrkamp.

Luhmann, N. (2002c): Die Religion der Gesellschaft. Frankfurt a. M.: Suhrkamp.

Luhmann, N. (2008): Soziologische Aufklärung 6. Die Soziologie und der Mensch. 3.Aufl. Wiesbaden: VS (orig. 1995).

Luhmann, N. (2008): Die Moral der Gesellschaft. Frankfurt a. M.: Suhrkamp.

Michel-Schwartze, B. (Hrsg.)(2009): Methodenbuch Soziale Arbeit. Basiswissen für die Praxis. 2. Aufl. Wiesbaden: VS.

Michel-Schwartze, B. (2010): Kontinuum Beschäftigungsförderung: Beobachtungen einer Abhängigkeit. Aus: Krieger, W. (Hrsg.), S. 252-267.

Negt, O. (2008): Arbeit und menschliche Würde. Göttingen: Steidl.

Osthoff, R. (2010): Systemisch-konstruktivistisches Denken und Handeln in der Beschäftigungsförderung. Ausgangslage – Ansatzpunkte – Perspektiven. Aus: Krieger, W. (Hrsg.), S. 230-251.

Schönwälder-Kuntze, T./Wille, K./Hölscher, T. (2009): George Spencer Brown. Eine Einführung in die „Laws of Form". 2. Aufl. Wiesbaden:VS.

Vomberg, E. (2005): Bedingungen qualitätvoller Arbeit von Beschäftigungs- und Qualifizierungsgesellschaften. Aus: Burghardt, H./Enggruber, R. (Hrsg.), S. 133-154.

Volker Schäfer

Übergangsmanagement von besonders benachteiligten Jugendlichen und jungen Erwachsenen am Beispiel der Kompetenzagentur der Stadt Worms

1. Einleitung

Das sogenannte Übergangssystem in Deutschland bezeichnet die Schritte des Überganges von Schulabsolventen in Bildungsgänge und Maßnahmen, die nicht zum allgemeinbildenden Schulsystem gehören. Jugendliche, welche keine Perspektive auf eine duale Ausbildung oder Erwerbsarbeit haben, werden zu KundInnen des Übergangssystems. Dies gilt insbesondere für Jugendliche, die ihre Schulpflicht noch nicht erfüllt haben; in der Regel ist das die Gruppe der Hauptschulabgänger mit und ohne Abschluss, die keinen Ausbildungsplatz gefunden haben. Nach Absolvierung der Schulpflicht in einem Berufsvorbereitungsjahr in einer berufsbildenden Schule, steht der Absolvent dem Ausbildungs- und Arbeitsmarkt zur Verfügung. Nur ein Teil der Absolventen mit Hauptschulabschluss (Realschule plus in Rheinland Pfalz) erhalten einen Ausbildungsplatz. Im Jahr 2009 begannen jedoch immer noch rund 347.000 Jugendliche mit einer Übergangsmaßnahme zwischen Schule und Berufsausbildung. Nach Schätzungen von Fachleuten führt dies zu Kosten von jährlich über 4 Milliarden Euro. Zumeist sind es Jugendliche aus weniger privilegierten Familien, die Probleme bei der Berufswahl und Ausbildungssuche haben und denen der Einstieg in eine reguläre berufliche Ausbildung auf dem 1. Ausbildungsmarkt nicht gelingt:[146]

---

[146] Deutsches Jugendinstitut 2006, S. 38.

- Jugendliche aus Familien mit geringen Unterstützungsmöglichkeiten
- Jugendliche mit schwierigen Bildungsbiografien
- Jugendliche ohne berufliche Perspektive
- Jugendliche mit Migrationshintergrund
- Junge Frauen
- Jugendliche, die zur Gruppe der Langzeitarbeitssuchenden gehören
- Jugendliche mit Maßnahmekarrieren

Wenn wir nach Koordination und Effizienz des allgemeinen Übergangssystems fragen, so stellen die Nutzer und Kritiker gleichermaßen fest, dass ein Überblick schwierig ist. Das Übergangssystem zersplittert in den Zuständigkeiten der Länder und den unterschiedlichen gesetzlichen Angebots- und Ausschreibungsmechanismen. Die Dienstleister müssen sich ständig neu positionieren im Kampf um Aufträge. Dadurch wechselt das Personal sehr häufig. Nach Schätzungen von Fachleuten kostet das Übergangssystem jährlich über 4 Milliarden Euro. Die Gruppe der bekannten Maßnahmen aus dem sogenannten Übergangssystem entspringen dem Berufsvorbereitungsjahr-Angebot der Bundesländer, den Berufsvorbereitenden Bildungsmaßnahmen der Agentur für Arbeit und den Maßnahmen aus dem Ausbildungspakt, wie z.B. die Einstiegsqualifizierung. Die Übergangszahlen werden in den nationalen Bildungsberichten ausgewertet. Nicht zu eruieren ist jedoch, welche Wege Jugendliche nach dem Abgang aus der allgemeinbildenden Schule beschreiten.

„Aus der BIBB-Übergangsstudie geht hervor, dass im Jahr 2006 die Bildungs- und Berufsbiografien der 18-24-Jährigen in Deutschland repräsentativ erhoben wurden (vgl. Beicht/Friedrich/Ulrich 2008). Bezogen auf das Übergangssystem zeigte sich, dass von den nicht studienberechtigten Schulabgängern, die zum Befragungszeitpunkt mindestens 20 Jahre alt waren, knapp ein Drittel (32%) an mindestens einer Übergangsmaßnahme teilgenommen hat. Bei denjenigen, die maximal einen Hauptschulabschluss hatten, waren es sogar 42%. Viele Teilnehmer durchliefen nicht nur eine, sondern mehrere Übergangsmaßnahmen (im Durchschnitt 1,3, vgl. Beicht 2009, S. 4)."[147]

Jugendliche haben als Erwachsene nur dann eine gute Chance auf gesellschaftliche Teilhabe, wenn sie sich selbst finanziell vorstehen können. Der Einstieg in eine gut bezahlte Arbeit/Entlohnung erfolgt nur über eine reguläre Ausbildung. Gerade in Zeiten, in welchen das Normalarbeitsverhältnis Auflösungstendenzen unterliegt, gewinnt eine gute berufliche Qualifikation eine hohe Bedeutung. Zurzeit arbeitet ca. ein Viertel aller Beschäftigten in der BRD in prekären Arbeitsverhältnissen. Schwächere Ju-

---

[147] Bundesinstitut für Berufliche Bildung 2011.

gendliche verbleiben im Übergangsystem. Sie warten von einem Maßnahmeangebot auf das nachfolgende. Dazu haben sie, bezogen auf ihre Person, oft keine realistischen Berufsvorstellungen. Durch das Hin- und Hergeschobenwerden von einer Maßnahme in die andere und von einem Bildungsträger zum nächsten konstruiert sich eine brüchige Berufseinstiegsbiographie, die eher an eine „Bastelbiographie"[148] erinnert als an eine Eingliederung in eine logische Bildungskette.

Die zu „Modernisierungsverlierern" (Habermas 1998) gewordenen Jugendlichen haben den Glauben an eine vernünftige, geordnete, strukturierte und übersichtliche Gesellschaft, in welcher sie ihren Platz einnehmen können, verloren. Sie müssen die Angebote annehmen, die ihnen offeriert werden, oder sie werden als Verweigerer ausgeschlossen. Die MitarbeiterInnen in Übergangsinstitutionen (Jobcenter-SGB II, Agentur für Arbeit-SGB III, Einrichtungen der Jugendhilfe-SGB VIII) haben den Auftrag, die Jugendlichen vorzubereiten auf die gegenwärtige Angebotspalette (Bewerbertraining, Praktika, Kompetenzfeststellungsverfahren etc.). Die Jugendlichen lernen die Sprache und Denkweisen der Experten des Übergangssystems (Berufsberater, Sozialpädagogen, Lehrer, Ärzte etc.). Dieser Prozess führt bei vielen Jugendlichen zwangsläufig zu einem Abkühlungsprozess, das heißt, dass der Jugendliche ständig seine Ziele an die jeweils aktuelle Situation anpassen muss. „Der Prozess der Enttäuschungsverarbeitung des ‚Cooling out' (Goffman 1952) beschreibt die sozialen Mechanismen, in welchen Jugendliche in ein Ziel investiert haben, um einen bestimmten Status zu erreichen, und dann doch feststellen, dass sie ihn nicht erreichen oder bewahren können."[149]

Was bleibt, ist Enttäuschung, die sich immer wieder neu speist. Für Jugendliche und junge Erwachsenen ist es notwendig, dass sie in diesem oft schwierigen Prozess im Dschungel der Angebote des Überganssystems begleitet und durchgelotst werden. Hierzu bedarf es anderer Beratungsansätze und anderer Wirkmechanismen. Der folgende Aufsatz beschreibt praxisnah gelingende methodische Ansätze aus systemischer Sicht. Die soziale Arbeit, insbesondere die Jugendberufshilfe, hat sich in den letzten Jahren einem Prozess der Professionalisierung unterworfen. Neue Ansätze sind hinzugekommen und gehen kritisch mit alten Sichtweisen um. Die entstandenen Kompetenzagenturen haben sich zum Ziel gesetzt, Jugendliche und junge Erwachsene sozial und beruflich zu integrieren.

---

[148] Burkhart 1993.
[149] Stehr 1993.

2. Was sind Kompetenzagenturen?

Kompetenzagenturen sind Beratungsstellen (Agenturen), die Jugendliche und junge Erwachsenen im Prozess sozialer und beruflicher Integration begleiten. Die MitarbeiterInnen der Kompetenzagenturen arbeiten ressourcenorientiert und verstärken zusammen mit ihren KundInnen deren positive Eigenschaften und Kompetenzen. Dies geschieht erstmal unabhängig von Schulnoten und Zeugnissen. Es gelten andere Kriterien zur Bewertung von Erfolg und Scheiternserfahrungen. Der Kunde, die Kundin wird nicht anhand seiner Schulnoten und seiner sozialen Herkunft eingeordnet. Kompetenzagenturen sind Mittler zwischen KundInnen und Angeboten des vorhandenen Hilfesystems. Neue Methoden der sozialen Arbeit verändern den Blick auf die KundInnen. Er ist der Experte für sein Anliegen. Die MitarbeiterInnen sind darauf geschult, die Kompetenzen der Jugendlichen zu identifizieren. Hierzu nutzen sie Methoden und Instrumente des Case Managements.

3. Wofür sind die Kompetenzagenturen angetreten?

Die Kompetenzagenturen wurden zuerst als Modellprojekt im Jahre 2002 an ca. 16 Standorten in der BRD eröffnet. Die damalige Familienministerin Ursula von der Leyen erweiterte das Programm im Jahre 2006 in allen Bundesländern auf ein Gesamtvolumen von ca. 200 Kompetenzagenturen. In den Kompetenzagenturen werden besonders benachteiligte Jugendliche und junge Erwachsene betreut. Die Zielgruppe der Kompetenzagenturen hat multiple Vermittlungshemmnisse im sogenannten Übergangssystem Schule/Ausbildung, Beruf oder Beschäftigung. Bisherige Integrationsangebote von z.B. schulischer Seite, Agentur für Arbeit, Jobcenter oder Jugendhilfe haben nicht gegriffen, das heißt, dass die Jugendlichen als Zielgruppe der Kompetenzagenturen vom bestehenden Hilfesystem und deren Angeboten nicht erreicht werden. Die MitarbeiterInnen der Kompetenzagenturen begleiten niedrigschwellig und langfristig die Jugendlichen. Durch gezielte Aufnahmegespräche (Anamnese) und ein Case Management, welches auf die individuellen Bedürfnisse des Jugendlichen zugeschnitten ist, bereiten die MitarbeiterInnen die Integration ins bestehende Hilfesystem vor. Um den aktuellen Leistungsstand des Jugendlichen herauszufinden, bieten Kompetenzagenturen Kompetenzfeststellungsverfahren wie z. B. Assessment-verfahren an. Hier werden nicht wieder mal nur die Schwächen des Jugendlichen zu Tage gefördert, sondern auch die Stärken des Jugendlichen, die außerhalb des schulischen Notensystems stehen. Individuelle Förder- und Qualifizierungspläne helfen den Jugendlichen und den MitarbeiterInnen, wie auf einer Landkarte zu sehen, wo sie sich gerade befinden und wie die weitere Integration gelingen kann. In den Kompetenzagenturen werden die Jugendlichen zu den wichtigen Akteuren oftmals begleitet (Lotsenfunktion), um "passgenaue" soziale und berufliche Integration abzusichern. Eine Fallakte dient dazu, sich in der Landkarte des Falles zurechtzufinden und die Erfolgskontrolle zu dokumentieren. Dabei wird das persönliche und familiäre Umfeld des Jugendlichen miteinbezogen. Kompetenzagenturen teilen durch ihre Netzwerkarbeit dem bestehenden Hilfesystem unzulängliche oder fehlende Angebotsstrukturen mit und regen neue Angebote für eine effektive Förderung der beruflichen Integration an. Damit tragen sie dazu bei, die Prozesse der beruflichen Integration zu optimieren und zu systematisieren. Sie fördern und verbessern durch ihre Arbeit die Kooperation und Koordination zwischen den beteiligten Akteuren (Jugendhilfe, Agentur für Arbeit, Jobcenter, Trägerlandschaft etc). Kompetenzagenturen sind angetreten, um alte Handlungsmuster im Übergangssystem durch neue Sichtweisen der sozialen Arbeit zu reformieren. Hierzu bedienen sich Kompetenzagenturen neuer Instrumente, wie etwa der Methoden einer systemisch-konstruktivistisch orientierten Sozialarbeit.[150]

4. Die Arbeit der Kompetenzagentur der Stadt Worms

Erreichen, Halten, Stärken – das ist der Slogan der Kompetenzagentur Worms. Was soll mit diesen Begriffen ausgedrückt werden?

Das Erreichen: Unser Angebot soll die neuen KundInnen mit ihren Hilfebedarfen in einer professionellen Helfer – Klientenbeziehung erfassen. Der Kunde, die Kundin soll da erreicht werden, wo er/sie mit seinen/ihren Bedürfnissen, seinem/ihrem Hilfebedarf steht. Die Frage ist auch, wie wir unsere KundInnen mit unserem Dienstleistungsangebot erreichen. Welche Hilfestellung können wir ihnen anbieten? Welche Kooperationspartner helfen uns dabei, den Fall zu bearbeiten und zu lösen?

---

[150] Kleve 1999/2000.

Das Halten: Wir bieten dem Jugendlichen an, uns im beginnenden Case Management kennenzulernen. Auf beiden Seiten wird die Verlässlichkeit überprüft. Eine gute und gelingende Beziehungsarbeit ist der Grundstein guter Sozialer Arbeit. Wir lernen mehr von den KundInnen kennen und verstehen. Hierzu nutzen wir verschiedene Formen der Biographiearbeit. In verbindlichen Zielvereinbarungen auf beiden Seiten werden Möglichkeiten der sozialen und beruflichen Integration besprochen. Wir sprechen über gelingende Prozesse der Teilhabe am gesellschaftlichen und beruflichen Leben und auf die Person zugeschnittene und passgenaue Hilfen. Wir lassen uns ein auf die Lebensweltorientierung der KundInnen und holen die sie da ab, wo sie stehen. In der konstruktiven Zusammenarbeit entwickeln KundInnen und BeraterInnen Auswege und zeigen auf, dass es Lösungen und Auswege für die mitgebrachte Problematik gibt.

Das Stärken: Wir arbeiten zusammen mit den KundInnen daran ihren persönlichen Weg zu finden. Dabei unterstützen wir die KundInnen dabei einen Zugang zum gegenwärtigen Unterstützungssystem zu finden. Wir leisten Navigationshilfe, um die richtigen Angebote im Maßnahmendschungel zu finden. Die Kompetenzagentur (KA) der Stadt Worms nahm im Mai 2007 ihre Arbeit auf. Die Wormser Kompetenzagentur ist angetreten, um besonders benachteiligte Jugendliche und junge Erwachsene, die vom gegenwärtigen Hilfesystem kaum erreichbar sind, sozial und beruflich zu integrieren. Die Kompetenzagentur ist eine Beratungsstelle für besonders benachteiligte Jugendliche im Übergang Schule/Beruf.

In der Kompetenzagentur werden zur Zeit pro Jahr im Schnitt rund 75 KundInnen unterstützt, die sich in folgenden rechtlichen Kontexten befinden: ALG-II-Bezug-SGB II, Berufsberatung/Rehabilitationsberatung der Agentur für Arbeit-SGB III, Jugendliche, die aus der Jugendhilfe (SGB VIII) kommen und die sich thematisch im sogenannten Übergangssystem befinden. Wir betreuen auch Jugendliche und junge Erwachsene, die in keinem rechtlichen Zusammenhang stecken und vom gegenwärtigen Hilfesystem nicht zu erreichen oder formal ausgeschlossen sind. Dabei handelt es sich um laufende Fälle, die zum Teil auch mehrere Jahre von der Kompetenzagentur begleitet werden.

Die Verweildauer im Case Management beträgt zur Zeit durchschnittlich 15,8 Monate. Die Arbeit der Kompetenzagentur Worms steht außerhalb von Maßnahmedenken. Sie ist in der Bearbeitung ihrer Fälle von zeitlichen Befristungsvorgaben ausgeschlossen und orientiert sich am tatsächlichen Bedarf der KundInnen.

Im Rahmen der Unterstützungsleistungen für die Jugendlichen und jungen Erwachsenen wird unterschieden nach sozialer und beruflicher Integration.

Die soziale Integration ist Schwerpunkt der Unterstützung. So ist zum Beispiel das Finden geeigneter Therapieplätze und passender Wohnungen eine tägliche Herausforderung in der Arbeit der Kompetenzagentur, da zunehmend psychische Erkrankungen und Obdachlosigkeit (auch in dieser Kombination) eine große Rolle bei der misslingenden Integration in das (Arbeits)Leben spielen.

Die bisherigen Lebens- und Erwerbsbiographien der Jugendlichen und jungen Erwachsenen im Case Management der Kompetenzagentur sind gekennzeichnet durch Brüche, instabile soziale Beziehungen, Kumulationen von personen- oder marktbedingten Vermittlungshemmnissen, marginalisierten Lebenszusammenhängen oder fatalistischen Lebenseinstellungen. Die Jugendlichen sind u. a. betroffen von individuellen psychosozialen Benachteiligungen wie Lern- und Leistungsbeeinträchtigungen, Verhaltensstörungen oder Suchtverhalten, bildungsbedingten Benachteiligungen wie Schulmüdigkeit oder -verweigerung, Abbrüchen von Ausbildungen oder berufsorientierenden Maßnahmen, sozial bedingten Benachteiligungen, etwa ein instabiles oder fehlendes Familiennetz, Straffälligkeit, Wohnungslosigkeit oder Migrationshintergrund.

Die KundInnen der Kompetenzagentur sind zumeist von beruflicher und sozialer Ausgrenzung betroffen. Sie werden ohne genaue Anamnese und Perspektivenerarbeitung nicht in das gesellschaftliche Leben integriert werden können. Eine erfolgreiche Arbeitsmarktintegration lässt sich ohne Berücksichtigung dieser Umstände nicht bewerkstelligen. Einige KundInnen der Zielgruppe erhalten evtl. eine kurzfristige Anstellung in Zeitarbeitsunternehmen. Dieser ständige Ein- und Ausstieg aus dem Beschäftigungssystem, zumeist in prekären Arbeitsverhältnissen, zementiert eine Haltung, die für die weitere Erwerbsbiographie nicht förderlich ist. Die Kompetenzagentur hat sich auf diese KundInnen spezialisiert und gestaltet ihr Case Management entsprechend diesen Herausforderungen. Hierfür übernimmt die Kompetenzagentur eine „anwaltliche Stellungnahme" für die jungen Erwachsenen. Dabei ist von besonderer Bedeutung, dass unsere KundInnen so früh wie möglich in das Hilfsangebot integriert werden können. Haben die KundInnen das 24. oder 25. Lebensjahr erreicht, ist das Hilfesystem oft nicht mehr bereit, entsprechende Maßnahmen zu finanzieren.

Im Rahmen der Unterstützungsleistungen für die Jugendlichen und jungen Erwachsenen wird unterschieden nach sozialer und beruflicher Integration.

In der beruflichen Integration steht die Vermittlung in geeignete Arbeits- und Ausbildungsstellen im Vordergrund. Zu dieser Zielerreichung kann eine Fördermaßnahme, ausgerichtet an der individuellen Problemlage der KundInnen, einen geeigneten Zwischenschritt in die berufliche Integration darstellen. Die „Fördermaßnahmen" sind möglichst passgenau auf die individuelle und aktuelle Bedarfslage der KundInnen abgestimmt.

5. Die systemisch orientierte Umsetzung des Case Managements

Ein Fallbeispiel: Janet G. ist mittlerweile 22 Jahre alt. Sie kam im Alter von 13 Jahren in eine Mädchenwohngruppe. Dort holte sie den Hauptschulabschluss nach und verfügt offiziell über die erforderliche Berufsreife. Sie hat ihr Leben auch mit Hilfe der Heimeinrichtung und Psychotherapeuten nicht auf die Reihe bekommen. Mit 18 Jahren wurde sie u.a. auch aus disziplinarischen Gründen aus der Wohneinrichtung entlassen. Sie lebte 3 Jahre als Obdachlose auf der Straße. Sie konsumierte Cannabis und Alkohol im Übermaß. Dies führte zu einer Alkoholabhängigkeit.

Durch die Arbeit in der Kompetenzagentur hat Janet wieder Vertrauen zu Menschen aus dem gegenwärtigen Hilfesystem gewonnen. Sie arbeitet ihre eigene Lebensbiographie auf. Sie erscheint pünktlich zu allen Terminen und konnte eine eigene Wohnung beziehen, die sie sehr sauber hält und als ihre neue Heimat akzeptiert und schätzen gelernt hat. Zurzeit geht es um den nächsten Schritt ihrer weiteren Stabilisierung. Das Zulassen von Psychotherapeuten und der Auseinandersetzung mit ihrer Sucht fällt ihr schwer. Im Kopf weiß sie aber, dass sie weitere professionelle Hilfen in Anspruch nehmen muss, um sich weiterzuentwickeln. Die MitarbeiterInnen der Kompetenzagentur planen und gehen mit ihr konsequent die weiteren Schritte und unterstützen sie bei Rückfallen in ihre alten Verhaltensmuster. Eines weiß Janet, dass sie nie mehr auf die Straße zurück will.

Übergabesituation. Die KundInnen der KA werden nicht einfach von anderen Institutionen geschickt. Wir setzen uns für eine *„warme Übergabe"* (direkte Übergabe von Institution an Kompetenzagentur) ein. In der Regel nehmen die oben genannten Institutionen Kontakt zur Kompetenzagentur auf. Das heißt, dass die abgebende Institution bei dem Erstgespräch mit dem Jugendlichen in den Räumlichkeiten der KA mit zugegen ist. Zumeist sind aber die MitarbeiterInnen aus der KA bei der abzugebenden Institution eingeladen, um die verschiedenen Anliegen aus der Sicht der Institution und der Sichtweise des jungen Erwachsenen zu besprechen. Gemeinsam werden weitere Handlungsschritte, die in Aufträgen münden, festgehalten. Im Übergabegespräch werden die Kontexte der KundInnen angesprochen und thematisiert. Zu den kontextuellen Fragestellungen gehört auch zu thematisieren, welche Institutionen bisher mit dem Fall betraut waren. Welche Versuche hat der Kunde ausprobiert, um seine Lage zu verbessern. Wir gehen in der Kompetenzagentur davon aus, dass wir durch die Erhebung des Kontextes enorm viel an Zeit und Rechercheenergie für die weitere Fallbearbeitung im Case Management einsparen.

Das Erstgespräch/das Übergabegespräch. Zum Erstgespräch erscheint der Kunde in der Kompetenzagentur. Der Ersttermin kann auch als „warme Übergabe" in einer Institution stattfinden. Dieses Vorgehen hat den Vorteil, dass der Kunde nicht das Gefühl hat, einfach weitergereicht zu werden. Er lernt die beteiligten Akteure kennen und ist selbst Akteur, wenn es um die Beschreibung seiner eigenen Bedarfslage geht. Das Erstgespräch dient dem (Fall)Einstieg, um einen vertrauensvollen Beratungs- und Gestaltungsprozess zu gewährleisten. Ziel ist die gemeinsame Formulierung eines Arbeitsauftrages primär aus der Sicht der KundInnen. Oft richten sich die Bedarfe erst mal an den Erhalt einer Grundsicherung inklusive des Bereiches Wohnen. Erst wenn sozusagen das Reich der Notwendigkeit (Grundbedürfnisse, Heimat-soziale Integration) gesichert ist, kann das Reich der Freiheit (z.B. therapeutische und medizinische Zusammenhänge, Schulabschlüsse, Ausbildung und Arbeit) thematisiert werden.

Case Management. Das Case Management kann nur gelingen, wenn Kunde und Kompetenzagentur zusammen an einem Strang ziehen. Hierfür ist die Erzeugung eines gemeinsamen Verstehens Voraussetzung. Case Manager und Kunde müssen nicht die gleiche Meinung haben, aber der Problemaufriss muss von beiden erstellt und akzeptiert werden. Dies ist auch Voraussetzung, um Hilfsangebote nach ihrer Dringlichkeit zu thematisieren und umzusetzen. Nach Zustandekommen des Erstgespräches in der übergebenden Institution (z.B. Agentur für Arbeit, Jobcenter, Jugendhilfe, Eltern etc.) werden die Bedarfslage und Problemfelder erörtert und erste Ziele festgehalten. Die Grundfragen des weiteren Erörterns auf Kundenseite lauten: Wo komme ich her? Wo stehe ich jetzt? Wo will ich hin?

Im systemischen Kontext des Case Managements geht es um die Erarbeitung von aussichtsreichen Perspektiven. Hierzu ist es wichtig, über Fragetechniken die intrinsische Motivation und die Selbstkompetenzen der KundInnen zu erfragen. Wie hoch ist seine Bereitschaft, sich an Problemlösungen zu beteiligen? Wie geht er mit Erfahrungen des Gelingens und Misslingens um? Was sind die Nah- und Fernziele und bis wann sollen diese erreicht werden? Welche externen und internen Hilfen sind notwendig, um die Ziele zu erreichen? Über welche Ressourcen verfügt der Kunde selbst, welche Ressourcen kann er aus seinem Herkunftsmilieu erhalten? Welche professionellen und nichtprofessionellen Hilfen sollten BeraterInnen bis wann akquirieren? Dieser Aushandlungsprozess wird auf beiden Seiten vereinbart und schriftlich in Form einer Eingliederungsvereinbarung festgehalten. Die Formulierung wird im beiderseitigen Verstehen und Verständnis ausgehandelt. Insbesondere ist auf die Sprachkompetenz der KundInnen zu achten. Die Wortwahl der KundInnen ist von besonderer Bedeutung.

6. Instrumente des systemischen Case Managements der Kompetenzagentur

6.1 Die Fallakte

Um den Fall dokumentieren zu können, nutzen die Case Manager der Kompetenzagentur eine Fallakte als Dokumentationsinstrument. Eine Datenschutzerklärung, die der Kunde (Eltern, gesetzliche Betreuer) unterzeichnet, sichert das Case Management bzgl. Informationsgewinnung rechtlich ab. Die Fallakte ist für die KundInnen einsehbar und soll für sie auch nachvollziehbar sein.

In der folgenden Ausführung werden die Phasen und die dazugehörigen Instrumente des Case Managements beschrieben.

Die Anamnese/Assessment. In der Anamnese geht es darum, einen Überblick über die Vita der KundInnen zu erhalten und die derzeitige Problemsituation ausführlich zu klären. Die Vorgeschichte aus Sicht der KundInnen ist ein wichtiges Anliegen. Die hierzu erforderlichen Instrumente sind u.a. verschiedene Formen des *biographischen Interviews*. Die hier dargestellten Arbeitstechniken sind „andere" Formen der Datenerhebung. Das Ziel des biographischen Interviews ist es, die soziale Wirklichkeit, in welcher die Menschen in Auseinandersetzung mit sich, mit anderen und der Welt stehen, transparenter und nachvollziehbarer zu machen. Im freien Erzählen bilanziert und evaluiert der Kunde seine Lebenserfahrungen, wodurch auch subjektive Bedeutungsstrukturen von bestimmten Ereignissen des Lebens sichtbar werden. KundInnen, denen das Reden schwer fällt, erhalten Angebote, die nicht sprachzentriert sind. Hier ein Beispiel: Mit Hilfe eines Seiles und verschieden großer Steine werden die für die KundInnen wichtigen Lebensereignisse als Meilensteine und Stolpersteine auf dem Fußboden ausgelegt und fotografiert. Der Kunde beschriftet „sein Lebensbild" zu Hause in Ruhe. Die Biographiearbeit wird sprachlich fortgesetzt.

Das biographische Interview ist eine empirische qualitativ-hermeneutische Methode der Sozialwissenschaften, um eine Lebensgeschichte aus Sicht der KundInnen zu beschreiben. Das biographische Interview ist eng verbunden mit der Biographieforschung. Es ist ebenso eine Methode der Selbstevaluation und trägt dazu bei, die eigene Identität zu stärken. Um ein biographisches Interview durchzuführen, ist ein vertrauensvolles Klima notwendig. Es sollte in einem ruhigen ansprechenden Raum und in entspannter Atmosphäre stattfinden. Für Jugendliche ist es oft nicht ganz einfach, sich auf das Erzählen ihrer Lebensgeschichte einzulassen. Der Interviewer hat dabei die Aufgabe, durch gezielte Fragen die notwendige Aufmerksamkeit zu bekommen und Hilfestellung zu geben. Die Jugendlichen sind Experten ihres eigenen Lebens. Dies sollte immer bedacht und anerkannt werden. Im biographischen Interview kann viel über die Ressourcen und deren Bedeutung für die weitere Fallarbeit herausgelesen werde. Wir können weitere Informationen gewinnen in Fragen des Kontextes bezüglich der Familie, des Umfeldes, wirtschaftliche Stellung, Leidenserfahrungen, gesundheitlicher Kontext, Erfahrung mit anderen Hilfesystemen, Erfahrungen von Verlässlichkeit und Geborgenheit, Fragen der Ich-Identität und vieles mehr. Diese Form der Datenerhebung bildet natürlich nicht die Wirklichkeit ab, aber wir können mit diesem Wissen gezieltere und sinnvollere Fragen stellen und unsere Beziehung zu den KundInnen verbessern, da er merkt, dass wir uns aufrichtig für seine Lebensgeschichte interessieren. Wir bekommen Informationen bezüglich der Schamgrenze der KundInnen und können daraus weitere Dinge ableiten. Wir machen in unserer alltäglichen Arbeit oft die Erfahrung, dass der jugendliche oder junge Erwachsene jahrelang die Dienstleistungen von Einrichtungen in Anspruch genommen hat oder in Obhut genommen wurde, aber dass es wenig verwertbare Informationen gibt, die dazu beitragen, den Fall zeitlich effizienter zu lösen und so das Verhältnis zwischen Kosten und Nutzen zu effektiveren. Auf Kundenseite bedeutet dies, dass die Abhängigkeit (fürsorgliche Belagerung) zwischen KundIn und BeraterIn relativ kleingehalten wird und die Selbsthilfepotentiale der KundInnen gestärkt werden. Ziel ist die Erreichung einer größtmöglichen Autonomie auf Seiten der KundInnen, die es ihm ermöglicht sich in einer übersichtlichen Zeit unabhängig vom sozialen Hilfesystem zu machen. „Hilfen sollen so lange wie nötig, aber so kurz wie möglich dauern."[151]

Als weiteres Werkzeug der systemischen Beratung im Case Management nutzen wir die Technik des Familienbrettes. Dadurch sind die Klienten in der Lage, ohne viele Worte ihr Umfeld, Freundes- und Familiensituationen, bildlich darzustellen. Mit Hilfe der in Form, Größe und Farbe unterschiedlichen Figuren werden auf dem Brett die Familienmitglieder und ihre Beziehung und Bedeutung zueinander dargestellt. Es wird möglich, sich die Familie und die Beziehungen untereinander aus verschiedenen Perspektiven plastisch und „von oben" oder „von außen" anzusehen. Die Arbeit mit dem Familienbrett lässt uns den Kontext, in welchem der Kunde zur Herkunftsfamilie steht, sensibler einordnen. Wir erkennen Wechselwirkungszusammenhänge des Familiensystems und des Umfeldes der KundInnen.

Ein zeichnerisches Instrument ist die Darstellung der Herkunftsfamilie mit Hilfe des Genogramms. Mit dem *Genogramm* ist eine grafische Darstellung von biologischen Informationen über ein Familiensystem darstellbar und z. B. Verhaltensmuster, beziehungsbestimmende psychologische Faktoren und sich innerhalb einer Familie wiederholende Verhaltensweisen können visualisiert und anschließend analysiert werden.

Durch die Anamnese erhalten wir notwendige Informationen zur besseren Falleinschätzung. Die Landkarte der KundInnen wird klarer. Die Bedarfe werden in dieser Phase des Case Managements klar definiert und verständlich beschrieben. Zwischen KundInnen und BeraterInnen wird eine Priorisierung der Ziele ausgehandelt. Wer macht was bis wann? Nun werden die Kräfte und Ressourcen der KundInnen, seines persönlichen Netzwerkes und die Ressourcen der Kompetenzagentur und deren Netzwerkpartner aufgeteilt und beschrieben. Der Hilfeprozess wird arbeitsteilig in Form einer Aufgabenformulierung beschrieben und vereinbart. Die Kontrolle der jeweiligen Umsetzung erfolgt in der Verantwortung der Kompetenzagentur und in der Verantwortung der KundInnen. Sie bekommen das Potential an Verantwortung, das sie in der Lage zu tragen sind. Während des Prozesses erfolgt je nach Erfahrung evtl. auch eine Neujustierung der Vereinbarungen.

---

[151] Kleve 2008, S. 91.

6.2 Die Hilfeplanung (Förderplanung)

In der weiteren Hilfeplanung werden Ziele formuliert und die erforderlichen Zeitebenen festgelegt. Die zu beteiligenden Personen und Institutionen (wie z.b. Jugendhilfe, Jugendgerichtshilfe, Sachbearbeitung Jobcenter, Berufsberatung, Reha-Beratung, gesetzliche Betreuer, persönliches Umfeld usw.) werden planerisch eingebunden. Das Klären und Lösen von Problemlagen wie z.b. Sicherung der Lebensgrundlagen, drohender Wohnungsverlust oder Obdachlosigkeit, Hilfe bei der Beantragung einer Wohnung und Übernahme der Kaution, sind wichtige Fragen der weiteren Hilfeplanung. Sind hierfür Lösungen gefunden, können Fragen wie z.b. das Aufzeigen von Wegen zum Nachholen eines Schulabschlusses, die Tagestruktur, Beschäftigung, Ausbildung oder Arbeit betreffend angegangen werden. Weitere Tätigkeitsfelder sind u.a. die Kontaktaufnahme mit den Maßnahmeträgern, Thematisierung der Beantragung von "Hilfen zur Erziehung" oder auch die Organisation von Nachhilfe bei Lernproblemen.

In der Hilfeplanung werden die vereinbarten Ziele hinsichtlich der sozialen und materiellen Dienstleistungen praktisch umgesetzt. Es folgt z.b. die Beantragung von SGB II-, SGB VIII-, SGB XII-Leistungen (Wohnungsmietvertrag genehmigen lassen und abschließen, Beantragung einer Erstausstattung, Festlegung einer Tagesstruktur durch sinnvolle Maßnahmen des Übergangssystems, Initiierung einer ehrenamtlichen Tätigkeit, Beantragung ambulanter Erziehungshilfen, Beantragung des Instrumentes Hilfen nach Maß, Schuldnerberatungsstelle aufsuchen, Drogenberatungsstelle aufsuchen, Termin vereinbaren bei der Rehabilitationsberatung der Agentur für Arbeit, Maßnahmen des Gesundheitssystems beantragen und durchführen etc.).

6.3 Die Eignungsfeststellung/Assessment

Mit Hilfe verschiedener Kompetenzfeststellungsverfahren (KFV) erfassen die MitarbeiterInnen der KA die Leistungspotenziale der jungen Menschen. In diesem Prozess entdecken die Jugendlichen und jungen Erwachsenen ihre eigenen geistigen, seelischen und körperlichen Stärken und Ressourcen (Kompetenz- statt Defizitansatz). Die Ergebnisse der jeweiligen Kompetenzfeststellungsverfahren werden gemeinsam mit den jungen Menschen besprochen.

a) geva-Testverfahren (Gesellschaft für Verhaltensanalyse und Evaluation GmbH)

Dieses Verfahren setzen wir ein bei KundInnen, die ein niederschwelliges Angebot der Kompetenzfeststellung benötigen. Das geva-Verfahren ist das am häufigsten verwendete Verfahren der Eignungsfeststellung. Das Testverfahren wird „online" durchgeführt, ausgewertet und der KA zugeschickt. Jeder Teilnehmer bekommt etwa 19 Seiten mit Rückmeldungen, Berufsvorschlägen und Empfehlungen zu seiner weiteren Entwicklung. Wir setzen geva-Tests ein, um die Auseinandersetzung der KundInnen mit dem Thema Berufswahl zu fördern. Die Testergebnisse werden ausführlich besprochen und geben lediglich Hinweise zum aktuellen schulischen Wissensstand und den beruflichen Vorlieben der KundInnen, die Ideengeber für das weitere Vorgehen sein können.

b) Kompetenzfeststellungsanalyse

Diejenigen KundInnen, bei denen ein intensiveres Kompetenzfeststellungsverfahren für nötig gefunden wird, bekommen die Möglichkeit, an der Kompetenzfeststellungsanalyse teilzunehmen. Vorher wird eine individualisierte Fragestellung zwischen KundInnen und BeraterInnen entwickelt. BeraterInnen und KundInnen können gleichermaßen Fragen entwerfen und formulieren, wie z.b.:

Kunde hat keinen Hauptschulabschluss. Entspricht schulischer Stand der Testergebnisse dem Hauptschulabschluss? Zuverlässigkeit in der Zeit der Teilnahme genau testen. Liegt eine Lernbeeinträchtigung vor? Eignung für ersten Arbeitsmarkt gegeben oder eher im Bereich einer Berufsausbildung in überbetrieblichen Einrichtungen? Hat Kunde ein Alkoholproblem? Kunde benötigt für die Zeit des Testverfahrens klare Strukturen und Angaben, also einen festen Bezugsrahmen.

Die Kompetenzanalyse wird nur in kleinen Gruppen bis zu einer Gruppengröße von bis zu sieben KundInnen absolviert. Die KundInnen sollen die Möglichkeit erhalten, sich entsprechend ihren Bedürfnissen und im Rahmen ihrer Selbstverantwortlichkeit zu öffnen. Hierzu schaffen wir eine möglichst gute Atmosphäre. Zu Beginn der Kompetenzanalyse stellen sich die KundInnen gegenseitig vor. Es obliegt ihnen, was sie mitteilen möchten. Die KundInnen arbeiten in kleinen Gruppen zusammen. In der Gruppenarbeit findet soziales Lernen statt.

Wir testen dann unsere KundInnen unter anderem danach, wie sie im Vergleich zu anderen Hauptschülern im Durchschnitt stehen. Das Verfahren bietet ebenfalls die Möglichkeit, höhere Schulabschlüsse zu messen und zu bewerten. Ebenso stellen wir die Frage nach beruflichen Interessen und nach weiteren geeigneten Anschlüssen, wie z.B. Besuch einer (Abend-)Schule, Maßnahme, etc. Im Vordergrund stehen die soziale Integration und die Herstellung einer möglichen (Aus-)Bildungsreife.

Das Ziel ist es, zusammen mit den Jugendlichen folgende Fragen zu beantworten:

- Welches Bild habe ich von mir und wie sehen mich die „Anderen"?
- Wo kann es hingehen?
- Welche Ideen werden wir zusammen entwickeln?

Das Verfahren wird unsererseits als externes Verfahren vergeben. Es setzt sich aus folgenden Komponenten zusammen und dauert zehn Arbeitstage

- Kognitive Fähigkeiten
- Fein- und grobmotorische Fähigkeiten
- Soziales Training
- Einzelgespräche
- Gruppenübungen, um soziale Kompetenzen sichtbar zu machen
- Lebensweltorientiertes Training
- Bewerbertraining
- Berufsfelderprobung
- Individuelle Rückmeldegespräche

Grundsätzlich werden die Inhalte der Kompetenzfeststellungsanalyse im Vorfeld mit den durchführenden Personen besprochen und an die individuellen Bedürfnisse der Teilnehmenden angepasst. Die Teilnahme wird am Ende zertifiziert und die Ergebnisse werden allen Teilnehmern schriftlich übergeben. Die Ergebnisse können mit Einverständnis der KundInnen auch den beteiligten Akteuren (SGB II, SGB III und SGB VIII) zur Verfügung gestellt werden.

Kompetenzfeststellungsverfahren erfordern ein hohes Maß an Fachwissen. Sie sollen Stärken und Ressourcen unserer KundInnen sichtbar und kommunizierbar machen. Des Weiteren zeigen sie individuelle Entwicklungsmöglichkeiten der KundInnen auf. Dabei eruieren sie auch die Ressourcen und die Kontexte der KundInnen im Sinne von Empowerment. Die hier dargestellten Testverfahren sind standardisiert. Die Kompetenzanalyse ist ein handlungsorientiertes Verfahren und gehört zur Testgruppe der Assessment Center Verfahren. Solche Verfahren müssen ständig weiterentwickelt werden und sollten ebenso „Gütekriterien der Validität, Objektivität und Reliabilität" genügen.

Resümee. Die Kompetenzfeststellungsanalyse dient dazu, sowohl auf Seiten der KundInnen als auch der Case Manager den „Blick" zu erweitern. Ungünstige und/oder nicht konstruktive Kommunikationsprozesse im Binnenverhältnis zwischen KundInnen und Case Manager werden (zumeist) aufgelöst. Die durch die Kompetenzfeststellungsanalyse neu gewonnenen Erkenntnisse geben dem nachfolgenden Beratungsprozess weitere Impulse.

c) erlebnispädagogische Angebote

Die Kompetenzagentur veranstaltet in regelmäßigen Abständen (1-2 Mal pro Jahr) eine erlebnispädagogische Freizeit. Die Dauer beträgt eine Woche. Hierzu werden in erster Linie Jugendliche und junge Erwachsene eingeladen, die insbesondere Probleme bei der sozialen Anpassung und/oder bei sozialen Kontakten haben. In dieser Zeit erhalten die MitarbeiterInnen der Kompetenzagentur eine Vielzahl an Informationen bezüglich der Team- und Gruppenfähigkeit der Teilnehmer, aber auch zum Durchhaltevermögen, Verhalten in Konfliktsituationen, Ausdauer in Bereichen der mentalen und körperlichen Anforderungen.

Aus systemischer Sicht ist Erlebnispädagogik im Kontext der Systemtheorie eine Arbeitshaltung. Systemische Erlebnispädagogik orientiert sich am Methodenrepertoire der Erlebnispädagogik und nimmt dazu eine systemische Sichtweise und Arbeitshaltung ein.[152] Die systemische Erlebnispädagogik geht davon aus, dass die Nutzer erlebnispädagogischer Angebote ausgestattet sind mit (überlebens)notwendigen Fähigkeiten und Fertigkeiten und notwendige Lösungsansätze in sich tragen.[153] Die Naturerfahrungen, die Menschen bei der Ausübung erlebnispädagogischer Inhalte machen, sprechen unsere innersten archetypischen Anlagen an. Unsere menschlichen Grundthemen werden dabei immer berührt (z. B. die Angst zu versagen, Grenzerfahrung/Grenzüberschreitung, lernen, sich auf andere Personen und die Gruppe verlassen zu müssen etc.).

Hier eine Variante: Die KundInnen nehmen an Aktivitäten wie Kanufahren, Bogenschießen, Geocaching (elektronische Schatzsuche, bei der die KundInnen in Kleingruppen die Aufgabe erhalten, vermittels Navigationsgeräten und mit Hilfe geographischer Koordinaten bestimmten Hinweisen zu folgen, die Aufträge beinhalten und diese zu lösen). In diesen Aufgaben geht es darum, als Gruppe verschieden schwere „Rätsel" und Aufgaben zu lösen. Wichtig dabei ist, die Stärken der einzelnen Gruppenmitglieder zu erkennen und vernünftig einzusetzen. Nur gemeinsam kann die jeweilige Aufgabe gelöst werden. Ein besonderes Angebot ist ein indianischer Abend, in dessen Verlauf die KundeInnn mit einer anderen Kultur und deren Lebensweise

---

[152] Vgl. Lindenthaler 2004.
[153] Vgl. Zuffellato 2007.

konfrontiert werden. Dann erhalten die Jugendlichen die Gelegenheit, von sich zu erzählen und die eigene Herkunftskultur zu beschreiben. Dieses Angebot wird sehr gerne angenommen. Die jungen Menschen wollen nach ihrem Leben gefragt werden. Die Gemeinschaft wird nach diesem Abend enger und vertrauter. Dies hat besondere Auswirkungen auf die weitere Arbeit in der Kompetenzagentur.

In einem anderen Angebot einer erlebnispädagogischen Freizeit gehen wir u.a. auf einen Berg klettern. Die KundInnen üben das Anseilen und sichern. Sie lernen, wie es ist, sich den Nächsten verlassen zu müssen. Sie erfahren, wie es ist, den Horizont des bisher Erlebten, also die eigenen Grenzen zu überschreiten. Ein neues intensives Gefühl der Zusammengehörigkeit zu einer Gruppe kann entstehen. Das Ziel im erlebnispädagogischen Prozess ist es, die KundInnen an die schöpferische und ästhetische Kraft der Natur heranzuführen. Dabei ist Natur nicht nur das, was von außen an Eindrücken an uns herangetragen wird, sondern auch die Einbeziehung des ganzen Menschen mit seiner inneren und äußeren Welt der Wahrnehmung und seiner vollen Bandbreite an eigenen Ressourcen, eigenen Sichtweisen, eigenen Handlungsmustern, der Anschlussfähigkeit, Selbstorganisation und Lösungskompetenz. „Im erlebnispädagogischen Kontext wird Selbstorganisation gesehen als die Fähigkeit von Menschen und Gruppen, sich selbst zu erneuern, zu wandeln und zu erhalten. Damit verbunden sind natürliche Bewegungen zwischen Ordnung und Chaos, zwischen Stabilität und Entwicklung."[154]

In erlebnispädagogischen Freizeiten verlassen sowohl die BetreuerInn als auch die KundInnen ihre Komfortzone und begeben sich auf neues Erlebensterrain. Hier arrangiert sich Lernen neu, außerhalb des vertrauten Lebens. Als wichtigen Nebeneffekt stabilisiert diese Erfahrung die Beziehung zwischen KundInnen und BeraterIn.

Die Ergebnisse der Kompetenzfeststellungsverfahren fließen selbstverständlich zur Handlungsorientierung in die Förderplanung mit ein und strukturieren somit den weiteren Beratungsprozess.

6.4 Förderangebote/Leistungssteuerung/Intervention

In der fortgeschrittenen Case Management Arbeit werden den KundInnen nach individueller Bedarfslage weiterführende Förderangebote unterbreitet. Der Case Manager greift auf alle zur Verfügung stehenden Hilfsinstrumente des Hilfesystems zurück.

---

[154] Grote 2011a, S. 3; vgl. auch Grote 2011b.

Zumeist ist es sinnvoll, niedrigschwellige Angebote zu lokalisieren und den KundInnen zu unterbreiten. Wenn die soziale Sicherung geregelt ist, geht es um gesundheitliche Fragestellungen. Hier sind passgenaue therapeutische Angebote (ambulant/stationär), Angebote der Suchtberatungsstellen etc. zu eruieren und zu vereinbaren. Angebote der Schuldnerberatung sind ebenfalls von besonderer Bedeutung. Die Entwicklung eines „normalen" Tagesablaufes ist mit einem entsprechenden tagesstrukturierenden Angebot sicherzustellen. Hierzu muss der Tages- und Nachtrhythmus wieder hergestellt werden (Arztbesuch/auch über Medikamente). Die Aktivierungsmaßnahme des Jobcenters als Stabilisierungsmaßnahme hat hier eine hohe Bedeutung. Es schließen sich Qualifizierungsmaßnahmen, Berufsfindungsmaßnahmen, Maßnahmen der betrieblichen und überbetrieblichen Ausbildung an. Die Zusammenarbeit mit der Rehabilitationsabteilung des SGB III hat für unseren KundInnenkreis besonderes Gewicht.

6.5 Lotsenfunktion/anwaltschaftliche Vertretung

Die Kompetenzagentur übernimmt in diesem Zusammenhang eine Beratungs-, Vermittlungs- und Lotsenfunktion zur passgenauen beruflichen und sozialen Integration besonders benachteiligter Jugendlicher und junger Erwachsener. Innerhalb eines persönlichen Stabilisierungsprozesses lernt der junge Mensch, die eigenen Ressourcen optimal zu nutzen und darüber hinaus effektive erfolgreiche Verhaltens- bzw. Bewältigungsstrategien zu entwickeln. Der Fallmanager steht den KundInnen als „Lotse" zur Seite, z.B. wenn es darum geht, die Orte des gegenwärtigen Hilfesystems aufzusuchen und Termine wahrzunehmen (SGB V, SGB II, SGB III, SGB VIII). Der Fallmanager begleitet die KundInnen, je nach Schwere des Falls, in für die KundInnen schwierige Transaktionen und leistet sachwalterische Unterstützung. Primär geht es darum, dass der Kunde seine erworbenen Feindbilder gegenüber Institutionen und deren MitarbeiterInnen abbaut und sich selbst als „handelnder Mensch" begreift. Der Weg zu einem eigenständigen Leben ist schwierig, aber machbar. Besonders gegen Ende des Case Managements übt der Kunde, das informelle und formelle Netzwerk eigenständig zu nutzen. So wird der Kunde in die Lage versetzt, sich selbstorganisiert Unterstützung einzuholen. Einige wenige KundInnen werden der Grundsicherung (SGB XII) zugeführt, da sie nur weniger als drei Stunden pro Tag belastbar sind. Dies muss aber über beauftragte medizinische Gutachten festgestellt werden.

6.6 Aktivierung der Selbsthilfepotentiale

Der alte Slogan im Arbeitsfeld Soziale Arbeit „Hilfe zur Selbsthilfe" ist nach wie vor noch aktuell. In die Kompetenzagentur kommen Jugendliche mit ganz unterschiedlichen Startchancen. Die individuelle Hilfeplanung richtet sich immer danach, welche Hilfe die angemessene ist. Der Kunde/die Kundin wird da abgeholt, wo er/sie steht. Das heißt, das zu schnürende Maßnahmepaket ist immer auf den jeweiligen Einzelfall zugeschnitten. Die Arbeitsgrundlage zwischen KundInnen und Fallmanagern ist die permanent fortzuschreibende Förderplanung. Sie orientiert sich am tatsächlichen Bedarf. Der Kunde wird im Rahmen des „Förderns durch Fordern" in den Arbeitsprozess so eingebunden, dass es klare Vereinbarungen darüber gibt, wer bis wann und in welchem Umfang Leistungen zu erbringen hat. Der Kunde hat sich seiner individuellen Problemlage (Entwicklungsstand) und Reife entsprechend aktiv einzubringen und verabredete Arbeitsaufträge abzuliefern. Zuerst sind es kleine Schritte, die der Kunde mit dem Fallmanager verabredet. Im Laufe des Beratungsprozesses werden die Arbeitsaufträge, entsprechend der gewonnenen Selbständigkeit, ein größeres Volumen annehmen. Das Verhältnis zwischen *Geben und Nehmen* muss immer transparent gestaltet sein. Ziel ist immer, die am Einzelfall notwendigen und in angemessenem Umfang erforderlichen Hilfen zu gewähren. Am Ende der Maßnahmekette steht die soziale und berufliche Integration.

6.7 Elternarbeit/Umfeldarbeit

Während des Beratungsprozesses werden in Absprache mit dem KundInnen die Eltern und das Umfeld mit einbezogen. Das Leitziel der Zusammenarbeit zwischen Kompetenzagentur und Umfeld/Eltern lautet: „Kooperation statt Konkurrenz". Ein Instrument der Eltern und Familienarbeit sind Familienkonferenzen. Sie sind ein Mittel, um Konfliktlösungsstrategien zu erarbeiten, bei denen es keine Verlierer gibt (niederlagelose Methode). In die Räumlichkeiten der Kompetenzagentur wird die Familie der KundInnen zusammen mit den KundInnen als Auftraggeber eingeladen. Im Rahmen einer Familienkonferenz können sie über Interessenkonflikte reden, die sonst unweigerlich zu Streit, mieser Laune, Missverständnissen, Rachegefühlen und schlechtem Gewissen führen. Die Plätze der Teilnehmenden werden von BeraterInnen angewiesen, nachdem die Regeln veranschaulicht wurden. Mit der Brille des „Anderen" sehen ist eines der wichtigsten Erkenntnisse. Die Eltern oder vergleichbare Bezugspersonen werden animiert, die KundInnen der Kompetenzagentur mit einem modifizierten Verhalten zu unterstützen und herauszufordern. Die Familienkonferenzen werden nach Bedarfslage wiederholt. Der/die junge Erwachsene erhält zu meist die Information, dass er/sie wichtig ist und geliebt wird. Dieses Anerkennungskonzept ist ein wichtiger Baustein für individuelles Wachstum in eine höhere Selbständigkeit und Eigenverantwortlichkeit.

6.8 Netzwerkarbeit

Die KA hat die Aufgabe, den KundInnen entsprechend ihres Hilfebedarfs angemessene Angebote zugänglich zu machen. Sie tritt hierbei neutral auf, bietet keine eigenen Maßnahmen an, regt bei Lücken aber Verbesserungen des regionalen Angebotes an. Mit Hilfe der Netzwerkarbeit ist die KA im Praxisfeld der sozialen Arbeit bekannt. Sie informiert über ihr Angebot und beteiligt sich an der Professionalisierung im Praxisfeld. Durch die Kooperation mit anderen Institutionen ebnet die KA ihren KundInnen den Zugang in das Case Management (besonders jenen, die durch die Maschen des Hilfesystems gefallen sind) und erarbeitet passgenaue Fördermöglichkeiten und dies über die Grenzen von Zuständigkeiten und Förderlogiken hinweg.

Kooperation lässt sich nicht verordnen, sondern muss den Beteiligten nutzen.

Ohne Einbindung in die örtlichen Hilfestrukturen sind die Anstrengungen in der Begleitung von Jugendlichen zum Scheitern verurteilt. Wir betrachten die Netzwerkarbeit aus den Erfahrungen von sieben Jahren Kompetenzagentur in Worms. Die Resultate guter Netzwerkarbeit bestehen nicht nur darin, dass das Angebot der Kompetenzagentur bekannt ist, sondern das gesamte Hilfesystem als Türöffner der sozialen und beruflichen Integration fungiert. Um stabile Kooperationsbeziehungen zum gesamten Hilfesystem herzustellen, bedarf es mehr als der Erkenntnis, dass die betroffenen Jugendlichen (und damit die Gesellschaft) davon profitieren. Vielmehr müssen auch die beteiligten Partner einen konkreten Vorteil für ihre Arbeit erfahren.

Die Koordination formeller und informeller Netzwerke erfordert einen hohen Einsatz in der „Beziehungspflege". Die Pflege persönlicher Kontakte im Netzwerk ermöglicht Klärungen und Abstimmungen „unterhalb" der formalen Entscheidungswege. In der Regel sind diese Arbeitsbeziehungen dazu geeignet, Problemlösungen, die im Einzelfall förderlich sind, auch auf Fallkonstellationen der Partner im Netzwerk zu übertragen und beeinflussen somit die Gesamtheit der Fälle in der gegenwärtigen beruflichen Praxis. Sie hängen aber unmittelbar immer von den beteiligten Personen ab. In der Netzwerkarbeit muss die Beziehungspflege zu den Partnern immer wieder aktualisiert werden. Gerade in Zeiten häufiger Personalwechsel, bedingt durch Ausschreibungsverfahren, die die Zukunft der Trägerlandschaft nicht sicherer macht, sondern den Personal- und Trägerwechsel fördert, müssen die Kontakte immer wieder an die Gegebenheiten der Landkarte der sozialen Arbeit angepasst werden. Um die Kooperation auf der Arbeitsebene abzusichern, sollte daher parallel die Zusammenarbeit auf Ebene der Institutionen vereinbart und so langfristig von einzelnen Personen unabhängig gemacht werden.

Gute Kooperation braucht starke Fürsprecher. Institutionen und Behörden haben aufgrund von Gesetzen und Verordnungen Ressourcenverantwortung. Die Kompetenzagentur ist darauf angewiesen, dass ihren Förderempfehlungen Gewicht beigemessen wird. Denn letztlich können nur Institutionen und Behörden Förderlücken im Hilfesystem schließen. Dies wird insbesondere dann sehr schnell ersichtlich, wenn die personellen und finanziellen Ressourcen im gesamten Netzwerk Schwankungen ausgesetzt sind und Kontinuität nicht gegeben ist.

Nachhaltige Kooperation benötigt Moderation. Dauerhafte Kooperation, soll sie zielführend und nachhaltig wirken, benötigt eine organisierte Reflexion über Ziele, Methoden und Ergebnisse. In Worms hat die Kommune mit der Institution des Jugendhilfeausschusses diese Funktion inne. Daneben ist noch die Steuerungsgruppe des Jobcenters eine wichtige Institution. Netzwerkarbeit entspricht dem Bild eines Netzes mit Knoten und Strängen, dazwischen klaffen aber immer wieder Löcher. In der Netzwerk- und Öffentlichkeitsarbeit müssen die beteiligten Partner gemeinsam weiter Netze und Knoten knüpfen, damit wir die festen Netze haben, mit denen wir die Jugendlichen auffangen können, die uns dringend benötigen.

Konkret ist die Wormser Kompetenzagentur eingebunden in ein umfangreiches Netzwerk, welches die Landschaft der beteiligten Institutionen abbildet (z.B. Jugendpsychiatrie, Benachteiligten-Förderung, Projektarbeit des regionalen Übergangssystems, Jobstarter zur Integration von benachteiligten jungen Erwachsenen, Arbeitskreise im Bereich der Rehabilitationsausbildung, gesetzliche Betreuung).

6.9 Evaluation und Dokumentation

Die Arbeit der Kompetenzagentur ist ein niedrigschwelliges Angebot. Die meisten unserer Case Management-Fälle kommen zum Abschluss. Kunde und Case Manager resümieren aus ihrer jeweiligen Sicht den Case Management-Prozess. Fragen nach positiver und nachhaltiger Veränderung im Leben der KundInnen werden angesprochen. Wie ist der Kunde, die Kundin sozial und beruflich integriert? Welche Schritte sind dem Kunden, der Kundin besonders schwer gefallen? Was sollte im Case Management für nachfolgende KundInnen verbessert werden? Welche Ergebnisse sind verwertbar und nachhaltig? Welche Ziele wurden nicht erreicht und warum? Das Case Management wird zusammen mit den KundInnen rituell zum Abschluss gebracht. Zumeist findet das letzte Gespräch dann in einem Café statt. Dies soll die Entlassung in die private Sphäre und die Eigenverantwortlichkeit spiegeln. Der Kunde hat jederzeit die Möglichkeit, Fragen zu stellen oder wieder in das laufende Case Management aufgenommen zu werden. Dies ist wichtig für Personen mit Suchtproblemen (z.B. Cannabis). Dann ist es sinnvoll, den/die BeraterIn zu wechseln. Einmal im Jahr stellt die Kompetenzagentur ihre Arbeit, Veränderungen und Ergebnisse im Jugendhilfeausschuss vor. In der Fallakte werden die Ergebnisse dokumentiert und in die Statistik mitaufgenommen.

Die Case Manager erhalten regelmäßig eine systemisch orientierte Fallsupervision. Die Case Manager haben die Gelegenheit, auch übergeordnete Themen miteinzubringen. Zwei solcher Themen sind u.a.: die Arbeit mit Jugendlichen mit Heimerfahrung und der eigene Wertekanon der MitarbeiterInnen.

Die Kompetenzagentur ist mittlerweile eine feste Institution der Beratung von besonders benachteiligen Jugendlichen und jungen Erwachsenen und wird rege genutzt. Die vorgesehenen Fallzahlen sind immer erreicht. Die Kompetenzagentur bietet im Rahmen ihrer Netzwerkarbeit Institutionen Beratung mit deren KundInnen an. Wie wird dieses Hilfsangebot umgesetzt: Der Case Manager besucht die Institution und arbeitet vor Ort mit den Kollegen der anderen Institution und deren KundInnen vermittels Flipchart Lösungsvorschläge. Nach einer vereinbarten Zeit treffen sich die gleichen Personen wieder und besprechen den aktuellen Stand. Die nächste Etappe im weiteren Fallverlauf wird geplant. Bis jetzt wurden mit dieser Arbeitsweise keine KundInnen mit multiplen Vermittlungshemmnissen abgewiesen.

Literatur

Deutsches Jugendinstitut (DJI) (2006): Übergangsmanagement: Jugendliche von der Schule ins Arbeitsleben lotsen. München 2006.
Bundesinstitut für berufliche Bildung (2011): Reform des Übergangs von der Schule in die Berufsausbildung. Aktuelle Vorschläge im Urteil von Berufsbildungsexperten und Jugendlichen. Autorengruppe BIBB/Bertelsmann Stiftung. Schriftenreihe des BIBB, Heft 122. Bonn.

Bundesinstitut für Berufsbildung/IMBSE (2007): Qualitätsstandards zum Verfahren der Kompetenzfeststellung im Übergang Schule-Beruf. Bonn.

Burkhart, Günter (1993): Eine Gesellschaft von nicht-autonomen biographischen Bastlerinnen und Bastlern? Antwort auf Beck/Beck-Gernsheim. *Zeitschrift für Soziologie*, Jg. 22, H. 3, Juni 1993, S. 188- 191.

Stehr, Johannes (1993): Umweg – Irrweg – Ausweg! Zur Situation ausgegrenzter Jugendlicher und junger Erwachsener zwischen Schule und Beruf. Wissenschaftliches Gutachten im Auftrag des Arbeitskreises „Berufsnot" Darmstadt- Dieburg. Unveröff. Manuskript.

Kleve, Heiko (2008): Systemisches Case Management. Heidelberg: Carl Auer.

Lindenthaler, Christine (2004): Systemisches Arbeiten in der Erlebnispädagogik. In: Ferstl, Alex/Schettgen, Peter/Scholz, Martin (Hrsg.): Der Nutzen des Nachklangs. Augsburg: Ziel, S.38-51.

Grote, Bettina (2011a): Systemische Prozessgestaltung. Berlin. Internet: www.systematische-prozessgestaltung.de/Grote_Systemische_Erlebnispaedagogik_ erlebenundlernen.pdf.

Grote, Bettina (2011b): Was ist systemische Erlebnispädagogik? Ein Arbeitspapier. In: *systeme*, 1/2011, Jg. 25, S. 35-49.

Zuffellato, Andrea (2007): In der Lösung liegt die Kraft. In: Thomas, Konstanze/Kreszmeier, Astrid Habiba (Hrsg.): Systemische Erlebnispädagogik. Kreativ-rituelle Prozessgestaltung in Theorie und Praxis. Augsburg: Ziel, S.56-71.

Christiane Bauer

ICH SCHAFFS!®

Das lösungsorientierte Motivationsprogramm zur Begleitung von Jugendlichen beim Übergang Schule – Beruf

Jetzt kommt er aber wirklich ... der „Ernst des Lebens"?! Am Übergang von Schule in den Beruf vergeht vielen Jugendlichen schon 'mal das Lachen. Dieser Lebensabschnitt ist für Heranwachsende – und auch oft für ihre Eltern – eine große Herausforderung oder gar Überforderung. Vor allem Jugendlichen, die keine höheren Schulen besuchen oder Eltern haben, die sie wenig unterstützen, sind auf die Angebote der berufsbezogenen Schulsozialarbeit oder Berufshilfe angewiesen. Diese Maßnahmen unterstützen „die Schüler/innen bei der beruflichen Orientierung und der Berufswahlentscheidung, mit dem Ziel der Verbesserung des Berufswahlverhaltens und der Berufswahlreife sowie die Förderung arbeitsrelevanter Basiskompetenzen."[155] Sie ergänzen „die Regelangebote der Schule und der Agentur für Arbeit und vertiefen diese ... mit Hilfe von verschiedenen Methoden. Je nach Angebot sollen sie in Absprache mit der Schule und der Berufsberatung als unterstützende Maßnahmen in spezifischen Gruppenangeboten oder im Einzelkontakt stattfinden."[156]

Das Motivationsprogramm ICH SCHAFFS® hat sich als Methode im Übergangsmanagement für Jugendliche sehr bewährt.

---

[155] Aus der Beschreibung des Projekts JADE an einer Münchner Mittelschule, www.inzellerweg.de vom 26.2.2014.
[156] Sozialreferat der Landeshauptstadt München, Konzept JADE 2011.

1. Was ist das Motivationsprogramm ICH SCHAFFS?

ICH SCHAFFS ist ein spielerisches und lösungsorientiertes Motivationsprogramm für die Arbeit mit Kindern und Jugendlichen. Es hilft ihnen, Probleme durch das Lernen neuer Fähigkeiten zu bewältigen oder besser damit umgehen zu können. Gemeinsam mit den Kindern und Jugendlichen werden Projekte geplant, Ziele gesteckt, Ressourcen und Helfer_innen gesucht sowie individuelle Lernschritte festgelegt – und natürlich auch Erfolge gefeiert. ICH SCHAFFS wurde von Ben Furman[157] für die Arbeit mit Kindern in Finnland entwickelt und von Christiane Bauer[158] und Thomas Hegemann für die Arbeit mit Jugendlichen weiter konzipiert und veröffentlicht. ICH SCHAFFS wird in vielen Ländern mit großem Erfolg von Fachleuten in Beratung und Therapie, in Pädagogik und Sozialarbeit genutzt.

ICH SCHAFFS wird im Übergangsmanagement bei Jugendlichen, ob nun bei der individuellen Förderung von Einzelnen und in der Arbeit mit Gruppen z.B. bei der Entwicklung von im Beruf notwendigen Sozialkompetenzen, in Bewerbungstrainings oder in mehrtägigen Bewerbungscamps äußerst erfolgreich eingesetzt. Besonders hilfreich erweist sich ICH SCHAFFS in den unterschiedlichen Arbeitsfeldern der Berufshilfe, in Maßnahmen der Berufsorientierung bei der Unterstützung von Heranwachsenden, die aufgrund ihrer sozialen Benachteiligung erhöhten Unterstützungs- oder Förderbedarf haben. ICH SCHAFFS basiert auf der Idee: Lernen und Veränderung gelingen am besten mit Motivation, Zuversicht und vor allem mit Anderen. ICH SCHAFFS macht Spaß und fördert das Selbstvertrauen von Jugendlichen.

ICH SCHAFFS beruht auf der systemisch-lösungsorientierten Denk-, Sicht- und Handlungsweise. Insbesondere die lösungsorientierten Konzepte – bei uns vor allem vertreten durch Milton Erickson, Steve de Shazer und Insoo Kim Berg – sind prägend für ICH SCHAFFS. So sprechen wir nicht von Problemen, die Jugendliche haben, sondern davon, dass sie „nur" noch Fähigkeiten lernen müssen, um ihre Probleme zu überwinden oder um noch besser mit ihnen umgehen zu können. Der konsequent positive Fokus hilft Jugendlichen, motiviert bei „der Stange" zu bleiben und die selbst gesteckten Ziele zu erreichen.

---

[157] Furman 2005.
[158] Bauer u.a. 2008.

2. Lernen Sie ICH SCHAFFS für Jugendliche kennen!

ICH SCHAFFS[159] für Jugendliche besteht aus 15 Schritten. Die Grundidee von ICH SCHAFFS wird über die Schritte 2 bis 13 vermittelt. Der Schritt 1 holt die Jugendlichen in ihrer Lebenswelt ab, um den Einstieg in das eigene ICH SCHAFFS Projekt zu erleichtern. Die Schritte 14 und 15 können, aber müssen nicht mehr unbedingt vollzogen werden. Hinter diesen beiden Schritten steckt aber die Idee, ICH SCHAFFS auch nachhaltig im Leben und in der Zukunft der Jugendlichen zu verankern.

Zielgruppe von ICH SCHAFFS im Rahmen des Übergangsmangement können Jugendliche sein wie z.B. Schüler_innen einer 9ten Klasse, die intensiv beim Übergang Schule – Beruf in Einzelfallhilfe unterstützt und begleitet werden, oder auch junge Erwachsene, die im Rahmen einer Maßnahme der Agentur für Arbeit einen Schulabschluss nachholen. Im Folgenden wird nur von Jugendlichen die Rede sein. ICH SCHAFFS hilft die konkreten Projekt- oder Maßnahmenziele zu verwirklichen. So heißt es beispielsweise im Konzept von JADE: „Allgemeine Ziele sind die Verbesserung des Berufswahlverhaltens und der Berufswahlreife aber auch die Förderung arbeitsrelevanter Basiskompetenzen wie angemessenes Sozialverhalten, Ausdauer, Pünktlichkeit, Kontakt- und Konfliktfähigkeit, Selbständigkeit, Frustrationstoleranz."[160]

Im Folgenden werden die Schritte des Programms kurz beschrieben.

1. Das Leben als Zeitreise betrachten!

Wir steigen in das ICH SCHAFFS-Projekt mit einer Reise in die Zukunft ein: „Stell dir vor, du reist durch dein Leben! Was läuft schon gut? Womit bist du zufrieden? Was könnte noch besser laufen? Was nervt dich, stört dich, was nervt und stört andere an dir, wo bekommst du Ärger? Was hättest du gerne anders? Wie sieht dein Leben in der Zukunft –in einem Jahr, in zwei Jahren aus?! Worauf wirst du stolz sein? Worauf Andere?"

Ziel dieses Einstiegs ist es, an der Lebenswelt der Jugendlichen anzudocken und sie durch die geführte „Reise" in die Zukunft zu einem positiven Stimmungsumschwung zu bringen. Wie etwa bei Peppino, 16 Jahre, der vor der großen Frage steht, ob er den Schulabschluss schaffen wird. Lernen war noch nie sein Ding. Zumal zuhause bei der

---

[159] Bauer u.a. 2008.
[160] Sozialreferat der Landeshauptstadt München, Konzept JADE 2011.

italienisch stämmigen Familie immer sehr viel los ist und die drei jüngeren Geschwister meist noch Freunde zu Besuch haben. Er flieht meist vor dem Trubel und trifft seine Freunde. Peppinos Vater ist sehr verärgert darüber, da er möchte, dass dieser eine Ausbildung zum Friseur macht und eines Tages seinen Laden übernimmt. Fast täglich gibt es Streit deswegen. Die Reise in die Zukunft hat Peppino geholfen, eigene Visionen zu entwickeln. Ein dickes Grinsen bekam er, als er sich ausmalte, wie es wäre, wenn er genug Geld hätte und ausziehen könnte. Bei diesem Schritt geht es darum, Visionen zu entwickeln, die die Jugendlichen motivieren, ihr Leben in die Hand zu nehmen.

2. Sich Ziele setzen!

In diesem Schritt setzen sich die Jugendlichen selbst Ziele, was sie genau lernen oder besser machen möchten! Ziele werden möglichst konkret, positiv und im Rahmen der eigenen Ressourcen und Kompetenzen umsetzbar formuliert. Das Erreichen der Ziele wird kontextbezogen überprüft. Denn nicht jedes erreichte Ziel stößt z.b. bei den Freunden auf Zustimmung. So ist es für Melanie, 16 Jahre schwer, im Herbst mit einer Ausbildung zu beginnen, wenn ihre zwei besten Freundinnen zur gleichen Zeit erst einmal nur jobben und „fette Kohle" verdienen wollen, um auf Reisen zu gehen.

3. Nach dem Nutzen schauen!

Bei diesem Schritt werden die Jugendlichen eingeladen, sich vorzustellen, dass sie ihr Ziel erreicht haben. Gemeinsam wird der Nutzen für sie und andere herausgefunden! Auch der „netteste" Schweinehund möchte überlistet werden. Peppino verspricht sich natürlich eine Menge davon, soviel Geld zu verdienen, dass er von Zuhause ausziehen kann. Und davon hat sicher die ganze Familie einen Nutzen!

4. Fähigkeiten lernen!

Um ihr Ziel erreichen zu können, müssen sich die Jugendlichen überlegen, welche Fähigkeiten sie dazu entwickeln müssen. Diese können in den Bereichen von Selbstdisziplin, sozialer Kompetenz, im Motorischen oder auch Kognitiven liegen. Fähigkeiten werden positiv formuliert, das Vorhandensein einer Fähigkeit wird beschrieben und nicht das „Nicht-mehr-tun", z.B. statt „ich will nicht mehr klauen" heißt es „ich will lernen, mein Geld einzuteilen!" Gerade im Übergangsmanagement ist dieser Schritt von großer Bedeutung. Um in der Bewerbungsphase und dann später in der Berufswelt zurecht zu kommen, brauchen Jugendliche stabile Basiskompetenzen und zusätzliche Fähigkeiten, die während der Schulzeit vielleicht noch nicht so relevant waren.

5. Unterstützerinnen und Unterstützer suchen!

Die Jugendlichen suchen sich Unterstützer_innen auf dem Weg zu ihrem Ziel wie Mitschüler, Freundinnen, Lehrkräfte, Sozialpädagoginnen, Geschwister, Eltern, Trainerin, die Oma oder den Nachbarn. Personen, die sie als geeignet ansehen, die mit ihnen die Fähigkeiten üben und ihnen Feedback zu ihren Fortschritten geben können.

6. Motto und Symbol finden!

Hier gilt es, ein tolles Motto und ein Symbol für das ICH SCHAFFS-Projekt zu finden wie z.B. für das Projekt „Silent Spider" eine Feder zur Motivation, Stärkung oder auch Erinnerung! Jugendliche wählen häufig die Namen und Symbole aus ihrer Erlebniswelt: Musik, Sport, TV, Kino. Werbung, PC-Spiele, Bücher oder speziellen Jugendkulturen.

7. Gründe für Optimismus suchen!

Zunächst überlegen sich die Jugendlichen drei gute Gründe, warum sie mit ihrem Projekt erfolgreich sein werden. Dabei ist es gut, in allen Lebensbereichen der Jugendlichen auf die Suche zu gehen. So kann die Fähigkeit, HipHop zu tanzen, nützlich für die Vorbereitung auf die Prüfung sein. Denn eine gute HipHop-Tänzerin wird man auch nur durch üben, üben und nochmals üben – bis zum großen Auftritt beim Schulfest oder im Jugendzentrum!

8. Zuversicht fördern!

Anschließend werden die Unterstützer_innen befragt, warum sie auf den Erfolg der Jugendlichen vertrauen! Ziel vor allem der Schritte 1, 3, 7 und 8 ist es, die Motivation für das Projekt zu erhöhen. Dieser Schritt gelingt sehr gut, wenn die Helfer_innen direkt von den Jugendlichen angesprochen werden. Gerade wenn von außen frühere Erfolge oder auch jüngste Fortschritte benannt werden, fördert dies den Optimismus für das Gelingen ihres ICH SCHAFFS-Projektes!

Diese beiden Schritte sind vor allem für die Jugendlichen von großer Bedeutung, die in der Schule Schwierigkeiten und fast immer schlechte Noten hatten. Ihnen fehlt oft das Zutrauen zu sich selbst, und wenn sie von anderen ein positives Feedback bekommen, können sie es kaum glauben oder müssen es wieder herunterspielen. Doch mit dieser negativen Haltung kann bei Vorstellungsgesprächen wenig gepunktet werden. ICH SCHAFFS trainiert Jugendliche, über Erfolge und ihre Fähigkeiten zu reden und dazu zu stehen. Wie wir wissen, handelt es sich bei der Redewendung „Eigenlob stinkt!" um einen Tippfehler statt, stattdessen müsste es heißen „Eigenlob stimmt!"

9. Stufenplan erstellen!

Neue Fähigkeiten zu erlernen ist meist eine komplexe Sache. Daher hat es sich bewährt, die Lern-Projekte der Jugendlichen in handhabbare Portionen zu gliedern. Das erleichtert die Übersicht, gibt Orientierung. Erste Erfolge werden sichtbar und erhöhen die Motivation, am Projekt dran zu bleiben. Gemeinsam mit den Jugendlichen erstellen wir dazu einen Stufenplan mit Schritten zum Ziel in der näheren und weiteren Zukunft.

10. Los geht's!

Eine Reise von 1000 Meilen beginnt mit dem ersten Schritt! Und dieser ist attraktiv und gleichzeitig „klein" genug formuliert, damit er von den Jugendlichen erfolgreich umgesetzt werden kann. Wichtig bei diesem Schritt ist natürlich das positive Feedback von den Unterstützer_innen. Bei der Frage nach den erfolgen hat sich eine Reaktion in einem sogenannten Triple bewährt:

- Bewunderung der Leistung: „Ui, toll!"
- Betonung der Schwierigkeit: „Das ist ganz schön schwer für einen, der die Schule hasst."
- Frage nach den Kompetenzen: „Wie hast du das geschafft?"

11. Ein Logbuch führen!

Sinn eines Logbuches ist es:

- den Überblick zu erleichtern
- Rollen und Verantwortlichkeiten festzulegen
- Raum für Notizen zu bieten
- den Verlauf zu protokollieren
- an Erfolge und anstehende Aufgaben zu erinnern
- Motivation zu fördern sozusagen als ein „Lockbuch".

Ziel ist es, die Jugendlichen zu ermutigen, die Schritte und Erfolge ihres Lernprojekts festzuhalten und es Menschen zu zeigen, die ihnen wichtig sind.

12. Sich auf Rückschläge vorbereiten!

Zu Erfolgen sollten Jugendliche bestärkt werden, auf Rückschläge können sie sich vorbereiten. Gut vorbereitet lassen sich diese besser bewältigen. Mit den Helfer_innen können sie besprechen, was sie bei einem Rückschlag – wenn sie 'mal eine Fähigkeit vergessen haben – tun können.

13. Feier und Dank vorbereiten

Klar – wer Erfolg hat, will auch feiern! Am besten mit den Unterstützer_innen, um ihnen auch gleich „danke" für ihre Begleitung zu sagen. Dies „entschuldet" und öffnet, die Möglichkeit sich ein anderes Mal Unterstützung zu holen. Auch ist dieser Schritt wichtig für das Erlernen der in der Ausbildung wichtigen Basiskompetenz, überhaupt Hilfe zu erbitten und annehmen zu können.

14. Neu erlernte Fähigkeiten weitergeben

Lernende werden zu Lehrenden! Das Weitergeben von neu erlernten Fähigkeiten durch Betroffene, die selber durch den Lernprozess gegangen sind, hat viele Vorteile. Es fördert die Authentizität und die Glaubwürdigkeit von Helfern in den Augen derer, die vor einer neuen Lernaufgabe stehen. Vor allem fördert es aber das Selbstvertrauen derer, die ihre Lernerfahrung weitergeben und mindert deren Risiko des Rückschlags. Die erlernten Fähigkeiten werden auf eine bewusste Kompetenzebene gehoben... und die Jugendlichen „wachsen" noch ein Stück.

15. An die Zukunft denken!

Das Leben geht weiter! Viele Jugendliche starten gleich mit dem nächsten ICH SCHAFFS-Projekt – mit etwas, das sie noch besser lernen oder können wollen. Das ist eine wunderschöne Erfahrung, weil ihnen Lernen endlich nicht nur Mühe macht, sondern auch Spaß und Freude bringt!

Aufgabe der (meist sind es:) Sozialpädagog_innen im Übergangsmanagement ist es, das ICH SCHAFFS-Projekt so zu begleiten, dass es Jugendlichen und jungen Erwachsenen in der Zukunft gelingt, ICH SCHAFFS auch in der Zukunft im Sinne eines Selfcoachings eigenständig anzuwenden. Denn nach der erfolgreichen Gestaltung des Übergangs von Schule in den Beruf sind sie auf sich selbst gestellt.

Viele, die ICH SCHAFFS kennen gelernt haben, fragen sich, ob immer alle 15 Schritte durchgeführt und vor allem ob die vorgegebene Reihenfolge eingehalten werden muss? Nein! Wichtig sind die Vermittlung einer Haltung und deren Anpassung an den jeweiligen Kontext. Unsere Erfahrungen zeigen, dass wir auf einzelne Schritte verzichten und trotzdem eine effektive Unterstützung anbieten können. In allen ICH SCHAFFS Prozessen arbeiten wir immer in "Schleifen". Manchmal zeigt sich, dass wir noch mal zu einem vorherigen Schritt zurückkehren müssen. Andere Schritte können wir überspringen, da sie für einzelne Jugendliche weniger relevant sind. Die Übung wird es Ihnen leichter machen, diese Frage selbst zu beantworten.

Oft höre ich in ICH SCHAFFS-Workshops auch Sätze wie „Klingt ja eigentlich ganz leicht!" oder gar umgekehrt „Das kann doch nicht sein, dass das so einfach ist, mit Problemen umzugehen." Beides stimmt und stimmt doch nicht. Steve de Shazer[161] – einer der Begründer der solution focused therapy – sagt: „It's simple, but not easy!"

3. Was steckt hinter dem Erfolg von ICH SCHAFFS?

... oder besser, was steckt hinter den 15 Schritten oder was müssen wir beachten oder lernen, um Jugendliche erfolgreich bei ihrem ICH SCHAFFS-Projekt zu begleiten? Alle guten Dinge sind drei: eine handlungsorientierte Systemkompetenz, eine konsequent lösungsorientierte Grundhaltung und die Fähigkeit zur Gestaltung einer tragfähigen kooperativen Arbeitsbeziehung zu den Jugendlichen.

3.1 Systemkompetenz in der Arbeit mit Jugendlichen[162]

Systemkompetenz bedeutet, das eigene Handeln auf das soziale System der Beteiligten auszurichten. Was heißt das in der systemischen Arbeit mit Jugendlichen? Da die Zielgruppe von ICH SCHAFFS für Jugendliche die Altersgruppe ab 13 Jahren und ihre Eltern, ihre Familien, ihre Freundinnen, Freunde, Klassenkameraden, Lehrkräfte und Ausbilder, Sozialpädagoginnen und Therapeutinnen sind, heißt es für uns, eine Systemkompetenz für die pädagogische oder beraterische Arbeit in und mit diesen sozialen Systemen und Personengruppen zu entwickeln. Konkret bedeutet das, bei der Durchführung von ICH SCHAFFS die relevanten Systeme der Jugendlichen in unsere Denk- und Vorgehensweise mit ein zu beziehen. Störendes Verhalten oder problematisches Verhalten von Jugendlichen taucht nicht isoliert, sondern in einem sozialen Zusammenhang auf, an dem mehrere soziale Systeme beteiligt sind. Wenn Jugendliche Fähigkeiten lernen wollen, um ihre Probleme zu überwinden, um in der nächsten beruflichen Station zurecht zu kommen, gelingt das besser, wenn es mit diesen Systemen „verträglich" ist und bei der Formulierung von Zielen auf die Umsetzbarkeit in diesen sozialen Systemen geachtet wird.

---

[161] Steve de Shazer (1940-2005), US-amerikanischer Psychotherapeut, Pionier des *Solution Focused Approach* beziehungsweise der lösungsorientierten Beratung und Therapie.
[162] Bauer u.a. 2008, S. 21 ff.

Personale Systemtheorie nach Bateson[163]

In der praktischen Arbeit mit Jugendlichen erweist sich die Systemtheorie, wie sie bereits von Gregory Bateson[164] vom Mental Research Institute in Paolo Alto in den 50er Jahren formuliert wurde, als besonders brauchbar. Warum gerade die? Das liegt sicher daran, dass dieses Modell von sozialen Systemen zum einen sehr praxisorientiert und sowohl für Fachleute als auch für alle anderen gut verständlich ist. Es eröffnet Wege, dieses „Wissen" im Adressaten-System erfolgreich zur aktivieren und zu implementieren.

Im deutschen Sprachraum wurde die Theorie Batesons durch das Werk von Paul Watzlawick, „Menschliche Kommunikation"[165] bekannt gemacht. Die personale Systemtheorie wurde durch Rückgriffe auf die so genannte Handlungstheorie vor allem von König zunächst für den Bereich der Personal- und Organisationsentwicklung weiterentwickelt und später auch auf die Bildungsarbeit übertragen. Die Systemtheorie Batesons basiert auf der der allgemeinen Systemtheorie, nach der Probleme in einem System aus dem Zusammenspiel verschiedener Faktoren des Systems resultieren und nicht durch eine einzige Ursache entstehen. Daher können auch Lösungen nur unter Beachtung dieser Faktoren entwickelt werden.

Im Folgenden wird ein kurzer theoretischer Abriss des Modells und seiner Bedeutung für die Entwicklung von Systemkompetenz in der Arbeit mit Jugendlichen aufgezeigt.

Nach Bateson sind in sozialen Systemen sechs Aspekte von Bedeutung:

1. Personen als die Elemente eines sozialen Systems
2. Subjektive Wirklichkeitsdeutungen der Beteiligten
3. Regeln in Systemen
4. Verhalten in Mustern und Regelkreisen
5. Einbettung in die Systemumwelt
6. Geschichte und Entwicklungsrichtung des Systems

Diese Faktoren stehen nicht isoliert nebeneinander, sondern beeinflussen sich wechselseitig und damit das Verhalten eines sozialen Systems.

1. Personen als die Elemente eines sozialen Systems

In sozialen Systemen werden die handelnden Personen als die Elemente der jeweili-

---

[163] Text nach: König 2005, S. 21ff.

[164] Gregory Bateson (1904 – 1980), Anthropologe, Mitglied der Forschergruppe mit Virginia Satir, Paul Watzlawick, John, D. Jackson am Mental Research Institute in Palo Alto/Kalifornien, USA.

[165] Watzlawick u.a. 1980.

gen Systeme angesehen, z. B. die Eltern, Kinder, Mitschülerinnen, Gruppenmitglieder usw. Arbeiten wir mit einem sozialen System, müssen wir zunächst klären, wer die für diese Situation relevanten Personen sind. Dies lässt sich in der Arbeit mit Jugendlichen oft auf den ersten Blick schwer feststellen. Einerseits sind die meisten Jugendliche noch abhängig von ihren Eltern, gleichzeitig streben sie stark nach Autonomie. Die Gruppe der Peers, also der Gleichaltrigen der Szene, der Jugendliche häufig angehören oder angehören wollen, spielt in der Regel eine wesentliche Rolle. Jedes soziale System wird also situationsabhängig neu zu definieren sein. Je besser die Kooperation aller Beteiligten miteinander funktioniert, umso bessere Entfaltungsmöglichkeiten bieten sich den Jugendlichen. Es ist ein elementarer Teil von ICH SCHAFFS unterstützende Personen aus dem sozialen Umfeld der Betroffen zu finden.

Jugendliche selbst sind Expert_innen in eigener Sache. Die systemische Haltung der Neugier, des „Nicht-Wissens" ist daher konsequenterweise Grundvoraussetzung in der Arbeit mit ICH SCHAFFS. So entscheiden die Jugendlichen selbst, welche Personen für sie und die Lösung ihrer Probleme bedeutend sind. Dieser Faktor ist im Rahmen des ICH SCHAFFS – Programms vor allem bei der Frage nach Unterstützer_innen von großer Bedeutung.

2. Subjektive Wirklichkeitsdeutungen – Wirklichkeit ist nicht gleich Wirklichkeit

Das Verhalten in einem sozialen System ist bestimmt durch die jeweils subjektiven Deutungen der Systemelemente. Personen reagieren aufgrund ihrer „inneren Landkarte", also entsprechend dem Bild, das wir uns von der Wirklichkeit machen. Bateson spricht in diesem Zusammenhang davon, dass wir die Wirklichkeit „interpunktieren", also ihr eine Bedeutung geben. In der Erkenntnistheorie ist dieser Ansatz als „sozialer Konstruktivismus" bekannt. Konsequenterweise gibt es daher kein „richtig" oder „falsch."

Gerade auch unsere Geschlechterbilder – also unsere Vorstellungen von Weiblichkeit und Männlichkeit – spielen für die Wirklichkeitsdeutung eine wichtige Rolle. Nach Lilian Fried[166] transportieren Geschlechtsrollenstereotype (wie andere Stereotype auch) nicht nur die Vorstellungen und Meinungen zu geschlechtstypischen Eigenschaften, sondern auch Bewertungen. Da das Bild, das wir uns von der Wirklichkeit machen – eben auch auf Grund unsere eigenen Geschlechterbilder – nicht dasselbe ist wie die Wirklichkeit selbst, ist es im Umgang mit Jugendlichen wichtig, sensibel mit geschlechtsbezogenen Vorstellungen und Wirklichkeitsdeutungen umzugehen. Das

---

[166] Fried 2008, S. 142.

heißt z.b., bei der Berufswahlentscheidung die Konstrukte über Geschlechter zu betrachten, um den Möglichkeitsraum in der Berufswahl zu erweitern.

Wenn wir davon ausgehen, dass die Wirklichkeit an sich nur „konstruiert" ist, stellt sich die Frage nach den Wirklichkeiten von Jugendlichen, nach ihren Konstrukten und die der relevanten Personen im Leben der Jugendlichen. Im Jugendalter ist die Orientierung der Individuen an den Gruppenstandards, an dem Werte- und Normensystem der Peergroups häufig stärker als die an dem der Erwachsenen. Nach Wilson[167] ist es von Vorteil, sich ganz gezielt Wege auszudenken, wie neue Konstruktionen ins Gespräch eingeführt werden können, damit die Definitionen der Erwachsenen nicht zur einzigen Wahrheit werden, nach der man eine Situation betrachten kann.

Immer dann, wenn Jugendliche ein von anderen als „problematisch" angesehenes Verhalten zeigen, ist es sehr spannend, in ihre Welt zu treten und eine kooperative Perspektive einzunehmen. Denn aus ihrer Sicht ist das Verhalten oft nicht problematisch, sondern macht einfach Sinn. Da es gerade in der Pubertät oft ums „Recht haben geht" und viele Eltern glauben, Respekt und Achtung zu verlieren, wenn sie ihren pubertierenden Kindern Recht geben und umgekehrt, ist es dann genauso. Ein Machtkampf ist hier vorprogrammiert. Gerade hier können die Gedanken des Konstruktivismus sehr nützlich sein.

3. Regeln in sozialen Systemen

Das Verhalten in sozialen Systemen ist von Regeln bestimmt darüber, was einzelne Personen in einem System dürfen, sollen und was nicht. Ein Nicht-Einhalten sozialer Regeln wird sanktioniert. Die Themen Regeln, Regeln setzen und Regeln einhalten füllen Bibliotheken der pädagogischen Literatur. Wer stellt Regeln auf? Meist sind es die Erwachsenen, die Regeln aufstellen und die Nicht-Einhaltung von Regeln sanktionieren, und selten findet dies in einem gleichberechtigten Aushandlungsprozess statt. Im Übergang Schule – Beruf gibt es für Jugendliche eine Reihe von neu zu lernenden Regeln und vor allem die Herausforderung, den Umgang mit verdeckten Regeln in sozialen Systemen zu lernen. Kommunikationsabläufe oder immer wiederkehrendes Verhalten bestimmter Systemmitglieder lassen sich nur durch genaue Beobachtung herausfinden. Jugendliche können nicht alle Regeln, die im Berufsleben gelten, vorab lernen, doch sie können lernen, sich dafür zu interessieren, sich kundig zu machen, nachzufragen, welche Rituale, welche auch impliziten Regeln z. B. in einem Betrieb gelten.

---

[167] Wilson 2005, S. 70.

4. Verhalten tritt in Mustern auf

Das Verhalten in einem sozialen System ist von Regelkreisen gekennzeichnet, die an komplementären und symmetrischen Mustern, von immer wiederkehrenden Interaktionsstrukturen deutlich werden. Regelkreise lassen Systeme starr wirken und vermitteln das Gefühl, machtlos zu sein, weil ohnehin schon klar ist, wie etwas ablaufen wird. Wenn wir selbst betroffen sind, also Teil eines Regelkreises sind, erleben wir hautnah, wie schwierig es ist, festgefahrene Muster zu unterbrechen. Vielmehr neigen wir zu einem „mehr desselben". Regelkreise dienen der Stabilisierung eines sozialen Systems und können sich sowohl positiv als auch negativ auswirken.

Systemkompetenz bedeutet daher, dysfunktionale Interaktionsmuster zu erkennen und zu unterbrechen. Vor allem gilt es, mögliche Zuschreibungen, die aus solchen Interaktionsmustern entstehen, wieder in Verhaltensweisen zu „verflüssigen". Ein Muster wäre beispielsweise: Immer, wenn Marco in die Enge getrieben wird, reagiert er mit Zuschlagen. Nach häufigen Wiederholungen erhält Marco die Zuschreibung „Marco ist ein Schläger." Zuschreibungen können auf diese Weise stigmatisieren und eine Person auf einen einzigen Aspekt bestimmter Interaktionen festlegen.

„Verflüssigen" erlaubt zu differenzieren. Wir können genauer herausarbeiten, wann verhält sich Marco so? Wann schlägert er? Wann nicht? Welche Ausnahmen gibt es? Was macht er stattdessen? Wann zeigt er erwünschtes Verhalten? Wer macht was anders in diesen Situationen? Usw. Und schon ändert sich mit neuen Sichtweisen unsere eigene Haltung Marco gegenüber: Wir werden zuversichtlicher, dass er auch eine positive Seite zeigen kann. Dies hilft den Jugendlichen, erste Lösungsansätze heraus zu arbeiten, welche Fähigkeiten sie lernen wollen, um ihre Problem zu überwinden. Denn im Arbeitsleben kann dieses Verhalten sehr schnell erhebliche negative Konsequenzen haben.

Bedeutsam für den ICH SCHAFFS – Prozess ist dabei auch, dass Jugendliche neue soziale Muster einüben – meist gemeinsam mit Freundinnen und Freunden aus ihrer Peergroup. Peers bieten sozusagen ein geschütztes Spiel- und Experimentierfeld, um Neues auszuprobieren, „Erwachsen-Sein" zu üben, Grenzen auszutesten.

5. Einbettung in die Systemumwelt

Jedes System ist „eingebettet" in Systemumwelten wie Stadtviertel, Nachbarschaft, Familie usw. Das Verhalten eines sozialen Systems ist von der materiellen und sozialen Umwelt – also von anderen sozialen Systemen – beeinflusst. Die Systemgrenzen zur Umwelt können durchlässiger, klarer, geschlossener oder diffuser sein. Grenzen sind auch innerhalb eines sozialen Systems gegenüber Subsystemen festzumachen. Probleme gibt es meist dort, wo Grenzen zu eng oder zu durchlässig sind.

Bezogen auf Jugendliche heißt das zu schauen, wie viel Freiraum sie im Elternhaus haben, in der Schule, am Ausbildungsplatz oder auch während eines stationären Aufenthalts in einer Klinik oder Wohngruppe. Was wird erlaubt – was nicht? Wie gestaltet sich die soziale Umwelt? Gibt es Kontakte, ein soziales Netz? Wie sehen die Bildungsmöglichkeiten aus, die materiellen Ressourcen, die Infrastruktur in der Systemumwelt? Können diese so verändert werden, dass sie passendere Handlungsmöglichkeiten nicht nur für den Übergang Schule – Beruf für Jugendliche bieten?

6. Geschichte und Entwicklungsrichtung eines Systems

Das Verhalten eines sozialen Systems in der Gegenwart und seine Entwicklungsmöglichkeiten in der Zukunft sind von seiner Geschichte geprägt. Es bewährt sich also, soziale Systeme, in denen ein Jugendlicher aufwächst, hinsichtlich ihrer Vergangenheit, ihrer Veränderungen im Laufe der Geschichte und den daraus entwickelten Ressourcen für die Bewältigung von Übergängen zu betrachten. Nützliche Fragen dazu für Jugendliche können sein: Wann und wo bist du geboren? Wer hat sich gefreut, als du auf die Welt gekommen bist, wer weniger? Wie lange wohnst du schon hier? Welche Umzüge, Trennungen oder Abschiede gab es für dich? Wie wurde damit umgegangen? Welche Ereignisse und Veränderungen, wie Schulwechsel aber auch andere waren wichtig im Leben deiner Familie? Wer waren und sind wichtige Personen in deinem Leben? Welche Erfahrungen hast du mit Schule? Mit Frauen? Mit Männern? Wie gehen wichtige Personen in deinem Leben um mit Themen wie Beruf, Erwerbstätigkeit, Geld, Zukunftsvisionen? Hier ist gerade die systemische Vorgehensweise „fragen statt sagen" sehr, sehr hilfreich: Jugendliche zu fragen, wie es weiter gehen kann statt ihnen zu sagen, „wo's langgeht".

Ein kleiner Einblick in die Biografie von Jugendlichen ist oft nützlich, wenn Jugendliche in Patchworkfamilien leben oder stationär in einer Jugendhilfeeinrichtung untergebracht sind oder einen Migrationshintergrund haben. Es hilft ihnen dabei, ihre Identität zu entwickeln. Ziel ist es dabei, durch die „Spurensuche" das eigene So-Geworden-Sein zu verstehen und die in der eigenen Geschichte entwickelten Ressourcen für nächste Entwicklungsschritte in der Zukunft zu nutzen. Jugendliche erleben sich oft (unbewusst) als Opfer ihrer Geschichte und brauchen Zutrauen zu sich selbst, in ihre Fähigkeiten, in ihre Resilienz. ICH SCHAFFS hilft Jugendlichen ihre Resilienzfaktoren zu stärken. Empfehlenswert ist hier, die Arbeit nach den acht Schritten des Resilienz-Zirkels nach dem Bambus-Prinzip von Gabriele Amann zur Förderung von „mehr Kreativität, Flexibilität, Widerstandskraft."[168]

Für diese sechs Aspekte sozialer Systeme bietet ICH SCHAFFS einen methodischen Rahmen an. Dieses Modell hilft, pädagogisches, beraterisches und therapeutisches Handeln in einen Gesamtzusammenhang zu stellen.

Im Folgenden möchte ich für eine systemisch-lösungsorientierte Grundhaltung „werben", die ich vor allem von Insoo Kim Berg[169] gelernt habe und wofür ich sehr dankbar bin! Nicht nur in der Arbeit mit Jugendlichen hat sie sich bestens bewährt.

3.2 Lösungsorientierte Grundhaltung

Der Blick im Prozess richtet sich nicht auf das Problem, sondern darauf, Lösungen zu finden oder zu erfinden. Sprache und Fragestellungen orientieren sich positiv an den Kompetenzen, Ressourcen, Potentialen und Selbstorganisationskräften eines Individuums bzw. eines Systems (Familie, Gruppe, Team, Organisation).

Hinter dieser Art zu arbeiten steckt die Idee, dass es Menschen leichter fällt, Lösungen aufzubauen bzw. auf vorhandenen Lösungsansätzen aufzubauen, als ein Problem zu „beseitigen". Aus diesem Grund wird versucht, das Problem nicht im Detail zu betrachten, sondern möglichst bald an der Konstruktion von Lösungen zu arbeiten. Dies erzeugt einen Stimmungsumschwung bei den Beteiligten, der ihre Zuversicht und Kräfte weckt, den Weg auf ein positives Ziel zu gehen.

Wichtige Leitideen des lösungsorientierten Ansatzes sind:

1. Lösungen können unabhängig von Problemen sein.
2. Gegenwart und Zukunft sind wichtiger als Vergangenheit.
3. Jeder Mensch hat die nötigen Ressourcen für Veränderung!
4. Attraktive Zukunft setzt Motivation und Energie für Veränderung frei.
5. Ratsuchende sind Expertinnen und Experten in eigener Sache.

Gerade die letzten beiden Prämissen sind für uns die wichtigste Voraussetzungen für ein erfolgreiches ICH SCHAFFS-Projekt. Solch ein Satz ist schnell zu Papier gebracht,

---

[168] Amann, Resilienzforum Berlin, www.resilienzforum.de.
[169] Insoo Kim Berg (1934 – 2007), US-amerikanische Psychotherapeutin, Pionierin des *Solution Focused Approach* beziehungsweise der lösungsorientierten Beratung und Therapie, zusammen mit ihrem Ehemann Steve de Shazer Gründerin des *Brief Family Therapy Center*, kurz BFTC, in Milwaukee.

doch wie gelingt es im „wirklichen" Leben, diesen Satz tatsächlich gut in der pädagogischen und therapeutischen Arbeit mit Jugendlichen umzusetzen? Wie gelingt es uns, uns zurückzunehmen mit Lösungsvorschlägen, Jugendlichen wirklich Gestaltungsraum zu lassen? ICH SCHAFFS heißt vor allem, mit Jugendlichen wirklich zu kooperieren – und das in einer Lebensphase, in der Autonomie und Selbstbestimmung wichtige Werte sind.

3.3 Kooperative Beziehungen zu Jugendlichen

Ankoppeln an die Welt von Jugendlichen heißt, sich einzulassen auf ihre Welt, auf ihren Lebenskontext, auf ihre ureigene Art der Logik, wie sie Dinge sehen und bewerten. Manchmal heißt es, den Verstand (die erwachsene Art des Denkens) zu „verlieren". Wie lautet doch der Spruch, den Erwachsene gerne zu Kindern und Jugendlichen sagen? „Du bringst mich noch um den letzten Verstand!" Da Lösungen unabhängig von Problemen sind und 'unvernünftige Probleme nach unvernünftigen Lösungen' verlangen[170], liegt nichts näher, als den Verstand ab und zu wirklich zu verlieren. Sich ganz auf die Jugendlichen einzulassen heißt, sie zu verstehen, ernst zu nehmen und gemeinsam mit ihnen zu lachen.

Verstehen

Eine *kooperative Perspektive* einzunehmen heißt, Verhalten aus der Sicht der Betroffenen zu sehen, zu verstehen und zu deuten. Jedes Verhalten hat vielfältige Bedeutungen und Funktionen, die sich einem Außenstehenden oft nicht auf den ersten Blick erschließen. Wir können uns die Frage nach dem „Warum?" – und damit auch eine Schuldzuweisung und das „Kleinmachen" von Anderen – sparen. Wir stellen stattdessen die Frage nach dem „Wozu?" So können wir Jugendliche bei ihren Lösungsversuchen unterstützen.

Hilfreiche Strategien können dabei sein:

- Umdeuten problematischer Verhaltensweisen: Welches Verhalten wird als problematisch angesehen? Wie könnte das Verhalten positiv umgedeutet werden?
- Suchen guter Motive für das Verhalten: Welche „guten Gründe" könnten hinter diesem Verhalten stehen?
- Erkennen positiver Funktionen des Verhaltens: Welchen Nutzen hat das

---

[170] Nach Bonney 2005.

problematische Verhalten für das soziale System, in dem die Jugendlichen leben? Welchen Nutzen haben die Betroffenen von diesem Verhalten?

- Suchen nach Ausnahmen: Gibt es Situationen, in denen das problematische Verhalten nicht gezeigt wird? Wie haben die Jugendlichen das geschafft?
- Konsequenzen ziehen für professionelles Handeln: Wie wirkt sich das Erkennen der positiven Motive auf das eigene Verhalten aus? Welche Ideen haben Sie, wie Sie Ihr professionelles Handeln durch die positiven Interpretationen und die neuen Sichtweisen verändern könnten? Welchen Nutzen haben Sie und andere im ICH SCHAFFS Prozess von der kooperativen Perspektive?

Bei der Frage nach der Gestaltung einer kooperativen Arbeitsbeziehung gilt es immer auch die Geschlechterfrage zu beachten. Welche Wirkung hat es, ob im pädagogischen oder therapeutischen Kontext eine Frau oder ein Mann mit der oder dem Jugendlichen arbeitet? Welche Zuschreibungen haben wir als Frau oder Mann einem Jungen oder einem Mädchen gegenüber? Welche Rollenvorstellungen? Welches Verhalten definieren wir als „normal" für ein Mädchen und welches für einen Jungen? Welche Berufswahl? Wie gehen wir mit Müttern um und wie mit Vätern? Das ist nur eine kleine Auswahl der möglichen Fragen zur Reflexion der eigenen Person und des eigenen professionellen Handelns.

Ernst nehmen!

Jugendliche wollen ernst genommen werden mit ihren Fähigkeiten. Sie wollen, dass wir mit ihnen zusammenarbeiten und nicht als verlängerter Arm ihrer Eltern oder der Lehrkräfte fungieren. Sie wollen, dass wir sie fragen, was sie wollen, welchen Auftrag sie an uns haben, dass wir *mit* ihnen arbeiten, *mit* ihnen reden, nicht *über* sie. Natürlich wollen sie auch, dass ihre Eltern stolz auf sie sind (sie können es nur manchmal nicht zeigen oder zugeben). Sie wollen, dass wir anderen von ihren Erfolgen berichten und uns für ihren guten Ruf einsetzen. All das passt hervorragend zu unserer Vorgehensweise mit ICH SCHAFFS.

Wichtig ist, dass Jugendliche zu uns Vertrauen haben können. Vertrauen haben heißt, auf gleicher Augenhöhe mit ihnen zu arbeiten und Regeln der Verschwiegenheit (z.B. den Eltern gegenüber) einzuhalten. Nach der Therapeutin Lynn Hoffmann (1996)[171] bedeutet dies, den Top-Down-Arbeitsstil zu verlassen, „sich von Defizitmodellen zu verabschieden, die Professionelle dazu verleiten, mit einer Haltung des ‚von oben herab' zu arbeiten, und (stattdessen, d.A.) zu Kompetenzmodellen überzugehen, die

---

[171] Hoffmann 1993.

zu einer ‚aufschauenden Praxis (practise up)' inspirieren". Darunter sind sowohl Methoden in der rein verbalen Kommunikation als auch handlungs- und erlebnisorientierte Methoden zu verstehen.

Das Ziel von ICH SCHAFFS ist es, Jugendliche zu aktivieren, ihre Welt und ihre Lebenssituation in dem Rahmen, in dem es für sie möglich ist, positiv mitzugestalten und Verantwortung für ihr Verhalten zu übernehmen. Jugendliche wissen, wie es anders geht! Ist es für die „Profis" nicht sehr entlastend, nicht mehr alles besser wissen zu müssen, sondern „nur" anders? Wir müssen sie nur fragen: „Wie?" Und sie werden uns ganz genaue Anweisungen geben, was wir zu tun haben und wie sie sich unsere Unterstützung wünschen. Und wenn sie es gerade nicht wissen und mit den Schultern zucken, können wir nachfragen: „Und wenn du's doch wüsstest? Oder wenn du es jetzt raten würdest?"

Wir brauchen vor allem Neugierde, Offenheit und die Haltung des „Nicht-Wissens". Nach Steiner (2005)[172] beruht diese Haltung „generell auf der Einstellung, dass die Klienten_innen Experten_innen für ihre eigene Situation und für die Lösung ihrer Schwierigkeiten sind". Das „Nicht-Wissen" hilft uns, Jugendlichen mit ihren natürlichen Fähigkeiten zu sehen und diese für den ICH SCHAFFS – Prozess zu nutzen. Und das macht einfach richtig Spaß und gute Laune!

Gemeinsam lachen

Klar, gemeinsam lachen tut immer gut! Doch was heißt das für die pädagogische Arbeit mit ICH SCHAFF'S? Und was heißt professioneller Einsatz von Humor in der systemischen Arbeit mit Jugendlichen? Wichtig ist, dass der Einsatz von Humor gezielt erfolgt, um mögliche Kränkungen oder das Gefühl des Ausgelacht-Werdens zu vermeiden. Vorrangiges Ziel dabei ist, in kurzer Zeit die Ressourcen der jungen Menschen für die Erreichung ihrer Ziele nutzbar zu machen.[173]

Wie sagt Bonney (2005): „Die alltägliche Therapieerfahrung scheint lehren zu wollen, dass scheinbar unlogische Probleme sich verstärken, wenn man ihnen logisch begründet begegnen will! Man gewinnt den Eindruck von einer Art ‚Wettrüsten' zwischen den logischen Lösungsversuchen und der Problemausprägung. Es überrascht uns immer wieder, mit welcher *Bereitschaft zum Unsinn* uns Problemsysteme begegnen."[174] Unsinn machen heißt, Regeln zu übertreten, Tragisches wieder lockerer zu sehen, als Berater_innen gemeinsam mit den Betroffenen über ihre Symptome, über

---

[172] Steiner 2005, S. 33.
[173] Siehe dazu auch Bauer 2010 und Bauer 2012.
[174] Bonney 2005, S. 153.

problematische Verhaltensweisen zu lachen. Lachen befreit und hilft, Sackgassen zu verlassen, neue Perspektiven zu entwickeln und Lösungen zu „erfinden". Und was kann schöner sein, als humorvoll dem „Ernst des Lebens zu begegnen"?!

Literatur

Amann, Gabriele (2013): Resilienzförderung nach dem Bambus-Prinzip®. Publiziert auf Resilienzforum Berlin. Internet: http://resilienzforum.das-bambus-prinzip.de/modul-resilienzforderung-am-arbeitsplatz.

Bateson, Gregory (1981): Ökologie des Geistes. Anthropologische, psychologische, biologische und epistemologische Perspektiven. Frankfurt a. M.: Suhrkamp.

Bauer, Christiane/Hegemann, Thomas (2008): Ich schaffs! Cool ans Ziel. Heidelberg: Carl Auer.

Bauer, Christiane (2007): „Spielen wir mal wieder Psychologie?" – Ein Plädoyer für die Systemische Arbeit mit Kindern. In: Heck, Josef (Hrsg.): Systemisch neu gesehen!? Augsburg: Ziel.

Bauer, Christiane (2009): Systemische Pädagogik. In: *Der Junglehrer,* München (BLLV).

Bauer, Christiane (2009 u. 2010): „ich schaff's" In: *Schwierige Kinder,* 4/2009 und 1/2010, (Theraplay).

Bauer, Christiane (2010): Das wäre doch gelacht! Humor als Ressource in der Beratung von Familien. *ZSTB,* Jg. 28 (4), Okt. 2010, S. 160-166)

Bauer, Christiane (2012) zu den Begriffen „Humor" und „Jugendliche" in: Wirth, Jan (Hrsg.): Lexikon der Systemischen Arbeit. Heidelberg: Carl Auer, S. 158 und 197.

Bonney, Helmut (2005): Kinder und Jugendliche in der familientherapeutischen Praxis. Heidelberg: Carl Auer.

Fried, Lilian (2007): Junge oder Mädchen? Der kleine Unterschied in der Erziehung. Internet: http://www.familienhandbuch.de/cmain/f_Fachbeitrag/a_kindheitsforschung/s_142.

Furman, Ben (2005): Ich schaff's! Heidelberg: Carl Auer.

Hoffmann, Lynn (1993): Exchanging Voices. London (Karnac). Deutsch 1996: Therapeutische Konversationen. Von Macht und Einflussnahme zu Zusammenarbeit in Therapie. Dortmund: modernes lernen.

König, Ekkehard (2005): Systemisch denken und handeln. Weinheim: Beltz.

Landeshauptstadt München, Sozialreferat – Stadtjugendamt, Peschke Stephanie und Riedele Monika (2011): Konzept JADE an Hauptschulen 2011.

Steiner, Therese/Berg, Insoo Kim (2005): Handbuch lösungsorientiertes Arbeiten mit Kindern. Heidelberg: Carl Auer.

Wilson, Jim (2003): Kindorientierte Therapie. Heidelberg: Carl Auer.

Peter C. Weber

Systemische Bildungs- und Laufbahnberatung für Menschen mit schwachem Bildungshintergrund und eingeschränkten Arbeitsmarktchancen

Die Bedeutung von Wissen im Beratungsprozess

Einleitung

Systemische Beratung weist ihre entscheidenden Bezugspunkte zum Beratungsprozess und in der Orientierung an den unterschiedlichen Systemen, die im Beratungsprozess sowie in Bezug auf das System der Ratsuchenden (z.b. deren Familien, Arbeitsplatz etc.) relevant sind, auf. Ein großer Teil der Literatur zu diesem Thema bezieht sich auf die prozessuale Gestaltung der Beratung und die Frage, wie durch die Gestaltung der Beratungsprozesse (etwa den Einsatz passender Methoden) „verbesserte Problemlösung"[175] bzw. „Selbstorganisation" möglich ist.[176] Hierbei kommt aus Sicht des Autors die komplementäre Berücksichtigung inhaltlicher, feldspezifischer Bezugspunkte (z.B. Arbeits- und Bildungsstrukturen) oftmals zu kurz (s. Kap.1).[177]

Der vorliegende Beitrag rückt die Klienten und die Systeme ihrer Umwelt bzw. die biografische Entwicklung der Klienten im Kontext dieser Systeme in den Mittelpunkt. Damit wird dem bereichsspezifischen Wissen der Beratenden eine größere Bedeutung zugemessen: Prozessgestaltung findet unter Rückgriff auf Wissen zum System der Ratsuchenden und deren Umwelt statt (s. Kap. 2). Während dies für Formate,

---

[175] Schlippe/Schweizer 2012.
[176] Schiepek 2013; Schiersmann/Thiel 2012.
[177] Vgl. Weber 2013.

die sich eher an Führungskräfte und andere beruflich gut etablierte Personengruppen wenden (z.b. Coaching) besser diskutiert ist, fehlen für Personen mit geringerem Bildungshintergrund und Schwierigkeiten auf dem Arbeitsmarkt bzw. bei der beruflichen Entwicklung entsprechende Studien bzw. Literatur.

Der Beitrag geht zurück auf eine empirische Untersuchung von Bildungs- und Berufsbiografien. Es wurden insgesamt 105 biografische Interviews zur Entwicklung der Bildungs- und Berufsbiografie geführt. Der Beitrag stellt nicht die empirischen Ergebnisse in umfassender Weise dar, sondern fokussiert auf die Aspekte des Wissens und skizziert einige Konsequenzen für die Beratung (s. Kap. 3).

1. Systemische Beratung in arbeitsweltbezogenen Kontexten

In der wissenschaftlichen Diskussion zur Beratung ist die Frage, worin die Differenz zwischen einer allgemeinen und einer feldspezifischen Beratungstheorie oder einem feldspezifischen Beratungsverständnis besteht, immer wieder Gegenstand der Diskussion.[178] Beratung, so die hier vertretene These, bezieht sich im jeweiligen feldspezifischen Kontext sowohl auf prozedurales Wissen als auch auf feldspezifische Wissensbestände.[179]

Dieses Verständnis ist in der Bildungs- und Laufbahnberatung bzw. arbeitsweltlichen Beratung überwiegend im internationalen Kontext implizit oder explizit vielfach beschrieben. Vor allem die angelsächsische Literatur zeichnet sich dadurch aus, dass stärker als im deutschen Diskurs z.B. Theorien zur Entwicklung des Klienten (Individualebene) im Mittelpunkt stehen. Umgekehrt werden dort Theorien zur Gestaltung eines wirksamen Prozesses vernachlässigt.[180]

Trotz der angesprochenen Defizite können Ansätze identifiziert werden, in denen die Differenz und der Zusammenhang zwischen Prozesswissen und feldbezogenem Wissen benannt und zum Teil knapp, zum Teil umfangreich herausgearbeitet werden:

---

[178] Vgl. Weber 2013, S. 88f.
[179] Vgl. Weber 2013, S. 118ff.
[180] Vgl. Weber 2013, S. 89f.

- Hofer (1996) stellte in einem systematisierenden Artikel die unterschiedlichen Wissensarten, die in der Beratung relevant sind, dar und unterscheidet zwischen „Objekttheorien" und „Prozesstheorien".[181]
- Für die „Pädagogische Beratung" beschreibt Hechler (2010) die Differenz von „disziplinärem Deutungswissen" und „Professionellem Wissen".[182]
- Eine sehr umfassende Darstellung von feldspezifischem, disziplinärem Wissen (der systemischen Therapie) stellt das „Lehrbuch der systemischen Therapie und Beratung II" dar.[183]
- Patton/McMahon (2006) verbinden in ihrem Band „Career Development and Systems Theory" prozessuale Aspekte der Beratung mit „Theories of context" der Arbeitswelt.[184]
- Im Bereich der arbeitsweltlichen Beratung wurden vor allem in verschiedenen Kompetenzbeschreibungen, Studiengangsbeschreibungen und systematischen Untersuchungen von Studiengängen die feldspezifischen Wissensbereiche herausgearbeitet, die für dieses Feld der Beratung von besonderer Relevanz sind.[185]

Für das Feld der arbeitsweltlichen Beratung kann trotz der aufgeführten Literatur nicht davon gesprochen werden, dass die Bedeutung von feldspezifischem Wissen und vor allem das Verhältnis von feldspezifischem Wissen zu prozeduralem Wissen ausreichend herausgearbeitet wurde. Hierzu fehlen insbesondere empirische Zugänge, die diesen Zusammenhang möglichst nah am Beratungsgeschehen herausarbeiten.

2. Wissen in der Beratung

2.1 Die Bedeutung von Wissen in der systemischen Beratung

Die Gestaltung eines wirksamen Veränderungsprozesses, die Herstellung von Umweltbezügen und die Aktivierung von Handlungen sind zentrale Perspektiven arbeitsweltlicher Beratung.[186] Beratung in arbeitsweltlichen Kontexten ist in diesem

---

[181] Hofer 1996; Hofer u.a. 1996.
[182] Hechler 2010, S. 85.
[183] Schlippe/Schweizer 2006.
[184] Patton/McMahon 2006, S. 12f.
[185] Vgl. Schiersmann/Weber/Petersen 2013; Schiersmann/Ertel/Katsarov/Mulvey/Reid/Weber 2012; Ertel 2000.
[186] Vgl. Weber 2013, S. 104.

Sinne als Integration der prozessualen Förderung einerseits und des subjektiv bedeutsamen Wissens der Ratsuchenden andererseits zu verstehen. Prozessuale Aktivierung und Erweiterung des Wissens der Ratsuchenden sind zwei Aspekte der Unterstützung von Selbstorganisationsprozessen und können in der Beratung integriert werden.[187]

Die Perspektive des Beratungsprozesses und der Förderung der Selbstorganisation dieses Prozesses

Die Organisation von Prozessen, die im Sinne der Erreichung einer Veränderung in Bezug auf den Umweltkontext des Ratsuchenden (s. zweite Perspektive) wirkungsvoll sein sollen, unterliegt spezifischen Bedingungen, die unter anderem induktiv von Grawe (1995; 2000) oder von Honermann u.a. (1999) und deduktiv ausgehend von der Theorie der Synergetik von Haken und Schiepek (2010) beschrieben wurden. Solche direkten Wirkungen der Beratung beziehen sich vor allem auf die innerpsychische Situation des Klienten (z. B. in Bezug auf Klarheit, Entscheidungsfähigkeit, Kompetenzentwicklung, emotionale Stabilität) und sprechen insbesondere deren *emotionale Ebene* an.[188]

Die Perspektive der Verschränkung von Umwelt und Ratsuchendem-System auf der Basis von Wissen

Die zweite Perspektive begründet sich aus der Konstitution des Beratungssystems (Berater-Ratsuchender und deren Einbettung in soziale, organisationale und gesellschaftliche Kontexte)[189] und einer spezifischen Funktion der arbeitsweltlichen Beratung zur Entwicklung von Lösungsperspektiven in Bezug auf die Verbesserung der Bildungs-, Berufs- und Beschäftigungsmöglichkeiten der Ratsuchenden. Neben der möglichen Wirkung des Beratungsprozesses in Bezug auf die innerpsychische Verfassung des Ratsuchenden eröffnet die arbeitsweltbezogene Beratung Perspektiven für den Klienten, die sein Handeln inhaltlich orientieren. Diese eher auf der *kognitiven Ebene* fokussierte Beratung[190] wird maßgeblich durch die *Anwendung von Wissen* (oder Metawissen) durch den Berater oder die gemeinsame *Erarbeitung von Wissen* im Beratungssystem realisiert.[191]

---

[187] Eine umfassendere Darstellung dieses Zusammenhangs findet sich bei Weber (2013, S. 118-122).

[188] Vgl. Weber 2013, S. 104f.

[189] Vgl. Schiersmann/Weber 2013, S. 30f.

[190] Vgl. ebda. Die jedoch im Sinne von Ertelt und Schulz die Bedingungen individueller Wissensaneignung berücksichtigen muss (vgl. Ertelt/Schulz, 2008; 233f.).

[191] Vgl. Weber 2013, S. 105.

Die Entwicklung und Realisierung von Handlungsoptionen als Resultat von beiden Perspektiven

Die Entwicklung und Realisierung von *Handlungsoptionen*, so wird angenommen, basiert auf dem spezifischen Zusammenwirken der ersten und zweiten Perspektive. Die in der aktuellen Diskussion oft als „Outcomes"[192] bezeichneten Wirkungen von Beratung müssten in diesem Sinne beide Perspektiven berücksichtigen. Es kann angenommen werden, dass bisher die Frage der verbesserten Selbstorganisationsfähigkeit der Ratsuchenden als nachhaltiges Beratungsergebnis vernachlässigt wurde beziehungsweise noch nicht voll in die Diskussion etabliert werden konnte. Hinweise dafür sind beispielsweise die vorliegenden Metastudien, die als Kriterien für die Festlegung der Wirksamkeit vorrangig auf *Outcomes* im Sinne von gefällten Entscheidungen, begonnenen Bildungsmaßnahmen, erreichten Statuswechseln usw. Bezug nehmen.[193]

Die drei Aspekte „Emotion", „Kognition" und „Verhalten" thematisieren eine spezifische Verbindung des Ratsuchendensystems mit seiner Umwelt. Beratung zielt auf ein verändertes Verhältnis des Ratsuchenden zu seiner Umwelt (kognitiv, emotional und handlungsbezogen). Alle drei Aspekte verlangen eine Integration von jeweils bereichsspezifischen Wissensbeständen beziehungsweise Theorien.[194]

Es handelt sich bei Beratung demnach um eine sehr spezifische und dynamische Verbindung der Perspektiven Gestaltung eines *Beratungsprozesses* unter den Bedingungen der *Selbstorganisation* und der verbesserten Kopplung des Ratsuchendensystems an die relevanten Umweltsysteme. Diese Verbindung kann im Modell des Synergetischen Prozessmanagements konzipiert werden, indem die relevanten Wissenskontexte als bereichsspezifische Theorien in das prozessuale Geschehen integriert werden.[195]

2.2 Verschiedene Wissenstypen in der arbeitsweltlichen Beratung

Welches Wissen ist in der arbeitsweltlichen Beratung relevant? Beratung – so wurde bereits deutlich – ist ein komplexes Geschehen, das vom Berater die Nutzung von Wissen zu verschiedenen Aspekten erfordert. Neben Wissen zum Beratungsprozess

---

[192] Hughes/Greation 2009.
[193] Vgl. Danish Clearinghouse 2011; Hughes 2009; Smith 2005.
[194] Vgl. Schiersmann/Thiel 2012, S. 47; Weber 2013, S. 73f.
[195] Vgl. Weber 2013, S. 65ff.; Haken/Schiepek 2010, S. 441f.

(wie kann ich den Prozess so gestalten, dass Ratsuchende zur Veränderung angeregt werden?) sind aus einer systemischen Perspektive[196] mindestens drei weitere Perspektiven relevant (siehe Abb. 1):

- der Aufbau von *Wissen über das Ratsuchendensystem* (z.b. über psychische, motivationale oder gesundheitliche Voraussetzungen, Entscheidungsmodelle, biographische Muster). Das Beratersystem beobachtet etwas, was das Ratsuchendensystem unter Umständen nicht sehen kann, beispielsweise, weil das Beratersystem über Wissen verfügt individuelle Merkmale zu identifizieren[197]. Er kann dieses Wissen implizit oder explizit in den Prozess einbringen,

- die Ermöglichung des Aufbaus von Wissen über das aktuelle oder ein mögliches zukünftiges Verhältnis des Ratsuchendensystems zu seiner sozialen *Umwelt und zum weiteren gesellschaftlichen Kontext*, zum Beispiel zu Familie, Betrieb, Bildungsanbieter, Behörden und allgemeiner zu Institutionen, mit denen das Ratsuchendensystem in Beziehung steht oder stehen könnte,[198]

- Wissen zu sich selbst, d.h. zum *Beratersystem* (z.b. Wissen über eigene Präferenzen, Einstellungen, metakognitives Wissen).

Wissen in diesen vier Perspektiven kann im Beratungsverlauf sowohl *implizit* als auch *explizit* relevant werden.[199] Implizit bleibt es dann, wenn die Beraterin ihr Wissen heranzieht, um das Anliegen des Ratsuchenden besser zu verstehen, zu interpretieren und in ein eigenes Verständnis zu überführen. Auf dieser Weise kann sie ihre „Interventionsentscheidungen" kontinuierlich anpassen.[200]

Explizit wird Wissen dann, wenn der Berater Wissen in den Beratungsprozess einbringt, um entweder dem Ratsuchenden sein Verständnis des Problems widerzuspiegeln oder um es – im Sinne von Experten oder „Komplementärberatung"[201] – einzubringen.[202]

---

[196] Vgl. Schiersmann/Weber 2013, S. 30f.

[197] Dies kann sich bspw. nach Ertelt und Schulz (2008) auf „übergeordnetes Wissen zur Überwachung und Kontrolle beim Problemlösen" beziehen (vgl. Ertelt/Schulz 2008, S. 271) oder es betrifft „Wertungswisssen", d.h. „Kenntnis der (..) Person (Selbstkonzept): Werte, Interessen, Fertigkeiten, Präferenzen, Einfluss der Familie" (ebd.).

[198] Vgl. Ertelt/Schulz 2008, S. 271.

[199] Vgl. Weber 2013, S.118ff.

[200] Vgl. Schlippe/Schweizer 2006, S. 33.

[201] Vgl. Königswieser 2006.

[202] Der Bedeutung, der die Vermittlung von explizitem Wissen zukommt, ist dabei nicht eindeutig bzw. umstritten. Im Sinne Grawes kann die Einführung von Wissen in die Beratung zu den

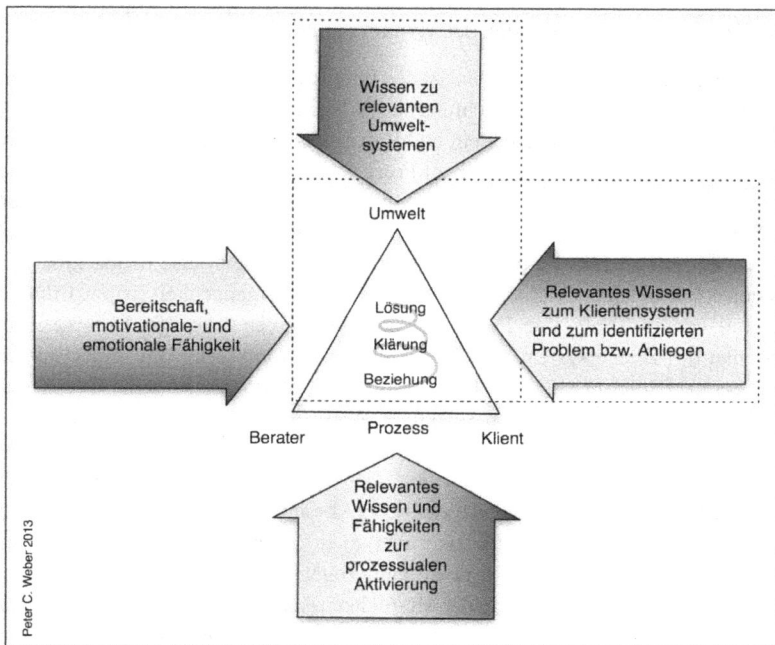

Peter C. Weber 2013

Abb. 1: Beratung und Beratungskompetenz als Zusammenspiel unterschiedlicher Wissensbereiche und Fähigkeiten[203]

Wissen umfasst dabei verschiedene *subjektiv* und *situativ* bedeutsame Informationen, die erst im Zusammenspiel des Beratungssystems zu *Wissen* werden können.[204] Wis-

---

„Bewusstsein schaffende Interventionen" gezählt werden (vgl. Grawe 2000, S. 592) Schlippe/Schweizer gehen jedoch davon aus, dass Klienten „nicht primär externes Wissen vermittelt (…) bekommen (brauchen, a.d.V.). Vielmehr brauchen sie in erster Linie Hilfe dabei Blockaden bei der Nutzung potentiell bereits vorhandener Lösungsressourcen zu überwinden (...)" Schlippe/Schweizer 2006, S. 32).

[203] Zu unserem Verständnis von Beratungskompetenz vgl. Schiersmann/Weber/Petersen (2013).

[204] Vgl. Willke 2004, S. 12f.; vgl. auch Ertelt/Schulz 2008. Diese Unterscheidung von scheinbar objektiver Information und kontextualisiertem, individualisiertem und konstruiertem Wissen wird in der Diskussion arbeitsweltlicher Beratung kaum ausgeführt. Ertelt und Schulz (2008) beschreiben jedoch die Problematik des Umgangs mit Informationen in der Beratung und verweisen auf die Rolle emotionaler und subjektiver Aspekte (vgl. Ertelt/Schulz 2008, S. 223-250).

sen kann in der Beratung darum nicht übertragen werden, sondern es entsteht im Sinne der Definition in aktiven Akten der Vermittlung und Aneignung.[205]

Durch diese Verknüpfungen entsteht in der Interaktion mehr als bloße Beobachtung und Wiedereinführung der Beobachtung in das Beratungssystem. Das Beratungssystem (als Verbindung von Beratendem und Ratsuchendem) wird um relevante Umweltaspekte erweitert. Es entsteht dabei im Prozess ein spezifisches Muster, das jedoch, je nach (theoretischer oder praktischer) Beobachtungspräferenz des Beratersystems beziehungsweise des Beratungssystems, verschieden ausgestaltet sein kann. Solche Präferenzen sind sachlich und zeitlich strukturiert. Beispielsweise beobachten Beratersysteme Ratsuchendensysteme in Bezug auf deren Vergangenheit (bspw. Bildungsbiografie) oder Zukunft, ihre Potenziale und Ressourcen oder ihre Defizite. Dabei beobachtet das Beratersystem auf Grundlage seines Vorwissens und seiner subjektiven Theorien (Hofer et al. 1996; Hofer 1996) und kommuniziert seine Beobachtungen dem Ratsuchendensystem in selektiver Weise. Oder Beratersystem und Ratsuchendensystem beobachten gemeinsam Umweltsysteme im Hinblick auf eine relevante Fragestellung (bspw. Arbeitsmarkt). Dabei entsteht spezifisches Wissen über das Verhältnis des Ratsuchendensystems zu diesem Umweltsystem (bspw. über Chancen auf dem Arbeitsmarkt), das zuvor nicht bestand. Ebenso könnten Handlungsoptionen oder emotionale Aspekte einbezogen werden. Das generierte Wissen eröffnet dem Ratsuchendensystem die Möglichkeit, nach Abschluss dieser Interaktion im Verhältnis zu seiner Umwelt anders zu agieren und Veränderungen im Handeln anzustreben.

Ausgehend von diesem Grundmodell wird deutlich, dass das, *was an Wissen* vom Berater genutzt wird und in das Beratungssystem eingeführt wird, davon abhängt, was dieser *kennt* und *als relevant selektiert*. Die bereichsspezifischen Theoriebestände, das Erfahrungswissen und die Heuristiken des Beratersystems prägen die Beratung entscheidend.[206] Gleichzeitig wird das Beratungssystem nicht einseitig, sondern wechselseitig konstituiert – die Wissensstrukturen, die Ratsuchende in die Beratung mitbringen, haben einen hohen Stellenwert.

Für die systemische Therapie weisen Schlippe und Schweizer darauf hin, dass es eben nicht auf objektive Sachverhalte ("Fakten") ankommt, sondern "(…) für die Erzählungen, die aus verschiedenen Perspektiven über diese früheren Ereignisse jeweils unterschiedlich tradiert werden. Neben den Erzählungen über ihre biografischen Erfahrungen und ihre jeweilige Lebenssituation tragen aber auch die Ideen, die Menschen sich über ihre Zukunft erzählen mindestens genauso bedeutsam zur Erzeugung und Chronifizierung von Störungen bei" (Schlippe/Schweizer 2006, S. 29).

[205] Vgl. Enoch 2011.
[206] Vgl. Ertelt/Ruppert 2011.

Die genannten vier Wissensbereiche sind zwar potentiell in jedem Beratungsgespräch relevant, in welcher *Breite oder Tiefe* ist jedoch in jedem einzelnen Fall unterschiedlich und wird maßgeblich *vom Anliegen des Ratsuchenden* bestimmt. Damit eröffnet die in der Abbildung 1 dargestellte Beziehung der Wissensbereiche eine Möglichkeit Beratungsanliegen danach zu unterscheiden, in welcher Tiefe sie potentiell Wissen erfordern, um bearbeitet werden zu können (siehe gestrichelte Linien). In diesem Sinn sind Beratungsanliegen denkbar, in denen ein Schwerpunkt eher auf individuumsbezogenem Wissen liegt, weil z.B. die Beraterin verstehen muss, bzw. mit dem Ratsuchenden bearbeiten muss, welche motivationalen Barrieren einer Entscheidung im Wege stehen. Ebenso sind Beratungsanliegen denkbar, die eher durch konkretes Wissen zu Bildungsangeboten oder Anforderungen in einem bestimmten Beruf bestimmt sind.

Charakteristisch für Beratung ist dabei:

- Dass der Berater beide Bereiche (individuelle Aspekte und Umweltaspekte) in Verbindung bringt (so ist eine Information über ein Bildungsangebot ohne einen konkreten Bezug zu Interessen oder Fähigkeiten der Ratsuchenden nicht sinnvoll) und
- dass die Beraterin bei der Interpretation des Anliegens ein eigenes Verständnis entwickelt und eine Re-Formulierung des Anliegens vornimmt. Dies birgt die Chance, dass die Beraterin durch ihr spezifisches Wissen ein Anliegen in einen angemessenen und sinnvollen Kontext integriert, der zur Lösung beiträgt. Gleichzeitig besteht die Gefahr, dass der Berater hier eine Interpretation vornimmt, die für den Ratsuchenden nicht passt oder nicht nachvollziehbar ist. Mit dieser Problematik adäquat und fallspezifisch umzugehen ist eine der entscheidenden Begründungen dafür, dass es sich bei Beratung um eine professionelle Leistung handelt.[207]

---

[207] Vgl. Schiersmann/Weber 2013.

3. Blick in die praxisorientierte Forschung

3.1 Das Forschungsprojekt "Lernen von Menschen mit geringen Qualifikationen" – Identifikation dynamischer Entwicklungen im Lebensverlauf

Wie in Kapitel 2.1 herausgearbeitet wurde, fehlt für die verschiedenen Teilfelder der arbeitsweltlichen Beratung eine empirisch fundierte Beschreibung des feldspezifischen Wissens. In diesem Kapitel wird ein Forschungsprojekt vorgestellt, dass u. a. diese Forschungslücke für die Beratung für Menschen mit schwachem Bildungshintergrund und eingeschränkten Arbeitsmarktchancen aufgreift, ohne sie freilich in vollem Umfang schließen zu können. Die im Folgenden vorgestellten Zwischenergebnisse sind als vorläufig zu betrachten und bilden nicht das gesamte Forschungsvorhaben ab. Vielmehr wird exemplarisch der Frage nachgegangen, welches Wissen Beraterinnen und Berater in diesen arbeitsweltlichen Beratungskontexten benötigen.

Das vom CEDEFOP[208] beauftragte Forschungsprojekt „Lernen von Menschen mit geringen Qualifikationen" verfolgt das Ziel, die dynamische Entwicklung des Lernens in Lebensverläufen auf der Basis von narrativen Erzählungen zu entdecken. Seit 2013 wurden in diesem Projekt in sechs europäischen Ländern bisher über 100 lange Interviews geführt, in denen die Befragten ihre Lern- und Berufsbiografie erzählten[209]. Die Auswertung und Interpretation der biografischen Erzählungen zielt darauf ab, u.a. die subjektiv bedeutsamen Einflussfaktoren für die Gestaltung von bildungsbezogenen Aktivitäten (insbesondere die Beteiligung an lebenslangem Lernen und der möglichen Bedeutung von Unterstützung durch Beratung) herauszuarbeiten. Solche Faktoren, so wird angenommen, können in Modellen, die die Dynamiken und das Zusammenwirken von Einflussfaktoren deutlich machen, zusammengeführt werden.[210]

In einem ersten Auswertungsschritt wurden die Interviews auf Grundlage eines theoretisch vorstrukturierten Kodiersystems analysiert. Dadurch sollen theoretisch begründete Einflussfaktoren in ihrer Bedeutung für die individuellen Biografien erkun-

---

[208] Informationen zum Projekt finden sich auf der Seite des CEDEFOP (http://www.cedefop. europa.eu/en/working-with-us/public-procurements/20697.aspx) (2014-03-06)

[209] Im deutschen Team wird die Studie vom Autor in Zusammenarbeit mit Sylvie Weber-Hauser und Alexander Kochem durchgeführt.

[210] Vgl. Weber/Kochem 2014.

det werden.[211] In einem zweiten Schritt werden durch offenes Kodieren Zusammenhänge und Muster identifiziert, die unmittelbar aus dem Material abgeleitet werden können und zur Formulierung weiterführender Hypothesen dienen (s. Kapitel 3.3).

Im hier diskutierten Kontext der Bedeutung von Wissen in der Beratung hilft uns dieses Vorgehen dabei lebensweltliche Erfahrungen im Kontext der Lern- und Berufsbiografie zu identifizieren und mit vorhandenem disziplinärem Wissen in Verbindung zu bringen. Die vorhandene Forschungsliteratur zu Themen der Bildungsbeteiligung oder des Bildungserfolgs von Menschen mit schwachem Bildungshintergrund ist zwar sehr umfassend[212], aber für die Beratung wenig erschlossen.

Ein Ansatz, um die Bedeutung verschiedener Einflussfaktoren im biografischen Kontext für die Beratung fruchtbar zu machen, liegt in der beschriebenen Kontextualisierung in individuellen Lebensgeschichten. Einen Zweiten sehen wir darin, den Zusammenhang einzelner Faktoren (z.B. Erfahrungen in der schulischen Bildung, Aspiration der Herkunftsfamilie, unflexibles Verhalten staatlicher Institutionen, individuelle Einstellungen und Selbstkonzepte) in einem Interaktions- und Prozessmodell deutlich zu machen. Auch hierfür liegen verschiedene Ansätze vor, die versuchen, die dynamischen Prozesse des Lernens und der Teilnahme an Lebenslangem Lernen bzw. (Weiter-)Bildung zu beschreiben.[213]

Eine davon abgeleitete Heuristik könnte auch für die Beratung hilfreich sein, um die Zusammenhänge der verschiedenen Faktoren in dynamischen Lebensprozessen zu entdecken, einzuordnen und in der Beratung zu thematisieren. Dabei ist die Konzeptualisierung in mit einem systemischen Verständnis kompatibel.

Die hier vorgeschlagene Heuristik (siehe Abb. 2)[214] besteht aus zwei Ebenen, in denen die folgenden Einflussfaktoren verortet sind:

---

[211] Vgl. Brown/Bimrose 2013.

[212] Vgl. Weber/Kochem 2014; Brown/Bimrose 2013.

[213] Vgl. z.B. Kondrup 2010; Witzel 1999a , 1999b; Staudinger 2000; Weber 2007.

[214] Die Abbildung wird als Heuristik verwendet (a.) um das disziplinäre Wissen bestehender Studien/Theorien zu strukturieren, (b.) um das Kodier-Paradigma entlang der vier Kodefamilien „Kultur, Struktur , (Inter-)Aktion und Identität" zu strukturieren, (c.) die Dynamik in einzelnen Erzählungen zu rekonstruieren und (d.), um mögliche Interventionen zu diskutieren (z.B. Beratung aber auch unterstützende/adaptive institutionelle Unterstützung). Das Modell wurde in einer lebhaften Diskussion auf der Grundlage der ersten Analysen von Erzählungen innerhalb des CEDEFOP Projekt "Lernen von den Menschen mit gering Qualifizierten" entwickelt (vgl. Weber/Kochem 2014). Entlang der vier Kodierfamilien können die meisten Theorien und Forschungsbefunde gruppiert werden. Wichtig ist jedoch auch, dass die Heuristik hilft, die Beziehung der Ebenen und die Dynamik (z.B. positive Unterstützung und Dämpfung auf individueller Ebene) zu erkennen.

- der gesellschaftliche und kulturelle Kontext (Makroebene)
- die individuelle Ebene, insbesondere Aspekte der Identität oder Persönlichkeit (Mikroebene)

Der Prozess des Lernens im Lebensverlauf entfaltet sich zwischen diesen beiden Ebenen als Co-Produktion von

- Interaktion d.h. individuellem Handeln im Wechselverhältnis mit
- gegebenen Strukturen.

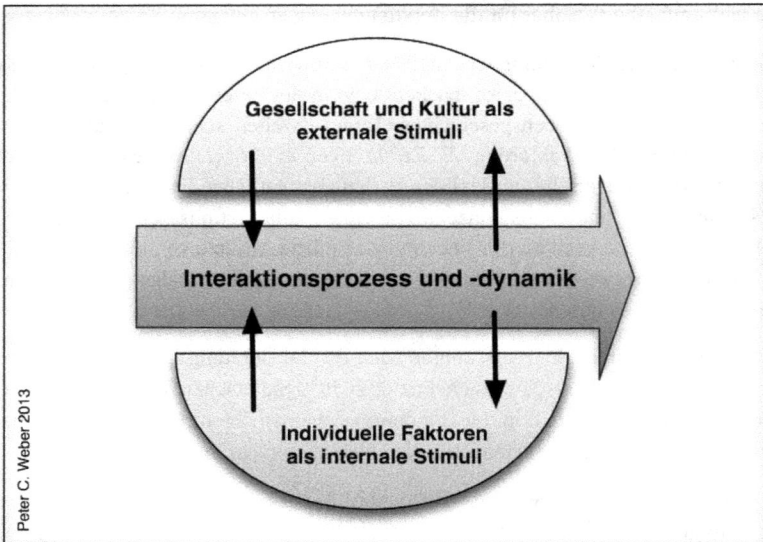

Abb. 2: Gesellschaftliche bzw. kulturelle Einflussfaktoren und individuelle Einflussfaktoren der interaktiven und dynamischen Entwicklung[215]

Strukturen und Handeln werden hier als zwei zusammenhängende, voneinander abhängige Seiten der sozialen Prozesse[216] verstanden. Aus unserer Sicht ist es wichtig auch die individuelle Entwicklung als dynamisch und nicht linear zu verstehen. Sie

---

[215] Vgl. Weber/Kochem 2014.
[216] Siehe Giddens 1991.

basiert auf Prozessen, die auf der Grundlage der individuellen Erzählungen und Biografien erkundet werden können.[217] Das phänomenologische Konzept der "Lebenswelt"[218] bietet der Forschung einen methodischen und theoretischen Hintergrund und hilft uns nicht von individuellen Eigenschaften auf vermeintlich notwendige Entwicklungen des Lebensverlaufs kurzzuschließen, sondern die Spielräume zu erkennen, die sich trotz vieler, oft ungünstiger Einflussfaktoren im individuellen Leben eröffnen können. Darüber hinaus ermöglicht eine solche Sichtweise individuelles Leben aus der Sicht der Person zu interpretieren. Damit ist auch eine direkte Verbindung des Forschungsansatzes zur Beratung vorgezeichnet.

Um die Dynamiken der einzelnen Lebensverläufe besser zu verstehen, ist es wichtig, sich auf "Lernschleifen" bzw. „Reflexionsschleifen" zu konzentrieren (siehe Pfeile in der Abb.). Wir argumentieren, dass solche Schleifen zwischen Identität/Persönlichkeit auf der einen Seite und der Erfahrung in konkreten Bildungs- oder Arbeitszusammenhängen (d.h. in bestimmten Strukturen) für die Entwicklung der einzelnen Biografien sehr relevant sind: Sie geben dem Leben der Einzelnen die Richtung, sie machen einen nächsten Schritt wahrscheinlicher, sie sind die "Lebenswelt" der einzelnen Individuen, und sie formen das, was in theoretischen Konzepten wie Identität, Persönlichkeit oder Selbstkonzept zusammengefasst wird. Sie sind aber nicht statisch, sondern es handelt sich um offene Prozesse die jedoch im Austausch mit dem kulturellen und gesellschaftlichen Kontext ablaufen. „Contstraints", d.h. Einschränkungen, die Veränderungen, Entwicklungen schwieriger machen, ausbremsen usw. bestehen auf beiden Ebenen: individuell und gesellschaftlich. Aber auch Möglichkeiten und Ressourcen sind auf beiden Seiten zu finden und zu entdecken bzw. können in der Beratung und in anderen Unterstützungsangeboten herausgearbeitet werden.

3.2 Berufsbiografien von Personen mit schwachem Bildungshintergrund – Einflüsse der relevanten sozialen Systeme

Wie in der bisherigen Ausführung dargestellt, betrachten wir sowohl Faktoren, die der gesellschaftlichen Ebene zugeordnet werden können, als auch Faktoren, die der individuellen Ebene zugordnet werden können, als relevant. Die im Folgenden angeführt-

---

[217] Siehe Horsdal 2012; Welzer 2005; Schütze 1981. Die mit dem Forschungsansatz verbundenen methodologischen Überlegungen können an dieser Stelle nicht diskutiert werden. Wir verweisen hierfür auf die breit diskutierten Ansätze des qualitativen Forschungsparadigmas (vgl. z.B. Strauss/Corbin 1990; Mey/Mruck 2007; Schütze 1981).

[218] Schütz/Luckmann 1975, Kraus 2006.

ten Themen wurden auf Basis der geführten Interviews und vorhandener Literatur identifiziert. Eine ausführlichere Darstellung aktueller Forschungsergebnisse zu diesen Themen findet sich bei Weber/Kochem (2014). An dieser Stelle kann aus Platzgründen nur eine knappe Darstellung erfolgen, insbesondere werden nur exemplarisch Quellen angeführt.

Wissensbestände, wie sie hier dargestellt werden, sind für den Berater deswegen relevant, weil Beratende auf der Grundlage solchen Wissens den einzelnen Fall besser verstehen können und solches Wissen zum Teil explizit, zum Teil implizit einsetzen können, um die Beratung zu gestalten (s. Kap. 2). Trotzdem sei darauf hingewiesen, dass es nicht um eine lineare „Anwendung" oder „Diagnostik" geht, sondern vielmehr um eine Kontrastierung des einzelnen Falls mit feldbezogenem, disziplinärem Wissen[219] im Sinne einer professionellen Interventionsgestaltung.[220] Die hier vorgestellte Strukturierung verschiedener Wissensbereiche folgt der oben in Abbildung 2 dargestellten Heuristik.

Disziplinäres, feldspezifisches Wissen der Beratenden auf der „Makro-Ebene"

In diese Kategorie werden hier alle Aspekte als Einflussfaktoren zugeordnet, die durch Systeme bestimmt sind, die nicht dem Individuum zugeordnet werden können, z.b. der institutionelle und gesellschaftliche Hintergrund der Bildung und Beschäftigung in Deutschland sowie aktuelle Politiken, die Bildung und Beschäftigung für einzelne Personen mit relativ geringem Bildungshintergrund bestimmen.

Für den Bereich der Arbeitsmarktpolitik können beispielhaft genannt werden[221]:

- Aktuelle politische Entwicklungen (Bildung und Arbeit) in Deutschland, die für das Verstehen von Zusammenhängen der strukturellen Bedingungen und des individuellen Handelns relevant sind (z.b. zu den Auswirkungen des SGB 2).[222]
- Informationen über den sich wandelnden Arbeitsmarkt und die dahinter stehenden politischen und wirtschaftlichen Rationalitäten, insbesondere mit Informationen über Arbeitsmarktchancen für Menschen, die gering qualifiziert sind (z.b. die Zunahme prekärer Beschäftigung und deren Auswirkungen auf

---

[219] Vgl. Schlippe/Schweizer 2006, S. 26f.
[220] Vgl. Weber 2013, S. 81.
[221] Eine umfassendere Literaturstudie findet sich bei Weber und Kochem (2014) und Brown und Bimrose (2013).
[222] Vgl. bspw. Hüfner/Klein 2012.

Berufsverläufe[223]).

- Wissen zum Zusammenhang von Arbeit und Armutsrisiko, insbesondere die steigende Bedeutung von Phänomenen wie Unterbeschäftigung, nicht-typischer Beschäftigung und der Zusammenhang mit fehlender beruflicher Bildung.[224]
- Informationen zur Schwäche des Arbeitsmarktes für Niedrigqualifizierte.[225]
- Wissen dazu, dass die Arbeitsmöglichkeiten für niedrig Qualifizierte in nur wenigen Sektoren konzentriert sind.[226]
- Wissen über die steigenden Anforderungen an Arbeitnehmer und Auszubildende, bspw. der steigende Fachkräftebedarf[227] oder die (kritisch diskutierte) Forderung nach „Ausbildungsreife"[228].

Für den Bereich des Bildungssystems können beispielhaft genannt werden:

- Die Struktur des Bildungssystems und die Bemühungen zu deren Reform, insbesondere zur Durchlässigkeit, zur nachholenden Grundbildung usw.[229] oder die Abwertung der Hauptschule.[230]
- Typische Traditionen und Muster, z.B. die langfristigen Auswirkungen der frühen Aufgliederung in verschiedene Schulformen.[231]
- Die Bedeutung der dualen beruflichen Bildung für eine erfolgreiche Einmündung in den Arbeitsmarkt und der fehlende Zugang zu diesem Bildungsbereich für eine große Zahl Jugendlicher seit den 90er Jahren und deren Folgen für deren Berufsbiografien.[232]
- Zusammenhänge von sozioökonomischen Faktoren und der Teilnahme an Erwachsenen- bzw. Weiterbildung,[233] Probleme der Unterfinanzierung der öffentlichen Weiterbildung bzw. die starke Rolle von betrieblicher Weiterbildung.[234]

---

[223] Vgl. z.B. Brinkmann, Dörre, Röbenack 2006; Forschungsinstitut für Arbeiterbildung – FiAB 2006; Jahn/Weber 2013.
[224] Vgl. bspw. Datenreport 2013; Krüger 2001.
[225] Vgl. z.B. Braun 2012.
[226] Vgl. z.B. Anbul 2012.
[227] Vgl. Konsortium Bildungsberichterstattung 2012.
[228] Vgl. bspw. Fromberger 2010; Solga 2012; Dobischat 2012.
[229] Vgl. bspw. Cortina/Baumert et al. 2008.
[230] Vgl. z.B. BIBB 2013; BMBF 2012.
[231] Vgl. z.B. Döbert/Kann/Rentl 2011.
[232] Vgl. Anbul 2012
[233] Vgl. z.B. Konsortium Bildungsberichterstattung 2012.
[234] Vgl. z.B. Bilder/Gnahs/Harmann/Kuper 2013.

- Die Fokussierung auf die Einmündung in den Arbeitsmarkt im Rahmen des SGB 2 und der faktische Ausschluss dieser Gruppe aus der Weiterbildung.

Zum Zusammenhang von familiärem bzw. sozioökonomischem Hintergrund und Bildungschancen:

- Der Einfluss des familiären Hintergrunds (bzw. unterschiedlicher sozioökonomischer Faktoren) auf Bildungschancen wird in vielfältigen empirischen Untersuchungen belegt.
- So zeigen z.b. Langzeitstudien (Fribel 2010) wie soziale Herkunft die Teilnahme an Grundbildung und Weiterbildung soziale Ungleichheit reproduziert und legitimiert.
- Ebenfalls in einer Langzeitstudie zeigen McElvany, Becker und Lüdtke (2009) wie Charakteristika der Familien (z.b. sozioökonomischer Status oder Bildungshintergrund der Eltern) direkten Einfluss auf die Lesefähigkeit, das Leseverhalten und andere Aspekte nimmt.
- Dalhaus (2010) konzentriert sich in ihrer Forschung auf "subjektives Wissen über Bildung". Die Studie zeigt, wie die familiäre pädagogische Praxis auf typischen Mustern und spezifischen Kenntnissen zum Thema Bildung beruht. Auch Haunberger und Teubner (2008) bestätigen diesen Befund und zeigen den Zusammenhang der Bildungsaspiration der Eltern und Kinder und deren direkten Zusammenhang mit den realisierten Bildungswegen.
- Für die Bedeutung sozioökonomischer Einflussfaktoren auf Weiterbildungsbeteiligung sind insbesondere die an die Sinus Milieus angelehnten Studien von Tippelt et al. (2008; 2014) sowie die an der betrieblichen Weiterbildung orientierten Studie von Baethge, Baethge-Kinsky et al. (2004) als wichtige Informationsquellen zu nennen.

Disziplinäres, feldspezifisches Wissen der Beratenden auf der „Mikro-Ebene"

In diese Kategorie werden hier alle Aspekte als Einflussfaktoren zugeordnet, die in der Forschung dem Individuum zugerechnet werden. Diese traditionell eher durch die Psychologie beschriebenen Konzepte erklären Aspiration, Verhalten oder den Erfolg in Bildung, Arbeit und in anderen Lebensbereichen aus der inneren Dynamik des Einzelnen. Kritisch kann hierzu angemerkt werden, dass diese Art von Forschung, auf wissenschaftlichen Modellannahmen beruht, die externale Faktoren auszuschließen versucht. Dennoch stellt diese Forschung auch für die Beratung wichtige Informationen und Perspektiven bereit. Außerdem können neben klassischen hypothesentestenden Forschungsarbeiten zunehmend auch Ansätze, die die Bedeutung der Interaktionen zwischen Individuum und Umwelt hervorheben, identifiziert werden. Auch zu diesem Bereich können nur einige Stichpunkte und Verweise, die wir für das Verständnis der individuellen Biografien als relevant ansehen, angegeben werden:

- In Verbindung mit Bildung, sozialer Herkunft und Bildungserfolg von gering qualifizierten Personen werden psychologische Konzepte wie "Agency", " Selbstwirksamkeit" oder "Selbststeuerung" diskutiert. Hierzu können international eine große Menge einschlägiger Studien angeführt werden.[235]
- Befunde aus einer deutschen Studie finden sich bei Parker et al. (2012) zum Zusammenhang von Leistung, Agency, Geschlecht und sozioökonomischem Hintergrund mit post-schulischen Entscheidungen.
- Hirschi (2009) präsentiert Ergebnisse einer Langzeitstudie. Diese untersucht „Career-Adaptability" und ihre Auswirkungen auf die Entwicklung von Gefühlen der Macht und der Erfahrung der Lebenszufriedenheit von Schülern.[236] U.a. wird der soziale Hintergrund als zentraler Einflussfaktor identifiziert. Die Forschung kann z.B. zeigen, dass wahrgenommene soziale Unterstützung und positive emotionale Dispositionen, das Fehlen eines Migrationshintergrundes signifikante Prädiktoren für mehr berufliche Anpassungsfähigkeit sind.
- Steinhoff und Wernberger (2013) beziehen sich auf Bildung als einem Prozess der Sozialisation. Die Entwicklung von „Agency" wird – so ihr Befund – entscheidend von sozialer Anerkennung und individueller Reflexion beeinflusst.

Neben solchen eher punktuellen Studien die einzelne Aspekte von Bildungsbeteiligung, Beschäftigung etc. fokussieren können auch Forschungsprogramme die als Längsschnittstudien oder Panelstudien angelegt sind zentrale Wissensressourcen für die Beratung darstellen. Exemplarisch kann hier auf die „German National Educational Panel Study"[237] und die Ergebnisse des Sonderforschungsbereich „Risikolagen im Lebenslauf"[238] verwiesen werden.[239]

Wissen zur interaktiven Verbindung von Struktur- und Individualaspekten

Wie in Kapitel 2 diskutiert sind Konzepte, die Struktur- und Einzelaspekte in Verbin-

---

[235] Vgl. Brown/Bimrose 2013.
[236] Hirschi 2009.
[237] Blossfeld u.a. 2011.
[238] Heinz 1998.
[239] Vgl. Weber/Kochem 2014.

dung bringen, für die Beratung von besonderem Interesse. Das Ziel ist es ein besseres Verständnis der Zusammenhänge individueller Merkmale, gesellschaftlicher Zwänge und Ressourcen und einem dynamischen, interaktiven Prozess, der in den biografischen Erzählungen rekonstruiert werden kann, zu gewinnen. Solche dynamischen, interaktiven Prozesse sind möglicherweise durch den unterstützenden Charakter, die Plastizität (oder Inflexibilität) von Strukturen und durch die Anpassungsfähigkeit der Individuen moderiert (jedoch nicht determiniert).

Kondrup (2010) bezieht sich auf ein von Rubenson (1975) entwickeltes Modell. Dieses Modell beschreibt Lernen im Kontext der Biografie, der aktuellen Ist-Situation und innerhalb gegebener gesellschaftlichen Strukturen.[240] Das Modell verweist auf den Zusammenhang (a.) persönlicher Ressourcen und Erfahrungen, (b.) die aktuelle Situation und die individuelle Haltung zur Bildungsbeteiligung (z.b. Interessen und Pläne). Unter der Beschränkung (constraints) durch (c.) gegebene Randbedingungen (z.b. psychologische oder soziale) und (d.) Motivation nehmen demnach Menschen im Laufe ihres Lebens weiter an Bildung teil oder nicht (vgl. Kondrup 2010).

Witzel (1999a) präsentieren ein Modell, das auf der Grundlage qualitativer, narrativer Forschung zu Lebensverläufen, Bildung und Beschäftigung[241] entwickelt wurde. Dieses Modell konzeptualisiert den Prozess zwischen individuellem Handeln (Lernen, Entscheidungen) und Sozialstrukturen in vier Schritten. Das Modell kann im Kontext der Forschung zur Selbstwirksamkeit[242], Selbstkontrolle und Selbstregulation verstanden werden.

Dieses sogenannte B-A-R-B Modell wurde als ein analytisches Modell entwickelt. Es ermöglicht die nachträgliche Interpretation der verschiedenen Ereignisse z.b. in der Bildungsbiografie von Menschen. Handlungen können demnach als biografische Entscheidungsprozesse in den folgenden Schritten rekonstruiert werden:

- „Bilanzierung",
- „Aspiration",
- „Realisierung",
- „Bilanzierung".[243]

Das Modell passt zum im Kapitel 2 vorgestellten Verständnis der Regulation im Verhältnis von Individualebene und Erfahrungen in der Interaktion mit dem gegebenen

---

[240] Vgl. Kondrup 2010, S. 4.
[241] Vgl. Witzel 1999b.
[242] Bandura 2001.
[243] S. Witzel 1999a ; Witzel 1999b.

sozialen Kontext. Wir gehen davon aus, dass die Fähigkeit zur Bilanzierung von Erfahrungen oder der Fähigkeit Aspirationen zu formulieren (einschließlich der Entwicklung von Zielen) wichtige Teile der Kompetenz zur Gestaltung der eigenen Biografie sind. Parallelen sind zum Konzept der "Biografizität" zu sehen.[244]

3.3 Bedeutung von Wissen für die Beratung

Die dargestellten Aspekte (Arbeitsmarkt, Bildung, Familie, Individuum und deren Verbindung in individuellen Reflexionsprozessen) spielen in allen biografischen Erzählungen eine wichtige Rolle. Die im Folgenden dargestellten Bezüge stellen ein Zwischenergebnis der Auswertungen dar. Es wird versucht aufzuzeigen, welche Perspektiven in der Beratung von Menschen mit schwachem Bildungshintergrund und eingeschränkten Arbeitsmarktchancen im Zusammenspiel von biografieorientierter Forschung und disziplinärem Wissen (bisher) identifiziert wurden.[245] Die Darstellung erfolgt hier noch unsystematisch, eine umfassendere Darstellung, basierend auf Einzelergebnissen der qualitativen Analyse, wird im Laufe des Projektes angestrebt. Es werden jeweils kurze Hinweise auf Möglichkeiten für das beraterische Handeln gegeben, die sich aus systemischer Sicht anbieten.

Individuelle Handlungsspielräume entdecken

Blickt man auf die dargestellten Forschungsergebnisse aus verschiedenen Disziplinen, so kann der Eindruck entstehen, dass die Handlungsspielräume für Einzelne relativ klein sind. Hier boten sich in der Studie insbesondere mit der Frage nach dem „locus of control" interessante Anknüpfungspunkte: Werden z.B. Probleme bei der Gestaltung von Bildungsbeteiligung oder Arbeitsbeteiligung den genannten externalen Faktoren zugeschrieben? Haben die Personen Erfahrungen damit gemacht solche Hindernisse zu überwinden? Können individuelle Faktoren als Ressourcen erkannt werden oder werden Fehlschläge als selbstverschuldet internalisiert?

Für die Beratung bildet die internale und externale Zuschreibung (von Erfolg, Misserfolg, Chancen, Risiken, Hürden oder Gelegenheiten usw.) wichtige Ansatzpunkte. In der Literatur wird hier zum Teil darauf verwiesen, dass Aspekte der „Selbstwirksam-

---

[244] Vgl. Alheit/Dausin 2000; Alheit/Hanses 2003; West/Merrill/Alheit/Anderson 2007.

[245] Dieser Teil des Beitrags beruht nicht zuletzt auf den vielfältigen Anregungen und Hinweisen, die aus der Zusammenarbeit mit Alexander Kochem (Studierendem im Masterstudiengang Beratungswissenschaft der Universität Heidelberg und Berater) und dessen großem Engagement bei der Kodierung der Interviews resultierten.

keit" o.ä. beschreiben, dass eine Person Erfolg internalisiert und daraus weiteren Nutzen zieht. In der Beratung kommt es jedoch vermutlich weniger auf die Beschreibung oder Feststellung an, sondern eher darauf, Reflexionsprozesse anzustoßen, die solche eingefleischten (und oft eher negativen) Zuschreibungen irritieren, z.B. indem ein „Reframing" stattfindet oder nach Ausnahmen gesucht wird, bei denen es „schon einmal anders" war. Auch können Beratende darauf achten, dass Handlungsplanungen so angelegt werden, dass – zunächst in kleinen Schritten – Erfolge ermöglicht und in der Reflexion dem eigenen Handeln zugeschrieben werden.

Komplexität der Systeme herausarbeiten

Dabei zeigt sich in fast allen Lebensgeschichten eine für die Erzählenden schwer zu lichtende Komplexität der für sie relevanten Umweltsysteme. Bereits in der Familienkonstellation werden z.b. Aspirationen und Entscheidungen wenig hinterfragt oder auf die Interessen einzelner Familienangehöriger zurückgeführt. Auch einschneidende Ereignisse in der Kindheit (Umzug, Krankheit oder Übernahme von Verantwortung), die zum Teil erheblichen Einfluss auf Bildungsmöglichkeiten hatten, werden eher als gegeben erlebt. Die institutionellen Geflechte und Regulierungen im Bildungs- und Berufssystem werden häufig als kaum durchschaubar geschildert, eine systematische Identifikation von Optionen oder möglichen Pfaden scheiterte oft an fehlenden Informationen und der nötigen Aufmerksamkeit für Reflexion und dem Schaffen einer Entscheidungsgrundlage.

Beratung kann hier unterstützen, indem Sie z.B. mit Instrumenten der systemischen Ansätze Zusammenhänge visualisiert oder Einflussfaktoren miteinander in Verbindung bringt und deutlich macht. Eine Zielperspektive wäre hier neben dem größeren Bewusstsein um Zusammenhänge auch die Identifikation von Faktoren, die individuelle Verhaltensmuster prägen oder solchen, die am ehesten beeinflusst werden können.

„Turning Points" identifizieren

Interessant ist, dass in vielen erzählten Biografien Phasen des Wandels und der Umorientierung entdeckt werden können. Solche „Turning Points", die Möglicherweise im Rückblick idealisiert werden, gehen oft einher mit einer veränderten Haltung zur Bildungsbeteiligung, zur Identifikation individueller Ziele und mit Veränderungen in der Erwerbsbiografie. An diesen Stellen zeigt sich, dass individuelle Handlungsspielräume innerhalb gegebener Strukturen von Bedeutung sind. Retrospektiv kann dies für die Beratung genutzt werden:

Beratung kann z.b. herausarbeiten, dass trotz der strukturellen Enge und der nicht durch das Handeln des Einzelnen direkt veränderbaren institutionellen Konstellationen Spielräume bestehen, dass Ausnahmen identifiziert werden können und dass individuelle Ressourcen, Unterstützer und Unterstützungsmechanismen im sozialen oder institutionellen Umfeld existieren.

Treiber für Lernen im Erwachsenenalter

Lernen wird im Lebensverlauf in vielen der Biografien erst spät (wieder) zu einem relevanten Thema. Die Vorstellung eines kontinuierlichen (gar lebenslangen!) intendierten Bildungs- und Lernprozesses scheint (zumindest für diese Zielgruppe) kein angemessenes Bild zu sein. Vielmehr ist Diskontinuität die Regel. Innere Motive oder äußere Anlässe können zu einem bestimmten Zeitpunkt Treiber für Lernen werden. Dabei sind bei denjenigen, die innere Motive für Lernanstrengungen nennen können, diese oft von größeren Veränderungen und Umbrüchen begleitet. Als äußere Anlässe sind dann eher Krisen in Umweltsystemen identifizierbar, z.b. drohender Arbeitsplatzverlust, Arbeitsunfähigkeit, Scheitern von Beziehungen. Wichtig für die Beratung könnte sein, dass solche Treiber identifiziert werden. Analog zu den hier zugrundeliegenden biografischen Interviews können solche Treiber im Verlauf der eigenen Entwicklung des Klienten identifiziert werden. Auch ist es denkbar über Skalierungsfragen die Stärke eines Treibers einzuschätzen, um z.b. Handlungsplanung und Motivationsstärke in Verbindung zu bringen. Auch die „Personifizierung" von Treibern ist eine Möglichkeit, sodass z.b. ein Anker gefunden werden kann, der immer wieder aktualisiert werden kann.

Die Bedeutung von Werten und „Lebensmotiven"

In den Interviews können durchgehend Werte bzw. „Lebensmotive" identifiziert werden, die für die Haltung der Interviewten von großer Bedeutung sind. Die Annahme, dass geringer Bildungshintergrund mit Indifferenz in Bezug auf Werthaltungen einhergeht, wäre (zumindest für die untersuchte Gruppe) falsch. Fraglich ist allerdings, ob die identifizierten Werte nicht zum Teil in Widerspruch zu dem stehen, was die „Leistungsgesellschaft" dieser Personengruppe anbietet. Solche identifizierten Werte sind bspw. „Unabhängigkeit", „Akzeptanz", „Ehre", „Idealismus", „Familie", „Sozialer Kontakt", „Ruhe", „Würde" oder „Ordnung". Auch wenn diese Begriffe induktiv generiert wurden und nicht direkt aus dem Material stammen, verweisen sie auf oft für das Handeln der Individuen sehr zentrale Aspekte. Beispielhaft kann angeführt werden, dass die Bedeutung der Familie über die individuellen Entwicklungschancen gestellt wird oder dass „Unabhängigkeit" und „Akzeptanz" wichtige Motive sind, die

Bildungsaktivitäten fördern, die jedoch nur sehr mühsam über Bildung erreicht werden können. Nicht zuletzt können in solchen Haltungen auch Wünsche gesehen werden, die bisher nicht oder nur wenig realisiert werden konnten, sie stellen damit auch eine Ressource für die weiteren Aktivitäten dar.

Für die Beratung erscheint die Arbeit an Werthaltungen und Lebensmotiven in jedem Fall besonders fruchtbar, stellen sie doch jenseits der allgemeinen Bildungsrhetorik wichtige Anhaltspunkte dar, an denen sich zukünftige Anstrengungen (und Auszahlungen!) ausrichten müssen.

Berufsbiografische Gestaltungskompetenz – Reflexion und Reflexionsprobleme

Die Bedeutung von Reflexion bzw. das Vorhandensein ausgeprägterer oder auch beschränkterer Fähigkeiten im Sinne des B-A-R-B Models (s. Kapitel 3.2) kann in verschiedenen Interviews rekonstruiert werden. Nicht selten steht am Anfang eines Schul- oder Ausbildungsverlaufs eine Bilanzierung von Erfahrungen, die auf die Situation und das Erleben der Elterngeneration abstellt. Die eigenen Chancen werden im Licht verpasster Chancen oder verwehrter Möglichkeiten anderer (der Eltern, der Geschwister) als gering gedeutet, entsprechend sind „Aspiration" und „Realisation" schwach oder negativ motiviert und ausgeprägt. In nicht wenigen Biografien kann hier eine negative Lernspirale identifiziert werden, aber auch (s.o.) Wendepunkte. Oder es werden erreichte Möglichkeiten als im Einklang mit der eigenen Aspiration bilanziert und ein weiteres Engagement für Bildung oder individuelle Entwicklung als nicht wichtig bewertet.

Auch ist das Modell hilfreich, um vorhandene oder sich widerholende Handlungsmuster (Beginnen eines Bildungsweges, auftretende Konflikte bspw. mit Lehrern, Ausbildern, Abbruch) zu identifizieren. Die Erzählung selbst kann hier zum Reflexionsinstrument werden, indem der Berater hilft Erfahrungen der Bewertung (Bilanzierung) zugänglich zu machen und mit dem Klienten veränderte Reflexions- und Handlungsmuster zu entwickeln.

4. Zusammenfassung und Ausblick

Der vorliegende Beitrag hat zum Ziel, die Bedeutung von Wissen für die Beratung zu skizzieren. Ausgehend von der Annahme, dass nicht für alle Beratungsfelder gleichermaßen klare Bezüge zwischen prozessualen Theorien und disziplinärem Wissen bestehen, wurden – für die Bildungs- und Laufbahnberatung für Menschen mit schwachem Bildungshintergrund – relevante Wissensbereiche herausgearbeitet. Dieses Wissen ist für Beratende in verschiedener Hinsicht relevant: Es erweitert ihr Verständnis für die Lebenssituation der Ratsuchenden, es ermöglicht ihnen (unter Berücksichtigung des einzelnen Falls) die begründete Ableitung von Interventionen und es kann – wo dies sinnvoll ist, expliziter Gegenstand der Beratung sein, indem z.b. Beratende ihre Wahrnehmungen verbalisieren.

Grundlage für die hier vorgenommene Identifikation solcher Wissensbereiche waren sowohl Literaturstudien[246] als auch die durchgeführten narrativen Interviews. Auf der Basis einer ersten Auswertung der Interviews wurde aufgezeigt, welche Perspektiven in der Beratung von Menschen mit schwachem Bildungshintergrund und eingeschränkten Arbeitsmarktchancen im Zusammenspiel von biografie-orientierter Forschung und disziplinärem Wissen (bisher) identifiziert wurden und welche systemisch orientierten Interventionen (beispielhaft) mit diesem Wissen verbunden werden könnten.

Für die weitere Theorieentwicklung kann als Ziel formuliert werden, dass die Verbindung von „gesellschaftlichen Faktoren" und von „individuellen Faktoren" weniger statisch und stärker im Entwicklungs- und Interaktionsprozess zwischen Individuen und Umwelt-Systemen gesehen wird. Hier kann auf bestehende Modelle aufgebaut werden.

Eine stärkere Orientierung an der Verknüpfung von Wissen und Prozessgestaltung wäre auch für die Ausbildung von Beraterinnen und Berater sinnvoll, da diese Aspekte und deren Relevanz für die arbeitsweltliche Beratung oft nur eine untergeordnete Rolle spielen.

Die weitere empirische Forschung anhand von narrativen biografischen Interviews kann solche dynamischen Entwicklungsspielräume (und Restriktionen) sichtbar machen. Dies wird nicht nur für Interventionen, die auf der Individualebene orientiert sind (z.B. Beratung) als sinnvoll angesehen, sondern könnte auch die Diskussion über die Plastizität und Flexibilität von institutionellen Strukturen, die Bildung und Beteiligung am Erwerbsleben möglich machen, verunmöglichen oder anregen.

---

[246] Weber/Kochem 2014.

Literatur

Alheit, Peter/Dausien, Bettina (2000): Die biographische Konstruktion der Wirklichkeit. Überlegungen zur Biographizität des Sozialen. In: Alheit, P./Hoerning, E. M. (Eds.): Biographische Sozialisation. Der Mensch als soziales und personales Wesen; Bd. 17. Stuttgart: Lucius & Lucius, S. 257-283.

Alheit, Peter/Hanses, Andreas (2003): Institution und Biographie: Zur Selbstreflexivität personenbezogener Dienstleistungen. In: Hanses, Andreas (Hrsg.): Biographie und Soziale Arbeit. Hohengehren: Schneider, S. 8-28.

Anbul, Matthias (2012): "Generation abgehängt" – Was verbirgt sich hinter den mehr als 2,2 Millionen jungen Menschen ohne Berufsabschluss? DGB Expertise zur Bildungsbiographie und den prekären Perspektiven der Ausbildungslosen. Berlin: DGB.

Baethge, Martin (Hrsg.) (2004): Der ungleiche Kampf um das lebenslange Lernen. Edition QUEM, Band 16. Münster [u.a.]: Waxmann.

Baltes, Paul et al. (1990). Interpreting correlations between children's perceived control and cognitive performance: Control, agency, or means-ends beliefs? *Developmental Psychology*, 26 (2), p. 246-253.

Bandura Albert (2001). Social cognitive theory: An agentic perspective. *Annual Review of Psychology*, 52, p.1-26.

Baraldi, Claudio/Corsi, Giancarlo/Esposito, Elena (1997): GLU – Glossar zu Niklas Luhmanns Theorie sozialer Systeme. 2. Aufl. Frankfurt am Main: Suhrkamp.

BIBB (2013): Datenreport zum Berufsbildungsbericht 2013. Informationen und Analysen zur Entwicklung der beruflichen Bildung. Bonn: BIBB.

Bilger, Frauke/Gnahs, Dieter/Hartmann, Josef/Kuber, Harm (Hrsg.) (2013): Weiterbildungsverhalten in Deutschland. Resultate des Adult Education Survey 2012. Bielefeld: WBV.

Blossfeld, Hans-Peter/Wohlkinger, Florian/Ditton, Hartmut, von/Maurice, Jutta/Haugwitz, Marion (2011): Motivational concepts and personality aspects across the life course. In: Blossfeld, Hans-Peter u.a. (Eds.): Education as a lifelong process. The German National Educational Panel Study (NEPS). Wiesbaden: VS Verlag, p. 155-168

BMBF (Hrsg.) (2012): Berufsbildungsbericht. Bonn: BMBF.

Braun, Uta/Bremser, Felix/Schöngen, Klaus/Weller, Sabrina (2012).: Erwerbstätigkeit ohne Berufsabschluss – Welche Wege stehen offen? BIBB Report 17/2012. Bonn: BIBB

Brinkmann, Ulrich/Dörre, Klaus/Röbenack, Silke (2006): Prekäre Arbeit. Ursachen, Ausmaß, soziale Folgen und subjektive Verarbeitungsformen unsicherer Beschäftigungsverhältnisse. Berlin: Friedrich Ebert Stiftung.

Brown, Alan/Bimrose, Jennifer (2013): Narratives of learning from the low skilled. Literature review – first draft (mainly the UK findings). November, 2013. Warwick: University of Warwick. Institute for employment research (internal working paper).

Cortina, Kai. S./Baumert, Jürgen et al. (Hrsg.) (2008): Das Bildungswesen in der Bundesrepublik Deutschland: Strukturen und Entwicklungen im Überblick. Reinbek bei Hamburg:

Rowohlt.

Dalhaus, Eva (2010): "Subjektives Bildungswissen": Implikationen für die Beschreibung und Analyse herkunftsspezifischer Unterschiede in Bildungspraxis und -vorstellung. *Zeitschrift für Soziologie der Erziehung und Sozialisation*, 30 (2), S. 166-180.

Danish Clearinghouse for Educational Research (Ed.) (2011): Evidence on Guidance and Counseling. Kopenhagen: Danish Clearinghouse for Educational Research.

Datenreport (2013): Datenreport zum Armutsbericht 2013. Vorgestellt vom Statistischen Bundesamt, der Bundeszentrale für Politische Bildung, dem Wissenschaftszentrum für Sozialforschung und dem sozioökonomischen Panel. Internet: www.wzb.eu/sites/default/files/u6/datenreport2013_vorab_online.pdf. Published: 2013-11-26 (2014-03-06).

Döbert, Hans/Kann, Caroline/Rentl, Michaela (2011): Übergänge im Bildungssystem: Eine vergleichende Betrachtung von Übergangen im deutschen Bildungssystem und in den Bildungssystemen ausgewählter europäischer Staaten. *Zeitschrift für Bildungsverwaltung*, Vol. 27, No. 1, S. 5-26.

Dobischat, Rolf. (2012): Ausbildungsreife. Ein umstrittener Begriff beim Übergang Jugendlicher in eine Berufsausbildung. Arbeitspapier der Hans-Böckler-Stiftung 189. Berlin: Hans-Böckler-Stiftung.

Ebner, Sandra (2008): Trotzdem erfolgreich? Was prägt die Entwicklung der 10-12 Jährigen mehr – die Soziale Herkunft, die Persönlichkeit oder der Erziehungsstil der Eltern? In: Alt, Christian (Hrsg.): Kinderleben – Individuelle Entwicklungen in sozialen Kontexten. Band 5: Persönlichkeitsstrukturen und ihre Folgen. Wiesbaden: VS, S. 181-206.

Enoch, Clinton (2011): Dimensionen der Wissensvermittlung in Beratungsprozessen: Gesprächsanalysen der beruflichen Beratung. Wiesbaden: VS.

Ertelt, Bernd-Joachim (2000). Europäische Standards in der Qualifizierung von BerufsberaterInnen. In: Schober, Karen (Hrsg.): Beratung im Umfeld beruflicher Bildung. Bielefeld: Bertelsmann, S. 47-57.

Ertelt, Bernd-Joachim/Ruppert, Jean-Jacques (2011): Heuristic Theory of Decision-Making. Evidence and Implications for Career Guidance. In: Kraatz, Susanne/Ertelt, Bernd-Joachim (Eds.): Professionalisation of Career Guidance in Europe. Training, Guidance Research, Service Organisation and Mobility. Tübingen: dgvt Verlag, p. 193-206.

Ertelt, Bernd-Joachim/Schulz, William E. (2008): Handbuch Beratungskompetenz: Mit Übungen zur Entwicklung von Beratungsfertigkeiten in Bildung und Beruf. 2., überarb. und erw. Aufl. Leonberg: Rosenberger Fachverlag.

Forschungsinstitut für Arbeiterbildung – FiAB (2006): Jahrbuch Arbeit, Bildung und Kultur 2005/06: Schwerpunkt von der Statussicherung zur Eigenverantwortung: Das deutsche Sozialmodell im gesellschaftlichen Umbruch. Bochum: FiAB.

Fribel, Harry (2010): Bildung und Weiterbildung im Lebenszusammenhang: doing class und doing gender. *Pädagogische Rundschau*, 64, (1), S. 73-86.

Frommberger, Dietmar (2010): Ausbildungsreife/Ausbildungsfähigkeit beim Übergang von der Allgemeinbildung in die Berufsbildung. *Magdeburger Schriften zur Berufs- und Wirtschaftspädagogik*, 2010, No. 1.

Giddens, Antony (1991): Modernity and Self-Identity. Self and Society in the Late Modern Age. Stanford: Stanford University Press.

Grawe, Klaus (2000): Psychologische Therapie. 2., korr. Auflage. Göttingen [u.a.]: Hogrefe.

Grawe, Klaus/Donati, Ruth/Bernauer, Friederike (1995): Psychotherapie im Wandel: Von der Konfession zur Profession. 4. Aufl. Göttingen [u.a.]: Hogrefe.

Haken, Hermann/Schiepek, Günter (2010): Synergetik in der Psychologie: Selbstorganisation verstehen und gestalten. 2., korr. Aufl. Göttingen [u.a.]: Hogrefe.

Haunberger, Sigrid/Teubner, Markus (2008). Bildungswünsche von Eltern und Kindern im Vergleich. Eine empirische Analyse anhand der drei Wellen des DJI-Kinderpanels. In: Alt, Christian (Hrsg.): Kinderleben – Individuelle Entwicklungen in sozialen Kontexten. Band 5: Persönlichkeitsstrukturen und ihre Folgen, S. 293-316.

Heinz, Walter R. (Ed.) (1998): New Passages Between Education and Employment in a Comparative Life-Course Perspective. Oxford: Oxford University Press.

Hirschi, Andreas (2009): Career adaptability development in adolescence: Multiple predictors and effect on sense of power and life satisfaction. *Journal of Vocational Behavior*, 74 (2), p. 145-155.

Hofer, Manfred (1996): Das Verhältnis von Theorie und Praxis im psychologischen Beratungshandeln. In: Ertelt, Bernd-Joachim /Hofer, Manfred (Hrsg.): Theorie und Praxis der Beratung – Beratung in Schule, Familie, Beruf und Betrieb. Nürnberg: Institut für Arbeitsmarkt und Berufsforschung der Bundesanstalt für Arbeit, S. 5-40.

Hofer, Manfred/Wild, Elke/Pikowsky, Birgit (1996): Pädagogisch-psychologische Berufsfelder: Beratung zwischen Theorie und Praxis. 1. Auflage. Bern [u.a.]: Huber.

Honermann, Hermann/Schiepek, Günther/Brinkmann, Andrea/Müssen, Peter (1999): Ratinginventar lösungsorientierter Interventionen (rli). Ein bildgebendes Verfahren zur Darstellung ressourcen- und lösungsorientierten Therapeutenverhaltens. Mit 10 Tabellen. Göttingen: Vandenhoeck & Ruprecht.

Horsdal, Marianne (2012): Leben erzählen – Leben verstehen. Dimensionen der Biografieforschung und narrativer Interviews für die Erwachsenenbildung. Bielefeld: WBV.

Hüfner Felix/Klein Caroline (2012): The German Labour Market. Preparing for the Future. OECD Economics Department Working Papers, No. 983, OECD Publishing. Internet: http://dx.doi.org/10.1787/5k92sn01tzzv-en (2014-03-06).

Hughes, Deirdre/Greation, Geoff (2009): Evidence and Impact: Careers and Guidance-Related Intervention. Reading: CfBT Education Trust. Internet: http://www.eep.ac.uk/DNN2/Portals/0/IAG/interactiveDocument_v20_web.swf (2014-03-06).

Jahn, Elke/Weber, Enzo (2013): Zeitarbeit: Zusätzliche Jobs, aber auch Verdrängung. (IAB-Kurzbericht, 02/2013). Nürnberg: IAB.

Kondrup, Sissel (2010): Lifelong Learning – What has that got to do with me?, in: Online-

Proceedings der sechsten ESREA-Forschungskonferenz in Linköping vom 23.-26. September 2010.

Königswieser, Roswita (Hrsg.) (2006): Komplementärberatung: das Zusammenspiel von Fach- und Prozeß-Know-how. Stuttgart: Klett-Cotta.

Konsortium Bildungsberichterstattung (2012): Bildung in Deutschland. Ein indikatorengestützter Bericht mit einer Analyse zur kulturellen Bildung in Deutschland. Bielefeld: WBV. www.bildungsbericht.de (2014-03-06).

Kraus, Björn (2006): Lebenswelt und Lebensweltorientierung. Eine begriffliche Revision als Angebot an eine systemisch-konstruktivistische Sozialarbeitswissenschaft. *Kontext. Zeitschrift für Systemische Therapie und Familientherapie*. Göttingen: Vandenhoeck & Ruprecht, Heft 37/02, S. 116–129.

Krüger, Helga (2001): Ungleichheit und Lebenslauf: Wege aus den Sackgassen empirischer Traditionen. *Kölner Zeitschrift für Sozialpsychologie*, S. 512-537.

Küsters, Ivonne (2009): Narrative Interviews. Grundlagen und Anwendungen. Wiesbaden: VS Verlag.

McElvany, Nele, Becker, Michael/Lüdtke, Oliver (2009): Die Bedeutung familiärer Merkmale für Lesekompetenz, Wortschatz, Lesemotivation und Leseverhalten. *Zeitschrift für Entwicklungspsychologie und Pädagogische Psychologie*, 41 (3), S. 121-131.

Mey, Günter/Mruck, Katja (2007): Grounded Theory Reader. Historical Social Research. Historische Sozialforschung. Supplement No. 19. Köln: Zentrum für historische Sozialforschung.

Parker, Philip. et al. (2012): Achievement, agency, gender and socioeconomic background as predictors of postschool choices: A multicontext study. *Developmental psychology*, 48, (6), p. 1629-1642.

Patton, Wendy/McMahon, Mary (2006): Career Development and Systems Theory. 2nd Edt. Pacific Grove: Brooks/Cole Publication.

Schiepek, Günter et al. (2013): Grundlagen systemischer Therapie und Beratung: Psychotherapie als Förderung von Selbstorganisationsprozessen. Göttingen [u.a.]: Hogrefe.

Schiersmann, Christiane/Thiel, Heinz-Ulrich (2012): Beratung als Förderung von Selbstorganisationsprozessen – eine Theorie jenseits von ‚Schulen' und ‚Formaten'. In: Schiersmann, Christiane/Thiel, Heinz-Ulrich (Hrsg.): Beratung als Förderung von Selbstorganisationsprozessen – Empirische Studien zur Beratung von Personen und Organisationen auf der Basis der Synergetik. Göttingen: Vandenhoeck & Ruprecht, S. 14-78.

Schiersmann, Christiane/Weber, Peter (Hrsg.) (2013): Beratung in Bildung, Beruf und Beschäftigung. Eckpunkte und Erprobung eines integrierten Qualitätskonzepts. Bielefeld: WBV.

Schiersmann, Christiane/Ertelt, Bernd-Joachim/Katsarov, Johannes/Mulvey, Rachel/Reid, Hazel/Weber, Peter (2012) (Eds.): NICE Handbook for the Academic Training of Career Guidance and Counselling Professionals. Heidelberg: Heidelberg University. www.nice-network.eu (2014-03-06).

Schiersmann, Christiane/Weber, Peter/Petersen, Crina-Maria (2013): Kompetenz als Kern von Professionalität. In: Schiersmann, Christiane /Weber, Peter (Hrsg.): Beratung in Bildung, Beruf und Beschäftigung. Eckpunkte und Erprobung eines integrierten Qualitätskonzepts. Bielefeld: WBV, S. 195-222.

Schlippe, Arist v./Schweitzer, Jochen (2012). Lehrbuch der systemischen Therapie und Beratung. 1. Das Grundlagenwissen. Göttingen: Vandenhoeck & Ruprecht.

Schlippe, Arist v/Schweizer, Jochen (2006). Lehrbuch der systemischen Therapie und Beratung. 2. Das störungsspezifische Wissen. Göttingen: Vandenhoeck & Ruprecht.

Schütz Alfred/Luckmann, Thomas (1975): Strukturen der Lebenswelt. Darmstadt Neuwied.

Schütze, Fritz (1981): Prozessstrukturen des Lebenslaufs. In: Mathes, Joachim (Hrsg.): Biographie in handlungswissenschaftlicher Perspektive. Nürnberg: Verlag der Nürnberger Forschungsvereinigung, S. 67-156.

Smith, Denise (Hrsg.) (2005): A systematic Literature Review of Research (1988-2004). EPPI-Centre: Social Science Research Unit.

Solga, Heike (2012): Mangelnde Ausbildungsreife: Hemmnis bei der Lehrstellensuche von Jugendlichen mit Hauptschulabschluss? Berlin: Wissenschaftszentrum Berlin für Sozialforschung.

Staudinger, Ursula M. (2000): Selbst und Persönlichkeit aus Sicht der Lebensspannen-Psychologie. In: Greve, Werner (Hrsg.) (2000): Psychologie des Selbst. Weinheim: Beltz/Psychologie Verlagsunion, S. 133-148.

Steinhoff, Annekatrin/Wernberger, Angela (2013): Bildung als sozialisatorisches Geschehen – Handlungsbefähigung zwischen sozialer Anerkennung und individueller Reflexion. Zeitschrift für Soziologie der Erziehung und Sozialisation, 33 (2), S. 119-133.

Strauss, Anselm/Corbin, Juliet (1990): Basics of Qualitative Research: Grounded Theory Procedures and Techniques. Newbury Park: Sage

Thomson, Rachel (2009): Unfolding lives. Youth, gender and change. I. A unique approach to understanding the changing face of youth transitions, addressing the question of how gender identities are constituted in late modern culture. Ebrary. Bristol: Policy Press. Internet: http://site.ebrary.com/lib/alltitles/docDetail.action?docID=10367751 (2014-03-06).

Tippelt, Rudolf (2014): Lebenswelten und Lebenslagen – Der Nutzen empirischer Milieuforschung für die Bildungsberatung. In: Hammerer, Marika, et al. (Hrsg.): Das Gemeinsame in der Differenz finden. Bielefeld: WBV.

Tippelt, Rudolf, et al. (2008): Milieumarketing implementieren. Bielefeld: WBV

Weber, Peter (2007): Selbstkompetenzen als Indikatoren für erfolgreiche berufliche Entwicklung (Internes Arbeitspapier).

Weber, Peter (2013): Qualität in der arbeitsweltlichen Beratung – eine Untersuchung von Qualitätsmerkmalen, Qualitätsmodellen und eines Netzwerks zu deren politischen Implementierung in Europa unter Berücksichtigung der Theorie der Selbstorganisation. Heidelberg: Universität Heidelberg.

Weber, Peter/Kochem, Alexander (2014): Narratives of learning from the low skilled. Literature review, Germany, Prepared for the CEDEFOP report. Working-Paper (im Druck).

Welzer, Harald (2005): Das kommunikative Gedächtnis. Eine Theorie der Erinnerung. München C.H. Beck.

West, Linden/Merrill, Barbara/Alheit, Peter/Anderson, Anders Siig (2007): Using Biographical and Life History Approaches in the Study of Adult and Lifelong learning: Perspectives from across Europe. Frankfurt am Main: Peter Lang.

Willke, Helmut (2004): Einführung in das systemische Wissensmanagement. Heidelberg: Carl-Auer-Systeme-Verlag.

Wiso Diskurs (2013): Weiterbildungsbeteiligung. Anforderungen an eine Arbeitsversicherung. Gesprächskreis Arbeit und Bildung. Wiso Diskurs, Expertisen zur Wirtschafs- und Sozialpolitik, April 2013. Berlin: Friedrich-Ebert-Stiftung.

Witzel, Andreas (1999a): Berufsbiographische Gestaltungsmodi – Eine Typologie der Orientierungen und Handlungen beim Übergang in das Erwachsenenalter. Arbeitspapier 61 des Sfb 186, Universität Bremen.

Witzel, Andreas (1999b): Modell zur Rekonstruktion berufsbiographischer Handlungen. Arbeitspapier 60 des Sfb 186, Universität Bremen.

Brigitta Michel-Schwartze

unter Mitarbeit von Iris Schulte Beckhausen

Ver-rückte Perspektiven

Systemische Blicke auf die berufliche Rehabilitation psychisch kranker und behinderter Menschen

1. Einleitung

Dieser Beitrag beschreibt eine systemische Perspektive auf Beschäftigungsförderung für eine Bevölkerungsgruppe, die es im systemischen Sinne gar nicht gibt: die Gruppe der psychisch behinderten Menschen. Denn im systemischen Sinne sind weder Behinderungen noch (psychische) Krankheiten persönlich zurechenbare Zustände, sondern als „Störung der System-Umwelt-Anpassung ... ein strukturdeterminiertes Resultat der Interaktion eines lebenden Systems mit einer spezifischen Umwelt".[247] Im systemischen Fokus stehen a) die Bedingungen des Bezugsrahmens, b) die darin stattfindenden Interaktionen und Kommunikationen in c) ihre Wechselbeziehungen. In jedem Kontext können Interaktionen als *Störungen* beobachtet werden. Bewertungen als *psychisch auffällig/krank/behindert* werden von Beobachtenden interessegeleitet innerhalb eines strukturdeterminierten Bezugsrahmens vorgenommen. Aus diesen Gründen verzichten Systemiker auf Kausalattribuierungen und fokussieren auf den Bezugsrahmen.

Thema des vorliegenden Beitrags ist ebenfalls ein Bezugsrahmen: der Kontext der beruflichen Rehabilitation von Menschen, deren Diagnose sie als psychisch behindert, d.h. längerfristig von Verhaltensnormen eines Kontextes abweichend, ausweist.

---

[247] Simon 1999, S. 170 f., vgl. auch Haselmann 2009.

Sie sind also im systemischen Sinne aufgrund einer „unglücklichen Kommunikation"[248] selektiert worden, die den gesellschaftlichen bzw. kontextbezogenen generalisierten Verhaltenserwartungen widersprach. Resultierend daraus wurde die Erwartung an abweichende Verhaltensweisen der Person individualisierend generalisiert, in einer Diagnose manifestiert und zu einem weiteren Selektionsmerkmal statuiert. Aus solcherart identifizierten Menschen wurde nun ein Personenkreis konstituiert, auf den das gesetzlich vorgesehene Programm zum Training von Beschäftigungsfähigkeit zugeschnitten ist.

Den Bezugsrahmen fokussierend werden folgende Fragen aufgeworfen und zu beantworten versucht:

1. Mit welchen Codes wird innerhalb des Bezugsrahmens Wirklichkeit hergestellt? Diese Fragestellung zielt auf die realitätsproduzierende Potenz semantischer Vorgaben[249] und führt uns zu einer Ordnung der Begriffe.

2. Welche Differenz besteht zwischen systemischer Deutung einerseits und individualisierender Diagnostizierung andererseits? Welchen Sinn macht die individualisierende Zuschreibung im Kontext beruflicher Rehabilitation?

3. Wie lassen sich die kontextuellen Bedingungen des komplexen Bezugsrahmens beschreiben? Was erfahren wir, wenn wir unserer Betrachtung der unterschiedlichen Rationalitäten die Logiken verschiedener Ebenen (Makro-, Meso- und Mikroebene) zu Grunde legen?

Eine Hinweis sei noch gegeben: Das Leid Betroffener und Mitbetroffener soll keinesfalls bezweifelt werden. Hier wird nicht die Existenz psychischen Leidens bestritten. Vielmehr sollen *systemrelevante Konstruktionen* psychischen Leids (z.B. als Krankheit, als Behinderung, als Störung) skizziert und die dahinter stehenden Prozesse und Interessen beschrieben werden.

2. Codes und (De-)Codierungen: Die Ordnung der Begriffe

In der noch- und nachindustriellen globalisierten Leistungsgesellschaft stellen Wirtschaftswachstum und – als individueller Beitrag – die Beschäftigung den Schwer-

---

[248] Vgl. Haselmann 2009.
[249] Vgl. hierzu Luhmann 1987, v. Glasersfeld 2007, v. Foerster 2007.

punkt des Systemerhalts dar. Eine Vielzahl politischer Operationen auf der Basis gesetzlicher Kodierungen reguliert Prozesse der Förderung von Beschäftigung für unterschiedliche Personenkreise einerseits, für den Arbeitskräftebedarf der Wirtschaft andererseits. In diesen Gesamtprozess sind zahlreiche Institutionen involviert, was eine Ausdifferenzierung der Kommunikationsprozesse bewirkt. Deren Komplexität wird durch Codierungen reduziert, um Informationen operativ zu standardisieren.[250] Um Verstehen zu ermöglichen,[251] seien hier zentrale Codes dieses Beitrags kontextbezogen decodiert:

Der Terminus *Beschäftigungsförderung* codiert Maßnahmen der Bundes-agentur für Arbeit nach dem Dritten Sozialgesetzbuch. Das Ziel aller Förderung von Beschäftigung besteht in einem relevanten Beitrag zu dem Ziel, dass „ein hoher Beschäftigungsstand erreicht und die Beschäftigungsstruktur ständig verbessert wird."[252] Die auf diesen Zweck zielenden Maßnahmen sollen zugleich „der beschäftigungspolitischen Zielsetzung der Sozial-, Wirtschafts- und Finanzpolitik entsprechen"[253]. Damit untersteht Beschäftigungsförderung den wechselhaften, jeweils aktuellen politischen Interessen einer jeden Bundesregierung. Zugleich lässt diese Zielformulierung eine Ausdifferenzierung des Begriffs *Beschäftigungsförderung* zu und gestattet damit die Subsumtion auch jener sozialpolitischen und arbeitsweltbezogenen Maßnahmen, die nicht allein durch das SGB III, die gesetzliche Normierung der Bundesagentur für Arbeit, determiniert werden. Das gilt insbesondere für Maßnahmen der beruflichen Rehabilitation behinderter Menschen, die sowohl im SGB III[254] als auch im SGB IX[255] geregelt sind.

Hinter der Codierung des Begriffs *Krankheit* steht ein Interesse an den mit dem Namen verbundenen Konnotationen. Wir haben gelernt, Krankheit als Zustand einer Person zu sehen. In systemischer Perspektive kann Krankheit als Versuch eines Systems (v.a. des menschlichen Körpers) gesehen werden, gemäß der eigenen Struktur eine interaktionelle Störung zu beheben. *Störung* ist im systemischen Sinne relational zu sehen, weil nicht die Individuen, sondern stets Beziehungen gestört sind.[256] Das gilt insbesondere für psychische Krankheiten. Von internationaler Bedeutung für die Diagnose von Krankheiten sind die Codierungen der Weltgesundheitsorganisation

---

[250] Vgl. Luhmann 1987, Kapitel 4, S. 191 ff.
[251] Die geneigte Leserschaft möge selbstreferentiell entscheiden, ob dies dann geschehen ist.
[252] § 1 Abs. 1 Satz 1 SGB III.
[253] A.a.O. Satz 3.
[254] Vgl. SGB III, Siebter Abschnitt, §§ 97 bis 115.
[255] Vgl. SGB IX, Kapitel 5, §§ 33 – 43.
[256] Vgl. Simon 1999, S. 169 ff.

(WHO). Die WHO vermeidet in ihrer *International Classification of Desease* in deren 10. Version (ICD 10) allerdings den Begriff Krankheit zugunsten des Terminus´ *Störung*, „um den problematischen Gebrauch von Begriffen wie „Krankheit" oder „Erkrankung" weitgehend zu vermeiden" (Hervorhebungen im Original).[257] Um weiteren Ausführungen nicht vorzugreifen, kann an dieser Stelle gesagt werden, dass die WHO *Krankheit* nicht allein auf physische Prozesse einschränkt, sondern sie als Kontinuum körperlicher, seelischer und sozialer Faktoren betrachtet.

Im Kontext der Beschäftigungsförderung, die ja primär sozial- und wirtschaftspolitischen Zielen verpflichtet ist, sind die Codes der WHO sozialrechtlich verbindlich.[258] Doch die der deutschen Version vorangestellte Begriffsbestimmung von Krankheit begrenzt die weit reichende Definition der WHO.[259] Nach der Gesundheitsberichterstattung des Bundes wird Krankheit „definiert als Störung des körperlichen, seelischen und sozialen Wohlbefindens. Bei der Abgrenzung der Krankheit von Gesundheit ist eine bestimmte, aus einer Vielzahl von Beobachtungen mithilfe statistischer Methoden gewonnene Schwankungsbreite zu berücksichtigen, innerhalb derer der Betroffene noch als gesund angesehen wird."[260] Damit gilt die WHO-Definition eingeschränkt um quantifizierbare Standardabweichungen, die die Differenz von Gesundheit und Krankheit markieren. Zur Ermittlung wird auf „Beobachtung" verwiesen, die – man beachte die Erkenntnisse der Beobachtertheorie des radikalen Konstruktivismus´ – bekanntlich durch die Perspektive des Beobachters determiniert wird.[261] Zu bedenken ist, dass wir es im Themenbereich dieses Textes mit psychiatrischen Diagnosen zu tun haben, die ja auch immer ein Werturteil über die diagnostizierte Person beinhalten.[262]

Weitaus stärker als der Begriff Krankheit gibt der Code *Behinderung* eine Position bzw. eine Perspektive wieder. Mit *Behinderung* werden Standards gesetzt und Bewertungen sowie Erwartungen verbunden, die sich überwiegend auf Leistungsfähigkeiten beziehen, aber auch mit Kausalattribuierungen verbunden werden. Die WHO hat ihre langjährige biopsychosoziale Differenzierung des Behindertenbegriffs in *impairment* (Schädigung), *disability* (Funktionseinschränkung) und *handicap* (soziale

---

[257] Weltgesundheitsorganisation 2008, S. 23; vgl. ICD 10 passim,
[258] Vgl. Kilian 2008.
[259] „... ein Zustand vollständigen physischen, geistigen und sozialen Wohlbefindens, der sich nicht nur durch die Abwesenheit von Krankheit oder Behinderung auszeichnet". Somit könnte bereits ein Mückenstich Krankheitswert haben.
[260] http://www.gbe-bund.de/gbe10/abrechnung.prc_abr_test_logon?p_uid=gastg&p_ aid=&p_knoten=FID&p_ sprache=D&p_ suchstring=9404
[261] Vgl. von Foerster 2007 und 1993, von Glasersfeld 1998 und 2007.
[262] Vgl. Groenemeyer 2010.

Beeinträchtigung) weiter entwickelt zu einem Verständnis, das sowohl von Defiziten als auch von Ressourcen der Betroffenen ausgeht und dabei explizit Kontextfaktoren einbezieht. Somit dient Behinderung „als Oberbegriff für Schädigungen, Beeinträchtigungen der Aktivität und Beeinträchtigung der Partizipation", die mit Umweltfaktoren „in Wechselwirkung stehen".[263] Auch die Vereinten Nationen setzen in der UN-Behindertenrechtskonvention Behinderungen mit *Beeinträchtigungen* gleich, sie definieren Betroffene als „Menschen, die langfristige körperliche, seelische, geistige oder Sinnesbeeinträchtigungen haben, welche sie in Wechselwirkung mit verschiedenen Barrieren an der vollen, wirksamen und gleichberechtigten Teilhabe an der Gemeinschaft hindern können".[264]

Auf Wahrscheinlichkeit und Erwartbarkeit setzt wiederum die Definition von Behinderung, die der Gesetzgeber im Sozialgesetzbuch IX verpflichtend festgelegt hat:

> „Menschen sind behindert, wenn ihre körperliche Funktion, geistige Fähigkeit oder seelische Gesundheit mit hoher Wahrscheinlichkeit länger als sechs Monate von dem für das Lebensalter typischen Zustand abweichen und daher ihre Teilhabe am Leben in der Gesellschaft beeinträchtigt ist. Sie sind von Behinderung bedroht, wenn die Beeinträchtigung zu erwarten ist."[265]

Diagnosen und ihre Prognosen werden im jeweiligen Kontext codiert auf der Basis vorab festgelegter strukturdeterminierter Definitionen; diese beruhen auf Konzepten, die interessegeleitet entwickelt wurden und insbesondere professionelle Verständnisse von Krankheit und Behinderung prägen. Diagnosen beinhalten zugleich eine Kategorisierung und moralische Bewertung der Person und eröffnen eine potentielle Zuweisung von Ressourcen,[266] z.B. die Option auf medizinische und/oder berufliche Rehabilitation.

Berufliche Rehabilitation ist der Bereich von Rehabilitation, in welchem die als behindert oder von Behinderung bedroht kategorisierten Menschen auf die (Wieder-)Eingliederung in die Arbeitswelt vorbereitet werden. Berufliche Rehabilitation findet in einem heterogenen Kontext statt: zwischen Sinnsystemen, institutionellen Gegebenheiten, arbeitsmarktlichen Bedingungen und dem rehabilitativen Gesamtprozess, also komplementär zu der medizinischen Rehabilitation. Laut Definition der Internationalen Arbeitsorganisation (ILO) und der Weltgesundheitsorganisation (WHO) ist

---

[263] WHO / DIMDI 2005, S. 14.
[264] Vereinte Nationen …, Artikel 1 Absatz 2, veröffentlicht im Bundesgesetzblatt Jahrgang 2008 Teil II Nr. 35, ausgegeben zu Bonn am 31. Dezember 2008, S. 1423.
[265] SGB IX § 2 Abs. 1.
[266] Vgl. Groenemeyer 2010.

Rehabilitation „... die Summe jener aufeinander abgestimmten Maßnahmen, die darauf gerichtet sind, körperlich, geistig und/oder seelisch Behinderte bis zum höchsten, individuell erreichbaren Grad geistiger, sozialer, beruflicher und wirtschaftlicher Leistungsfähigkeit herzustellen oder wiederherzustellen, damit sie einen angemessenen Platz in der Gemeinschaft finden"[267]. Diese Definition verweist auf eine vorausgegangene Selektion oder Exklusion aus der Gemeinschaft der Leistungsfähigen aufgrund einer individuellen Abweichung von Leistungsnormen.

3. Kausalattribuierungen versus systemische Beobachtung: differente Perspektiven auf das Phänomen psychischer Krankheiten und ihre Sinnhaftigkeit

In diesem Abschnitt wird in differente Perspektiven auf psychische Krankheiten unterschieden: in traditionell ätiologische und in systemische. Die ätiologische Sicht auf das Phänomen psychischer Krankheiten als psychogene Erkrankungen bzw. psychotische Störungen ist keineswegs monokausal orientiert. Hinsichtlich der Ursachenfestlegung differiert sie je nach Krankheits- und Gesundheitsmodell: Am häufigsten verwendete Modelle sind zum einen das naturwissenschaftlich-biologische Modell. Demnach entsteht Krankheit durch ein „pathologisches Substrat"[268]. Ebenfalls häufig herangezogen wird das konstitutionell-persönlichkeitsbezogene Modell, nach welchem Erkrankungen durch anlagebedingte Eigenschaften[269] bestimmt sind. Eine große Bedeutung hat das psychoanalytische Modell, das intrapsychische Konflikte als Erkrankungsursache voraussetzt. Weitere häufig verwendete Ursachenerklärungen werden nach dem behavioristisch-lerntheoretischen Modus vorgenommen, nach dem bestimmte Lernprozesse Krankheitsursache und -verlauf determinieren. Zunehmend

---

[267] Zitiert nach Forschungsverbund Rehabilitationswissenschaften Sachsen-Anhalt/Mecklenburg-Vorpommern o.J., S. 8.

[268] Kast 2000, S. 47.

[269] Nachdem rassistische Perspektiven auf das Erbgut aus der Mode gekommen sind, richten sich nun ökonomisch motivierte Interessen, vertreten durch die Biopsychologie, an den genetischen Code und dessen Prognosemöglichkeiten.

häufiger findet auch das psychobiologische Stressmodell Anwendung, nach dem Erkrankungen durch belastende Erlebnisse als Ursache verstanden werden.[270]

Bei aller Unterschiedlichkeit dieser Erklärungsansätze ist eine Theorien übergreifende Gemeinsamkeit zu beobachten: die Bestimmung einer individualisierenden Kausalattribuierung. Mit der Ursachenfestlegung beim betroffenen Individuum wird die professionelle Perspektive kanalisiert: typische und – wo theoriefremde oder unerwartete Beobachtungen gemacht werden – atypische Verläufe und Heilungserwartungen werden unter Perspektivierung einer Ätiologie wahrgenommen und bewertet. Die Überzeugung, dass auf der Basis einer Kausalität eine Krankheitsentwicklung linear ableitbar ist, kanalisiert den Blick und determiniert mithin die Wahrnehmung und Nichtwahrnehmung von Entwicklungen.

Doch die Festlegung einer allein individuellen Verursachung ist eine Konstruktion. Das zeigen auch die Analysen von Foucault. Er hat mit seiner Untersuchung ein Bewusstsein geschaffen für historische und gesellschaftliche Bedingungen und Interessen, die eine Bewertung bestimmter Formen abweichenden Verhaltens als psychische Krankheit erst hervorbringen und dabei jeweils unterschiedliche Behandlungsformen entwickeln.[271] Die historische und kulturelle Genese von Geisteskrankheiten und als deren Folge die leistungsrechtlich relevante Anerkennung als Element derzeitiger gesellschaftlicher Rahmenbedingungen verweist auf andere und weitere Zusammenhänge als eine bloße, individuell zugeschriebene Ätiologie. Dieser Sachverhalt wird in diesem Text an geeigneter Stelle aufgegriffen.

Nicht kausalattribuierend und nicht von vorab festgelegten Störungsbildern ausgehend, sondern kontextbezogen, kann aus system(theoret)ischer Perspektive das Phänomen beobachtet und beschrieben werden, das unter dem Etikett psychischer Krankheiten/Behinderung firmiert. Die Erklärung für das Phänomen ergibt sich aus der Systemtheorie:

Nach system(theoret)ischer Auffassung streben Systeme nach Gleichgewicht, nach Homöostase, die durch permanente Äquilibrierung erreicht wird. Da ein System sich nur der eigenen Struktur gemäß verhalten kann, besteht das Risiko, dass der Äquilibrierungsversuch im gegebenen Kontext nicht anschlussfähig ist und als Störung beobachtet wird. In der auf einander bezogenen Kommunikation handeln die Systeme nicht allein selbstreferentiell oder selbstbezüglich. Die Kommunikation ist insbesondere auch abhängig von der Relation, der Beziehung, in der Systeme zu einander ste-

---

[270] Vgl. Kast 2000, S. 47 f.
[271] Vgl. Foucault 1968 und 1972.

hen. Zu weiteren relevanten Bedingungsfaktoren zählt ebenso der Sinn der Kommunikation für das jeweilige System.[272] Vor allem aber spielen Kommunikationsprozesse sich innerhalb eines Kontextes ab, der den Rahmen bildet, in welchem die Kommunizierenden sich aufeinander beziehen. Der Bezugsrahmen ist der „Phänomenbereich"[273], in dem die Abweichung von der erwarteten „Normalität"[274] beobachtet und beschrieben werden kann. In einem anderen Kontext werden andere Verhaltensweisen gezeigt bzw. das abweichende Verhalten oder die als gestört apostrophierte Kommunikation könnte in einem anderen Bezugsrahmen adäquat sein!

4. Rationalität einer nicht systemischen Perspektive

Aus systemischer Perspektive stehen Interaktions- und Kommunikationssysteme in ihren Wechselbeziehungen im Fokus, in der die als auffällig identifizierte Person lediglich Symptomträger ist. Störungen, die nach anderen Theorien individuellen Krankheitswert haben, gelten im systemischen Verständnis als interaktionelle Probleme bzw. unglückliche Kommunikation. Die Interaktion wird nicht als linearer Austausch zwischen zwei oder mehr Personen betrachtet, sondern als strukturdeterminierter zirkulärer Zusammenhang wahrgenommen.[275] Dadurch ist eine individuelle Zurechenbarkeit gar nicht möglich. Gerade dieser Umstand ist es, der zu der Beharrlichkeit führt, mit der die systemische Perspektive in vielen Funktionssystemen nicht anerkannt wird zugunsten der Aufrechterhaltung tradierter Theorien und Paradigmata: Die Individualisierung von Problemen ist sinnhaft und systemerhaltend für viele gesellschaftliche Funktionssysteme.

Ein Verzicht auf die individualisierende Zuschreibung von Störungen resp. Krankheit bedroht zum Beispiel das Medizinsystem. [276] Denn die berufliche Rehabilitation ist als Korrelat und ggfls. Komplementär der medizinischen Rehabilitation auch determiniert durch das Medizinsystem, das auf der individuellen Zurechenbarkeit von Krankheit und deren individualisierender Behandlung basiert. Das Medizinsystem ist

---

[272] Vgl. Simon 1999, S. 169 ff., Luhmann 1987.
[273] Simon a.a.O., S. 182.
[274] Auch Normalität ist ja eine historisch wandelbare, jeweils aktuell ausgehandelte Konstruktion relevanter Definitoren auf der Basis von Interessen; vgl. Michel-Schwartze 2002, S. 38 ff. und 2009c.
[275] Vgl. Haselmann a.a.O.; Simon a.a.O.
[276] Zum Medizinsystem vgl. Vogd 2005.

in seinem Systemerhalt darauf angewiesen, Symptome kranker Einzelpersonen zu behandeln. Auch die Interessenvertreter der Betroffenen sehen Behinderung als Tatsache[277] bzw. thematisieren eine aus ihrer Perspektive „Neue Sichtweise der Behinderung: Eine Person ist nicht behindert, sie wird behindert"[278]. Damit wird trotz Verweises auf Behinderungen durch externe Faktoren die individuelle Zurechenbarkeit gefestigt.[279] Doch die Analyse sollte nicht bei der externen Behinderung stehen bleiben, sondern über die Frage von Kausalitäten hinausreichen.

Der Sinn einer Kausalattribuierung im Kontext von Beschäftigungsförderung wird ebenfalls deutlich, wenn der Prozess beruflicher Rehabilitation fokussiert wird: Rehabilitiert wird die einzelne Person, um wieder beschäftigungsfähig zu sein und um in eine sozialversicherungspflichtige Beschäftigung (wieder) eingegliedert zu werden. Im Blick auf diesen Zweck erhält die individualisierende Zuschreibung einer psychischen Krankheit ihre Bedeutung. Eine systemische Kontextanalyse würde Faktoren des Arbeitsmarktes, der Beschäftigungsstruktur sowie der Arbeitsbedingungen fokussieren und den Wahnsinn nicht der einzelnen Person anlasten, was zu Bewältigungsstrategien führen könnte, die nicht marktkonform ausfielen. Zwar fehlt es nicht an Hinweisen in veröffentlichten Meinungen der Massenkommunikationsmittel auf krank machende Bedingungen der Arbeitswelt, doch auch im Sinne der wohlmeinenden Beobachter führen gesundheitsschädigende Faktoren zu Erkrankungen vieler einzelner Personen, die dann einzeln behandelt werden müssen, um ggfls. wieder eingegliedert zu werden. Unternehmen ermöglichen eine Eingliederung etwa durch einzelne *leidensgerechte Arbeitsplätze*[280]. Insofern dient die Individualisierung von Symptomen auch dem Wirtschaftssystem, das seine Arbeitsbedingungen nicht in Frage stellen muss.

Für Betroffene, aber auch für die sozialen Funktionssysteme, liegt der Sinn individualisierender Attribuierungen im Erhalt einer „sozialen Adresse"[281], unter der Betroffene erreichbar sind als Symptomträger, als Kranke und Behinderte, als Rehabilitanden, als Sozialleistungsberechtigte.

---

[277] Vgl. Beiträge in den Tagungsbänden der Aktion Psychisch Kranke (APK) der Jahre 2007 und 2002: Schmidt-Zadel und Pörksen (Hrsg.) passim.
[278] Kunze/Pohl 2002, S. 201
[279] Der Sachverhalt externer Behinderungen ist natürlich unbestreitbar. Denn beispielsweise beinhalten die infolge intensiver Bemühungen von Betroffenen erreichten Formen von Barrierefreiheit ja die Botschaft, dass die architektonischen Barrieren der Normalfall in unserem Kulturkreis sind.
[280] Vgl. § 106 der Gewerbeordnung; vgl. *Betriebsrat kompakt* vom 28.02.2012
[281] Vgl. Eugster 2000.

5. Der Bezugsrahmen beruflicher Rehabilitation: Kontextfaktoren

Dieser Abschnitt widmet sich dem Versuch, den hoch komplexen Bezugsrahmen der beruflichen Rehabilitation zu skizzieren. Zur Reduktion der Komplexität dieses Vorhabens wird der Bezugsrahmen auf drei Ebenen betrachtet: auf einer Makro-, einer Meso- und einer Mikro-Ebene. Hierbei wird es um Codes und Standards sowie um die Betrachtung des Zusammenwirkens unterschiedlicher Akteure auf verschiedenen Ebenen im Kontext der beruflichen Rehabilitation psychisch kranker Menschen gehen.

1. Die *Makro-Ebene* sei hier definiert als *Ebene der Konstitution.* Auf der Makro-Ebene werden Krankheits- bzw. Störungsbilder konstruiert, definiert und identifiziert sowie anhand deskriptiver Kurzbeschreibungen klassifiziert. Akteure auf dieser Ebene sind supranationale Organisationen wie die WHO, ausdifferenziert u.a. in internationale Verbände der scientific community, z.B. das Council for International Organizations of Medical Sciences (CIOMS), die federführend für die Definition und Modifikation von Störungsbildern agieren. Deren Aktivitäten entfalten auf allen drei Ebenen konkrete Wirkungen, denn sie bringen relevante Definitoren hervor, die Konstitutionsprozesse initiieren und durchsetzen, um Nationen übergreifende Definitionen und deren Verbindlichkeit zu schaffen. Für den deutschsprachigen Raum agiert das Deutsche Institut für Medizinische Dokumentation und Information (DIMDI) als WHO-Kooperationszentrum für das System Internationaler Klassifikationen.

Das Ziel der Konstitutionen besteht in einer übernationalen und interkulturellen Verständigung darauf, was unter psychischen Krankheiten und ihren Äußerungsformen zu verstehen ist. Nationaler und internationaler Konsens wird hier zusammengeführt, mit Codes werden Standardisierungen erstellt, die über nationale und kulturelle Grenzen hinweg Gültigkeit haben (sollen).

An Definitionen und Kodifikationen sind hier ihrer Reichweite wegen zu nennen

- die Internationale Klassifikation psychischer Störungen in ihrer gegenwärtigen 10. Fassung (ICD 10) der Weltgesundheitsorganisation,

- die Internationale Klassifikation der Funktionsfähigkeit, Behinderung und Gesundheit (ICF),

- das Diagnostic and Statistical Manual of Mental Disorders (Diagnostisches und Statistisches Handbuch Psychischer Störungen der American Psychiatric Association[282],

- die Praxisleitlinien in Psychiatrie und Psychotherapie[283] der Deutschen Gesellschaft für Psychiatrie, Psychotherapie und Nervenheilkunde (DGPPN).

- Aktuell in der Entwicklung befindet sich ein weiteres internationales Klassifikationsmanual der Gesundheitsinterventionen: das ICHI.[284]

In diesen umfangreichen Kodifizierungen wurden Störungen (Krankheiten, Behinderungen) codiert, klassifiziert und arithmetisiert, um möglichst alle beobachteten Phänomene, die die Leistungsfähigkeit beeinträchtigen, als Störungsbilder kleinteilig erfassen und im Einzelfall diagnostizieren zu können. Entsprechend dem je aktuellen Stand der Wissenschaft finden in Fachdiskursen und Forschungen permanent Bestrebungen zur Weiterentwicklung und Modifizierung, also neue Definitionen und Konstitutionen, statt.

Ein Interesse an Klassifizierungen insbesondere psychischer Krankheiten lässt sich seit Jahrhunderten nachweisen. Frühere Klassifikationsbildungen, die Foucault bereits bei Paracelsus (1493/94 – 1541) und im frühen 17. Jahrhundert nachweist, wirkten jedoch nicht nachhaltig.[285] Die aktuellen, stark differenzierten Klassifikationssysteme wurden in der ersten Hälfte des 19. Jahrhunderts begonnen und seither weiter entwickelt.[286] Der Zeitraum des Beginns und die seither beobachtbare Kontinuität lassen die Hypothese zu, dass der Fortschritt der (psychiatrischen) Medizin in Korrespondenz mit der Industrialisierung nicht nur fachliche, sondern auch politische Interessen an der Klassifikation psychischer Auffälligkeiten evozierte, die nun unter dem Aspekt der Leistungseinschränkung wahrgenommen wurde. Behinderung *„ist eine unter Leistungsterror erfolgende Einstufungsfrage und weniger ein Problem der Behinderten selbst"*[287].

---

[282] Ein zwar nationales, aber das ICD 10 der WHO ergänzendes Klassifikationssystem, das u.a. auch in Deutschland angewandt wird.

[283] Nach der Klassifikation der Arbeitsgemeinschaft der Wissenschaftlichen Medizinischen Fachgesellschaften (AWMF).

[284] Vgl. Deutsches Institut für Medizinische Dokumentation und Information (DIMDI).

[285] Vgl. Foucault 1972, S. 187 ff.

[286] A.a.O.

[287] Gamm 1971, zitiert nach Szagun 1983.

Nun verfolgt die WHO die ambitionierten Ziele der „Herbeiführung des bestmöglichen Gesundheitszustandes aller Völker"[288]. Auf diese Zielvorstellung verweist bereits die weiter oben wiedergegebene eindrucksvolle Definition von Gesundheit.[289] Dennoch bedeutet Gesundheit auch Arbeitsfähigkeit; Arbeit wird als relevanter Integrationsbereich genannt.[290] Die in Kooperation mit der ILO definierte Zielsetzung von Rehabilitation als Wiederherstellung höchstmöglicher geistiger, sozialer, beruflicher und wirtschaftlicher Leistungsfähigkeit zur Erreichung eines angemessenen Platzes in der Gemeinschaft[291] verweist aber doch auf eine Bereitschaft zur Unterstützung von Leistungsnormen.

In ihrer Hauptaufgabe, der weltweiten Bekämpfung von Krankheiten, insbesondere Infektionskrankheiten, sowie der alle Länder umfassenden Gesundheitsförderung[292] hat die WHO auch ein Behinderungskonzept kodifiziert in ihrer *International Classification of Functioning, Disability and Health* (ICF). Dieses Konzept beansprucht eine Integration des individualisierenden medizinischen Behinderungsmodells mit dem biopsychosozialen Ansatz. Die WHO konstituiert im ICF Behinderung als „ein komplexes Geflecht von Bedingungen, von denen viele vom gesellschaftlichen Umfeld geschaffen werden"[293] und stößt damit nach eigener Einschätzung an einstellungsbezogene oder weltanschauliche Barrieren, die die Menschenrechte betreffen und daher politisch beseitigt werden müssten.[294]

Daraus folgt für eine systemische Analyse: Die WHO hat eine in die systemische Richtung weisende Konzeptionierung von Behinderung entwickelt, indem sie ein bio-psycho-soziales Modell mit Umweltfaktoren in einen Zusammenhang gebracht hat. Doch wie bereits ausgeführt, verstieße eine systemische Deutung gegen existentielle Interessen des Medizin- und des Politiksystems. So ist die ICF in zwei große Teile gegliedert: Im ersten Teil findet sich die akribische Klassifizierung individueller Schädigungen und Fähigkeiten und im zweiten Teil werden die Kontextfaktoren erfasst, wodurch gerade dieser Teil der ICF additiv wirkt. Hinzu tritt die Voraussetzung, dass ein Gesundheitsproblem der Person präsentiert werden muss, um die ICF anwenden zu können,[295] wodurch die interdependente Korrespondenz mit der ICD 10

---

[288] Gesundheitsberichterstattung des Bundes: http://www.gbe-bund.de/glossar/ Weltgesundheitsorganisation.html abgerufen am 12.09.2013.
[289] Vgl. Fußnote 13.
[290] Vgl. WHO 2005 passim
[291] Vgl. weiter oben, Fußnote 20.
[292] Verfassung der WHO (http://www. admin.ch/ch/d/sr/0_810_1/index. html).
[293] WHO / DIMDI 2005, S. 25.
[294] Vgl. a.a.O.
[295] Vgl. Deutsche Vereinigung für Rehabilitation (DVfR) 2007.

aktiviert wird. Entscheidend ist, das deutet sich hier an, wie eine Klassifikation auf der Meso-Ebene umgesetzt wird und wie sie auf der Mikro-Ebene die Interaktionen determiniert.

2. Die *Mesoebene* sei hier definiert als *Ebene der Institutionalisierungen*; diese werden prozessiert

- über Codierungen in Gesetzestexten[296],
- über Ausdifferenzierung staatlicher Institutionen zur Ausübung und/ oder Überwachung gesetzlicher Vorschriften,
- über nicht-staatliche Einrichtungen, die im behördlichen Auftrag tätig werden,
- über Vereine/Verbände, die Interessen Betroffener vertreten[297].

Die auf der Makro-Ebene vereinbarten Codes werden durch die Institutionalisierungen auf der Meso-Ebene in Programmierungen transformiert. Dadurch können Regelungen und Maßnahmen zur beruflichen Rehabilitation[298] codiert und entwickelt werden. Zugleich werden damit Eingriffspotentiale der Institutionen lizenziert, die den Zugriff auf diagnostizierte Personen zu deren wünschenswerter Veränderung auf der Mikro-Ebene ermöglichen.[299]

Auf der institutionellen Ebene werden mit den gesetzlichen Normen und den aus ihnen abgeleiteten Verwaltungsvorschriften auch die Behörden programmiert, die in der beruflichen Rehabilitation die Steuerungsfunktion innehaben. Das sind die Deutsche Rentenversicherung, die Bundesagentur für Arbeit und die Job Center. Trotz vergleichbarer sozialpolitischer Funktionen zeichnet eine systemspezifische Strukturdeterminiertheit sie aus. Gesetzliche Regelungen produzieren einen je speziellen Sinn

---

[296] In Anlehnung an den weit gefassten Institutionsbegriff von Berger/Luckmann wegen der handlungsleitenden Potenz der gesetzlichen Codierung und unter Berücksichtigung der Beobachtung, dass international verbindliche Normen die nationale Gesetzgebung determinieren.

[51] Z.B. die Aktion Psychisch Kranke, die Bundesarbeitsgemeinschaft Rehabilitation psychisch kranker Menschen, Allgemeiner Behindertenverband in Deutschland (ABiD), zahlreiche Selbsthilfegruppen und Organisationen für Betroffene mit speziellen Behinderungen

[298] Hier seien Assessments, Integrationsmaßnahmen, EBA, Berufliches Training und Modelle wie die die Unterstützte Beschäftigung nach 38a SGB IX und das Institut des Arbeitsassistenten der aus dem angloamerikanischen Raum kommende *Supported Employment Ansatz* genannt; die Deutsche Gesellschaft für Psychiatrie, Psychotherapie und Nervenheilkunde, nennt in ihren Leitlinien im Abschnitt 4.4 an durchführenden Einrichtungen Träger der ambulanten Arbeitstherapie, Rehabilitationseinrichtungen für psychisch Kranke (RPK), Berufliche Trainingszentren (BTZ), Berufsförderungswerke (BFW), Berufsbildungswerke (BBW) sowie Werkstätten für behinderte Menschen (WfbM); vgl. S 3-Leitline Psychosoziale Therapien bei schweren psychischen Erkrankungen.

[299] Vgl. Groenemeyer 2010.

und leiten das jeweilige behördliche Administrationshandeln. Zwar ist Verwaltungs-
handeln prinzipiell gleich[300] und wir finden die umfangreichen Rechtsvorschriften für
(psychisch) Behinderte im selben Gesetzestext, im Sozialgesetzbuch IX, versammelt.
Doch Differenzen je aktueller sozialpolitischer Funktionen der Behörden haben bei
ihrer Ausdifferenzierung zu unterschiedlichen Rationalitäten mit jeweils systemspezifischen Normen geführt. Aus den systemrelevanten Normen ergeben sich strukturell
bedeutsame Regelungen bezüglich der Möglichkeiten sowie der Rechte und Pflichten
der jeweils Leistungsberechtigten, aber auch der Handlungslogiken der jeweiligen
Institution. So agiert die Deutsche Rentenversicherung nach dem Prinzip „Reha vor
Rente",[301] während die Bundesagentur für Arbeit ihre rehabilitativen Aufgaben im
Rahmen ihrer beschäftigungspolitischen Funktionalität ausübt.[302] Die Job Center erfüllen ihre Funktion des Forderns und Förderns, indem sie die behindertenspezifi-
schen Nachteile ihrer Klientel überwinden helfen.[303] Insgesamt tragen die staatlichen
Institutionen dazu bei, „den vorzeitigen Bezug anderer Sozialleistungen (zu) vermei-
den oder laufende Sozialleistungen (zu) mindern"[304], nur eben mit systemspezifischen
Schwerpunktsetzungen. Relevant werden die Unterschiede für die Betroffenen, deren
Beziehung zur jeweiligen Institution durch deren Normen und Arbeitsprinzipien determiniert sind. Beispielsweise gilt für die Job Center, anders als im Sozialgesetzbuch
grundsätzlich vorgesehen, nicht mehr der Grundsatz, ihrer Klientel die Führung eines
Lebens zu ermöglichen, das der Würde des Menschen entspricht. Statt dessen gelten
„Leistungsorientierung und wirtschaftliches, unternehmerisches Denken"[305] als zielführend. Aus dieser Perspektive heraus werden als behindert klassifizierte Menschen
lediglich in ihrer eingeschränkten Leistungsfähigkeit wahrgenommen, denn Behinderung gilt als eines der vielen *kombinierten Hemmnisse* der Klientel.[306]

Die Unterschiede wie die Lizenzen zum Eingreifen in das Leben der Betroffenen treffen auch diejenigen Institutionen, die als Auftragnehmer und Dienstleister der Behörden – häufig aller dreier Behörden – die sogenannten Maßnahmen der Rehabilitation
durchführen. Denn die durchführenden Institutionen, freie Träger, die als nominell
gemeinnützige Gesellschaften bzw. Vereine anerkannt oder auch wirtschaftlich tätig
sind, handeln aufgrund ihrer eigenen Strukturdeterminiertheit selbstbezüglich und
sind nur begrenzt mit einander vergleichbar. Aufgrund ihrer Position in den wechsel-

---

[300] Vgl . Model/Creifelds 2007.
[301] Vgl. § 9 SGB VI.
[302] Vgl. § 1 SGB III.
[303] Vgl. § 1 SGB II.
[304] Vgl. § 4 Abs. 1 Ziff. 2 SGB IX.
[305] Bohrke-Petrovic, S. 63.
[306] Vgl. a.a.O., S. 59 f.

seitigen Abhängigkeiten mit fragilen Machtverhältnissen haben die freien Träger eigene Sinnsysteme ausdifferenziert. Neben den gesetzlichen Normen und Rationalitäten der Auftrag gebenden Behörden gewinnen und gestalten sie ihre Auftragslage durch den rehabilitativen Charakter ihrer Arbeit, in der sie zwischen den Betroffenen, den behördlichen Aufträgen, den potenziellen Arbeitgebern ihrer Klientel und ihren eigenen Handlungslogiken agieren.

Der heterogene und komplexe Kontext der Meso-Ebene stellt den Bezugsrahmen für die Interaktionen auf der Mikro-Ebene.

3. Die *Mikro-Ebene* wird als *Ebene der Interaktionen* begriffen. Wir könnten hier auch von der Ebene der Individualisierung sprechen, denn die Ebene der interaktionellen Handlungen fokussiert die einzelnen Betroffenen als kranke bzw. behinderte Menschen. Sie sind im systemischen Sinne Symptomträger, die Index- bzw. die identifizierten Patienten in ihrem Beziehungsgeflecht. Um sie zu identifizieren und zu diagnostizieren bedarf es einer Umwelt, also weiterer Akteure, die aufgrund entsprechender Beobachtungen und Bewertungen ein symptomatisches Verhalten fest- und zur Behandlung frei stellen. Aus diesem Grunde zählen zur Mikro-Ebene ebenso die medizinischen Gutachter, Therapeuten und weitere Beteiligte am individuellen Diagnose- und Behandlungsgeschehen. Da wir den Bereich der beruflichen Rehabilitation beobachten, liegen vor allem Interaktionen in Qualifizierungsprozessen zwischen den Betroffenen und den Fachpersonen im Fokus.

Somit wirken auch auf der Mikro-Ebene zahlreiche Rationalitäten mit- und gegeneinander. Das sind zum Einen die als psychisch krank diagnostizierten und als behindert prognostizierten Menschen in ihren Lebenswelten einschließlich der Mitbetroffenen. Diesem Bündel an Sinn, Rationalitäten und Handlungslogiken stehen zum Anderen die Rationalitäten der Fachkräfte gegenüber. Sie sind es, die zu den Betroffenen professionelle Beziehungen aufbauen. Diese Beziehungen zwischen Fachpersonen und den als psychisch krank Diagnostizierten werden durch die Definitionen und Klassifikationen einerseits, durch die berufliche Sozialisation der Fachkräfte andererseits determiniert. Die Vielfalt beruflicher Sozialisationen lässt sich aus der Vielfalt der Professionen erschließen, die in der beruflichen Rehabilitation mit der Klientel arbeiten: Dort sind vor allem Psychologinnen, Pädagogen, Sozialarbeiterinnen, Ergo- bzw. Arbeitstherapeuten tätig; Psychiater und Arbeitsmedizinerinnen treten hinzu. Ihre fachlichen Blicke fallen jeweils durch Studium sowie Berufs- und weitere Erfahrungen gelenkte Perspektiven auf die Klientel und determinieren die Interaktionen.

Zum Bezugsrahmen sind weiterhin die Interaktionen zwischen den bereits genannten und weiteren Fachkräften zu rechnen, die wiederum andere berufliche Sozialisationen erfahren haben und im Interesse ihres Anstellungsträgers systemspezifische Ziele und Werte vertreten (müssen): Reha-BeraterInnen der auf der Meso-Ebene genannten Träger der beruflichen Rehabilitation: der Rentenversicherung, der Bundesagentur für Arbeit, der Job Center etwa. Deren Erwartungsstrukturen sind durch verwaltungs- und auch wirtschaftsnahe Berufssozialisationen sowie innerbehördliche Anweisungen auf Arbeitsmarkterfolge der beruflichen Rehabilitation gelenkt, so dass deren Interaktionen mit den Betroffenen wie mit den Fachkräften in den durchführenden Einrichtungen zu Marktkonformität tendieren.[307] Weiteres Element im Bezugsrahmen ist der aktuelle Arbeitsmarkt, oft eingegrenzt auf die lokale und regionale Nachfrage nach Arbeitskräften. Der Wert der berufsbezogenen Qualifikationen Betroffener hängt davon ab, ob und in wie weit ein Arbeitskräftebedarf und/oder ein betriebliches Interesse an der Beschäftigung psychisch Behinderter besteht. Die Erwartungen der Auftrag erteilenden und finanzierenden Behörden aber sind weniger an aktuellen Arbeitsmarktgegebenheiten, sondern an arbeitsmarktlichen Erfolgen der durchführenden Einrichtungen orientiert. Vorgaben auf der Meso-Ebene, oft durch Quoten quantifiziert, bestimmen auch diesen wirtschaftlichen Aspekt in der Interaktion zwischen den Fachkräften der Behörden und denen der freien Träger.

Die Betroffenen sind aber nicht nur Objekte im Kräftespiel der Institutionen; sie können ihren Status in der Interaktion mit Fachkräften beeinflussen. Wer „als Opfer unkontrollierbarer Umständen konstruiert wird, ... eine hohe Compliance im Interaktionsprozess sowie eine hohe Veränderungsbereitschaft und -fähigkeit zugeschrieben (erhält) und sich als „guter" Klient präsentiert, kann mit einer anderen Behandlung rechnen, als Personen, die diesen Kriterien nicht entsprechen"[308].

Die Komplexität der heterogenen Interaktionen auf der Mikro-Ebene kann im Kontext dieses Beitrags lediglich angedeutet werden; hier eröffnet sich ein Feld für empirische Untersuchungen, denen interessante Erfahrungswerte und neue Erkenntnisse abzugewinnen sein könnten.

---

[307] Zur Problematik der Marktkonformität im Verständnis von Job Centern und der Bundesagentur für Arbeit s. Michel-Schwartze 2008 sowie 2010b und c

[308] Groenemeyer 2010, S. 47.

6. Resümé

Berufliche Rehabilitation der als psychisch behindert klassifizierten Menschen kann als sozialpolitisches Instrument der Beschäftigungsförderung gedeutet werden; die Zielsetzung besteht in der Teilhabe behinderter Menschen an einem wesentlichen Bereich gesellschaftlichen Lebens: an der Arbeitswelt. Neben dem Ziel der Teilhabe wirken jedoch noch andere Intentionen, die sich einer systemischen Analyse erschließen, weil diese den Blick auf den Bezugsrahmen ausweitet. Aus systemischer Sicht lässt sich nicht nur die Definition der psychischen Behinderung im Interessengeflecht definitionsmächtiger Institutionen problematisieren. In den Blick geraten auch die Interessen der relevanten Funktionssysteme, die von dem tradierten Verständnis und dessen Praxis profitieren. Die Definitionen sind verbindlich in internationalen Klassifikationen festgelegt, deren umfassende Codierungen auch eine inhärente systemrelevante Funktionalität repräsentieren. Mit ihren präzisierten Klassifizierungen von Symptomen, die gesundheitliche Störungen bzw. Behinderungen repräsentieren sollen, liegen nun Kataloge krankheitswertiger Abweichungen vom erwünschten Leistungsverhalten vor. Auf diese Weise werden nicht nur die von der WHO intendierten Unterstützungs- und Förderungsmöglichkeiten erfasst. Mit demselben Instrumentarium werden gesellschaftlich relevante Leistungsnormen unterstrichen und ggfls. Möglichkeiten eröffnet, das residuale Leistungsvermögen der Betroffenen nutzen zu können. Die Rahmenbedingungen auf der Makro-Ebene sind so gestaltet, dass sie zum Nutzen, aber auch zur Nutzung der Betroffenen ausgelegt und umgesetzt werden können. Kritisch angemerkt wäre zu sagen: Die internationale Reichweite der Codierungen sichert der Weltgesellschaft, und hier insbesondere dem Weltwirtschaftssystem, die systemrelevanten Leistungsstandards. Vor allem Behinderung kann als selbstreferentielle Zuschreibung des Gesellschaftssystems decodiert werden:

„Welche Eigenschaften und Zustände als behindernd empfunden werden, ist weitgehend abhängig vom allgemeinen Normensystem und den gesellschaftlich üblichen Lebensgewohnheiten ... Schon der Normalitätsbegriff im medizinischen Sinn ist ... relativ. Das, was als gesund = normal gilt, ist abhängig davon, welche Fähigkeiten eine Gesellschaft als besonders wichtig für ihren Fortbestand (ansieht)."[309]

Wie Definitionen und Klassifikationen beschäftigungsfördernder sozialpolitischer Instrumente eingesetzt werden, wird determiniert durch Programmierungen und Vorgaben für handelnde Institutionen, gleichwohl ob staatlichen Behörden oder freien

---

[309] Szagun 1983, S. 22.

Trägern die Rationalitäten ihres Handelns vorgeschrieben sind. Entscheidend sind weiterhin die durch diesen Kontext determinierten Interaktionen, in denen Determinanten individuell handlungsrelevant werden.

Abschließend sei ein Hinweis zur theoretischen Fundierung des vorliegenden Textes erlaubt: Eine Analyse, die sich der selben ätiologischen Theorien und individualisierenden Zuschreibungen bediente wie die der herrschenden Definitionen und Klassifikationen, hätte die hier skizzierten Ergebnisse nicht erbringen können. Nur die Verrückung der Perspektive zu einer systemischen Sicht mit ihrer Fokussierung auf den Bezugsrahmen ermöglichte die Thematisierung und Hervorhebung der hier beschriebenen Hintergründe und Zusammenhänge.

Literatur

Berger, Peter L./Luckmann, Thomas (1991): Die gesellschaftliche Konstruktion der Wirklichkeit. Frankfurt am Main: Fischer.

Bohrke-Petrovic, Siglinde (2008): Case Management: zum Stand der Diskussion in der Beschäftigungsförderung. In: Müller/Ehlers, S. 57 – 65.

Deutsche Gesellschaft für Psychiatrie, Psychotherapie und Nervenheilkunde (Hrsg.) (2013): S 3-Leitlinie Psychosoziale Therapien bei schweren psychischen Erkrankungen. S 3-Praxisleitlinien in Psychiatrie und Psychotherapie. O.J. Berlin Heidelberg: Springer Verlag.

Deutsche Vereinigung für Rehabilitation (DVfR) (2007): Anwendung der ICF in der beruflichen Rehabilitation. http://www.dvfr.de/uploads/media/ICF-Positionspapier_10-2007.pdf.

Deutsches Institut für Medizinische Dokumentation und Information (DIMDI) (2013): Familie der internationalen gesundheitsrelevanten Klassifikationen. Internet: http://www.dimdi.de/static/de/klassi/icd-10-who/historie/familie.htm, abgerufen am 30.08.2013

Deutsches Institut für Medizinische Dokumentation und Information (DIMDI) WHO-Kooperationszentrum für das System Internationaler Klassifikationen / Weltgesundheitsorganisation (WHO) (2005): Internationale Klassifikation der Funktionsfähigkeit, Behinderung und Gesundheit. Eigenverlag. http://www.dimdi.de/static/de/klassi/icf/.

Eugster, Reto (2000): Die Genese des Klienten: Soziale Arbeit als System. Bern Stuttgart Wien: Haupt

Fischer, Hans Rudi (Hrsg.) (1998): Die Wirklichkeit des Konstruktivismus: zur Auseinandersetzung um ein neues Paradigma. 2. Aufl. Heidelberg: Carl Auer Systeme.

Foerster, Heinz von (1993): KybernEthik. Berlin: Merve.

Foerster, Heinz von (2007): Das Konstruieren einer Wirklichkeit. In: Watzlawick (Hrsg.), S. 39 – 60.

Forschungsverbund Rehabilitationswissenschaften Sachsen-Anhalt/Mecklenburg-Vorpommern (2005): Abschlussbericht Projekt C 3: Berufliche Rehabilitation und Integration psychisch Kranker – eine kontrollierte Studie zum Rehabilitationserfolg in zwei Einrichtungen mit gemeindenahem Konzept. Martin-Luther-Universität Halle Wittenberg: Universitätsklinik für Psychiatrie und Psychotherapie.

Foucault, Michel (1968): Psychologie und Geisteskrankheit. Frankfurt am Main: Suhrkamp.

Foucault, Michel (1973): Wahnsinn und Gesellschaft. Frankfurt am Main: Suhrkamp.

Glasersfeld, Ernst v. (1998): Die Wurzeln des „Radikalen" am Konstruktivismus. In: Fischer (Hrsg.), S. 35 – 45.

Glasersfeld, Ernst v. (2007): Einführung in den radikalen Konstruktivismus. In: Watzlawick (Hrsg.), S. 16 – 38.

Groenemeyer, Axel (Hrsg.) (2010): Doing Social Problems: Mikroanalysen der Konstruktion Sozialer Probleme und Sozialer Kontrolle in Institutionellen Kontexten (German Edition). Wiesbaden: VS.

Groenemeyer, Axel (2010): Doing Social Problems – Doing Social Control. Mikroanalysen der Konstruktion Sozialer Probleme in institutionellen Kontexten – ein Forschungsprogramm. In: Groenemeyer (Hrsg.), S. 13 – 56.

Haselmann, Sigrid (2009): Systemische Beratung und der systemische Ansatz in der Sozialen Arbeit. In: Michel-Schwartze (Hrsg.), S. 155 – 206.

Kast, Verena (2000): Ätiologie. In: Stumm, Gerhard/Pritz, Alfred (Hrsg.): Wörterbuch der Psychotherapie. Frankfurt am Main: Zweitausendeins.

Kilian, Reinhold (2008): Die Bedeutung der Soziologie psychischer Gesundheit und Krankheit im Zeitalter der biologischen Psychiatrie. *Soziale Probleme: Zeitschrift für soziale Probleme und soziale Kontrolle.* 19. Jahrgang, 2008, Heft 2, S. 136 – 149.

Kunze, Heinrich/Pohl, Julia (2002): Leitlinien für Rehabilitation und Integration. In: Schmidt-Zadel/ Pörksen (Hrsg.), S. 198 – 214.

Luhmann, Niklas (1987): Soziale Systeme: Grundriß einer allgemeinen Theorie. Frankfurt am Main: Suhrkamp.

Michel-Schwartze, Brigitta (2002): Handlungsmuster der Sozialen Arbeit: Deutungsmuster und Fallarbeit. Opladen: Leske + Budrich.

Michel-Schwartze, Brigitta (2008): Die strukturelle Devianz des beschäftigungsorientierten Fallmanagements: Wie viel Case Management steckt im Fallmanagement? In: Müller/Ehlers 2008, S. 66 – 86.

Michel-Schwartze, Brigitta (Hrsg.) (2009a): Methodenbuch Soziale Arbeit: Basiswissen für die Praxis. 2. Aufl. Wiesbaden: VS.

Dies. (2009b): Einführung: Methodenverständnis und Handlungsrationalitäten. In: Michel-Schwartze (Hrsg.)., S. 9 – 23.

Dies. (2009c): Fallarbeit: ein theoretischer und methodischer Zugang. In: Michel-Schwartze (Hrsg.)., S. 121 – 154.

Michel-Schwartze, Brigitta (Hrsg.) (2010): „Modernisierungen" methodischen Handelns in der Sozialen Arbeit. Wiesbaden: VS.

Dies. (2010b): Einleitung: „Modernisierungen" methodischen Handelns in der Sozialen Arbeit: sozialpolitischer Imperativ, Steuerungsprozesse, Wirkungen. In: Michel-Schwartze (Hrsg.), S. 7 – 30.

Dies. (2010c): Wirklichkeitskonstruktionen durch beschäftigungsorientiertes Fallmanagement – eine Wegweisung für Soziale Arbeit? In: Michel-Schwartze (Hrsg.), S. 323 – 346.

Model/Creifelds (2007): Staatsbürger-Taschenbuch. 32. Aufl. München: C.H. Beck.

Müller, Matthias/Ehlers, Corinna (Hrsg.) (2008) Case Management als Brücke. Praxis Theorie Innovation: Berliner Beiträge zu Bildung, Gesundheit und Sozialer Arbeit, Band 4. Berlin, Milow, Strasburg: Schibri.

Schmidt-Zadel, Regina/Pörksen, Niels (Hrsg.) (2002): Teilhabe am Arbeitsmarkt: Arbeit und Beschäftigung für Menschen mit psychischen Beeinträchtigungen. Aktion Psychisch Kranke. Bonn: Psychiatrie Verlag.

Schmidt-Zadel, Regina/Pörksen, Niels (Hrsg.) (2008): Personenzentrierte Hilfen zu Arbeit und Beschäftigung. Aktion Psychisch Kranke. Bonn: Psychiatrie Verlag.

Schuntemann, Michael (2005): Vorwort zur deutschsprachigen Fassung der ICF. In: DIMDI / WHO, S. 4 – 7.

Simon, Fritz B. (1999): Unterschiede, die Unterschiede machen. Klinische Epistemologie: Grundlagen einer systemischen Psychiatrie und Psychosomatik. 3. Aufl. Frankfurt am Main: Suhrkamp.

Sozialgesetzbücher I, II, III, IV und IX in der jeweils aktuellen Fassung.

Szagun, Anna-Katharina (1983): Behinderung: ein gesellschaftliches, theologisches und pädagogisches Problem. *Analysen und Projekte zum Religionsunterricht,* Heft 16. Göttingen: Vandenhoek und Ruprecht.

Vogd, Werner (2005): Medizinsystem und Gesundheitswissenschaften – Rekonstruktion einer schwierigen Beziehung. *Soziale Systeme* 11, Heft 2, S. 235 – 270.

Watzlawick, Paul (Hrsg.) (2007): Die erfundene Wirklichkeit: Wie wissen wir, was wir zu wissen glauben? Beiträge zum Konstruktivismus. 2. Aufl. München Zürich: Piper.

Christine Jahn

Beschäftigungsförderung im Betrieb im Lichte der Systemtheorie Niklas Luhmanns

Niklas Luhmanns Systemtheorie ist explizit im Bereich der Gesellschaftstheorie zu verorten. Die Beschäftigungsförderung als Teilgebiet der Sozialen Arbeit ist jedoch keine angewandte Gesellschaftstheorie, sondern bearbeitet vielmehr als „Soziale Arbeit" aktiv gesellschaftlich verursachte Probleme bezogen auf Personen. Die Differenz zwischen der Gesellschaftstheorie und dem Anwendungsbezug gilt es daher gesondert zu betrachten.

Luhmanns Systemtheorie bewegt sich im Makrobereich, versucht die Gesamtgesellschaft zu charakterisieren und über „Kommunikation, psychische und soziale Systeme" deren organisatorische Differenzierung im Rahmen funktionaler Hilfe (Soziale Arbeit) zu definieren. Theorien sind jedoch grundsätzlich nicht ohne weiteres in ein Mikrosystem, also in die Praxis, umsetzbar. So versteht Luhmann seine Systemtheorie nicht als Praxisanleitung, sondern vielmehr als ein Reflexionsangebot.[310] Es bleibt somit die Frage zu klären, ob mit den Augen der Luhmannschen Systemtheorie die Beschäftigungsförderung als Teilgebiet der Sozialen Arbeit anders gesehen wird als mit anderen Theorien oder ob andere Aspekte für deren Durchführung erkannt werden, an denen sich die Praxis fortfolgend abarbeiten kann. Es sei noch auf die Gefahr einer Dogmatisierung der Luhmannschen Theorie durch den Praxisbezug hingewiesen. Die Systemtheorie Luhmanns gilt als „Klassiker". Das aber beinhaltet immer auch das Risiko, Aussagen im Rahmen der Theorie als Handlungsanleitung zu deuten, unwiderruflich festzuschreiben und somit aktuelle Probleme nicht mehr folgernd analysieren zu können. Dogmatisierung begrenzt die Weiterentwicklung der Theorie. Ist Luhmanns Systemtheorie in Bezug zur Beschäftigungsförderung also bereits ein

---

[310] Vgl. Luhmann 2002, S. 48.

„dogmatisierter Klassiker" oder sind die Probleme der Beschäftigungsförderung noch eindeutig zu verorten?

1. Beschäftigungsförderung aus systemischer Sicht

Nach Luhmanns Systemtheorie besteht das Soziale – und damit auch die Beschäftigungsförderung als einer ihrer funktionalen Organisationsbereiche – ausschließlich aus Kommunikationsprozessen, die aneinander anschließen. Dabei werden die Individuen nicht als Teil des Sozialen betrachtet und Handlungen werden nicht als Grundeinheiten des Sozialen gewertet.[311] Luhmanns Systemtheorie unterscheidet sich diametral von anderen Systemtheorien und ist bisweilen schwer verständlich. Offensichtlich nehmen doch Individuen an sozialen Prozessen teil, soziale Prozesse können ohne Individuen gar nicht existieren. Insofern werden folglich Individuen als Teil des Sozialen gesehen. Handlungen wurden und werden immer auch als Reaktion auf andere zuvor getätigte Handlungen betrachtet. Handlungen treten also in Bezug zueinander auf. Um Luhmanns Ansatz zu verstehen, müssen daher seine Grundthesen genauer betrachtet werden.

Zentraler Ausgangspunkt der Luhmannschen Theorie ist die „Kommunikation", die als Bindeglied zwischen den sozialen Systemen und den psychischen Systemen, in die Luhmann die Gesellschaft unterteilt, fungiert.[312] Beiden Systemen gemeinsam ist, dass sie „Sinn" verarbeiten. *Psychischer Sinn* ist hierbei bewusstseinsförmiger, kognitiver Sinn, also Sinn, der gedanklich erzeugt und zugeschrieben wird. *Sozialer Sinn* hingegen ist kommunikationsförmiger Sinn, also Sinn, der im Fortgang einer Kommunikation einem Ereignis zugeschrieben wird.[313]

Der *Psychische Sinn* ist also auf ein bewusstes Ziel (die Sozialisation) ausgerichtet. Ein Absender, der ein bewusstes Ziel hat, ist in der Lage durch geeignete Kommunikation mit einem Empfänger dessen Verhalten so zu beeinflussen, dass dieser eine vom Sender gewünschte Handlung (die Sozialisation) vollzieht (s. Abb. 1).

---

[311] Vgl. Luhmann 1984, S. 191ff.
[312] Vgl. ebda, S. 195ff.
[313] Vgl. Luhmann 1997, S. 45ff.

Psychischer Sinn

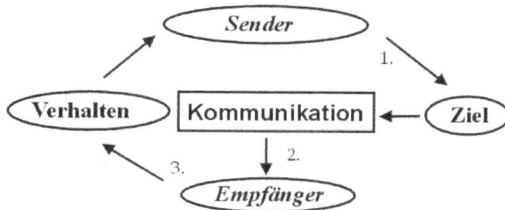

Abb. 1: Psychischer Sinn

Sozialer Sinn ist hingegen auf das Miteinander, die Inklusion des Individuums in die Gemeinschaft ausgerichtet. Ein Sender (Individuum) versucht durch Beobachtung eines Empfängers (Gemeinschaft) herauszufinden, welches Verhalten dieser erwartet und richtet seine Kommunikation so aus, dass der Empfänger das Individuum als Mitglied akzeptiert (inkludiert) (s. Abb. 2).

Sozialer Sinn

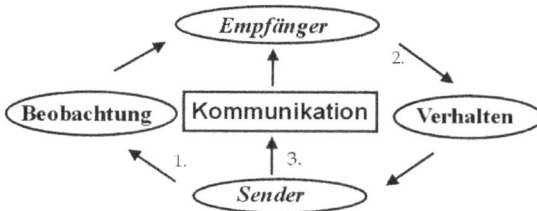

Abb. 2: Sozialer Sinn

Was auch immer das Individuum beobachtet oder als Handlung vollzieht, es wird stets als Differenz zwischen System und Umwelt wahrgenommen und führt zu einer neuen, reflexiv angepassten Kommunikation, dem „re-entry"[314]. Nach Luhmann ist erst das Entstehen des Mediums „Sinn" das Resultat aber auch die Voraussetzung für die Reflexivität in der Vollzugsweise der beiden Systeme[315]. Soziale Systeme bestehen für Luhmann aus Kommunikation und kommunikativ erzeugtem Sinn. Dabei ist Kommunikation mehr als nur Sprache zur Informationsübertragung. Es handelt sich vielmehr um einen reflexiven und rekursiven Prozess. Alles, was ein Individuum tut oder unterlässt, immer wird seine Handlung von der Umwelt als Kommunikation beobachtet und auf das Individuum zurückreflektiert. Soziale Systeme erzeugen sich selbst, sie sind „autopoietisch". Das Individuum kann zu keinem Zeitpunkt während seines Aufenthaltes in der Gemeinschaft nicht „nicht kommunizieren"[316].

Je nach Gesellschaftsform existieren institutionell eingerichtete beobachtende Systeme, die die Kommunikations-Differenzen der Individuen zwischen „Soll und Ist" messen und zu automatisierten Korrekturinstanzen führen. Weist ein Individuum bspw. im Bereich der strafbaren Handlungen nicht normkonformes Verhalten (etwa in Form von Diebstahl) auf und wird diese Handlung durch das beobachtende System Polizei bemerkt, greift die Justiz automatisch als regulierende Instanz ein. Diese beobachtenden Systeme, die zudem eine strukturelle Kopplung zwischen den psychischen und sozialen Systemen darstellen, sind somit sinnverarbeitende Systeme. Sie kommen in allen Teilbereichen der Gesellschaft (z.B. Sport, Politik, Wissenschaft, Finanzen etc.) vor und haben sich je nach Gesellschaftsform arriviert.[317]

Hier liegt denn auch die Verortung der Sozialen Arbeit aus systemtheoretischer Sicht. Nach Luhmann geht es in der Sozialen Arbeit um Hilfe. Sie kommt jedoch als soziales Phänomen *„nur zustande, wenn und soweit es erwartet werden kann"*[318]. Die Soziologie der Beschäftigungsförderung als ein funktionaler Organisationsbereich Sozialer Arbeit hat die sozialen Erwartungsstrukturen zu analysieren, die den Prozess des Helfens ermöglichen, ihn aber auch gleichzeitig einschränken. Diese sozialen Erwartungsstrukturen sind die oben genannten Kommunikationsstrukturen. Entscheidend ist also, wie Hilfebedürftigkeit kommunikativ adressiert und sichtbar gemacht wird. Es bleibt die Frage, wie Hilfebedürftigkeit von der Gesellschaft definiert wird und wer als Adressat erkannt wird. Die Beantwortung hängt schwerpunktmäßig von der vorliegenden Gesellschaftsform ab, was wiederum auf die Anwendbarkeit dieser Sys-

---

[314] Vgl. Luhmann 1997, S. 45ff.
[315] Vgl. ebda, S. 92ff.
[316] Vgl. Luhmann 1984, S. 191ff.
[317] Vgl. Luhmann 1995, S. 241; Luhmann 1989, S. 164.
[318] Luhmann 1973, S. 21.

temtheorie schließen lässt, sofern sie die bestehenden Systemdifferenzen nur exakt genug benennen kann.

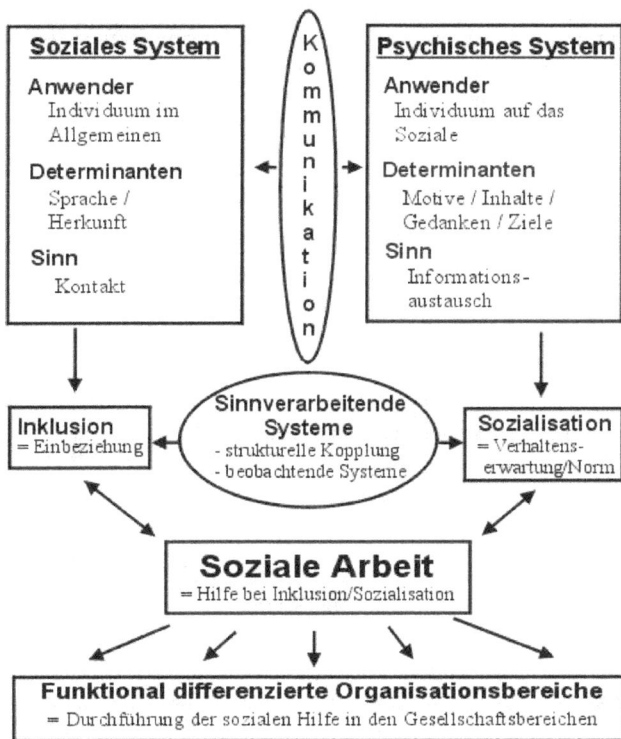

Soziales System

Anwender
Individuum im
Allgemeinen

Determinanten
Sprache /
Herkunft

Sinn
Kontakt

Kommunikation

Psychisches System

Anwender
Individuum auf das
Soziale

Determinanten
Motive / Inhalte /
Gedanken / Ziele

Sinn
Informations-
austausch

Inklusion
= Einbeziehung

Sinnverarbeitende Systeme
- strukturelle Kopplung
- beobachtende Systeme

Sozialisation
= Verhaltens-
erwartung/Norm

Soziale Arbeit
= Hilfe bei Inklusion/Sozialisation

Funktional differenzierte Organisationsbereiche
= Durchführung der sozialen Hilfe in den Gesellschaftsbereichen

Abb. 3: Systemtheorie Luhmanns am Beispiel Soziale Arbeit

Nachfolgend wird die Möglichkeit des Anwendungsbezugs der Systemtheorie am Beispiel der Beschäftigungsförderung veranschaulicht. In Abb. 3 wurden zuvor noch einmal die Zusammenhänge der Luhmannschen Systemtheorie anhand der Sozialen Arbeit dargestellt.

2. Beschäftigungsförderung als Form der Organisation von Hilfe für Betriebe

Um die Verortung der Beschäftigungsförderung nachzuvollziehen, ist es sinnvoll, zunächst in aller Kürze ihre geschichtliche Herleitung im Rahmen der Gesellschaftsstruktur Deutschlands zu betrachten.

2.1 Historie der Beschäftigungsförderung

Nach dem Ende des Zweiten Weltkriegs und mit Gründung der Bundesrepublik Deutschland startete die „Erfolgsgeschichte Deutschland", eine der historisch größten Wiederaufbauaktionen einer daniederliegenden Volkswirtschaft. Es gab ausreichend Arbeit, aber auch – kriegsbedingt – Arbeitskräftemangel. Diesem Arbeitskräftemangel begegneten die deutschen Großbetriebe in den 1960/70er Jahren dezentral mit der Anwerbung von Gastarbeitern, vornehmlich aus den südlichen Ländern Spanien, Italien und Türkei. Das war solange unproblematisch und von großen Teilen der deutschen Bevölkerung mitgetragen, wie es durch die Gastarbeiter nicht zu Arbeitsplatzverdrängung für deutsche Arbeiternehmer oder Probleme im Zusammenleben in den Städten kam.[319]

Viel einschneidender war der mit dem wirtschaftlichen Erfolg einhergehende Strukturwandel der Industrie. Der produzierende Sektor war der Nachkriegsmotor der Beschäftigung; Deutschland avancierte im Bereich Stahl, Elektrotechnik, Maschinenbau und Automobil zum Weltmarktführer. Im produzierenden Sektor fehlten zur Befriedigung der Exportnachfrage die „einfachen Arbeitskräfte" (der oftmals sogenannte „Bandarbeiter"), was zu den hohen Gastarbeiterzahlen führte. Ab Mitte der 1970er Jahre setzte die Automatisierungstechnik neue Akzente. Viele bis dahin durch menschliche Arbeit verrichtete Tätigkeiten wurden durch lohnkosteneinsparende Roboter übernommen. Gleichzeitig begann in Deutschland der rasante Ausbau des Dienstleistungssektors, der in den sprachlichen, mathematischen und sozialen Kompetenzbereichen deutlich höher qualifizierte Arbeitskräfte für die Industrie erforderte.[320] Für große Teile der bildungsfernen Bevölkerung bedeutete das den Beginn der prekären Beschäftigungsverhältnisse und der permanenten Gefahr der Arbeitslosig-

---

[319] Vgl. Statistisches Bundesamt 2012a.
[320] Vgl. Hilbert/Brandel 2006, S. 7.

keit, da ihr Arbeitsangebot im Markt kaum noch nachgefragt wurde. Auf der anderen Seite markierte diese Entwicklung für die Unternehmen zum einen den Beginn der Suche nach den billigsten Billiglöhnern auf Zeit und zum anderen den Kampf um die bestausgebildeten Spezialisten. Ein weiterer Faktor verschärfte seit dieser Zeit immer weiter zunehmend die Beschäftigungssituation. Durch die weltweit näher zusammen-rückende Wirtschaft (Globalisierung) gerieten die Groß- und Mittelständler unter Kostendruck. Die deutschen Arbeitnehmer, an sichere, unbefristete Arbeitsverhältnis-se gewöhnt, sollten von nun an auf allzu viel Lohnzuwachs verzichten und deutlich flexibler agieren. Das war ein nicht zu lösender Konflikt, in dem die Gewerkschaften als Arbeitnehmervertretung den Arbeitgebern antagonistisch gegenüberstanden.[321] Die Gesellschaft erkannte die Notwendigkeit, sich mit diesem Problem institutionell beschäftigen zu müssen.

Das Ergebnis war das überarbeitete *Beschäftigungsförderungsgesetz* (BeschFG) vom 26.04.1985 (BGBl. I710).[322] Kern des auf Liberalisierung und Deregulierung des Ar-beitsmarktes ausgerichteten BeschFG war die „erleichterte Zulassung befristeter Ar-beitsverträge" ohne besondere sachliche Begründung und ohne gerichtliche Miss-brauchskontrolle für einen Zeitraum von zunächst 18, später bis zu 24 Monaten. Fer-ner wurden die „Anpassung der Arbeitszeit an den Arbeitsanfall" (Arbeit auf Abruf) und das Jobsharing sowie die zulässige Höchstdauer der Überlassung eines Leihar-beiters an denselben Entleiher (Arbeitnehmerüberlassungsgesetz) zugunsten der Ar-beitgeber ausgeweitet. Mit diesem Gesetz wurden weitreichende Hilfeforderungen der Wirtschaft erfüllt, die Rechte der Arbeitnehmer und der Gewerkschaften stark beschnitten. Die Niveaueffekte auf die Höhe der Gesamtbeschäftigung blieben in den nächsten Jahren gering, die Arbeitslosenquote als deren Messgröße stieg ungebro-chen.[323] Das Gesetz führte jedoch zu einem Formwandel des Berufseinstiegs: Ein zu-nehmender Anteil der Neueinstellungen erfolgte befristet. So erhielten die Unterneh-men ein neues Instrument der Personalselektion und -planung zur Flexibilisierung des Personalbestandes und -einsatzes. Innerhalb der betrieblichen Sozialstruktur entstan-den neue Differenzierungen und Segmentierungen zwischen den Beschäftigungs-

---

[321] Vgl. Buschmann, GMH 11/86, S. 687.

[322] Mit dem Neuentwurf des BeschFG sollte eine Verlängerung der existierenden beschäftigungs-fördernden Vorschriften im Rahmen arbeitsrechtlicher Neuregelungen des BeschFG; des Ar-beitsförderungsgesetzes (AFG), des Arbeitnehmerüberlassungsgesetz (AÜG) und des Schwer-behindertengesetzes (SchwbG) einheitlich bis 1995 verlängert werden.

[323] Vgl. FAZ 2013, Dossier.

gruppen. Das BeschFG hat zur generellen Zunahme von Arbeitsverhältnissen, die vom Prinzip der Dauer- und Vollbeschäftigung abweichen, beigetragen.[324]

Die ökonomisch starken 1980/90er Jahre, zusammen mit der „New Economy" um die Jahrtausendwende, verdeckten bzw. schönten die Situation auf dem deutschen Arbeitsmarkt. Mit dem Angriff auf das World Trade Center als Symbol des Kapitalismus und dem Platzen der ersten „Wirtschaftsblase" 2001/2002 wurden die nachfolgenden Probleme sichtbar. Die Unternehmen hatten seit Jahren keine zukunftsorientierten Planungen mehr aufgestellt, sie spekulierten stattdessen an den Börsen auf kurzfristige Gewinne und als diese ausblieben, fehlten die finanziellen Reserven – viele mittelständische und große Betriebe gerieten in Schieflage. Um die fehlenden Erlöse zu kompensieren, wurde nun an der Kostenschraube gedreht. Ehemals erfolgreiche Produktionen „Made in Germany" wurden in das Ausland – vornehmlich in den lohntechnisch günstigen Ostblock und nach Asien – verlegt. Damit einher gingen oftmals Qualitätseinbrüche mit nachfolgenden Absatzeinbrüchen, die die Erlösproblematik nicht verringerten.[325] Für die Arbeitnehmer und die Gewerkschaften wurde das „Insider-Outsider" Problem offensichtlich. Die Arbeitnehmer, die über einen unbefristeten Arbeitsvertrag verfügten (Insider), wurden durch die Tarifverträge und den Kündigungsschutz privilegiert und durch die Gewerkschaften gegenüber den Outsidern abgeschottet. Die Arbeitnehmer, die nicht über einen unbefristeten Arbeitsvertrag verfügten (Outsider), hatten somit wenig Chancen in ein dauerhaftes Arbeitsverhältnis übernommen bzw. überhaupt eingestellt zu werden, zumal die Unternehmen Sorge hatten, sich jemals wieder von den Neueingestellten trennen zu können.[326] Das hatte zur Folge, dass die offiziellen Arbeitslosenzahlen auf über vier Millionen anstiegen und auf die staatlichen Hilfen, die Sozialsysteme, neue Milliardenbelastungen zukamen. Durch die Wirtschaftskrise fehlten die Unternehmensgewinne und somit auch die staatlichen Steuereinnahmen zur Deckung der Sozialsysteme. Der durch die bestehenden Regelungen erstarrte Arbeitsmarkt rief um Hilfe; es war für die Politik unerlässlich, die Beschäftigungsförderung neu zu regeln.[327]

Das Ergebnis war die am 14.03.2003 durch den sozialdemokratischen Bundeskanzler Gerhard Schröder verkündete „Agenda 2010"[328]. Es handelte sich um ein Maßnah-

---

[324] Vgl. Gabler Wirtschaftslexikon.
[325] Vgl. von Weizsäcker 1999, S. 47ff.
[326] Vgl. Landmann/Jerger 1999, S. 255f.
[327] Vgl. FAZ 2013, Dossier.
[328] Die Maßnahmen beinhalteten ein massives Steuersenkungsprogramm, die Gesundheits- und Rentenreform, Bürokratieabbau, die Flexibilisierung des Arbeitsmarktes (Liberalisierung der Zeitarbeit und Hartz-I-IV-Gesetze), die Lockerung des Kündigungsschutzes und den Umbau der Bundesanstalt zur Bundesagentur für Arbeit.

menbündel mit dem Ziel, die Sozialsysteme an der Demografie ausgerichtet langfristig umzubauen und Deutschland durch ein „Bündnis für Arbeit, Ausbildung und Wettbewerbsfähigkeit" zukunftsfähig zu machen. Der Kernsatz lautete: „*Wir werden Leistungen des Staates kürzen, Eigenverantwortung fördern und mehr Eigenleistung von jedem Einzelnen abfordern müssen*"[329]. Damit war der Beginn eines weitreichenden Umbaus des Arbeitsmarktes markiert, der auch das Gesicht dieser Gesellschaft nachhaltig verändern sollte. Den Unternehmen standen mit den Lockerungen im Kündigungsschutz, der Liberalisierung des Arbeitsmarktes, vornehmlich der Ausweitung der Zeitarbeit und dem Aufweichen der bisherigen starren Flächentarifverträge ganz neue Personalplanungsmöglichkeiten zur Verfügung. Große Teile der Belegschaft, speziell die Neueingestellten, degradierten zu reinen Kostenfaktoren, über die nach Belieben verfügt werden konnte. Die Status-Differenzierung in den Betrieben nahm sprunghaft zu, die Einkommensspreizung zwischen „Altbetrieblern" und „Neubetrieblern" weitet sich bis heute dramatisch aus. Die befristeten Arbeitsverhältnisse sind seitdem signifikant angestiegen und werden aller Voraussicht nach – sofern vom Gesetzgeber nicht gegengesteuert wird – in naher Zukunft das Normalarbeitsverhältnis darstellen.[330] Aus unternehmerischer Sicht war die Agenda „ein großer Wurf", der – das muss konzidiert werden – in der großen Banken- und Finanzkrise 2008/2009 sich als marginaler Vorteil gegenüber allen anderen europäischen Staaten erwies. Durch die hohe Flexibilität konnten die deutschen Unternehmen schnell reagieren und haben die Krise mit Bravour gemeistert. Deutschland ist heute wieder die Beschäftigungslokomotive in Europa.[331]

Für die Arbeitnehmer verlief diese Entwicklung deutlich weniger positiv. Zwar konnten deren bestehende Arbeitsverhältnisse in großen Teilen gesichert werden (sofern ihre Unternehmen nicht insolvent wurden oder die Produktionsstätten nicht ins Ausland verlegten), von namhaften Einkommenszuwächsen oder sicheren Arbeitsplätzen kann seit dieser Zeit jedoch nicht mehr wirklich gesprochen werden. Die Gewerkschaften gerieten unter Druck; entweder sie verlangten deutliche Lohnzuwächse und riskierten den gesetzlich erleichterten Ausstieg der Unternehmen aus den Flächentarifverträgen bzw. deren Drohung, gleich die ganze Firma samt Arbeitsplätzen ins Ausland zu verlegen, oder sie gingen „auf moderate Lohnzuwächse" ein und sicherten ihre Daseinsberechtigung für die „Insider". Um die „Outsider" kümmerte sich fortan fast ausschließlich die umstrukturierte Bundesagentur für Arbeit (BA). Jeder noch so qualifizierte arbeitsuchend Gewordene hatte fortan quasi unverzüglich jed-

---

[329] FAZ 2013, Dossier.
[330] Vgl. Buschmann, GMH 11/86, S. 689f.
[331] Vgl. FAZ 2013, Dossier.

wede angebotene Arbeit anzunehmen, wenn er weiterhin staatliche Unterstützung auf Sozialhilfeniveau erhalten wollte.[332] Damit setzte in der Beschäftigungsförderung eine Negativspirale ein. Die Outsider fanden keine adäquate Rückkehr mehr in den Arbeitsmarkt, es sei denn als billige Zeitarbeitskraft ohne reelle Aussicht auf ein dauerhaftes Beschäftigungsverhältnis. Für die Unternehmen wiederum war das die Chance, günstig und zeitlich befristet Facharbeiter einstellen zu können, die zudem noch durch die BA subventioniert wurden.[333] Das erschien allemal günstiger, als sich um den eigenen kostenintensiven Ausbildungsnachwuchs zu kümmern.

10 Jahre nach dem Start der Agenda kann festgehalten werden, dass die Flexibilisierung des Arbeitsmarktes für die Unternehmen gegriffen hat. Sie stehen heute besser da als zu Beginn des Jahrtausends. Für die Mehrheit der Bevölkerung hat die Agenda aber deutlich weniger gebracht. Die Gewinne der Unternehmen wurden weder in Form von Entlohnung noch in Form von sicheren oder gar neuen Arbeitsplätzen an sie weitergegeben. Das Wort von der „Sozialen Ungerechtigkeit", der „größer werdenden Schere zwischen Arm und Reich" ist immer lauter zu hören. Existenzängste und Sorge vor der Zukunft machen sich breit in Deutschland, einem der reichsten Länder der Erde.[334]

Die Beschäftigungsförderung vermag eine Schlüsselhilfe für den sozialen Frieden in der Gesellschaft darzustellen, weshalb m.E. unverständlich erscheint, dass sie solch einen nachrangigen Fokus im Bewusstsein der Gesellschaft, aber auch der wissenschaftlich fundierten Literatur genießt. Das umso mehr, als mittlerweile auch viele Unternehmen wieder erkannt haben, dass ohne qualifizierte und motivierte Mitarbeiter mittel- und langfristig kein kontinuierliches Wachstum möglich ist. Im Idealfall stellt die Beschäftigungsförderung eine Symbiose zwischen Wirtschaft und Bevölkerung dar. Auf der einen Seite fragen die Arbeitnehmer langfristig solide bezahlte und vor allen Dingen sichere Arbeitsplätze nach und bieten der Industrie auf der anderen Seite damit die verlässlichen, gut ausgebildeten Partner, die diese für ihre langfristigen Strategien brauchen. Noch ist Deutschland markant von diesem Gleichgewicht entfernt, so dass die „beobachtenden Systeme" und die „funktional differenzierten Hilfsorganisationen" zur Beseitigung der „Soll-Ist-Abweichungen" genauer betrachtet werden müssen. Nicht zu Letzt, um die Beschreibungsfähigkeit der Luhmannschen Systemtheorie zu untermauern oder zu verwerfen.

---

[332] Vgl. FAZ 2013, Dossier.
[333] Vgl. Buschmann, GMH 11/86, S. 689f.
[334] Vgl. Statistisches Bundesamt, Pressemitteilung 315 v. 13.09.2012.

2.2 Beschäftigungsförderung als systemtheoretische Hilfeleistung

Die Hauptaufgabe der Soziologie der Beschäftigungsförderung liegt nach Luhmann in der bereits beschriebenen Analyse der sozialen Erwartungsstrukturen (s. 2.1), um zuerst festzustellen, ob an den Prozessen Beteiligte Abweichungen vom „Sollzustand" kommunizieren und eine „Hilfestellung" erwarten, denn diese kommt nur zustande, „wenn und soweit es erwartet werden kann".

Betrachtet man die Situation zum Zeitpunkt der ersten Aktualisierung des Beschäftigungsförderungsgesetzes 1985, stellt sich die Analyse des Arbeitsmarktes unter Luhmannschen Gesichtspunkten wie folgt dar. Die Unternehmen waren mit der Situation auf dem Arbeitsmarkt dahingehend unzufrieden, dass aus ihrer Sicht die qualifizierten und vor allen Dingen billigen Arbeitskräfte fehlten. Sie sorgten sich um ihre Marktanteile und ihre Gewinne, was auch genauso der Politik und den Arbeitnehmern bzw. den Gewerkschaften kommuniziert wurde, mit der Übermittlung des *Psychischen Sinns*, dass ein Nichtreagieren auf ihre Erwartungen, also eine Nichtsozialisationshaltung, mit weitreichendem Arbeitsplatzabbau sanktioniert würde.

Bei großen Teilen der Arbeitnehmer führte die Angst vor Arbeitslosigkeit zum gewünschten Verhalten des Verzichts auf Lohnzuwachs und Flexibilität. Die Arbeitnehmer wollten im Arbeitsmarkt inkludiert bleiben, ihr *Sozialer Sinn* stand auf Kontakt, sie versuchten sich anzupassen. Das umso mehr, wie sie nicht im Rahmen von Gewerkschaften organisiert waren. Die Gewerkschaften, als einzig gesetzlich legitimierte Tarifpartner der Unternehmen, waren hingegen nicht so leicht bereit, den Forderungen der Arbeitgeber nachzugeben. Sie kämpften um ihre langjährigen Errungenschaften und um ihre Mitglieder und kommunizierten unter Androhung von Arbeitskampfmaßnahmen ihrerseits ihren *Psychischen Sinn*, die Erwartungen auf weiteren Lohnzuwachs und dauerhafte Arbeitsplätze.

Diese, den sozialen Frieden und den Arbeitsmarkt bedrohende, unüberbrückbare Abweichung vom erwarteten Normzustand wurde von der Bevölkerung, also der Gesellschaft, beobachtet und an die gewählten Volksvertreter, also die Politik, zur Klärung (Hilfestellung im Konflikt) übertragen. Die Politik musste nunmehr, durch die Gesellschaft legitimiert, per Gesetz die Sinnhaftigkeit der Forderungen beider Seiten abwägen und eine für alle geltende neue Norm aufstellen, um die Abweichungen zu beseitigen. Es blieb somit die Frage zu klären, was nun die Norm und was die Abweichung, die reguliert werden musste, war.

Im Rahmen der Gesellschaftsform „Demokratie" gelten Mehrheitsspielregeln. Zum damaligen Zeitpunkt hatte der christlich-liberale Block unter der Führung des christsozialen Bundeskanzlers Helmut Kohl die Mehrheit in der Regierung. Dieser Block stand ex definitione der Arbeitgeberseite aufgeschlossener gegenüber als den Gewerkschaften.[335] Die Soziale Marktwirtschaft Ludwig Erhards war in ihren Festen bedroht, zudem verstanden es die Lobbyisten der Arbeitgeberverbände ausgezeichnet, die Hilfeersuchen der Unternehmen unter pessimistischsten Szenarien für die Zukunft nach Bonn weiterzutragen. Ein arbeitgeberfreundlich geregelter Arbeitsmarkt war für den Fortbestand der so erfolgreichen deutschen Wirtschaft aus Sicht der Regierung damit unerlässlich.[336] Die hierfür zuständige Hilforganisation hieß: Beschäftigungsförderung.

Das aktualisierte, arbeitgeberfreundliche Beschäftigungsförderungsgesetz wurde zur geltenden Norm erklärt, die Handlungen der Gewerkschaften zur Abweichung, die den Arbeitsmarkt bedrohten. Damit wurde das Ziel, den Arbeitsmarkt zu befrieden und die Wirtschaft zukunftsfähig zu machen, erreicht – allerdings um den Preis der Aufgabe dreier bis dahin in der Gesellschaft geltenden Normen. Zum ersten wurde die Arbeitnehmermitbestimmung stark eingeschränkt, zweitens der bis dahin geltende Konsens der Erzielung von Vollbeschäftigung geopfert und drittens wurde das „Normalarbeitsverhältnis", also das dauerhafte Arbeitsverhältnis, von dem eine Familie ernährt werden konnte, aufgeweicht.[337] Diese Normänderungen trafen große Teile der Gesellschaft hart, sie waren aber der demokratischen Mehrheit geschuldet. Beschäftigungsförderung hatte sich fortan dem Primat der Wirtschaft zu unterwerfen, alle ihre Handlungen die Versorgung der Unternehmen mit geeigneten und flexiblen Arbeitskräften sicherzustellen. Das „Gemeinwohl", die Sicherung des Standortes Deutschland, steht im Fokus; das „Wohl des Einzelnen", seine individuelle Perspektive, kommt erst in zweiter Linie.

---

[335] Vgl. Buschmann, GMH 11/86, S. 689f.
[336] Vgl. FAZ 2013, Dossier.
[337] Vgl. Buschmann, GMH 11/86, S. 689.

3. Beschäftigungsförderung am Beispiel von jungen Menschen im Betrieb

Eine der wichtigsten Aufgaben einer Gesellschaft besteht in der Integration ihrer jungen Mitglieder, bspw. durch Ausbildung der Jugendlichen zur qualifizierten Vorbereitung auf den Arbeitsmarkt.

3.1 Die Vorbereitung der Jugendlichen auf den Arbeitsmarkt

Im Elternhaus erfährt das Kind in der Regel die Grundsozialisation, die Vermittlung der Grundwerte einer Gesellschaft (z.b. Familien-, Moral-, Rechts- oder Standesvorstellungen), in die die Eltern selber involviert sind. Mit dem Besuch staatlich (gesellschaftlich) kontrollierter Institutionen, namentlich der Kindertagesstätten und der diversen Schulformen, soll – vom Standpunkt einer funktionalistischen Sichtweise aus – sichergestellt werden, dass die Heranwachsenden, ihrem Herkunftsstand und ihren kognitiven Fähigkeiten entsprechend, für ihren zukünftigen produktiven Einsatz in der Gesellschaft ausgebildet werden. Im Zuge dessen sollen die Jugendlichen ihr Wissen und ihre individuelle Leistungsmotivation entwickeln und die „Sprache" ihres zukünftigen Wirkungsbereichs adaptieren, damit ihre „Ausbildungsfähigkeit" in den Betrieben sichergestellt ist.

In den 1955-70er Jahren gelang Deutschland eine Integration der Jugendlichen in diesem Sinne ausnehmend gut. Die hervorragende Wirtschaftslage und die quasi nicht vorhandene Jugendarbeitslosigkeit sprachen für sich (vgl. Abb. 4). Die „klassische Familie" und das dreigliedrige allgemeine Schulsystem (Haupt-/Realschule/Gymnasium) garantierten den Schutz und die adäquate Ausbildungsförderung mit individueller Zukunftsperspektive für den Jugendlichen. Mit der Abnahme der Bedeutung der klassischen Institution Familie und dem Verschwimmen der Grenzen der Schulformen (Gesamtschulprinzip) wurden die Orientierung der Jugendlichen, ihre Sozialisation und die Voraussetzungen für ihre Inklusion diffiziler.

Arbeitslosenquoten (in % bezogen auf alle abhängigen zivilen Erwerbspersonen)
Deutschland, West- und Ostdeutschland
1950 bis 2010

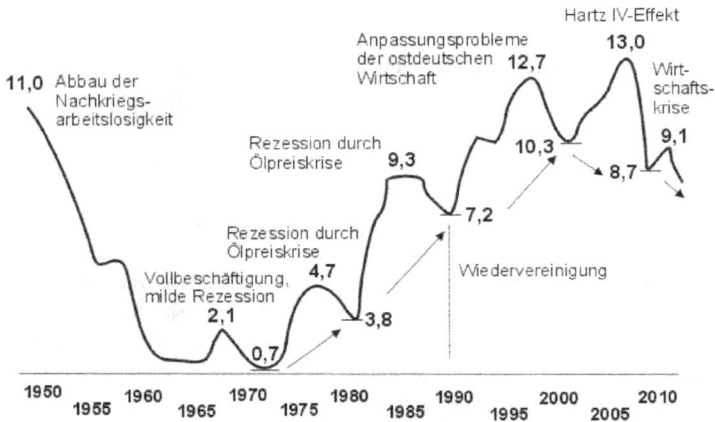

Abb. 4: Arbeitslosenentwicklung in Deutschland (Quelle: Bundesagentur für Arbeit, 2011)

3.2 Die Integration anhand der Systemtheorie Luhmanns

Im Folgenden soll anhand der Luhmannschen Systemtheorie die unter Punkt 3.1 beschriebene Situation verortet werden. Der einzelne Jugendliche befindet sich in seinem sozialen System, welches determiniert wird durch seine Herkunft und Sprache. Damit ist er in der Lage, im sozialen Sinn Kontakte herzustellen, um sich dort zu inkludieren. Gleichzeitig befindet er sich in einem psychischen System, welches durch Motive, Gedanken und Ziele determiniert ist und der Sozialisation und somit der Verhaltenserwartung dient. Trifft der Jugendliche nun auf den gesellschaftlichen Organisationsbereich „Wirtschaft" in Form des Arbeitsmarktes, prallen beide Systeme aufeinander. Der Arbeitsmarkt (genauer die Industrie) hat klare Verhaltenserwartungen an den Jugendlichen und kommuniziert diese auch. Ist der Jugendliche nicht in diesem psychischen Sinn durch Schule oder Elternhaus vorgeprägt worden, fehlen ihm die Sprache und die Motive dieses Organisationsbereichs. Er fühlt sich unverstanden, ausgegrenzt, perspektivlos und kann selber keine Inklusion erreichen. Dem

202

Arbeitsmarkt ergeht es ähnlich, er spricht nicht die Sprache des Jugendlichen, kann ihn somit kommunikativ nicht erreichen und inkludieren. Nach Luhmann wären entweder die Eltern oder die Schule für die sinnverarbeitende strukturelle Kopplung beider Systeme zum Wohle des Heranwachsenden verantwortlich.[338] Da sie aber oftmals als Regulativ nicht eingreifen, kommt es mittlerweile zu massiven Ausfällen auf dem Arbeitsmarkt.

Die Jugendlichen sehen in der Ausbildung keine Zukunft und in der Industrie keine Perspektive mehr für sich; die Unternehmen sprechen offen von „Ausbildungsunfähigkeit" der Heranwachsenden und dem drohenden Fachkräftemangel. Darin sieht Luhmann die Abweichung vom „Sollzustand" seitens der Beteiligten erkannt, und es erfolgt der Ruf nach „Hilfestellung".[339] Diese Hilfestellung ist folglich die Aufgabe von Sozialer Arbeit in Form der Beschäftigungsförderung, die für mehr qualifizierte Arbeitskräfte auf dem Arbeitsmarkt sorgen soll.

In Abb. 5 wird das Beispiel eines Jugendlichen betrachtet, der einen Ausbildungsplatz erhalten hat, aber nicht in der Lage ist, aufgrund fehlender Kommunikation seine dauerhafte Inklusion sicherzustellen. Der Arbeitgeber hat feste Vorgaben für die Tätigkeit am Arbeitsplatz und beobachtet das dortige Verhalten seiner Mitarbeiter. Entspricht das Verhalten nicht den Erwartungen (Sozialisation) führt er im psychischen Sinn ein Gespräch, um eine Verhaltensänderung zu erreichen. Im Falle des Jugendlichen erkennt der Arbeitgeber, dass dieser seiner Sprache nicht folgen kann und stellt die „Hilfebedürftigkeit" des Jugendlichen fest. Jetzt greift die Soziale Arbeit – z.B. der Sozialarbeiter im Rahmen der Beschäftigungsförderung – in das Geschehen ein und ersetzt die fehlende Kommunikationskompetenz des Jugendlichen gegenüber dem Arbeitgeber. Die Anweisungen werden durch den Sozialarbeiter „übersetzt" und dem Jugendlichen übermittelt. Der Jugendliche kann im sozialen Sinn die vorhandenen Defizite bei seiner Inklusion über den Sozialarbeiter an den Arbeitgeber verständlich machen. Diese Hilfemaßnahme kann bzw. sollte so lange greifen, bis das Kommunikationsniveau des Jugendlichen kompetent adaptiert ist.

---

[338] Vgl. Luhmann 1995, S. 241; Luhmann 1989, S. 164.
[339] Vgl. ebda.

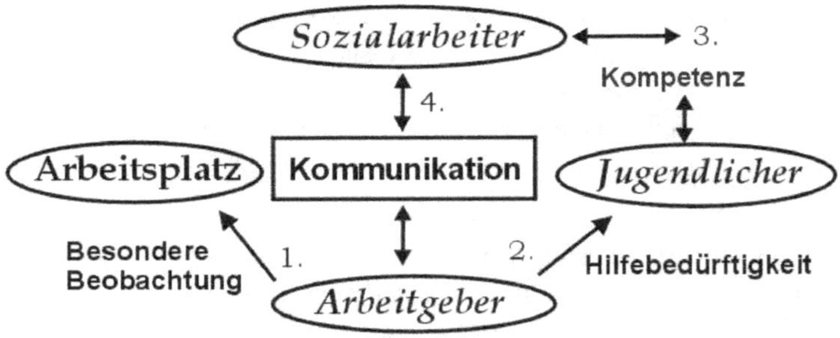

Abb. 5: Situation des Jugendlichen mit Hilfe

Danach ist der Jugendliche in der Lage, die Verhaltenserwartung des Arbeitgebers zu verstehen und sich so zu sozialisieren, dass er den Betriebsanforderungen gerecht wird (Abb. 6). Er besitzt dann die Fähigkeit seine Kompetenzen so in die „richtige" Sprache umzusetzen, dass er sich erfolgreich im System Arbeitsmarkt platzieren und inkludieren kann.

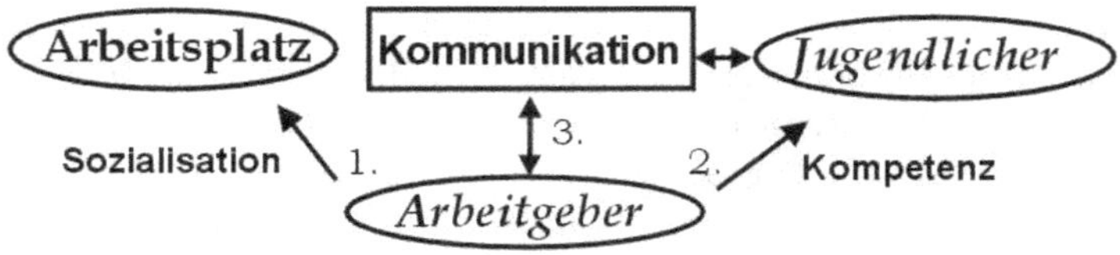

Abb. 6: Situation des Jugendlichen bei Inklusion

Die Beschäftigungsförderung hat damit nach Luhmann die erfolgreiche institutionelle soziale Hilfe durch Sozialisation im Rahmen des Gesellschaftsbereichs Wirtschaft durchgeführt.

4. Soziale Problemstellungen in Betrieben: Chancen der Beschäftigungsförderung im Kontext der Systemtheorie

4.1 Differenzierung von Beschäftigungsförderung und Beschäftigtenförderung anhand der Arbeitsmarktsituation und der Gesellschaftsform

Die Beschäftigungsförderung als Instrument der Sozialen Arbeit dient dem Arbeitsmarkt als automatisches Regulativ, um unerwünschte Personalsituationen, sei es die mangelnde Qualifikation der Arbeitnehmer oder die fehlende Anzahl an Arbeitskräften, zu beheben. Der Organisationsbereich Wirtschaft liefert die grundlegenden Fakten für den Erfolg einer Gesellschaft. Ohne florierende Wirtschaftsbetriebe als Motor ist finanzielle Sicherheit, Arbeitsplatzerhaltung/-erzeugung und zukunftsorientiertes Handeln des Einzelnen innerhalb einer Gesellschaft undenkbar. Um in Luhmanns Theoriesprache zu bleiben ist daher der Hilfebedürftige „der Betrieb", also die Wirtschaft. Sofern der gesellschaftliche Konsens die „Vollbeschäftigung" ist und dieses von der Wirtschaft auch konkludent umgesetzt wird, ist verständlich, dass der Arbeitsmarkt als Börse für Arbeitsnachfrage und -angebot im Sinne der langfristigen Organisation der Betriebe zu korrigieren ist. Zuerst muss der Betriebserfolg sichergestellt sein, denn ohne Betriebe gäbe es kein Arbeitsangebot. Die Unternehmen geben somit aus ihrer Sicht die Abweichung vom „Soll-Wert", also die Abweichung von ihrem Bedarf, vor und die Beschäftigungsförderung als funktionaler Hilfebereich hat nunmehr für die Anpassung zu sorgen. Da diese Anpassungen zugunsten des Hilfebedürftigen (der Betriebe) erfolgen, sind sie offensichtlich nicht immer im Sinne der Mehrheit der Arbeitnehmer, also der Bevölkerung ausgelegt. Es treten mithin deutliche Differenzen zwischen „Beschäftigungsförderung" (Hilfebedürftiger: Arbeitgeber) und „Beschäftigtenförderung" (Hilfebedürftiger: Arbeitnehmer) im Funktionsbereich der Sozialen Arbeit auf.

Die Stärke der Differenzierung hängt von der gewählten Wirtschaftsform innerhalb der Gesellschaft ab und bedarf einer getrennten Betrachtung. Nach Luhmanns Systemtheorie ist der Aufbau der Beschäftigungsförderung abhängig von der vorliegenden Gesellschaftsform. Im Rahmen einer Sozialen Marktwirtschaft sollen beide Hilfebereiche Hand in Hand arbeiten, weil Vollbeschäftigung und Wohlstand die partnerschaftlich erklärten Konsensziele beider Seiten sind. Herrscht freier Kapitalismus, so kann jedes Unternehmen seine eigenen Ziele definieren und durchsetzen – dann liegen die Hilfebereiche weit auseinander, weil der gesellschaftliche Konsens nicht mehr vorhanden ist und es auf die Machtposition der Einzelnen ankommt. In einer Planwirtschaft existiert keine Beschäftigungsförderung im eigentlichen Sinn, da der Staat den volkseigenen Betrieben die Vollbeschäftigung „per Gesetz anordnet", allerdings um den Preis einer nicht gewinnorientierten Wirtschaft und so einer langfristig nicht zu korrigierenden Staatsverschuldung. Da es sich bei der deutschen Wirtschaft immer noch um eine Soziale Marktwirtschaft handeln soll, in der die Beschäftigungsförderung eine entscheidende Rolle für den sozialen Frieden spielt, erscheint es sinnvoll zu betrachten, welche Probleme durch den Arbeitsmarkt in den Betrieben entstehen und welche Lösungsansätze das Hilfeorgan (Beschäftigungsförderung) für die Betriebe bereit stellen kann.

4.2 Der demografische Wandel auf dem Arbeitsmarkt

Das generelle Hauptproblem des Arbeitsmarktes besteht aus Sicht der Arbeitgeber in der Aufrechterhaltung des Angebots an ausreichend qualifizierten Fachkräften zur Deckung ihrer Nachfrage. Hierbei erweist sich vor allen Dingen die Zusammensetzung des Arbeitsangebotes als diffizil. Der deutsche Arbeitsmarkt ist durch die Demografie in starker Veränderung begriffen. Durch die seit den 1970er Jahren immer weiter rückläufigen Geburtenzahlen stehen auf der Arbeitsmarktangebotsseite immer weniger junge Menschen zur Verfügung.[340] Das bedeutet auch, dass in den Betrieben ein überdurchschnittlich hoher Anteil älterer Arbeitnehmer zu finden ist. Aber auch die Zusammensetzung der bestehenden deutschen Belegschaften verändert sich. Durch die gesellschaftliche Lage bedingt, sind immer mehr Frauen gezwungen, ihren Lebensunterhalt selber zu verdienen bzw. aufzubessern. Ihr Anteil an der Erwerbsbevölkerung ist seit den 1980er Jahren stetig angestiegen.[341] Die Betriebe müssen auf diese drei Hauptentwicklungen – älter werdende Belegschaft, geringerer Nachwuchs, höherer Frauenanteil – adäquat reagieren.[342] Der Vorteil einer älteren Belegschaft liegt eindeutig im bestehenden Erfahrungspotenzial, auf das eine Firma zurückgreifen kann. Der Nachteil liegt in einer deutlich kostenintensiveren Belegschaft, da ältere Mitarbeiter im Durchschnitt mehr verdienen als jüngere.[343] Frauen können im produ-

---

[340] Vgl. Abraham/Hinz 2005, S. 333.
[341] Vgl. Geißler 2008, S. 306f.
[342] Vgl. Schneider 2008, S.52.
[343] Vgl. Abraham/Hinz 2005, S. 335f.

zierenden Sektor nicht alle körperlich intensiven Tätigkeiten von Männern übernehmen, wohl aber alle Dienstleistungen bei gleicher Qualifikation. Hierin liegt für die
Arbeitgeber im Dienstleistungssektor die Chance, fehlende Stellen über Gendergren-
zen hinweg gleichwertig zu besetzen und dabei Kosteneinsparungen zu realisieren.
Denn Frauen werden im Durchschnitt ca. 20% niedriger entlohnt, als Männer in vergleichbarer Position.[344] Die Situation der geburtenschwachen Jahrgänge ist für die
Betriebe deutlich schwieriger zu bewältigen, da nicht vorhandene Jugendliche nicht
eingestellt werden können. Zukünftig wird es davon abhängen, ob es gelingt, die Jugendlichen zu motivieren und gut auszubilden, um die vorhandenen Ausbildungsplät-
ze adäquat zu besetzen.

Im letztgenannten Bereich ist auch heute schon die Beschäftigungsförderung auf An-
frage der Wirtschaft stark vertreten. Seit Jahren wird versucht, mit Ausbildungs- und
Spezialisierungsmaßnahmen die Jugendlichen wieder ausbildungsfähig zu machen
und zu motivieren, um sie in ausreichender Anzahl in den Betrieben zu integrieren. In
diesem Bereich scheint auch das größte Entwicklungspotenzial der Beschäftigungsförderung zu liegen, denn ohne gut ausgebildeten und motivierten Nachwuchs werden die Betriebe in den nächsten Jahren kaum Möglichkeiten haben, ihren langfristigen Fachkräftebedarf annähernd zu decken. Beschäftigungsförderung hängt zum einen von der Motivation und Einstellung der Jugendlichen aber auch vom Interesse
der Betriebe an der Ausbildung und langfristigen Weiterbeschäftigung der Jugendlichen ab. Hilfetechnisch ist sie vom Staat – angefangen von der BA bis zu den Sozial-
arbeitern im Feld – solide finanziert und aufgestellt. Die Beschäftigungsförderung
sollte in den nächsten Jahren weiter ausgebaut werden und durch nachhaltige Erfolge
ihren Stellenwert und ihre Akzeptanz auf Seiten der Arbeitgeber und der Arbeitnehmer zu verbessern suchen. Für die Jugendlichen sind weiter verbesserte Qualifizierungsmaßnahmen empfehlenswert und für die Betriebe sind zeitlich verbesserte Fle-
xibilisierungsmaßnahmen im Rahmen der Stellenbesetzung vorstellbar. Hier steckt
ein großes zukünftiges Wachstumspotenzial, sowohl beim Ausbau der lokalen BA-
Stellen als auch bei der besseren Integration und Verstärkung der Sozialarbeiter in
den Betrieben.

Bei den alters- und genderbedingten Personalveränderungen sind weniger die Beschäftigungsförderung denn die Beschäftigtenförderung als Hilfsorgan vakant. Hier
handelt es sich dann um den modernsten Bereich der Beschäftigtenförderung, die *Betriebssozialarbeit*. Sie gewinnt seit Jahren in den Betrieben deutlich an Bedeutung,

---

[344] Vgl. Geißler 2008, S. 308.

sollte jedoch in den nächsten Jahren weiter ausgebaut werden, will man den demografischen und betriebsorientierten Problemen kompetent begegnen.

4.3 Der Fachkräftemangel auf dem Arbeitsmarkt

Durch die älter werdenden Belegschaften, die geburtenschwachen und teilweise schlecht an das Berufsleben adaptierten Jahrgänge, aber auch durch die Ausbildungsversäumnisse der Betriebe in den letzten beiden Jahrzehnten, ermangelt es der Wirtschaft nach eigenem Bekunden an qualifiziertem Fachkräftenachwuchs für die Zukunft. Seit der Jahrtausendwende werden die Hilferufe an die Beschäftigungsförderung immer lauter. Für die Betriebe ist es – unabhängig von der realen Situation – mikroökonomisch immer sinnvoll, einen Fachkräftemangel zu behaupten, um auf ein großes subventioniertes Angebot des Arbeitsmarktes zugreifen zu können und damit die Entlohnung niedrig zu halten.[345]

Durch die Politik forciert, existiert z.b. das Innovationsbüro „Fachkräfte für die Region", das im Auftrag der Bundesregierung im April 2011 seine Arbeit aufgenommen hat, um einen praktischen Beitrag zur Fachkräftesicherung auf regionaler Ebene zu leisten.[346]

„Kleine und mittlere Unternehmen (KMU) verfügen oft nicht über die Ressourcen, um sich intensiv um die Rekrutierung der notwendigen Fachkräfte kümmern zu können. Zu ihrer Unterstützung hat die Bundesregierung ein Kompetenzzentrum für Fachkräftesicherung eingerichtet".[347]

In der Vergangenheit hat sich unter dem Druck der Großbetriebe der politische Trend dahingehend entwickelt, unter anderem jungen internationalen Akademikern – vor allen Dingen in den MINT-Fächern[348] – einen erleichterten Zugang zum deutschen Arbeitsmarkt zu verschaffen, um die hoch spezialisierten Arbeitsplätze der deutschen High-Tech-Industrie adäquat besetzen zu können. Die Beschäftigungsförderung arbeitet hier mit allen Möglichkeiten des aktualisierten Zuwanderungsgesetzes von 2004, also mit unbürokratisch erteilten Aufenthaltsgenehmigungen und Integrationsangeboten. Sie hat allerdings das Problem, dass sich genau um diese Personen auch andere westliche Industriestaaten, vornehmlich Großbritannien und die Vereinigten Staaten, bemühen. Und das mit ungleich größeren Budgets und attraktiven Zusatz-

---

[345] Vgl. Knauß: Der so genannte Fachkräftemangel, Onlineartikel v. 20.12.2012.
[346] Vgl. BMAS 2011, Fachkräftesicherung, S. 13.
[347] Ebda, S. 13.
[348] **MINT**: Mathematik, Informatik, Naturwissenschaft und Technik.

leistungen, so dass hier seit Jahren der heimische Bedarf nicht ausgeglichen werden kann. Die reale Gefahr besteht im Aushöhlen des „Know-how's" eines Betriebes, wenn vor Ausscheiden der älteren Fachkräfte ihr Wissen nicht auf junge Fachkräfte übertragen wird.

Warum in die Ferne schweifen, wenn doch – zumindest von der Anzahl her – genügend deutsche Jugendliche grundsätzlich für eine Ausbildung zur Verfügung stehen? Schon Altkanzler Helmut Schmidt äußerte sich dazu: „*Dann soll die Wirtschaft gefälligst Fachkräfte ausbilden. [...] Einstweilen gibt es genügend Kinder.*"[349]

Parallel wird hier seit Jahren analog Luhmanns Systemtheorie seitens der Beschäftigungsförderung versucht, mit Ausbildungs- und Spezialisierungsmaßnahmen die Jugendlichen wieder in den deutschen Betrieben zu manifestieren (vgl. 4.2).

4.4 Wirtschaftlicher Strukturwandel – innerbetriebliches Veränderungspotential

Die deutschen Betriebe stehen seit knapp 25 Jahren in einem verstärkten Globalisierungswettkampf und damit in einem Verdrängungswettbewerb. Firmen agieren weltweit, haben internationales Führungspersonal, internationale Finanziers und sind häufig dem Shareholder-Value.[350]verpflichtet. Sie wollen um jeden Preis flexibel und konkurrenzfähig sein und müssen sich an internationalen Absatzmärkten orientieren und schnell reagieren. Diese Anforderungen können und konnten an den Belegschaften nicht spurlos vorüber gehen. Betriebe fordern heute hohe Fachqualifikation, Mobilität und Flexibilität ihrer Mitarbeiter ein. Ständige Weiterbildung und steigendes Arbeitsvolumen je Mitarbeiter kennzeichnen die Arbeitslage.[351] Gesättigte Märkte verhindern starke Umsatzausweitungen und lassen Kostendruck entstehen, um permanent steigende Gewinne zu erzielen. Daher versuchen die Betriebe die Fixkosten, unter anderem die Personalkosten, niedrig zu halten.[352] Organisatorische Umstrukturierungen, erhöhte Automatisierungen und Arbeitskonzentrationen sollen überflüssige Belegschaft freisetzen und die sogenannte Stammbelegschaft optimal mit Arbeit auslasten.[353] In diesem Spannungsfeld zwischen betriebsbedingten Notwendigkeiten und

---

[349] Transkription Interview ARD; Maischberger-Schmidt v. 15.12.2010.
[350] Vgl. Wöhe 2005, S. 39, 65ff.
[351] Vgl. Opaschowski 2001, S. 66f.
[352] Vgl. Franz 2006, S. 415f.
[353] Vgl. Opaschowski 2001, S. 89f.

lebenslanger, menschenwürdiger Arbeit ist moderne Beschäftigungsförderung als Hilfe nach Luhmann zu verorten.

Durch die Arbeitsmarktkrise sind viele Frauen durch prekäre und schlechtbezahlte Arbeitsbedingungen in Bedrängnis geraten, mussten oftmals unfreiwillig Teilzeitarbeit verrichten oder wurden gar arbeitslos.[354] Sie brauchen entsprechende Unterstützung bei ihrer Integration in den Betrieben, angefangen bei Lohnverhandlungen, über frauengerechte Arbeitsplätze bis hin zu Regelungen für berufliche Perspektiven[355]; klassische Hilfestellungen aus Sicht der Beschäftigungsförderung – und heute noch deutlich unterrepräsentiert. Für Unternehmen sind Personalkosten Fixkosten, die den Gewinn reduzieren. Betriebsbedingt werden oftmals älteren und damit teureren Arbeitnehmern Vorruhestandsregelungen angeboten. Hier kann die Beschäftigungsförderung durch Weiterqualifizierung der Arbeitnehmer Abhilfe schaffen und deren Know-how für andere Unternehmensbereiche erhalten. Bis heute sind solche Weiterbildungsmaßnahmen in den Betrieben kaum zu finden, könnten sie doch auch das Fehlen der Fachkräfte vermindern. Zudem können so zeitlich flexible Maßnahmen impliziert werden, die wiederum den Betrieben deutlich mehr Planungssicherheit geben.

Die Arbeitsprozesse sind seit den 1980er Jahren immer intensiver geworden. Durch betriebliche Optimierungen und Einsparungen müssen –wie bereits festgestellt – heute immer weniger Beschäftigte immer mehr Arbeit bewältigen, was die Verbindung zum modernen Schlagwort „Burn-out" herstellt. Der Einzelne fühlt sich dauerhaft fremdbestimmt, überarbeitet, überlastet und ausgebrannt.[356] Eine schwierige Situation sowohl für den Einzelnen als auch für die Betriebe, weil die Leistungsfähigkeit nachhaltig gestört ist. Seit den 2000er Jahren gewinnt der Begriff des „Work-Life-Balance"[357] an Bedeutung. Auch in den Betrieben hat man erkannt, dass der einzelne Arbeitnehmer Erholungsphasen benötigt, will er langfristig gesund im Arbeitsleben verbleiben. Auch der Betrieb kann nur von einer Fachkraft profitieren, wenn sie lange genug leistungsfähig am Arbeitsplatz tätig ist. Es gilt daher einen Ausgleich zwischen Arbeitsbelastung/ Stress und Freizeit zur Erholung zu finden. Beschäftigungsförderung kann hier durch geeignete Arbeitszeitgestaltungsvorschläge und geeignete Erholungsangebote sowohl für die Arbeitgeber als auch die Arbeitnehmer tätig sein und damit die Verbindung zur Beschäftigtenförderung herstellen.

---

[354] Vgl. Geißler 2008, S. 324.
[355] Vgl. Geißler 2008, S. 301ff.
[356] Vgl. Maslach u.a. 2001, S. 397-422.
[357] Vgl. BFSFJ 2005, S. 26.

Aus den oben genannten Möglichkeiten ist leicht zu erkennen, dass Beschäftigungsförderung auch nach 65 Jahren Bundesrepublik noch im Aufbau befindlich ist und ständig angepasst werden muss, um ihrer Funktion der sozialen Hilfestellung gerecht zu werden. Es handelt sich im Umkehrschluss also um einen in der Systemtheorie für die Zukunft und den Sozialen Frieden der Gesellschaft immanent wichtigen Hilfebereich mit relevantem Entwicklungspotenzial.

5. Möglichkeiten und Grenzen der Systemtheorie und kritische Anmerkungen

In einer bisher wenig beachteten Transkription eines Gesprächs mit Thomas Bardmann 1997[358] zum Thema „Zirkulare Positionen" äußert sich Luhmann sowohl bejahend als auch selbstkritisch zu der Anwendung seiner Theorie. Dort wurde unter anderem danach gefragt, wie die Luhmannsche Systemtheorie mit einer professionellen Orientierung an Personen bzw. an Menschen umgeht. Luhmann unterscheidet hierbei zwischen „Menschen" und „Personen". Sofern es sich um biologische bzw. neurophysiologische und damit bewusstseinsmäßige Abläufe handelt, so bezeichnet Luhmann diese als menschliche Vorgänge – der Adressat ist also der Mensch selbst. Handelt es sich bei einem Vorgang um eine rein organische Kommunikation, so schreibt Luhmann dieses einer Person zu.[359]

Die Schwierigkeit der Theorie besteht nun darin, wie Interventionen (z.B. die Hilfeleistungen) auf Menschen oder Personen systemtheoretisch verortet werden können. Dem Luhmannschen Begriffsmodell nach hat Sozialarbeit mit Personen zu tun, denn diese kommunizieren organische Hilfeersuchen und erhalten kausale Hilfestellungen. Personen sind aber auch immer in ein soziales Umfeld und damit in ein kommunikatives Netzwerk integriert. Es kann der Sozialen Arbeit passieren, dass sie eine Person, die Hilfe benötigt, gar nicht als Individuum „therapieren" kann, weil die Probleme in dem sozialen Umfeld der Person liegen. Ist das zu behandelnde Problem ein Produkt der sozialen Verhältnisse, so werden die Individualorientierung und die Abhilfe zumindest in Frage gestellt. Luhmann fordert hier die Fähigkeit ein, zwischen der Ori-

---

[358] Vgl. Bardmann 1997, S. 67-83.
[359] Vgl. ebda, S. 67.

211

entierung an Personen und an sozialen Systemen umschalten zu können, weil davon auch die Methodenwahl der Hilfe abhängig ist.[360]

Wird eine Person durch individuelle Probleme arbeitslos, liegt jedoch auf dem Arbeitsmarkt ausreichend Arbeitsnachfrage seitens der Betriebe vor, so kann durch die Soziale Arbeit im Rahmen einer Beschäftigtenförderung eine Reintegration erreicht werden. Sind aber gleichzeitig die wirtschaftliche Gesamtlage schwierig und der Arbeitsmarkt gesättigt, so hat die Person ein Problem des sozialen Umfelds. Jetzt bedarf es zuerst eines Hilfeersuchens der Betriebe (der Adressaten) nach Personal, aufgrund dessen die Beschäftigungsförderung tätig wird und den Arbeitsmarkt belebt. Erst im zweiten Schritt kann dann wieder der Person individuell geholfen werden. Geschieht der zweite Hilfeschritt für sich allein, so ist sein Erfolg zumindest zweifelhaft. Der Gesamterfolg sozialer Hilfe hängt ursächlich davon ab, ob das Hilfesystem Soziale Arbeit zwischen der individuellen und der sozialen Problemlage unterscheiden kann. Der nachhaltige Erfolg wird entscheidend dadurch determiniert, ob auf das soziale System (und damit auf das Gesellschaftssystem) überhaupt eingewirkt werden kann. Erklärt im obigen Beispiel die Wirtschaft, dass sie keines Personals mehr bedarf, so unterbleibt damit ihre Anforderung von Hilfe und die Beschäftigungsförderung wird ihres Wirkungsfelds beraubt.

Die Systemtheorie beschreibt somit korrekt und zutreffend die Problemstellungen der Personen und auch der Betriebe und verortet die Hilfestellung im Organisationsbereich der Sozialen Arbeit, fordert aber gleichzeitig eine Beobachtung im „weiten Umfeld". Die Hilfestellungen sollen sukzessive auf das Umfeld erweitert werden, mit der Gefahr, am Ende dort zu landen, wo gilt: *„Hier kann man kaum noch Einfluß nehmen, nämlich bei der Gesellschaft."*[361]

Dieser fehlende Einfluss wird noch durch Luhmanns These der „operativen Geschlossenheit" der personellen, sozialen und kommunikativen Systeme untermauert. Systeme besitzen immanente Codierungen, nach denen sie leben, funktionieren und sich replizieren. Luhmann unterstellt die Naturgegebenheit dieser Codierung und folgert daraus, dass getrennte Systeme getrennte Codierungen aufweisen und die Codierung anderer Systeme nicht ohne weiteres verstehen können.[362] Das Wirtschaftssystem hat sich über viele Jahre hinweg einen eigenen Codex gegeben, nach dem gehandelt wird. Dasselbe gilt für die sozialen Klassen, in denen Personen in ihren sozialen Systemen leben. Auch die Kommunikation in den Systemen hat sich demgemäß un-

---

[360] Vgl. ebda, S. 68.

[361] Ebda, S. 68.

[362] Vgl. ebda, S. 68.

terschiedlich entwickelt. Daraus folgert Luhmann, dass die Systeme zwar je nach Gesellschaftsform miteinander arbeiten (strukturelle Kopplung), sich jedoch dabei nicht zwingend verstehen müssen. Greift nun das System der Sozialen Arbeit als Hilfestellung ein, trifft es auf dieselben Probleme. Es kann passieren, dass das durchführende Hilfe-Organ entweder den Arbeitnehmer oder den Arbeitgeber „nicht versteht" oder umgekehrt. Das erschwert sowohl das Erkennen des Problems als auch die Akzeptanz, die erteilte Hilfestellung anzunehmen. Damit stellt Luhmann die Hilfewirkung der Beschäftigungsförderung und damit den Organisationsbereich der Sozialen Arbeit selbst von vornherein in Frage, obwohl er ihn nach Systemtheorie aufgrund der Soll-Ist-Abweichungen und der daraus resultierenden Hilferufe als notwendig erwartet.

Betrachtet man die praktischen und professionellen Konsequenzen (Mikrolage), die sich aus der Theorie für die Soziale Arbeit ergeben, trifft man auf Grenzen der Anwendbarkeit des Luhmannschen Modells. Nach ihm besteht Hilfe in aller erster Linie darin, dem Hilfebedürftigen über die richtige Kommunikation dessen Freiheiten aufzuzeigen, damit dieser sich im Sinne einer Problemlösung selber entscheiden kann.[363] Was dieses nun im Mikrobereich an konkreter Umsetzungsarbeit für einen Sozialarbeiter meint, lässt er offen, sieht das auch nicht als seine Aufgabe an. Luhmann versteht sich als Gesellschaftstheoretiker im Makrobereich. Konkrete Handlungsanweisungen würden seine Theorie auf den heutigen Stand fixieren und keine Weiterentwicklung mehr zulassen.

Aber genau darin besteht für die Soziale Arbeit in Form der Beschäftigungsförderung die Zukunftschance. Beschäftigungsförderung kann sich ihre eigenen Handlungskompetenzen definieren. Nach Luhmanns Systemtheorie ist Beschäftigungsförderung notwendig. Sie ist immer noch im Aufbau befindlich und hat somit alle Entfaltungsmöglichkeiten, um sich Handlungsspielräume in einer stetig weiterwachsenden Wirtschaft zu erschließen. Ihre Chance wird umso größer, je besser sie sich codieren kann, um als soziales System zu bestehen.

Literatur

Abraham, Martin/Hinz, Thomas (Hrsg.) (2005): Arbeitsmarktsoziologie. Probleme Theorien, empirische Befunde. Wiesbaden
Bardmann, Theodor M. (Hrsg.) (1997): Zirkulare Positionen. Konstruktivismus als praktische Theorie. Opladen, S. 67-83.

---

[363] Vgl. ebda, S. 72.

Bundesministerium für Familie Soziales, Frauen und Jugend BFSFJ (2005): Work Life Balance – Motor für wirtschaftliches Wachstum und gesellschaftliche Stabilität. Berlin.

Bommes, Michael/Scherr, Albert (2000): Soziologie der Sozialen Arbeit. Eine Einführung in Formen und Funktionen organisierter Hilfe. Weinheim/München.

Bundesministerium für Arbeit und Soziales, BMAS (2011): Fachkräftesicherung – Ziele und Maßnahmen der Bundesregierung, Juni 2011, Berlin.

Buschmann, Rudolf (1986): Das Beschäftigungsförderungsgesetz und seine Auswirkungen auf die Arbeitnehmer. *Gewerkschaftliche Monatshefte* (GMH) 11/86, Friedrich-Ebert-Stiftung, Bonn.

FAZ (2013): Dossier: 10 Jahre danach. Die Agenda 2010 – eine Bilanz, Frankfurter Allgemeine Zeitung – Wirtschaft, online im Internet: http://www.faz.net/ aktuell/wirtschaft/ wirtschaftspolitik/10-jahre-danach-die-agenda-2010-eine-bilanz-12112119.html (letzter Abruf am 18.07.2013).

Franz, Wolfgang (2005): Arbeitsmarktökonomik. 6. vollständig überarbeitete Auflage. Berlin, Heidelberg, New York.

Springer Gabler Verlag (Herausgeber) (2013): Gabler Wirtschaftslexikon. Stichwort: Beschäftigungsförderungsgesetz, online im Internet: http://wirtschaftslexikon.gabler.de/Archiv/3701/beschaeftigungsfoerderungsgesetz-v11.html (letzter Abruf am 18.07.2013).

Geißler, Rainer (2008): Die Sozialstruktur Deutschlands. 5. durchgesehene Auflage. Wiesbaden.

Gesellschaft für innovative Beschäftigungsförderung mbH (G.I.B.) (2004): Absturz oder Neubeginn. Arbeitswelt in der Globalisierung, Interview-Broschüre, Land Nordrhein-Westfalen. Münster.

Hilbert, Josef/Brandel, Rolf (2006): Dienstleistung in Deutschland: Besser als ihr Ruf, dennoch stark verbesserungsbedürftig!, *Arbeitskreis Dienstleistung* 2/2006, Friedrich-Ebert-Stiftung, Bonn.

Kiss, Gabor (1986): Grundzüge und Entwicklung der Luhmannschen Systemtheorie. Stuttgart.

Knauß, Ferdinand (2012): Der so genannte Fachkräftemangel. In: *Wirtschaftswoche* vom 20.12.2012, online im Internet: http://www.wiwo.de/erfolg/management/arbeitsmarkt-der-so-genannte-fachkraeftemangel/7550358.html (letzter Abruf am 18.07.2013).

Landmann, Oliver/Jerger, Jürgen (1999): Beschäftigungstheorie. Berlin, Heidelberg.

Luhmann, Niklas (1973): Formen des Helfens im Wandel gesellschaftlicher Bedingungen. In: Otto, H.-U./Schneider, S. (Hrsg.): Gesellschaftliche Perspektiven der Sozialarbeit, Bd.1. Neuwied.

Luhmann, Niklas (1984): Soziale Systeme. Frankfurt a.M.

Luhmann, Niklas (1989): Individuum, Individualität, Individualismus. In: Ders.: Gesellschaftsstruktur und Semantik. Bd. 3., Frankfurt a.M.

Luhmann, Niklas (1995): Inklusion und Exklusion. In: Ders.: Soziologische Aufklärung 6., Opladen.

Luhmann, Niklas (1997): Die Gesellschaft der Gesellschaft. Frankfurt a.M.

Luhmann, Niklas/Baecker, Dirk (Hrsg) (2002). Einführung in die Systemtheorie. Carl Auer Verlag: Heidelberg.

Luhmann, Niklas/Baecker, Dirk (Hrsg) (2005): Einführung in die Theorie der Gesellschaft. Heidelberg.

Maslach, C./Schaufeli, W.B./Leiter, M.P. (2001): Job burnout. *Annual Review of Psychology*, S. 52, 397-422.

Miller, Tilly (1999): Systemtheorie und Soziale Arbeit. Stuttgart.

Opaschowski, Horst (2001): Deutschland 2010. Wie wir morgen arbeiten und leben – Voraussagen der Wissenschaft zur Zukunft unserer Gesellschaft. 2. neu bearb. Auflage. Hamburg.

Schneider, Guntram (2008): „Altersgerechtes Arbeiten". Tarifpolitische Herausforderungen und betriebliche Gestaltungsmöglichkeiten. In: Lorenz, Frank/Schneider, Günter (Hrsg.): Alternsgerechtes Arbeiten. Der demografische Wandel in den Belegschaften. Hamburg, S. 51-65.

Statistisches Bundesamt (2012): Armutsgefährdung in den meisten Bundesländern gestiegen, online im Internet: https://www.destatis.de/DE/PresseService/Presse/Pressemitteilungen/2012/09/PD12_315_221.html, Pressemitteilung 315 vom 13.09.2012 (letzter Abruf am 18.07.2013).

Statistisches Bundesamt (2012a): Ausländische Bevölkerung, Online-Datenbank: Fortschreibung des Bevölkerungsstandes (Stand: 08/2012), online im Internet: https://www.destatis.de/DE/ZahlenFakten/GesellschaftStaat/Bevoelkerung/Bevoelkerungsstand/Bevoelkerungsstand.html (letzter Abruf am 18.07.2013).

Weizsäcker, Christian von (1999): Logik der Globalisierung. Göttingen.

Wöhe, Günter (2005): Einführung in die Betriebswirtschaftslehre. 22., neubearbeitete Auflage. München.

Teil 2

Systemische Perspektiven für die Betriebliche Soziale Arbeit

Wolfgang Krieger

Betriebliche Soziale Arbeit heute
Eine Einführung mit systemischen Schlaglichtern

1. Ein erster Blick auf eine systemisch orientierte Betriebliche Soziale Arbeit

Vor dem Hintergrund der unterschiedlichen systemtheoretischen und systemischen Traditionslinien in den Sozialwissenschaften zeichnen sich vielfältige Möglichkeiten ab, das Feld der Betrieblichen Sozialen Arbeit systemisch zu durchdringen und systemische Theorien fruchtbar zu machen. In den nachfolgenden Artikeln werden unterschiedliche Ansätze aus der Theorie sozialer Systeme und aus den verschiedenen Paradigmata der systemischen Therapie und Beratung zur Anwendung gebracht. Die systemischen Grundlagen, die nun in diesem Beitrag Beachtung finden sollen, werden weitgehend aus der Tradition des neueren konstruktivistisch fundierten Ansatzes der systemischen Therapie und Beratung[364] abgeleitet. Andere systemische Ansätze[365] werden an dieser Stelle nur am Rande aufgegriffen.

Zunächst ist festzustellen, dass Betriebliche Soziale Arbeit (künftig abgekürzt BSA)[366] im Blick auf die beteiligten Systeme von besonderer Komplexität ist. Dies

---

[364] Vgl. zusammenfassend etwa Goolishian/Anderson 1997.

[365] Vgl. zur Übersicht Krieger 2010.

[366] Die Organe, in welchen Betriebliche Soziale Arbeit (kurz: BSA) geleistet wird, haben im deutschsprachigen Raum (ähnlich im englischsprachigen) unterschiedliche Bezeichnungen; je nach Ausrichtung und Selbstverständnis werden sie als „Beratungsdienst", „Betriebliche Sozialberatung", „Sozialbetreuung", „psychosozialer Dienst", „Sozialmanagement" oder anders benannt. Hier befassen wir uns mit einer Form der Sozialen Arbeit, die in mittleren und großen industriellen Unternehmen, aber auch in Behörden und Dienstleistungsbetrieben selbst praktiziert wird. Diese verfolgen unterschiedliche Ziele; daher differieren auch teilweise die Funktionen, die die Betriebliche Soziale Arbeit wahrzunehmen hat.

gilt einmal für die Situation der KlientInnen, insofern Belange verschiedener Systeme in die Beratungssituation hineingetragen werden. Dies gilt aber auch für die Situation des Sozialarbeiters/der Sozialarbeiterin, der/die zwischen der Unternehmensführung, den ArbeitskollegInnen und den zu Beratenden einspannt ist in ein Feld unterschiedlicher Erwartungen und Anforderungen. Die Diversität der Erwartungen spiegelt sich in der Komplexität der Auftragssituation für die Beratenden einerseits, in den verschiedenen Wirkungsebenen der Intervention andererseits. Die nachfolgenden graphischen Skizzen sollen in gebotener Kürze andeuten, eher exemplarisch als mit dem Anspruch auf Generalisierbarkeit, welche Auftragssituationen sich für die BSA aus dem Beziehungsnetz der Fokusperson ergeben kann und wie sich die Wirkungssituation der Sozialberatung darstellen kann. Die erste Darstellung zeigt zunächst, welche Beziehungen der Fokusperson für die BSA von Bedeutung sind; damit deutet sich aber auch schon an, in welchen Beziehungen einerseits Interessen und Konflikte relevant werden können, andererseits eventuell auch soziale Ressourcen genutzt werden können.

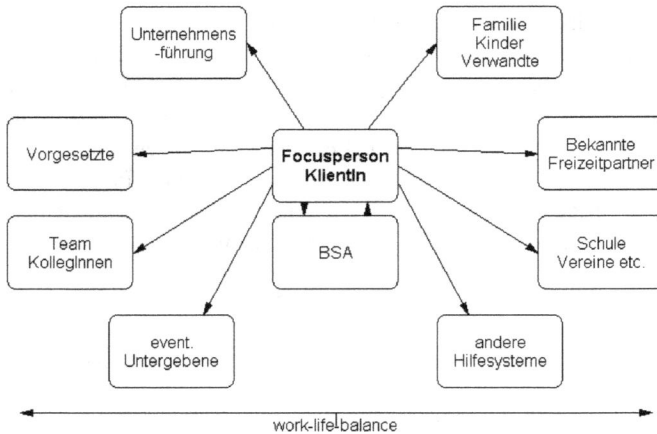

Abb. 1: Die Focusperson in ihrem Beziehungsnetz

Die zweite Darstellung greift Wirkungsrelationen der BSA-Intervention auf, zeigt aber zugleich auch Rückwirkungen/Feedbackschleifen auf, die durch Interaktionen mit den jeweiligen Gruppen oder Personen ermöglicht werden.

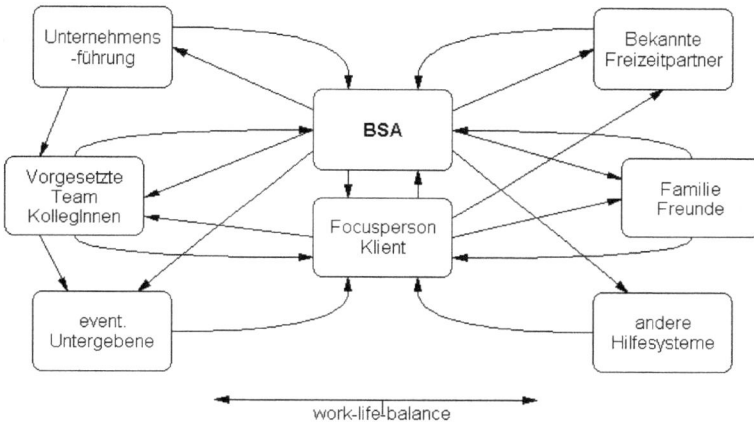

Abb.2: Das Wirkfeld der BSA-Interventionen

Diese Skizzen sollen für die Fragestellungen in diesem Artikel einen reflexiven Hintergrund bilden, der da und dort explizit aufgegriffen wird, aber auch implizit verschiedentlich mitzudenken wäre. Sie modellieren ein Bild vom systemischen Zusammenwirken verschiedener Akteure und Akteursgruppen, die den Betrieb als soziales System ausmachen. Dabei lassen sich einige Akteursgruppen wiederum selbst als eigenes System konstruieren (Managementsystem, Beratungssystem, kollegiale Teamsysteme etc.). Zwischen diesen ließen sich wiederum Interaktionssysteme beschreiben, durch welche gewährleistet wird, dass sich alle beteiligten Systeme gegenseitig Grenzen und Identität verleihen, sich wechselseitig stabilisieren oder zur Entwicklung veranlassen. Dies soll hier aber nicht weiter ausgeführt werden.

Vielmehr ist es für eine systemisch konstruktivistisch ausgerichtete BSA von zumindest gleichwertiger Bedeutung, dass sie die einzelnen Personen im Gesamtsystem des Betriebes selbst als „personale Systeme" perspektiviert und ihre Interaktion mit den Personen vor den Gegebenheiten einer solchen Perspektive interpretiert. Die Grundlage hierfür stellt ein systemisch konstruktivistisches Verständnis vom Menschen dar, wie es vor allem durch die neurobiologischen Theorien von Humberto Maturana und Francisco Varela bzw. durch die epistemologische Theorie von Ernst von Glasersfeld begründet worden ist. Beide Ansätze gehen bekanntlich davon aus, dass lebende Systeme selbstorganisiert operieren („Autopoiese"), d.h. in ihrer Entwicklung und ihrem Verhalten allein durch innere Strukturen determiniert sind. Auf relevante Änderungen ihrer Umgebung reagieren lebende Systeme durch eigene Strukturveränderungen, was einem außenstehenden Beobachter als ein Vorgang der Anpassung erscheinen mag, in der Logik des Systems selbst aber erst einmal nur der Wiederherstellung der inneren Stabilität dient. Wenn Menschen sich ändern, wenn sie etwas lernen, dann heißt dies, dass sie infolge von Erfahrungen mit der Umwelt eigene Strukturen verändern, so dass sie dadurch erfolgreich mit ihrer Umwelt interagieren können.

Für soziale Interventionen mit lebenden Systemen, die auf Veränderung von Personen im Sinne des Lernens zielen, kann es daher nur den Weg über die Veränderung von Umgebungen geben; der Weg unmittelbar ins operative System ist verschlossen. Was Menschen lernen, wohin sie sich verändern, kann von anderen nicht direkt beeinflusst werden; andere können nur die Verhältnisse einer gemeinsamen Umgebung (und dazu gehören auch die Beschreibungen durch Sprache) umgestalten, so dass möglicherweise für die Lernenden die Situation eintritt, dass sie neue Strukturen aufbauen können. Sie können Verhältnisse schaffen, die „perturbieren", anregen und verstören und daher neue Ordnungen erforderlich machen. Interventionslehren wie systemische Didaktik, Beratung oder Therapie befassen sich mit der Kunst, die Chancen solchen Lernens zu mehren.

Dies alles gilt uneingeschränkt auch für eine systemische BSA: Es ist in erster Linie ihre Aufgabe, ihrer Klientel – vom Mitarbeiter bis zum Management – eine Kultur des Hinterfragens (systemische „Respektlosigkeit vor Ideen", Cecchin), des Relativierens und Hypothetisierens, des Austauschs von Perspektiven und der Suche nach Alternativen zu vermitteln. Sie hilft, eingefahrene Muster aufzudecken, die Gedanken anderer zu rekonstruieren, „Problemsichten zu synchronisieren"[367], Wahrnehmungen Sprache zu verleihen oder auch neue Prioritäten zu setzen. Systemisch konsequent ist sie bei all dem, solange sie auf die Ressourcen der zu Beratenden setzt und in das Lernvermögen ihrer Klientel vertraut. Es ist nur in Ausnahmefällen, wo hierzu ein Auftrag von Vorgesetzten vorliegt, angemessen zu belehren und über Handlungsfolgen zu informieren.[368]

---

[367] Simmen 2009, S. 28.
[368] Dass systemisches Arbeiten auch in Zwangskontexten möglich ist, haben eindrücklich Marie-Louise Conen und Gianfranco Cecchin dargestellt (2007).

Wir werden im vierten Abschnitt diese systemisch-konstruktivistische Perspektive auf die Betriebliche Soziale Arbeit wieder aufnehmen, wollen zunächst aber einen kurzen Überblick über die Geschichte der betrieblichen Sozialen Arbeit und ihre Bedeutung zusammenstellen, um später noch etwas eingehender die verschiedenen Aufgabenfelder der BSA – auch systemisch – zu beleuchten.

2. Historische Wurzeln – eine der Wurzeln der Sozialen Arbeit überhaupt

In Deutschland datiert man den Anfang der betrieblichen Sozialen Arbeit meist auf die Entstehung der sogenannten „Fabrikpflegerinnen", ursprünglich Krankenpflegerinnen, die in den größeren Unternehmen wie AEG, Bayer-Leverkusen, Continental, Krupp, Siemens[369] ab 1900 zu finden waren. Ihre anfänglich allein auf gesundheitliche Anliegen bezogenen Kompetenzen haben sich schon bald auf andere Problembereiche ausgedehnt. Die Vereinbarkeit von Familie und Beruf stand dabei im Mittelpunkt, auch die Frage der Unterbringung der Kinder für die werktätigen Frauen. In den Kriegszeiten war die betriebliche Soziale Arbeit vor allem für die Kriegszwecke funktionalisiert. Nach dem zweiten Weltkrieg begann eine Phase der Umorientierungen und Krisen für die BSA, in welcher ihre Existenzberechtigung zuweilen auch grundsätzlich in Frage gestellt wurde – teils von den Gewerkschaften, teils von den Arbeitgebern. Ein Neuanfang wird durch die Umbenennung von „Werksfürsorge" in „Sozialberatung" markiert, die 1957 von der Wirtschaftsvereinigung Eisen- und Stahlindustrie vollzogen wurde.[370] Mit dieser Umbenennung wird eine Wende von der fürsorglichen Fremdbestimmung zur Selbstbestimmung des Klienten im Beratungsprozess gekennzeichnet, die für die kommenden Jahrzehnte das Selbstverständnis der BSA prägen sollte und insbesondere die BSA auch gegenüber systemischen Ansätzen geöffnet hat. Dieser Anspruch ist bis heute programmatisch – was auch darauf hinweist, dass er zahlreichen Gefährdungen ausgesetzt ist und war.

War die Arbeit der BSA in den Sechzigerjahren noch stark auf die Alkoholproblematik und andere „Verhaltensauffälligkeiten" einzelner Arbeitnehmer ausgerichtet, so kamen in den Folgejahrzehnten immer neue Aufgabenbereiche hinzu wie Mobbing-

---

[369] Vgl. Reinicke 1988, 202.
[370] Vgl. Klinger 2001, 18.

und Konfliktberatung, Schuldnerberatung, Konzipierung und Unterstützung der beruflichen Weiterbildung und Teamberatung. Die Ausweitung der BSA folgt auch der Einsicht der Unternehmen, dass sie auf die neuen demographischen Entwicklungen reagieren müssen: Der Rückgang der Bevölkerungsanteile im erwerbsfähigen Alter, der Rückgang der Geburten und die gleichzeitige Überalterung der Gesellschaft stellen auch für die Unternehmen beachtenswerte Rahmenbedingungen für ihr wirtschaftliches Überleben dar. Auch die Wirtschaft muss ihren Beitrag dazu leisten, dass die Geburtenraten wieder eine steigende Tendenz erreichen, dass die arbeitende Bevölkerung auch weiterhin arbeitsfähig bleibt und Familie und Arbeit ohne Nachteile vereinbar bleiben. Diese Interessen bestehen nicht nur für die Wirtschaft im Allgemeinen, sondern sie bestehen auch für das einzelne Unternehmen, wenn es seine Belegschaft erhalten will und den Verbleib von qualifizierten Fachkräften im Betrieb begünstigen will.

In den letzten zwanzig Jahren hat sich die BSA zunehmend von der reinen Defizitorientierung und damit auch von der Funktion eines Reparaturbetriebs wegentwickelt zu einer Institution mit präventivem Engagement. Es gelingt ihr inzwischen mehr und mehr, sich in die Personalentwicklung und Personalpolitik einzubringen und ihre sozialintegrativen Ziele auch über die Arbeit mit Teams zu verfolgen. Kennzeichnend für das neue Rollenverständnis war etwa die Umbenennung der BSA in „Betriebliche Sozialberatung", die eine Vielzahl von Unternehmen und vor allem auch das BSA-Kollegium selbst in den Neunzigerjahren vollzogen hat.[371]

Eine weitere Tendenz, die sich seit Mitte der Neunzigerjahre feststellen lässt, ist die zunehmende Spezialisierung von Fachkräften der BSA in größeren Betrieben bzw. das zunehmende Outsourcing von speziellen Leistungsbereichen der BSA an externe Anbieter. So wird der Allrounder, der ehemals kennzeichnend für die BSA gewesen ist, mehr und mehr durch Kräfte ersetzt, die sich in verschiedenen Weiterbildungen etwa zum Spezialisten für Suchtberatung, Mobbingberatung oder Teamentwicklung haben ausbilden lassen.

Mit der Erweiterung der Aufgabenfelder wuchs auch die Anerkennung der BSA bei den Unternehmensführungen. Seit den Neunzigerjahren erfüllt die BSA nun mancherorts auch Aufgaben im Bereich des Coachings für Führungskräfte und in der Unternehmensberatung. In vielen Unternehmen hat sie heute ihren festen Platz als unverzichtbare Serviceeinrichtung zur Erhaltung der Gesundheit, Motivation und Lebensqualität der MitarbeiterInnen. Sie ist damit aus ihrer *problem*zentrierten „dienen-

---

[371] International wird BSA auch als Occupational Social Work (OSW) oder Employee Assistance Program (EAP) bezeichnet.

den Funktion" am Einzelnen herausgetreten und zu einer „Serviceinstitution"[372] geworden, die in das Netzwerk von Abteilungen und Managementsektoren mitwirkend eingebunden ist.

Im Spektrum der Tätigkeitsfelder Sozialer Arbeit fristet die Betriebliche Soziale Arbeit dennoch eher ein Nischendasein.[373] Der Hauptgrund ist wohl in der Tatsache zu finden, dass von den AbsolventInnen sozialarbeiterischer Studiengänge nur eine sehr geringe Prozentzahl in dieses Arbeitsfeld einmündet. Nur schätzungsweise 1000 bis 1500 Fachkräfte sind derzeit im Bereich der BSA in Deutschland tätig.[374] Die BSA existiert als innerbetriebliche Einrichtung meist nur in großen Betrieben mit mehr als 1000 MitarbeiterInnen, im behördlichen Sektor allerdings auch schon in Einrichtungen mit deutlich geringerer Mitarbeiterzahl. Schätzungen gehen davon aus, dass in Deutschland BSA als innerbetriebliche Einrichtung in etwa 400 bis 500 Großbetrieben, Behörden und Dienstleistungsunternehmen existiert.[375] Allerdings wird BSA seit Anfang der Neunzigerjahre auch zunehmend von außerbetrieblichen Dienstleistungsunternehmen und selbständigen Supervisoren und Coaches angeboten. Man spricht dann für diesen Sektor von „mobiler Betrieblicher Sozialer Arbeit".[376] Die Zahl der in der mobilen Betrieblichen Sozialen Arbeit beschäftigten Sozialarbeiter dürfte inzwischen die in den innerbetrieblichen Einrichtungen um ein Vielfaches übertreffen. So betreuen etwa die Beratungsunternehmen der IAS-Gruppe allein rund 10.000 Unternehmen an 120 Standorten in Deutschland.

Die Schätzungen, wie viele Arbeiter von einem betrieblichen Sozialarbeiter betreut werden, gehen weit auseinander; einer Studie von Baumgarten von 2008 folgend kommen auf ein Fünftel der betrieblichen Sozialarbeiter unter 2000 Mitarbeiter, auf ein weiteres Fünftel 2000 bis 4000 Mitarbeiter, auf ein knappes weiteres Fünftel 4000 bis 6000 Mitarbeiter und auf die verbleibenden 43 % mehr als 6000 Mitarbeiter.[377] Ein Personalschlüssel von 5000 Mitarbeitern pro betrieblichem Sozialarbeiter dürfte eine angemessene Mittelwertschätzung sein. Im Durchschnitt berät ein betrieblicher Sozialarbeiter nach Baumgarten jährlich 454 Klienten.[378]

---

[372] Jente 2001, S. 22.
[373] Vgl. Deimbacher 2001, Appelt 2004.
[374] Vgl. Bremmer 2012, S. 11.
[375] Vgl. Kirchen 2004, S. 24.
[376] Vgl. Kirchen 2004.
[377] Vgl. Baumgarten 2012, S. 22.
[378] Ebenda, S. 24 (Gespräche zur Kontaktaufnahme, einmalige Kontakte und Telefonate sind nicht mitgezählt).

Das Image, das die Betriebliche Soziale Arbeit in den Betrieben genießt, ist sehr unterschiedlich. Es hängt offenbar sehr stark von der Modernität des Personalmanagementkonzeptes der Betriebe ab, ob das Unternehmen die Betriebliche Soziale Arbeit als einen wichtigen Faktor zum Erfolg des Betriebes sieht oder ob es sie nur als ein Reparaturinstrument für individuelle Krisen von MitarbeiterInnen oder für kommunikative Störungen versteht.[379]

3. Wozu betriebliche Soziale Arbeit? Ethische Implikationen und unternehmerische Rentabilität von Betrieblicher Sozialer Arbeit

Es ist inzwischen hinlänglich bestätigt, dass es sich unternehmerisch rentiert, Sozialberatung und Soziale Arbeit als eigene Institution in den Betrieb zu integrieren und unternehmerisches Kapital hier zu investieren. Dies ist das unternehmerisch-pragmatische Argument für Betriebliche Soziale Arbeit. Daneben steht ein ethisches Argument: Natürlich steht es auch außer Frage, dass Unternehmen eine Verantwortung für die seelische und körperliche Verfassung ihrer Mitarbeiter tragen; immerhin verbringen Vollzeitbeschäftigte ein Drittel ihrer Lebenszeit bei der Arbeit – und das ist für die meisten der gesundheitlich, psychisch und sozial am stärksten belastende Lebensbereich.

Unternehmenskulturen müssen mit den kulturellen Veränderungen der modernen Gesellschaften Schritt halten können. Der Geist der individualisierten Lebensführung und das Bewusstsein wechselseitiger sozialer Verantwortung erreichen mit ihren Ansprüchen heute auch die Betriebe: MitarbeiterInnen erwarten, dass sie für engagierte Leistung Anerkennung erfahren, sie erwarten, dass ihre Stärken und besonderen Begabungen für die Gestaltung ihrer Arbeit genutzt werden, und sie erwarten, dass sie als Person in Teamstrukturen eingebettet arbeiten können, die von wechselseitiger Anerkennung geprägt sind und die ihr Selbstbewusstsein stärken. Ob MitarbeiterInnen engagiert und produktiv ihre Leistung vollbringen, ob sie körperlich und seelisch gesund bleiben und ob sie sich mit ihrem Betrieb identifizieren, das hängt wesentlich

---

[379] Vgl. Krieger 2012.

davon ab, ob sie ein positives Arbeitsklima vorfinden und erleben, dass sich die Unternehmensführung auch für ihr Wohlergehen innerhalb und außerhalb der betrieblichen Prozesse interessiert.

Zugleich gibt es individuelle und strukturelle Faktoren, die das Zustandekommen oder den Erhalt eines solchen Arbeitsklimas erschweren: Konflikte, Demütigungen, Über- und Unterforderung, willkürliche Sanktionen, Mobbing, schlechte Kommunikationsstrukturen sind Faktoren auf der strukturellen Ebene des Betriebs, die die Produktivität der MitarbeiterInnen untergraben. Aber auch individuelle Ereignisse und Dispositionen wie Krankheit, Sucht, Behinderungen, familiäre Probleme und Krisen, Verschuldung oder Burn-out-Krisen schwächen die Fähigkeit des/der Einzelnen, sich im Arbeitsprozess im erwartbaren Maße zu engagieren. Beide Faktorengruppen sind heute das Arbeitsfeld der BSA; die BSA bearbeitet zum einen präventiv und interventorisch sowohl strukturelle Probleme oder Defizite im Betrieb und kooperiert hier mit dem Personalmanagement. Sie nimmt Einfluss auf Entscheidungen und Maßnahmen der Personalentwicklung und begleitet Veränderungsprozesse in der Arbeitsgestaltung. Zum anderen steht sie dem Einzelnen bei der Bewältigung individueller Krisen und Benachteiligungen bei; auch dieses leistet sie sowohl durch Post-hoc-Interventionen, vor allem durch Beratung, Coaching und Case Management, als auch präventiv, sei es durch entsprechende Maßnahmen für Gefährdetengruppen, sei es durch eine stärkende Gruppenarbeit, die dem Einzelnen in der Gruppe eine Position verleiht, der er auch gewachsen sein kann.

Betriebliche Soziale Arbeit operiert an der Basis und ist damit den Potenzialen der Mitarbeiterschaft näher als das Management, auch als das Personalmanagement. Sie ist als eigene Institution zunächst einmal von den unternehmerischen Wertschöpfungsinteressen abgekoppelt und kann daher auch gerade MitarbeiterInnen ein Vertrauensverhältnis anbieten, die eine Schwäche zu artikulieren haben. Sie leistet daher einen sehr wesentlichen Beitrag dafür, dass anhaltende persönliche Krisen oder eskalierende Konflikte in Betrieben nicht unmittelbar zu Entlassung des Personals führen, sondern das eingearbeitete und miteinander vertraute Personal dem Betrieb erhalten bleiben kann und letztlich seine Produktivität wieder sicherstellen oder verbessern kann.

BSA dient so zum einen in der Summe der produktiven Leistungsfähigkeit des Betriebs, zum anderen der Sicherung einer humanen Unternehmenskultur und der Bindung der Mitarbeiter an den Betrieb. Sie verringert Fehlzeiten, verhindert Kündigungen, verbessert die Arbeitsmotivation, den Teamgeist und die Kooperationsbereitschaft, verbessert das Arbeitsklima und das Image des Unternehmens. Das sind die

Effekte, die auf der Erfolgsseite im Blick auf den betrieblichen Nutzen stehen. BSA leistet damit etwas, was keine andere Institution eines Betriebs mit gleicher Wirksamkeit und Akzeptanz leisten könnte. Wichtig ist dabei aber sehr wohl, dass BSA in die Konzepte der Personalentwicklung eingebunden wird, dass sie präventiv arbeiten kann und nicht allein als Reparaturinstrument fungiert.

4. Systemische Problemsichten in der Betrieblichen Sozialen Arbeit

Es ist hier nicht der Ort, intensiver in methodische Fragen des systemischen Arbeitens einzusteigen, und es ist auch nicht erforderlich, da es inzwischen für den methodisch interessierten Leser qualifizierte Übersichtsliteratur gibt, die unabhängig vom speziellen Arbeitsfeld nützliche Handreichungen vermittelt.[380] Doch soll ein Aspekt noch kurz beleuchtet werden, der in der Betrieblichen Sozialen Arbeit einige Besonderheiten aufweist, der Aspekt der *systemischen Problemsicht*, zum einen weil die Rolle der Sozialen Arbeit zwischen Hilfe und Kontrolle hier in besonderem Maße Gefahr läuft von Fremdsichten bestimmt zu werden, zum andern weil die im Fokus stehenden Problemfaktoren auf Seiten der Klientel möglicherweise wesentlich von eben jenen Strukturen bestimmt werden, in welche auch die Soziale Arbeit selbst eingebunden ist. Beide Aspekte finden sich wieder in der Frage, welche Perspektiven die Situation der Klientel als „problematisch" erscheinen lassen bzw. welche Beobachter darüber bestimmen, worin ein Problem besteht.

Es ist für das systemische Denken von fundamentaler Bedeutung, dass Probleme nicht als gegebene Sachverhalte („Dinge") betrachtet werden, sondern als Beschreibungen eines Zustandes, der, wie es von Schlippe und Schweitzer auf einen kurzen Nenner bringen, von irgend jemandem als einerseits unerwünscht und veränderungswürdig, andererseits auch als veränderbar wahrgenommen wird.[381] Ob etwas als Problem gilt oder nicht, hängt von der Art der Beschreibungen ab, die zu den Beobachtungen gegeben werden. Auch hier muss man sich vergegenwärtigen, dass unsere Beschreibungen keine „Abbilder" der Sachlage darstellen, sondern Interpretatio-

---

[380] Zu nennen wären hier insbesondere die Arbeiten Schwing/Fryszer 2006, Mücke 2003 oder von Schlippe/Schweitzer 2010 und 2012.

[381] Vgl. von Schlippe/Schweiter 2012, S. 158.

nen von Beobachtungen sind. Diese sind insofern immer schon spezifisch, als sie zum Beobachteten in einem semantisch eingegrenzten Feld bestimmte Zusammenhänge herstellen, wie auch insofern, als die Beobachtungen selbst schon in einem bestimmten *Kontext* und damit in einer bestimmten „Kultur" von Unterscheidungen zustande gekommen sind. In diese beschreibungsspezifische Kontextualität gehen Wahrnehmungen einer Differenz des Wünschenswerten zum tatsächlich Festgestellten ein, und das heißt, dass hier normative Vorstellungen implizit oder explizit als Grundlage für diese Differenz ins Spiel kommen. Es liegt auf der Hand, dass – nicht nur in der Betrieblichen Sozialen Arbeit – hinter solchen normativen Vorstellungen auch wirtschaftliche und letztlich betriebliche Interessen stehen und dass die Beschreibungen von Problemen wie auch die Zielbeschreibungen, d.h. die Lösungsbeschreibungen zu den Problemen, in Kategorien von Leistungsfähigkeit, Belastbarkeit, Erhalt der Leistungsbereitschaft und Treue zum Arbeitsplatz ausformuliert werden. Diesem Begründungskontext kann sich die Soziale Arbeit nicht entziehen, auch wenn sie sich in ihrer Sprachkultur stärker an Begriffen der Lebensqualität, Gesundheit und neuerdings der Work-life-balance orientiert.

Deutlich wird, dass von verschiedenen Akteuren Beschreibungen von Problemen vorgenommen werden. Ludewig hat hier von den „Mitgliedern des Problemsystems"[382] gesprochen; gemeint sind alle Akteure, die durch Beschreibungen an der Konstruktion einer „Problemwirklichkeit" mitwirken und diese an andere weiterkommunizieren. Die neueren, konstruktivistisch orientierten Ansätze, nehmen die „professionellen" Akteure (Management, SozialarbeiterInnen etc.) in dieses „Problemsystem" mit hinein und beschränken es nicht auf die Interakteure auf familialer oder kollegialer Ebene. Dies ist für die Betriebliche Soziale Arbeit von besonderer Bedeutung, da sie aus systemischer Sicht zu berücksichtigen hat, dass die scheinbar außenstehenden Akteure, die „Professionellen", Teil des Problems sind. Damit eröffnet sich etwa die Möglichkeit, hinsichtlich der Lösungen des Problems sich auch mit den Beschreibungen der Professionellen zu befassen. In modernen Formen der Betrieblichen Sozialen Arbeit, in welchen sich die BSA auch im Coaching von Führungskräften engagiert, kann dieser die Rolle zufallen, die Beschreibungen verschiedener Akteure zu vergleichen und zu verhandeln.[383] Auch wenn sich manches „Problem" damit nicht alleine lösen lässt, so lassen sich doch wenigstens manche Differenzwahrnehmungen auflösen, wodurch das, was es zu bearbeiten gilt, schärfer gefasst und begrenzt werden kann. Was sich verhandeln lässt, sind nicht die Probleme,

---

[382] Ludewig 1992, S. 110 f.
[383] Einen kleinen Katalog von Fragen, die zu einem solchen Vergleich herangezogen werden können, nennt Imber-Black 2006, S. 267.

sondern ihre Beschreibungen. Wie es Ronny Lindner formuliert: „Denn systemische Beratung funktioniert, weil sie kein operatives Problem des Klientensystems lösen muss, sondern ein Beobachtungsproblem."[384]

Die Betriebliche Soziale Arbeit fokussiert in ihren verschiedenen Arbeitsgebieten heute eine Vielzahl von „Problemen", die sich irgendwie vor der Folie avisierter Leistungsfähigkeit und avisierten Wohlergehens der MitarbeiterInnen als Differenz abheben. Für die Betriebliche Sozialarbeit lässt sich die Frage stellen, wer – in den jeweiligen Arbeitsgebieten – innerhalb und außerhalb des Betriebes sich an den bedeutsam werdenden Problembeschreibungen beteiligt, wer also – wie dargestellt – zum „Problemsystem" gehört. Die Beschreibungen dieser Akteure sollten zumindest insoweit konsensfähig sein, als sie in den Arbeitsfeldern ein Handeln begründen, dass von allen Seiten als ein Beitrag zur Lösung der Probleme, als eine Aufhebung oder Minderung der Differenzwahrnehmung verstanden werden können – von Seiten der Führungskräfte, von seiten der Sozialen Arbeit, von Seiten der KollegInnen, von Seiten des privaten Umfelds. Diese Rücksicht muss im Beratungsprozess bewusst verfolgt werden, damit bei allen Beteiligten die Motivation erhalten bleibt und die sozialarbeiterische Intervention als zielführend akzeptiert wird. Für die SozialarbeiterInnen heißt dies, dass sie zwischen den verschiedenen Akteuren einiges an diplomatischer „Übersetzungsarbeit" (von Beschreibung zu Beschreibung) zu leisten hat. Wenn man konstruktivistisch postuliert, dass „Problemsichten" von Subjekten prinzipiell nicht verstehbar und vermittelbar sind,[385] sehr wohl jedoch der Akzeptanz und Würdigung bedürfen,[386] dann kann das „Synchronisieren von Problemsichten" nur darauf bauen, dass es möglich ist, für diese Sichtweisen einen neuen Rahmen zu finden, sie eventuell durch andere zu ersetzen und vor allem überhaupt die Wahrnehmung des Sachverhalts aus den Perspektiven der „Problemtrance" herauszuführen.

Die BSA hat unterschiedliche Erwartungen (KlientInnen, KollegInnen, Führungsebene, außerbetriebliches Umfeld) zu berücksichtigen und gegebenenfalls zu integrieren; sie hat sowohl die Toleranzgrenzen des Managements wie die Empfindungen sozialer Gerechtigkeit seitens der KollegInnen wie die Voraussetzungen zur Stabilität der sozialen Beziehungen im persönlichen Umfeld ihrer Klientel zu beachten. Sie muss für die Sichtweisen der *einen* Gruppe bei einer *anderen* Gruppe Verständnis herstellen, die Übernahme von Fremdperspektiven auf den Weg bringen und Interessensbalancen austarieren. Es wäre aber zu harmlos formuliert, wenn man ihr hier nur eine aus-

---

[384] Lindner 2004, S. 107.

[385] Zur Möglichkeit des Verstehens vergleiche die Erörterungen zum Kommunikationsbegriff des erkenntnistheoretischen Konstruktivismus von Kraus 2013, Kapitel 3.

[386] Zum Umgang mit Problemsichten vgl. Radatz 2006, S. 49ff.

gleichende Funktion zuschreiben würde. Es geht um mehr, es geht um eine Funktion der entwicklungsermöglichenden Destabilisierung prinzipiell aller Muster, die in einem Betrieb die Situation von MitarbeiterInnen bestimmen. So wie die systemische Familienanalyse ihr Augenmerk darauf richten muss, familiäre Interaktionsmuster, -interpunktionen und Rituale zu erfassen, um diese therapeutisch wohldosiert erschüttern und zur Reorganisation veranlassen zu können, so muss eine systemische BSA möglicherweise erstarrte Rollengefüge, Machtstrukturen, Stereotypen und Attributionsmuster im Betrieb und in den Teams verunsichern, um einen Rahmen zu schaffen, damit Arbeitsbedingungen neu organisiert werden können.

Im Kern bedeutet ein solches systemisches Verständnis der Aufgaben der BSA, dass von der Annahme auszugehen ist, dass die Probleme, mit welchen sich die BSA zu befassen hat, nicht einfach die Probleme des jeweils zu beratenden Klientels sind, sondern im Ganzen die Probleme des Betriebs. Man könnte dies leicht veranschaulichen, wenn man die Kreisprozesse und Rückkoppelungsmechanismen von Unternehmensführung, Unternehmensstrukturen, kollegialen Strukturen, Arbeitsbedingungen und Parametern der Mitarbeiterbefindlichkeit darstellen würde. Dafür ist hier nicht der Platz. Aber es soll doch darauf hingewiesen werden, dass hier eine Schnittstelle zur Managementtheorie besteht, die auch für die BSA fruchtbar zu machen wäre.

5. Arbeitsgebiete der Betrieblichen Sozialen Arbeit: Systemische Komplexität der Auftragssituation

Die BSA hat seit ihren Anfängen in der Nachkriegszeit in mehreren Entwicklungswellen immer neue Aufgabenbereiche hinzugewonnen. Heute ist das Spektrum der Leistungsbereiche so breit, dass auf Seiten der Professionellen Spezialisierungen notwendig werden bzw. in den Betrieben Teilbereiche auch durch externe Spezialisten abgedeckt werden müssen. So greifen auch in Deutschland inzwischen einige Unternehmen auf spezielle Angebote von Wohlfahrtsträgern zur Gesundheitsförderung zurück oder nutzen die Dienste von EAP-Instituten[387] (Employee Assistance Program

---

[387] Die Beratungsdienstleistung EAP entstand in den USA in den Siebzigerjahren. 1990 wurde der EAP-Berufsverband gegründet. Heute nehmen etwa 90 Prozent der US amerikanischen Großun-

), die neben den klassischen Feldern der Sucht- und Konfliktberatung auch Beratungen bei psychischen Belastungen am Arbeitsplatz und zur Work-life-Balance durchführen.

Zu den wichtigsten Problem- und Aufgabenfeldern zählen heute:

- Konflikte mit Kollegen, Mobbing
- Familiäre und partnerschaftliche Probleme
- Akute Lebenskrisen, Life-Management (Beratung über Rechtsansprüche: Mutterschaftsurlaub, Rehabilitation, Scheidung etc.)
- Suchterkrankungen und Suchtgefährdung
- Gesundheitliche Probleme, Präventive Gesundheitsförderung
- Psychische Probleme (Stressfolgen, Depression etc.)
- Rehabilitation nach Krankheit oder Unfällen
- Fehlzeitenreduzierung
- Schuldnerberatung
- Unterstützung der Work-Life-Balance
- Kindertagesbetreuung
- Mitarbeiterführung und Teamprobleme
- Coaching für Führungskräfte
- Coaching und Supervision für BerufsanfängerInnen und neue MitarbeiterInnen
- Vorbereitung auf die Rentnerzeit
- Schwerbehindertenbetreuung am betrieblichen Arbeitsplatz
- Öffentlichkeitsarbeit

Der zeitliche Umfang von Arbeitsstunden, die auf den einen oder anderen Aufgabenbereich fallen, ist je nach Unternehmen sehr unterschiedlich. Daher ist es schwierig, hier allgemeingültige Aussagen zu machen; genauere Erhebungen existieren nur für wenige Unternehmen und werden in der Regel nicht veröffentlicht. Alle Schätzungen beruhen daher auf dem Erfahrungsaustausch zwischen Kollegen aus der Betrieblichen Sozialen Arbeit und können nicht auf repräsentative Daten zurückgeführt werden. Es gibt daher nur grobe Schätzungen: Man schätzt etwa, dass für die Bereiche „Krankheit/Gesundheit" und „Sucht" im Durchschnitt rund zwei Drittel der Arbeitszeit ver-

---

ternehmen EAP in Anspruch (vgl. Leidig 2011, S. 397). Anbieter für EAP etablierten sich in den Achtzigerjahren auch in Großbritannien. Kurz darauf entstand diese Dienstleistung auch in Deutschland. (vgl. einführend Schneglberger/Schulte 2010 und Leidig 2011). Bekannte Institute in Deutschland sind heute das Fürstenberg-Institut und die INSITE Interventions GmbH. Systemische Beratungskonzepte spielen in den Angeboten der EAP-Institute eine bedeutsame Rolle. Keuthen (Keuthen 2012, S. 17) und Jaeppelt/Goercke (2009, S. 55) sprechen sich insbesondere für die Anwendung der lösungsorientierten systemischen Beratung aus

wendet wird.[388] Nach den Ergebnissen einer Schweizer Studie von 2001 suchten 43%
der Klienten die BSA wegen gesundheitlicher Probleme auf, 36% wegen familiärer
und privater Probleme und 21% wegen betrieblicher Probleme wie Konflikten oder
arbeitsrechtlichen Fragen.[389]

In einer aktuellen Untersuchung der BASF (siehe nachfolgende Abbildung), dem
großen deutschen Chemieunternehmen, welches in Ludwigshafen am Rhein seinen
Hauptsitz hat, wird deutlich, dass das Hauptengagement der BSA im Bereich der
psychomentalen Beratung liegt. Hier werden Themen wie Stress am Arbeitsplatz,
psychische Erkrankungen, Burn-out-Krisen, Gesundheitsförderung, aber auch mangelnde Arbeitsmotivation und Work-Life-Balance zum Gegenstand der Beratung.
Gefolgt wird dieser Bereich von der *psychosozialen Beratung*, die sich sowohl familiären Problemen, Problemen mit der Kindererziehung oder Kinderbetreuung wie
auch Problemen mit Kollegen widmet. Immerhin ein Fünftel der Arbeitszeit verwen-
den die Mitarbeiter der BSA in der BASF auf Aufgaben des *Coachings* mit Teams
und Führungskräften. Das Thema Sucht spielt hingegen keine dominierende Rolle
mehr.

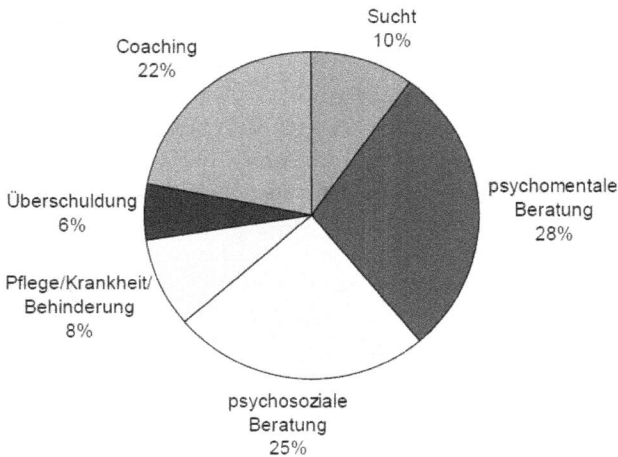

Abb. 3: Arbeitsfelder der Betrieblichen Sozialberatung in der BASF

---

[388] Vgl. Böhm 2011, S.21.
[389] Vgl. Forschungsbericht unter http://www.fhso.ch/fue/frame_fue.htm, oder auch: Baumgartner
2004.

Die Vielzahl und Unterschiedlichkeit der Problem- und Aufgabenfelder deutet an, dass die BSA nicht nur mit unterschiedlichen Gruppen in den Betrieben zu tun hat, sondern auch die funktionalen Abhängigkeiten zwischen diesen Gruppen zu beachten hat. Sie hat bei der Problem- und Kontextanalyse die Relevanz von diversen Systemen in der Problemgenese und in der Problemsicht bei den KlientInnen zu beachten und ist prinzipiell gehalten, Lösungsprozesse voranzutreiben, in denen Problemsichten auf den unterschiedlichen Unternehmensebenen kommuniziert werden und Lösungen schließlich mit einem Höchstmaß an Einvernehmlichkeit etabliert werden.

Auch wenn Betriebliche Soziale Arbeit von den MitarbeiterInnen grundsätzlich auf freiwilliger Basis in Anspruch genommen wird, gilt: Die BSA erhält ihre Aufträge nicht einfach durch ihr Beratungsklientel, sondern ist in vielfältige Auftraggeberstrukturen eingebunden. Für eine systemisch qualifizierte Analyse der Ausgangssituation von Beratung oder auch anderen Leistungen ist der Schritt der Auftragsklärung daher unerlässlich. Aufträge müssen dem Klientel gegenüber transparent gemacht werden – gerade auch dann, wenn sie Aspekte enthalten, die die Freiwilligkeit der Leistungsinanspruchnahme relativieren.

Ich möchte nun einige Bereiche herausgreifen, um für diese jeweils einige wichtige systemisch relevante Zusammenhänge und Rücksichten aufzuzeigen.

Konflikte mit Kollegen – Mobbing. Die zwischenmenschliche Kommunikationskultur bei den Beschäftigten ist ein wesentliches Moment des Arbeitsklimas in Unternehmen. Mobbing und Konflikte zwischen den Arbeitskollegen können das Arbeitsklima erheblich verschlechtern mit dem Effekt, dass notwendige Kooperationen und Absprachen unterbleiben, die Produktivität der Arbeitsprozesse sinkt, vielleicht sogar die betroffenen Mitarbeiter vom Arbeitsplatz fernbleiben. Auch wenn Meldungen zu Mobbing in der Regel erst einmal beim Personalrat landen, wo sie kaum kompetent bearbeitet werden können, ist die BSA im Grunde die prädestinierte Stelle zur Bearbeitung von Mobbingproblemen und kollegialen Konflikten, weil sie unparteiisch agieren kann und den Beteiligten durch die Artikulation von Problemen oder von Missverhalten keine Nachteile durch Indiskretion oder Ansehensverlust entstehen können.

Um Konfliktstrukturen und ihre Hintergründe angemessen erkennen und verstehen zu können, benötigt die BSA eine entsprechende Qualifikation bezüglich konfliktdiagnostischer Kompetenzen.[390] Für die Analyse der Konflikte kann die Beobachtung von Symmetrien und Komplementarität von Verhaltensweisen der Konfliktbeteiligten, wie sie sich aus den systemisch kommunikationstheoretischen Modellen der Palo Alto Schule herleiten lässt, ein fruchtbares Instrument sein, um eskalative Dynamiken beschreiben und sodann bearbeiten zu können. Der systemischen Sichtweise von Problemen entspricht es ferner, dass sie nicht als objektive Gegebenheiten aufgefasst und schon gar nicht bestimmten Personen (Problemträgern) zugeschrieben werden. Hier gilt, wie es Christian Gertsch formuliert: „Bei der Konfliktbearbeitung geht es für uns nicht darum eine Schuldige oder einen Schuldigen zu finden, sondern Bedingungen des Konfliktes nachzugehen, um den konflikthaften Prozess (Kette von Rückkoppelungen) aufzudecken und Verständnis für die Protagonisten zu entwickeln."[391] Neben dem systemischen Verstehen von Konfliktsituationen in Organisationen sind für die BSA systemische interventionsmethodische Kenntnisse im Umgang mit Gruppen (insbesondere in systemischer Mediation) ausgesprochen hilfreich, um die Konfliktpartner dabei zu unterstützen, den Konflikt produktiv zu bewältigen und wieder eine motivationsgetragene Arbeitsbasis aufzubauen.[392]

Familiäre und partnerschaftliche Probleme. Dieser Beratungsbereich ist von einer hohen Diversität von vornehmlich privaten Anliegen geprägt. Das Spektrum, das die BSA möglicherweise zu bedienen hat, reicht von der klassischen Ehe- und Familienberatung über die Erziehungsberatung bis hin zur Beratung bezüglich der Unterbringung oder Pflege von alten Menschen. Weitere Themen der Beratung, die hier zu nennen sind, sind die Rückkehr der Beschäftigten an den Arbeitsplatz nach Wahrnehmung der Elternzeit oder nach Ausfallzeiten und Kuren, die Vermittlung von Angeboten zur Kinderbetreuung, Fragen der Immobilienfinanzierung oder Altersvorsorge oder auch Beratung zu Scheidungsfragen und Unterhaltszahlungen.[393] Systemische Konzepte zur Beratung in familiären Zusammenhängen liegen durch die breite Tradition der Familienberatung und -therapie zuhauf vor; es erübrigt sich darauf hinzuwei-

---

[390] Einen sehr praxisbezogenen Einblick in die Grundlagen konfliktdiagnostischen Wissens geben Ballreich und Glasl in ihrem Lehrbuch zu Konfliktmanagement und Mediation in Organisationen (2011). Aus systemischer Sicht sind insbesondere die Beiträge von Ballreich ergiebig.

[391] Gertsch 2009, S. 56. Im Bereich der Mediation und des Konfliktmanagements haben systemische Ansätze methodisch schon vielfach ihren Niederschlag gefunden. Allerdings ist eine explizite Bezugnahme auf systemische Konzepte erst in neueren Veröffentlichungen zu finden. Zu nennen wären hier insbesondere die Arbeiten von Schwendner 2012 und Knapp 2013.

[392] Solche Methoden finden sich zahlreich in dem bereits genannten Werk von Ballreich und Glasl, welches dem Praktiker nicht nur einen breiten Fundus an Instrumenten zur Konfliktbearbeitung an die Hand gibt, sondern auch die Dynamik von Systemmustern in Organisationen besser verstehen lässt.

[393] Vgl. ferner auch Jaeppelt/Görcke 2009, S. 64 ff.

sen. Für die BSA ist allerdings zu beachten, dass ihr Auftrag durch den betrieblichen Zusammenhang zugleich eingegrenzt und spezifiziert ist: Es geht primär auch bei familiär ausgerichteten Beratungen um die Integration des Mitarbeiters, der Mitarbeiterin in den Betrieb und in das Kollegium. Allerdings ist zu beachten, dass zwischen dem familiären Kontext und dem beruflichen Kontext durchaus Wechselwirkungen[394] bestehen, seien sie eher komplementär ausgleichender Art oder seien sie positiv verstärkender Art.[395] Familiäre Konflikte, Streitigkeiten, Bedrohungen, Verluste beeinflussen selbstverständlich die Arbeitsfähigkeit der MitarbeiterInnen. Mobbing am Arbeitsplatz und drohender Arbeitsplatzverlust beeinflussen selbstverständlich die emotionalen Ressourcen im Familienleben. Es hängt nicht unwesentlich von der Unternehmenskultur und vom Arbeitsklima ab, ob die Situation am Arbeitsplatz als eine konstruktive Alternative zur bedrohlichen Familiensituation erlebt wird (indem sich etwa dort das Selbstwertempfinden wieder stabilisieren kann) oder ob die psychischen Beeinträchtigungen des Mitarbeiters, der Mitarbeiterin durch seine/ihre familiäre Situation zu wachsenden Benachteiligungen am Arbeitsplatz führen. Die BSA kann möglicherweise hier einen Beitrag leisten, um den positiven eskalativen Verstärkungszusammenhang zwischen beiden Kontexten abzuschwächen oder zu unterbinden.

Kindertagesbetreuung: Die Einrichtung von betrieblichen Kindertagesbetreuungen folgt ebenfalls dem Ziel, die Vereinbarkeit von Familie und Beruf zu verbessern. Einrichtungen der Kindertagesbetreuung in Wirtschaftsunternehmen haben seit 2002 in Deutschland einen rapiden Anstieg erfahren.[396] Nach einer Erhebung des Deutschen Jugendinstitutes waren es 2002 noch 202 Einrichtungen, während im Jahr 2009 bereits 3.800 Einrichtungen in Deutschland zu verzeichnen waren. Damit lag im Jahre 2009 der Anteil von Kindertageseinrichtungen in der Trägerschaft von Wirtschaftsunternehmen an der Gesamtzahl der Kindertageseinrichtungen in Deutschland bei 7,6 %, was ebenfalls eine deutliche Steigerung gegenüber 2002 anzeigt.[397] Große Unter-

---

[394] Vgl. Schwendner 2012, S. 73 ff.

[395] „Positive Verstärkung" bedeutet hier, dass zwischen zwei Systemen ein Rückkoppelungszusammenhang besteht oder sich entwickelt, durch welchen sich die Outputleistungen der Systeme bis hin zur Selbstzerstörung eskalativ verstärken. In der Physik (und nicht nur dort) spricht man von „Resonanzkatastrophen" oder „Katastrophendynamik", wenn die Resonanz zwischen zwei Systemen ein überkritisches Maß erreicht (Lawinen, schwingungsbedingt berstende Brücken, Mikrofon-Lautsprecher-Rückkopplung). Gregory Bateson führte für Kommunikationsprozesse analog den Begriff der „symmetrischen Eskalation" ein..

[396] Das Wirtschaftsministerium Baden-Württemberg hat 2005 einen Leitfaden zur Einrichtung von Kinderbetreuungen in Betrieben herausgegeben, um diese Entwicklung zu unterstützen (vgl. Wirtschaftsministerium).

[397] Vgl. Spier/Freiberg 2010, S. 33.

nehmen bieten Kindertageseinrichtungen und Kinderkrippenplätze, sei es, indem sie selbst in Eigenregie im Betrieb eine Kindertageseinrichtung schaffen, sei es, dass sie einen Träger für eine betriebsinterne Kindertageseinrichtung engagieren, sei es, dass sie mit anderen Unternehmen oder mit der Kommune zusammen gemeinsam eine Tageseinrichtung betreiben, sei es, dass sie eine Elterninitiative finanziell und organisatorisch unterstützen.[398] Die BSA engagiert sich zudem bei der Vermittlung von Tagesmüttern, stellt den Kontakt zu Einrichtungen der Erziehungsberatung her[399] oder organisiert Notunterbringungen von Kindern in den Tageseinrichtungen, wenn die Tagesmütter einmal ausfallen usw.[400] Aus systemischer Sicht sind hier Leistungen der Netzwerkbildung und entsprechend Netzwerkkompetenzen bei den SozialarbeiterInnen in den Fokus zu rücken.

Suchterkrankungen und Suchtgefährdung. Historisch war die Bearbeitung von Suchterkrankungen oder -gefährdungen eine der wichtigsten Aufgaben der BSA in den Sechziger- und Siebzigerjahren. Dass für diesen Problembereich eine besondere Veranlassung für den Betrieb besteht, Position zu beziehen, liegt auf der Hand. Suchtphänomene gefährden die Sicherheit am Arbeitsplatz, das kollegiale Zusammenarbeiten, die Kontinuität und das Engagement in der Arbeit und sie schädigen, teilweise ganz erheblich, die Qualität der Leistung bzw. der Produkte. Bedenkt man, dass in Deutschland ein riskanter Alkoholkonsum für rund 21 % der männlichen Bevölkerung und rund 16 % der weiblichen Bevölkerung diagnostiziert wird[401], so wird verständlich, dass von diesem Problem auch erhebliche Wirkungen auf das Betriebsklima, die kollegialen Verhältnisse und die betriebliche Produktivität ausgehen. Die meisten Betriebe reagieren auf Suchterkrankungen ihrer MitarbeiterInnen mit einer Doppelstrategie: Sie signalisieren einerseits über die Personalabteilung die Gefährdung des Arbeitsplatzes, bieten andererseits Unterstützung durch die betriebliche Sozialberatung an.[402] Seit den Achtzigerjahren ist die Thematik Suchterkrankungen in das weitere *Thema Gesundheitsförderung* integriert worden, wodurch zum einen der Faktor Sucht im Gesamtkomplex der gesundheitsrelevanten Faktoren relativiert worden ist, zum andern die Betroffenen vor Prozessen der Stigmatisierung im Betrieb

---

[398] Vgl. zu den verschiedenen Modellen: Spier/Freiberg 2010, S. 34 ff.
[399] Vgl. Hübner-Umbach u.a. 1996, S. 137.
[400] Vgl. beispielsweise für die BASF Deutschland: http://www.report.basf.com/2010/en/ managementsanalysis/employeesandsociety/employees/work-lifebalance.html;oder: http://www.basf.com/group/corporate/de/careers/career_de/About_BASF_DE/work-life-balance.
[401] Vgl. Deutsche Hauptstelle für Suchtfragen, http://www.dhs.de/datenfakten/alkohol.html.
[402] Dies ist auch die Position der Deutschen Hauptstelle für Suchtfragen, siehe die Broschüre „Alkohol am Arbeitsplatz. Eine Praxishilfe für Führungskräfte", http://www.dhs.de/fileadmin/ u-ser_upload/pdf/ Arbeitsfeld_Arbeitsplatz/Alkohol_am_Arbeitsplatz_Praxishilfe_2011.pdf

besser geschützt werden konnten. Systemisch kann man in dieser Entwicklung ein Reframing erkennen: Durch die Einordnung in den Krankheitszusammenhang ist die Zuschreibung schuldhaften Verhaltens geschwächt worden. Während einerseits die Alkoholproblematik in der betrieblichen Arbeit an Bedeutung verloren hat, sind andererseits in einigen größeren Unternehmen Stellen für sogenannte Suchtkrankenhelfer[403] eingerichtet worden, was auch als Ausdruck der fortschreitenden Spezialisierung in der BSA interpretiert werden kann.

Gesundheitliche Probleme/präventive Gesundheitsförderung. Die Gesunderhaltung der MitarbeiterInnen in körperlicher und seelischer Hinsicht ist in vielen Betrieben eines der wichtigsten Aufgabenfelder der BSA. Die deutsche „Initiative Gesundheit & Arbeit" hat in den Jahren 2000 bis 2006 in einer breit angelegten Analyse rund 1000 empirische Studien zur betrieblichen Gesundheitsförderung ausgewertet. Die Analyse zeigt, dass sich die gesundheitlichen Schwerpunkte der BSA auf die folgenden Interventionsbereiche konzentriert: Bewegung, Ernährung, Tabakkonsum, Alkoholkonsum, Gewichtskontrolle, Gesundheitszirkel, Mehrkomponentenprogramme und ergonomische Maßnahmen.[404] In den Bereich der Gesundheitsförderung gehören auch die Aufgabenfelder Psychische Probleme (Stressfolgen, Burn-out, Depression etc.), Schwerbehindertenbetreuung am betrieblichen Arbeitsplatz und Rehabilitationsmanagement, die hier nicht weiter erläutert werden sollen.[405] Präventive Gesundheitsförderung und Gesundheitsmanagement sind heute in vielen Betrieben als Aufgabe des Managements selbstverständlich geworden. Modelle zur systemischen Gesundheitsförderung[406] und zum systemischen Gesundheitscoaching[407] bilden vielerorts hierfür die konzeptionelle Grundlage. Eine Neuorientierung der Gesundheitsförderung vom pathogenetischen Orientierungsmodell zum salutogenetischen, die Berücksichtigung von verhaltensbezogenen als auch verhältnisbezogenen Maßnahmen[408] und die strategische Ausrichtung an Empowerment und Settingorientierung (Orte, an denen Menschen leben und arbeiten) ist für ein systemisches Gesundheitsmanagement kennzeichnend.

Fehlzeitenreduzierung. Die Gründe für Fehlzeiten sind mit den anderen Problemsituationen, die Gegenstand der Beratung für die BSA werden, in vielerlei Hinsicht ver-

---

[403] Landesstelle gegen die Suchtgefahren im Land Sachsen-Anhalt 2002; vgl. auch Giesert/Wendt-Danigel 2011.

[404] Vgl Wirksamkeit und Nutzen 2008.

[405] Vgl. Hafen 2007, S. 133 ff.

[406] Vgl. einführend Jenny/Brauchli/Deplazes 2012 und Siebert 2008.

[407] Vgl. etwa Lauterbach 2008, 2013.

[408] Leppien 2004.

bunden. Krankenstände und Mitarbeitermotivation stehen zu einander in engem Zusammenhang. Man vermutet, dass bei einem Krankenstand von 7 % etwa 4 % auf die tatsächliche medizinisch begründeten Arbeitsunfähigkeit zurückzuführen sind, während weitere 3% auf motivationale Defizite oder Krisen zurückgehen.[409] Diese 3% zu verringern, kann das Ziel der BSA im Aufgabenbereich Fehlzeitenreduzierung sein. Studien von Buttler und Burkert (1998) und von Frey (1998), die auf Mitarbeiterbefragungen beruhen, sehen die wesentlichen Ursachen für Fehlzeiten außerhalb der gesundheitlichen Faktoren im Führungsverhalten der unmittelbaren und mittelbaren Vorgesetzten, im Betriebsklima, in mangelnder Beteiligung an Prozessen der Arbeitsgestaltung, in Überbelastungen, in Demütigungen und mangelnder Anerkennung und in kollegialen Konflikten.[410] Entsprechend liegen die Interventionsmöglichkeiten einer systemisch ausgerichteten BSA hier im Coaching der Führungskräfte, in der motivationalen Stärkung der MitarbeiterInnen[411], in der Unterstützung von Konfliktbewältigung und in der Begleitung der Teamarbeit. Auf der individuellen Ebene wurde in den vergangenen Jahren für MitarbeiterInnen, die länger als sechs Wochen dem Arbeitsplatz fern geblieben sind oder immer wieder erhebliche Fehlzeiten zeigten, das Konzept des Betrieblichen Eingliederungsmanagements[412] entwickelt.

Schuldnerberatung. Da vor allem infolge der laschen Vergabepraxis der Kreditwirtschaft zum einen, infolge der zunehmenden Scheidungen und Frühberentungen zum andern in Deutschland die Zahl der Betroffenen, die „überschuldet" sind, d.h. ihre Schulden unter den gegebenen Verhältnissen nicht in absehbarer Zeit abbezahlen können, erheblich gewachsen ist, ist das Problem auch für die BSA in den letzten Jahren an Bedeutung gewachsen. Zum einen existieren psychische und psychosomatische Folgewirkungen der Überschuldung, die die Gesundheit der Betroffenen und ihr Engagement bei der Arbeit erheblich beeinträchtigen können. Dies ist eine der Thematiken, die die BSA auf den Plan ruft. Zum andern hoffen die Betroffenen manchmal auch durch den Betrieb finanzielle Unterstützung bei der „Schuldenregulierung" zu erhalten, insbesondere wenn Lohnpfändungen zu erwarten sind oder existenzielle Folgen wie der Verlust der Wohnung oder der letzten Ersparnisse. BSA hat hier sowohl eine beratende Funktion wie auch oft eine vermittelnde: Sie kann sich im Rahmen der Schuldnerberatung mit den Gläubigern oder Inkassounternehmen auf Zahlungsregelungen oder den Verzicht auf Restschulden verständigen bzw. den Kli-

---

[409] Vgl. Steinmetz 2001, S. 123.
[410] Vgl. ebda, S.125.
[411] Interessant sind hier die Konzepte der Positiven Psychologie zur „Mitarbeiterstärkung"; vgl. etwa Eberhardt/Klink 2012.
[412] Vgl. Korn 2012. Die gesetzliche Grundlage für das BEM existiert seit 2004.

enten an eine professionelle Schuldnerberatungsinstitution vermitteln, wenn ihre eigenen Kompetenzen für dieses rechtlich schwierige Feld nicht ausreichen. Systemische Orientierungen sind für die Praxis in der Schuldnerberatung ansatzweise entwickelt worden.[413]

Unterstützung der Work-Life-Balance. Die Fähigkeit, eine angemessene Balance zwischen der Arbeitszeit und der Nichtarbeitszeit zu finden, und zwar sowohl in zeitlicher Hinsicht als auch im Blick auf die geistige oder körperliche Tätigkeit, ist ein eine wesentliche Voraussetzung zur Erhaltung der seelischen und körperlichen Gesundheit. In Deutschland sehen wir derzeit die Folgen einer Arbeitspolitik und eines unternehmerischen Führungsstils, die auf die Missachtung der Belastungsfähigkeit der Erwerbstätigen zurückzuführen sind: Depressionen und Burn-out-Symptome haben einen historischen Höchstwert erreicht. Seit 2000 steigt die Zahl der psychischen Erkrankungen in Deutschland alle vier Jahre um 20 %, so das Ergebnis einer Untersuchung der größten Krankenkassen in Deutschland. Ein Drittel der arbeitenden Bevölkerung kann ihre Erwerbsfähigkeit nicht mehr bis zur Erreichung des Rentenalters aufrecht erhalten und muss vorzeitig und mit verkürzter Rente in den Ruhestand gehen. Dies mindert nicht nur die Kaufkraft der Bevölkerung und erhöht die Soziallasten für den Staat, es wird auch seit einigen Jahren zu einem eklatanten Problem für die Wirtschaftsunternehmen, die bereits seit 2007 zunehmend offene Stellen nicht mehr besetzen können, geschweige denn hierfür bereits ausreichend qualifiziertes Personal finden.

Hier muss aus wirtschaftlichen wie auch humanen Gründen ein Umdenken stattfinden. Das neue Schlagwort für eine alternative Orientierung heißt „Work-Life-Balance". Es bezeichnet ein Konzept, das die betriebliche Tätigkeit und die private Lebensführung nicht mehr als komplementäre Gegensätze versteht, sondern als aufeinander bezogene Lebensbereiche, die ineinander hineinragen: Es gilt, die Anforderungen, die sich im privaten Leben stellen, und jene, die sich im Betrieb stellen, mit einander in Einklang zu bringen.[414]

Programme zur Unterstützung der Work-Life-Balance zielen darauf ab,

- Die lebensphasenspezifische Diversität von Alltagsanforderungen bei den Erwerbstätigen (Elternzeit, Alleinerziehende, Angehörigenpflege etc.) bei der Arbeitsorganisation stärker zu berücksichtigen

---

[413] Lindner/Steinmann-Berns 1998. Vgl. ferner Hombach/Dingerkus 2006.

[414] Dass Work-life-Balance eine zentrale Aufgabe des modernen Personalmanagments ist, stellt schlüssig die Arbeit von Bögner 2010 dar.

- Zeit und Ort der Leistungserbringung zu flexibilisieren (z.b. verstärkt Heimarbeit zu ermöglichen, Tätigkeiten an den Ort ihrer Auswirkungen zu versetzen etc.),

- dem „Übergreifen" von beruflichen Verbindlichkeiten auf die außerbetriebliche Lebenszeit entgegenzuwirken,

- Arbeitszeiten individuellen Belastungsprofilen flexibel anzupassen,

- persönliche Stärken produktiv im Arbeitsprozess zu nutzen,

- den Wunsch von Mitarbeitern nach Verantwortungszuwachs aufzugreifen und individuelle Qualifikationen zu fördern,

- die Gestaltungsfreiräume bei der Arbeitsorganisation zu erweitern und

- anstelle des Prinzips der Arbeitszeitableistung ein Prinzip der ergebnisorientierten Leistungserbringung (Aufgabenorientierung) zur Geltung zu bringen.[415]

Studien der Prognos AG aus den Jahren 2003 und 2005 belegen, dass Work-Life-Balance-Maßnahmen sowohl volkswirtschaftlich als auch betriebswirtschaftlich von Gewinn sind.[416] Viele großen Unternehmen in Deutschland installieren Work-life-balance-Maßnahmen und richten teilweise sogar sogenannte Work-Life-Balance-Zentren ein, in welchen MitarbeiterInnen in allen Problemen und Belangen beraten werden, die auf ein Missverhältnis von Arbeit und Leben hindeuten – seien es Überlastungen durch Überstunden, Probleme bei der Arbeitsorganisation bei Alleinerziehenden oder Notsituationen bei der Angehörigenpflege – und vieles mehr. Systemische Coachingkompetenz und ein Blick für individuelles Ressourcenmanagement sind hier wichtige Basisqualifikationen für das Beratungspersonal.

Mitarbeiterführung, Coaching und Teamprobleme. Mehr und mehr erhält die BSA heute die Aufgabe, leitendes Personal auf den verschiedenen Niveaus der betrieblichen Hierarchie in der Arbeit mit den Untergebenen zu unterstützen und auf diplomatische Weise einen Interessensausgleich und ein produktives Einvernehmen zwischen Vorgesetzten und Untergebenen zu fördern. Diese assistierende Rolle in der Mitarbeiterführung kann durch die Rolle des Coachs[417] und die Rolle des Gruppenpädagogen erweitert werden. So kann die BSA etwa zusammen mit der Belegschaft Regeln für die Kommunikation und die Alltagsgestaltung erarbeiten, die dann für die betriebli-

---

[415] Vgl. etwa Michalk/Nieder 2007.

[416] Vgl. Prognos 2003, 2005.

[417] Ein Beispiel für systemisches Mitarbeitercoaching findet sich in König/Vollmer 2005, S. 181 ff. Zu diesem Beispiel werden die Analye der sozialen Subsysteme, die Systemebenen in der Intervention, die Rolle des Coachs und die Phasen des Coachingprozesses auf der Basis der Personalen Systemtheorie der Autoren erläutert.

che Kommunikationskultur verbindlich werden und für das Arbeitsklima entscheidend sind. BSA sollte auch eine aktive Rolle bei den Aufgaben der Teamentwicklung einnehmen. Es wird heute auch von der BSA erwartet, dass sie präventive Maßnahmen im Bereich der Kommunikations-, Konflikt- und Teamfähigkeit entwickelt und so einen Beitrag zu partnerschaftlichem Verhalten am Arbeitsplatz leistet. Hierzu bedarf es professioneller Kompetenzen im Bereich der Teamanalyse[418] und der Gruppenarbeit mit Erwachsenen, die in der grundständigen Ausbildung von SozialarbeiterInnen sicherlich nicht ausreichend vermittelt werden. Entsprechende Weiterbildungen sind hier vielmehr eine Notwendigkeit.

Coaching für Führungskräfte: Es ist nicht nur Aufgabe von BSA, Führungskräften die sozialen Belange der Mitarbeiter nahe zu bringen, sondern auch sich für Freiräume in der Arbeitsgestaltung und Arbeitsorganisation einzusetzen, die es den Mitarbeitern erlauben, ihre kreativen und reflexiven Potenziale in den Arbeitsprozess einzubringen. Durch die zunehmenden Gestaltungsfreiräume im Privat- und Freizeitleben sind heute zum einen kreative Potenziale entstanden, die die Basis individueller Lebensführung bilden. es sind aber auch Ansprüche entstanden, deren Erfüllung wesentlich für den Erhalt von Motivation ist und die heute auch mehr und mehr ins Erwerbsleben übertragen werden. Indem diese Ansprüche der Arbeitnehmer auf eine Mitgestaltung des Arbeitsprozesses in die Arbeitsorganisation aufgenommen werden, wird auch ihre Arbeitsmotivation und ihre Identifikation mit dem Betrieb und so schließlich auch ihre Produktivität verbessert. Zudem gehen in den Arbeitsprozess und vielfältige Impulse zu einer besseren Anpassung an die Produktionserfordernisse ein, die schließlich zur Flexibilisierung der Arbeitsorganisation beitragen. Man bezeichnet diese Form der Arbeitsorganisation heute mit dem Begriff der „reflexiven Arbeitsgestaltung"[419]. Sie ist eine spezielle Form der betrieblichen Regulierungspraxis, die die informellen Praktiken der Mitarbeiter als kreative Potenziale zu nutzen versteht, zugleich aber ihnen auch Grenzen durch die Bindung an die Unternehmensziele setzt.

Im modernen Management kommt der BSA hier eine zentrale Rolle insbesondere beim Coaching für Führungskräfte zu: Sie hat die Aufgabe, sich für die Schaffung von Gestaltungsfreiräumen im Arbeitsprozess einzusetzen, die kreativen und reflexiven Potenziale der Arbeitnehmer darzustellen und den Aushandlungsprozess mit dem Management konstruktiv zu moderieren. An dieser Aufgabe wird deutlich, dass moderne BSA nicht nur kommunikative strategische Kompetenzen braucht, sondern

---

[418] Wie eine Teamanalyse unter systemischen Gesichtspunkten erfolgen kann, stellt Schwertl (2002) dar.
[419] Vgl. Voss 2008, S. 31 ff.

auch qualifiziert sein muss, die Funktionalität von Prozessen der reflexiven Arbeits-gestaltung für einen effektiven Arbeitsprozess bewerten zu können, wenn sie die strukturelle und kommunikative Komplexität von Organisationshandeln systemisch erfassen möchte. Das setzt auch einen Überblick über die betrieblichen Organisationsstrukturen und die konkreten Produktionsverhältnisse voraus.

Konzepte für systemisches Coaching werden seit Anfang der Neunzigerjahre entwickelt.[420] Zahlreiche Artikel, Fragesammlungen und Handbücher stehen inzwischen zur Verfügung.[421] Interessant ist die sich zunehmend etablierende Weiterentwicklung des systemischen Coachings durch Einbezug von Techniken und Sichtweisen der Transaktionsanalyse.[422]

Systemisches Coaching impliziert für die BSA aber auch, dass sie der Führungsebene von Unternehmen und Abteilungen verdeutlicht, welche strukturelle und definitorische Bedeutung sie für die Problemsichten der MitarbeiterInnen hat und dass sie insofern in den Problemen der MitarbeiterInnen ihren Anteil haben. Damit hier Perspektiven nicht allein stellvertretend durch die BSA vermittelt werden müssen, wäre es wünschenswert, wenn Führung und Belegschaft hier in einen kontinuierlichen Austausch über Arbeitsbedingungen, Arbeitsbelastungen und betriebliche Innovationen eintreten. Ein Konzept hierfür könnte die Systemische Teamberatung sein, wie sie von Zwack u.a.[423] entworfen worden ist.

Orientiert an der Lösungsorientierten Kurzzeittherapie hat in den USA David Cooperrider schon in den Achtzigerjahren ein systemisch ausgerichtetes Befragungskonzept für Organisationsberatung, „appreciative inquiry" genannt, entwickelt, welches in erster Linie die Stärken der Organisation und ihrer Subsysteme in den Blick nimmt. Der Ansatz von Cooperrider vereint gewissermaßen die humanistischen Orientierungen Virginia Satirs am Selbstwertbegriff mit der konstruktivistischen Lösungsorientierung von Steve de Shazer und Insoo Kim Berg und bringt sie auf Unternehmensebene zur Anwendung. In Deutschland wird dieses Konzept seit Anfang der 2000er Jahre rezipiert und weiterentwickelt.[424] Es ist sowohl im Mitarbeiter- und Führungscoaching einsetzbar als auch für Großgruppenverfahren und bietet ein enormes Potenzial, durch die bewusste Pflege von Haltungen der Wertschätzung die

---

[420] Wohl erstmalig bei Gester 1991.
[421] Vgl. etwa Müller/Hoffmann 2002, Tomaschek 2003, Steinkellner 2005, Fischer 2006, Radatz 2006, Pohl/Fallner 2010, König/Vollmer 2012.
[422] Hier sind insbesondere die Arbeiten von Bernd Schmid (2003, 2008) zu nennen, aber auch die des Ehepaares Dehner (2013).
[423] Vgl. Zwack/Zwack/Schweitzer 2007. Vgl. auch Sagebiehl 2012.
[424] Vgl. Bonsen/Maleh 2001.

Unternehmenskultur und damit das Arbeitsklima in Unternehmen (oder Behörden) zu verbessern.[425]

Vorbereitung auf die Rentnerzeit. Die Vorbereitung auf den Ruhestand ist eine klassischen Aufgaben der BSA, die in der Regel durch Einzelgespräche, manchmal aber auch durch Weiterbildungsangebote für die Vorruheständler, Begleitung der neu Berenteten oder sogar durch die Initiation von neuen sozialen Netzwerken, die über die Berentung hinaus dem Einzelnen eine neue Heimat bieten können, wahrgenommen wird.[426] Gerade für besonders engagierte und leistungsbereite MitarbeiterInnen besteht die Gefahr, dass sie durch den Verlust an sozialer Anerkennung und die Erfahrungen des Kontrollverlustes (infolge des Wegfalls der Arbeitstätigkeit) eine Minderung ihres Selbstwertempfindens erleben. Im Sinne einer Vorbereitung auf die „Übergangskrise" liegt es aus systemischer Sicht nahe, sich mit den Visionen und Konstrukten der MitarbeiterInnen hinsichtlich einer sinnerfüllten Lebensführung im Ruhestand zu befassen, ihre Ressourcen zu analysieren, die Entwicklung von Zielperspektiven zu unterstützen und so vorbereitend die Kräfte für eine Lösungsvision aufzubauen. Gegenstand eines „Ruhestandscoachings" sollte über das Visionäre hinaus aber auch die tatsächliche Einübung und das Kompetenztraining im Umgang mit neuen Lebensaufgaben im sozialen, kulturellen und kreativen Bereich sein und die Erschließung neuer Quellen für die soziale Anerkennung und für Selbstwirksamkeitserfahrungen.

6. Arbeitsformen, methodische Settings und Kompetenzen

Das methodische Spektrum der Arbeit der BSA lässt sich nach Kirchen auf drei Referenzpunkte hin spezifizieren: BSA arbeitet in ihren unmittelbaren Interaktionen entweder mit dem Individuum zusammen, mit der Gruppe zusammen oder organisationsbezogen mit dem Management zusammen.[427]

---

[425] Vgl. Matyssek 2011.
[426] Vgl. etwa Kirchen 2004, S. 51 ff.
[427] Vgl. Kirchen 2004, S. 70 f.

Individuelle Beratung

↑
↓

BSA

Team- und
Gruppenarbeit

Managementcoaching
(Organisation)

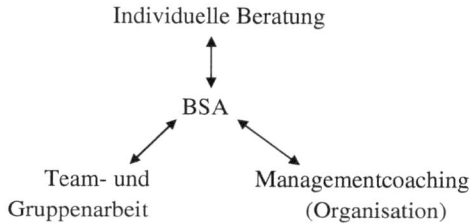

Abb. 3: Das methodische Referenzdreieck der BSA

Im Einzelnen lassen sich die folgenden methodischen Ansätze als die wesentlichsten
für die BSA herausstellen. Sie können aus Platzgründen hier nicht weiter vertieft
werden, sollen aber doch wenigstens genannt sein.

- Einzelfallberatung, Lösungsorientierte Kurzzeitberatung
- Information, Teamberatung und Schulung
- Gruppenarbeit und Teammoderation
- Gemeinwesenarbeit und Empowerment
- Case Management[428]
- Mediation und Konflikttraining[429]
- Coaching/Managementberatung/Prozessbegleitung[430]
- Öffentlichkeitsarbeit

Die gängigsten konzeptionellen Handlungsorientierungen in der BSA sind in
Deutschland derzeit zum einen die Systemische Orientierung, zum andern die Klien-
tenzentrierte Gesprächsführung nach Rogers. Gerade die Systemische Orientierung
erlaubt es, die Komplexität des betrieblichen Organisationssystems in die individuelle
Beratung zu integrieren und einzelne Konfliktlinien im Gefüge der unterschiedlichen
Interessenslagen der betrieblichen Mitarbeiter und des Managements zu bearbeiten.
Die systemische Orientierung ist daher für eine moderne teamorientierte BSA, soweit
sie überhaupt theoriebezogen konzeptioniert ist, zumeist das Leitparadigma ihrer Arbeitsweisen.

---

[428] Vgl. Hartwig 2012.
[429] Vgl. Löning 2012.
[430] Vgl. Traub-Martin 2012.

7. Organisation der BSA im Betrieb

Die Einbindung der BSA in das Unternehmen ist in Deutschland auf zweierlei Weise organisiert. Es existieren hier zwei Modelle nebeneinander, die unterschiedliche Vor- und Nachteile für die MitarbeiterInnen bzw. für die SozialarbeiterInnen selbst mit sich bringen. Zum einen existiert BSA in den Organisationsstrukturen des Betriebs als relativ unabhängige Einrichtung, als sogenannte *Stabsstelle*, die keiner Disziplinaraufsicht unterworfen ist. Diese traditionell dominierende Form hat für den Sozialarbeiter/die Sozialarbeiterin einerseits den Vorteil, dass er/sie ein hohes Maß an Gestaltungsfreiheit für die Wahrnehmung der Aufgaben besitzt und auch die Bestimmung dieser Aufgaben weitgehend selbst vornehmen kann. Andererseits besteht die Gefahr, dass die Stabsstelle sich zunehmend gegenüber den anderen betrieblichen Einheiten isoliert, ihre Arbeit und deren Effektivität nicht mehr wahrgenommen wird und vielleicht irgendwann dann auch die Notwendigkeit dieser Einrichtung nicht mehr anerkannt wird. Für die KlientInnen hat die Stabsstelle den Vorteil, dass sie mit einem hohen Maß an Diskretion rechnen können.

Zum anderen kann die BSA als eine sogenannte *Linienstelle* platziert sein, d.h. beispielsweise dem werksärztlichen Dienst oder der Personalabteilung zugeordnet sein, von welchen sie dann auch ihre Aufgaben erhält. Hier arbeitet die BSA zwar weitgehend weisungsgebunden und muss sich von der Personalabteilung vielleicht vorschreiben lassen, was unter BSA im Konkreten zu verstehen ist. Sie hat aber möglicherweise bessere Chancen, ihre Sichtweisen in die personalpolitischen Entscheidungsgremien einzubringen und ihre Arbeit als Teil der Personalentwicklung bemerkbar zu machen. Insofern viele Problembereiche der BSA mit dem Aufgabenfeld der Personalabteilung verbunden sind (Abmahnungen, Versetzungen, betriebliche Altersvorsorge, Werkswohnungen, Lohnfortzahlung oder Vorschüsse), bringt der unmittelbare Kontakt zur Personalabteilung auch zahlreiche Vorteile in der alltäglichen Arbeit der BSA mit sich.[431] Allerdings gilt es auch, nach außen hin eine Abgrenzung von der Personalabteilung bemerkbar zu machen, damit unliebsame Entscheidungen der Personalabteilung gegenüber der Belegschaft nicht zugleich der BSA angelastet werden können und so Vertrauen untergraben.[432]

Moderne Konzepte sehen zuweilen auch vor, eine eigene Stabsstelle für BSA einzurichten, Sonderaufgaben aber von externen Anbietern wahrnehmen zu lassen, die

---

[431] Vgl. Meier 2001, S. 32 f.
[432] Vgl. Wagner 2001, S. 72.

SpezialistInnen für ein bestimmtes Problemfeld oder eine bestimmte Methode sind.[433] Hier ist freilich auf eine enge Zusammenarbeit mit der hauseigenen BSA zu achten. Das Verhältnis von internen zu externen Anbietern soll das einer Ergänzung sein, nicht das eines Ersatzes, schon gar nicht das einer Konkurrenz.

8. Abschluss: Die (systemischen) Qualifikationen des/der betrieblichen SozialarbeiterIn

Im Grunde vereinigt die Betriebliche Soziale Arbeit alle Problemfelder auf sich, die auch sonst in der Sozialen Arbeit, wenn dort auch eher mit Spezialisierungen verbunden, bearbeitet werden. Der/die betriebliche SozialarbeiterIn muss daher eine umfangreiche Qualifikation besitzen, die zumindest sicher stellt, dass er/sie in all diesen Feldern wenn schon nicht intervenieren, so doch kompetent beraten und vermitteln kann.

Die Vielzahl der Aufgaben der BSA bringt es mit sich, dass der/die betriebliche SozialarbeiterIn nicht nur bereit und befähigt sein muss, die Interessen der Unternehmensführung mit den Interessen der Mitarbeiter konstruktiv zu vermitteln, sondern dass er auch umfangreich methodisch geschult sein muss. Die wichtigsten methodischen Kompetenzen, die die Basis für das tägliche Handeln bilden, dürften die Einzelfallberatung, die Arbeit mit Gruppen und das Coaching von Führungskräften betreffen. Für alle drei Bereiche liegen heute umfassend systemische Ansätze und Konzepte vor, die allerdings fast ausschließlich auf dem Wege von Weiterbildungen vermittelt werden. Ferner benötigt er/sie grundlegende Kompetenzen im Bereich des Case Management, in Methoden des Empowerment und der Mediation in Konfliktfällen. Auch hier gibt es zumindest ansatzweise erste systemische Arbeitsmodelle, die insbesondere auf das Instrument der Struktur- und Organisationsaufstellung zurückgreifen.[434] Wie die Vielzahl der Aufgabenbereiche deutlich gemacht hat, kann nicht erwartet werden, dass ein betrieblicher Sozialarbeiter, eine betriebliche Sozialarbeiterin alle wichtigen Aufgabenfelder alleine bearbeiten kann und hierfür in angemessener Weise qualifiziert sein kann. Es ist daher heute im Grunde eine Notwendigkeit, ein Konzept der

[433] Vgl. etwa Jaeppelt/Görcke 2009, S. 116.
[434] Vgl. etwa Sparrer 2096, Ballreich/Glasl 2011 oder Martin 2012.

Aufgliederung des Aufgabenfeldes für interne und externe Leistungsanbieter zu erarbeiten, wenn sich die Soziale Arbeit hier umfänglich auf diese Aufgaben einlassen soll.

Die Unspezifität der sozialen Probleme, die MitarbeiterInnen an den/die betriebliche(n) SozialarbeiterIn herantragen können, erfordert von ihm/ihr eine breite Wissenskompetenz im Blick auf die institutionellen Kompetenzen von Hilfeorganisationen, an die er/sie den/die MitarbeiterIn gegebenenfalls weitervermitteln kann. Insofern ist es notwendig, dass Betriebliche Soziale Arbeit ohne Einschränkung in das soziale und gesundheitliche Netzwerk der Region eingebunden ist und deren Hilfekompetenzen einschätzen kann.

Literatur

Appelt, Hans-Jürgen (2004): Lobbyarbeit in der betrieblichen Sozialarbeit – Organisierte Interessenvertretung in Deutschland mit Blick auf Europa. Sozial aktuell. Fachztschr. d. Schweiz. Berufsverbandes Soziale Arbeit SBS/ASPAS, 36. Jg., Nr. 5, S. 6-11.

Ballreich, Rudi/Glasl, Friedrich (2011): Konfliktmanagement und Mediation in Organisationen. Ein Lehr- und Übungsbuch mit Filmbeispielen auf DVD. Stuttgart: Concadora.

Baumgartner, Edgar (2004): Betriebliche Soziale Arbeit mit positiver Kosten-Nutzen-Bilanz. Ergebnisse einer Studie aus der Schweiz. DBSH Landesrundbrief Niedersachsen/Hamburg/ Sachsen-Anhalt 4/2004. Internet: http://www.dbsh-niedersachsen.de/dbsh2/downloads/lrbs/dbsh404.pdf

Baumgartner, Edgar (2008): Betriebliche Soziale Arbeit in Deutschland – Stand und Perspektiven. In: Klein/Appelt (Hrsg.), S. 19-29.

Boegner, Tanja (2010):: Work-Life-Balance: Soziales Modell oder ökonomische Chance?: Vom Erkennen des Erfolges einer verbesserten Vereinbarkeit von Beruf und Privatleben bei ... praxisnahen Analyse- und Entscheidungshilfen. Zürich: Praxium

Böhm, Laszlo (2011): Betriebliche Sozialarbeit und betriebliche Sozialberatung im Kontext der Personalentwicklung. Bachelor + Master Publishing.

Bonsen, Matthias zur/Maleh, Carole (2001): Appreciative Inquiry (AI). Der Weg zu Spitzenleistungen: Eine Einführung für Anwender, Entscheider und Berater. Weinheim/Basel: Beltz.

Bremmer, Michael (2012): 100 Jahre betriebliche Sozialarbeit – Entwicklung, Geschichte und Wandel der Betriebssozialarbeit. In: Klein/Appelt (Hrsg.); S. 9-18.

Conen, Marie-Louise/Cecchin, Gianfranco (2007): Wie kann ich Ihnen helfen, mich wieder loszuwerden? Therapie und Bratung in Zwangskontexten. Heiderberg: Carl Auer.

Dehner, Ulrich/Dehner, Renate (2013): Transaktionsanalyse im Coaching: Coachings professionalisieren mit Konzepten, Modellen und Techniken aus der Transaktionsanalyse. Bonn: Manager Seminare Verlag.

Deimbacher, 2001: Betriebliche Sozialarbeit in Österreich - das Aschenputtel der Sozialarbeit. In: Sozialarbeit in Österreich. Heft 2.

Eberhardt, Daniela/Klink, Thomas (2012): Mitarbeiterinnen und Mitarbeiter stärken. In: Steinebach, Christoph/Jungo, Daniel/Zihlmann, Rene (Hrsg.): Positive Psychologie in der Praxis. Anwendung in Psychotherapie, Beratung und Coaching. Weinheim/Basel: Beltz, S. 203-211.

Esslinger, Adelheid S. / Schobert, Deniz B (2007): Erfolgreiche Umsetzung von Work-Life-Balance in Organisationen: Strategien, Konzepte, Maßnahmen. Deutscher Universitätsverlag;

Fischer, Hans Rudi (2006): Sehen mit anderen Augen. Coaching als Kunst des entfremdeten Umweges. In: Tomaschek, Nino (Hrsg.): Systemische Organisationsentwicklung und Beratung bei Veränderungsprozessen. Ein Handbuch. Heidelberg 2006, S. 98-125

Gertsch, Christina (2009): Lebensraum und Arbeitsplatz für Menschen mit multiplen Behinderungsformen. In: Simmen, Rene u.a.(Hrsg).: Systemorientierte Sozialpädagogik in der Praxis. Bern, Stuttgart, Wien: Haupt, S. 39-79.

Gester, Peter-W.(1991): "Systemisches Coaching". In: Papmehl/Walsh (Hrsg.): Personalentwicklung im Wandel. Wiesbaden.

Giesert, Marianne; Wendt-Danigel, Cornelia (2011): Die Ausbildung zur/zum betrieblichen SuchtberaterIn und das SuchtberaterInnennetzwerk bei DGB Bildungswerk e.V. In: Giesert, Marianne; Wendt-Danigel, Cornelia (Hrsg.): Doping am Arbeitsplatz: Problembewältigung und Leistungssteigerung um jeden Preis? Hamburg: VSA, S. 151-154.

Goolishian, W./Anderson, H (1997): Menschliche Systeme. In: Reiter, L./Bruner, E.J./Reiter-Theil (Hrsg.):Von der Familientherapie zur systemischen Perspektive. Berlin: Springer, S. 189-216.

Hartwig, Kristina (2012): Casemanagement. In: Klein/Appelt (Hrsg.), S. 83-95.

Hafen, Martin (2007): Grundlagen der systemsichen Prävention. Ein Theoriebuch für Lehre und Praxis. Heidelberg: Carl Auer.

Hombach, Brigitte/Dingerkus, Roland (2006): Finanzielle Sorgen – ein unsichtbares Mitglied im Beratungssetting? In: Bünder, Peter/Schmitz, Lilo/Krumpholz, Doris /Hrsg.): Neuere Konzept und Praxis systemischer Beratung. Berlin: Frank & Timme, S. 83-89.

Imber-Black, Evan (2006): Familien und größere Systeme. Im Gestrüpp der Institutionen. Übers. aus dem Amerik. von Sally und Bernd Hofmeister. 5. Aufl. Heidelberg: Carl-Auer-Systeme.

Jente, Charlotte u.a. (Hrsg.)(2001): Betriebliche Sozialarbeit. Freiburg: Lambertus.

Hübner-Umbach, Margot; Tschambler-Mailänder, Hildegard (1996): Die Praxis betrieblicher Sozialarbeit. Das Beispiel Bosch – Voraussetzungen für betriebliche Sozialarbeit bei Bosch heute. *Blätter der Wohlfahrtspflege*, H.5, 143. Jg., S. 136-138.

Jaeppelt, Alexandra/Goercke, Manuela (2009: Die neue Generation der betrieblichen Sozialarbeit: Das employee assistance program als innovativer Baustein unternehmerischer Gesundheitsförderung. Lit Verlag.

Jente, Charlotte (2001): Alte Aufgabenfelder und neue Entwicklungen. In: Dies. U.a. (Hrsg.), S. 21-22.

Jenny, Gregor/Brauchli, Rebecca/Deplazes, Silvia (2012): Arbeit und Gesundheit – eine systemisch-ressourcenroeintierte Perspektive. In: Steinebach, Christoph/Jungo, Daniel/Zihlmann, Rene (Hrsg.): Positive Psychologie in der Praxis. Anwendung in Psychotherapie, Beratung und Coaching. Weinheim/Basel: Beltz, S. 162-170.

Keuthen, Jessica (2012): Beratungsdienstleistungen für Mitarbeiter. Das Employee Assistance Program (EAP) mit Fokus auf die Sicht der Mitarbeiter und die Kommunikation des Programms in Unternehmen. Diplomarbeit, Johannes Gutenberg-Universität Mainz (Erziehungswissenschaftliches Institut).

Kirchen, Thomas (2004): Mobile Betriebliche Sozialarbeit. Anforderungen an ein Konzept aus Sicht der Sozialen Arbeit unter Berücksichtigung der Mobbing-Thematik. Stuttgart: ibidem.

Klinger, Inis-Janine (2001): Kosten-Nutzen-Rechnung für die Betriebliche Sozialarbeit. In: Jente u.a. (Hrsg.), S. 187-193.

Krings-Sarhan, Vanessa (2006): Betriebliche Soziale Arbeit in lernenden Organisationen: Ein Modell zur erfolgreichen Personal-, Team- und Organisationsentwicklung. Vdm Verlag Dr. Müller.

Koppenhöfer, Rainer (2012): Arbeitsfeld „Betriebliche Sozialberatung". Entwicklung und Praxis am Beispiel der BASF Sozialberatung, Ludwigshafen. Vortragsmanuskript, Hochschule Ludwigshafen am Rhein.

Klinger, Inis-Janine (2001): Historischer Abriss und Rechtsgrundlagen der betrieblichen Sozialabeit. In. Jente u.a., S. 15-18.

König, Eckart/Volmer, Gerda (2005): Systemische denken und handeln. Personale Systemtheorie in Erwachsenenbildung und Organisationsberatung. Weinheim/Basel: Beltz.

König, Eckart/Volmer, Gerda (2012): Handbuch Systemisches Coaching: Für Coaches und Führungskräfte, Berater und Trainer. 2. Aufl. Weinheim: Beltz.

Korn, Christoph (2012): Betriebliches Eingliederungsmanagement – eine Aufgabe für Sozialberatungen. In: Klein/Appelt (Hrsg.), S.181-194.

Kraus, Björn (2013): Erkennen und Entscheiden. Grundlagen und Konsequenzen eines erkenntnistheoretischen Konstruktivismus für die Soziale Arbeit. Weinheim/Basel: Beltz Juventa.

Krieger, Wolfgang (2010): Systemische Ansätze im Überblick und ihre Anwendungen in der Sozialen Arbeit. Systembegriffe, historische Linien und Forschungsperspektiven systemtheoretisch fundierter Orientierungen. In: Gahleitner, Silke Brigitta u.a. (Hrsg.): Disziplin und Profession Sozialer Arbeit. Opladen/Farmington Hills: Barbara Budrich, S. 139-152.

Krieger, Wolfgang (2012): Sozialberatung in Betrieben und Dienstleistungseinrichtungen in Deutschland. In: (Rossisko-Germanskij forum molodikh uchenikh), Sammelband mit Beiträgen zur Russisch-Deutschen Konferenz der jungen Wissenschaftler im Rahmen des Festivals der Wissenschaft vom 9. bis 10. Oktober 2012 in Tomsk. Band 1, Tomsk: TPU.

Klein, Susanne/Appelt, Hans-Jürgen (Hrsg.)(2012): Praxishandbuch Betriebliche Sozialarbeit: Prävention und Intervention in modernen Unternehmen. 2. Aufl. Kröning: Asanger.

Knapp, Peter (2013): Konflikte lösen in Teams und großen Gruppen: Klärende und deeskalierende Methoden für die Mediations- und Konfliktmanagement-Praxis im Business. Bonn: ManagerSeminare.

Landesstelle gegen die Suchtgefahren im Land Sachsen-Anhalt (2002): Der Betriebliche Suchtkrankenhelfer – Voraussetzungen für den wirksamen Einsatz. In: Landesstelle gegen die Suchtgefahren im Land Sachsen-Anhalt (Hrsg.): Alkohol am Arbeitsplatz: Betriebliche Suchtvorbeugung in Sachsen-Anhalt; Vorträge, Konzepte, Materialien. Magdeburg.

Lauterbach, Matthias (2008): Gesundheitscoaching. Strategien und Methoden für Fitness und Lebensbalance im Beruf. 2. Aufl.

Lauterbach, Matthias (2013): Einführung in das systemische Gesundheitscoaching. 2. Aufl. Heidelberg:Carl Auer.

Leidig, Stefan (2011): Employee Assistance Programme (EAP) in Deutschland. In: Bamberg, Eva/Ducki, Antje/Metz, Anna-Marie (Hrsg.): Gesundheitsförderung und Gesundheitsmanagement in der Arbeitswelt. Ein Handbuch. Göttingen, S. 393 – 411.

Leppin, Anja (2004): Konzepte und Strategien der Krankheitsprävention, In: Hurrelmann, K., Klotz, T., Haisch, J. (Hrsg.): Lehrbuch Prävention und Gesundheitsförderung. 1. Auflage. Bern: Huber, S. 31-40.

Lindner, Ronny (2007): unbestimmt bestimmt. Soziale Beratung als Praxis des Nichtwissens. Heidelberg: Carl Auer.

Lindner, Ruth/Steinmann-Berns, Ingeborg (1998): Systemische Ansätze in der Schuldnerberatung. Dortmund: Verlag modernes lernen.

Ludewig, K. (1992): Systemische Therapie. Grundlagen klinischer Theorie und Praxis. Stuttgart: Klett Cotta.

Löning, Annette (2012): Mediation – eine konstruktive Konfliktlösung im betrieblichen Kontext. In: Kleine/Appelt (Hrsg.), S. 195-205.

Martin, Oliver (2012): Von kalten Konflikten zu Energie in der Zusammenarbeit. Systemische Strukturaufstellungen und intuitive Methoden. In: Ruhnau, Erwin (Hrsg.): Systemische Aufstellungen in der Mediation: Beziehungen sichtbar machen. Concadora, S. 59-67.

Matyssek, Anne Kathrin (2011): Wertschätzung im Betrieb. Impulse für eine gesündere Unternehmenskultur. Books on Demand.

Meier, Ralf (2001): Betriebsinterne Anbindung der Betrieblichen Sozialarbeit. In: Jente u.a. (Hrsg.), S. 25-62.

Michalk, Silke/Nieder, Peter (2007): Erfolgsfaktor Work-Life-Balance. Weinheim: Wiley – VCH.

Mücke, Klaus (2006): Probleme sind Lösungen. Systemische Beratung und Psychotherapie – ein pragmatischer Ansatz. Lehr- und Lernbuch. 3. Aufl. Potsdam: Klaus Mücke Ökosysteme.

Müller, Gabriele/Hoffmann, Kay (2002): Systemisches Coaching. Heidelberg: Carl-Auer-Systeme.

Oechsle, M. (2008): Work-Life-Balance: Diskurse, Problemlagen, Forschungsperspektiven. In: Becker, R./Kortendiek, B. (Hrsg.): Handbuch Frauen und Geschlechterforschung. 2. Auf. Wiesbaden, S. 227-236.

Pohl, Michael/Fallner Heinrich (2010): Coaching mit System: Die Kunst nachhaltiger Beratung. Wiesbaden: VS.

Prognos AG (2003): Betriebswirtschaftliche Effekte familienfreundlicher Maßnahmen. Eine Kosten-Nutzen-Analyse. Basel. Gutachten im Auftrag des Bundesministeriums für Familie, Senioren, Frauen und Jugend (BMFSFJ).(auch: www.prognos.com/pdf/Kosten-Nutzen.pdf)

Prognos AG (2005): Work-Life-Balance – Motor für wirtschaftliches Wachstum und gesellschaftliche Stabilität: Analyse der volkswirtschaftlichen Effekte. Basel. Studie im

Auftrag des Bundesministeriums für Familie, Senioren, Frauen und Jugend (BMFSFJ).(auch:

Rabeneck, 2004: Sozialarbeit in der freien Wirtschaft – Unendliche Weiten, Flucht oder Fortschritt? In: *Forum Sozial* 01/2004.

Radatz, Sonja (2006): Beratung ohne Ratschlag: Systemisches Coaching für Führungskräfte und BeraterInnen. 4. Aufl. Wien: Systemisches Management.

Reinicke, Peter (1988): Die Sozialarbeit im Betrieb. Von der Fabrikpflege zur Betrieblichen Sozialberatung. Soziale Arbeit, H. 6/7,374.Jg, 202-212.

Sagebiehl, Juliane (2012): Teamberatung in Unternehmen, Verbänden und Vereinen. Niklas Luhmann und Mario Bunge; Systemtheorien für die Praxis. Stuttgart: Ibidem.

Schlippe, Arist von/Schweitzer, Jochen (2010): Systemische Interventionen. 2. Aufl. Göttingen: Vandenhoeck & Ruprecht.

Schlippe, Arist von/Schweitzer, Jochen (2012): Lehrbuch der systemischen Therapie und Beratung 1. Das Grundlagenwissen. Göttingen: Vandenhoeck & ruprecht.

Schmid, Bernd (2003): Systemische Professionalität und Transaktionsanalyse. Edition Humanistische Psychologie.

Schmid, Bernd/ Christiane Gérard (2008): Intuition und Professionalität: Systemische Transaktionsanalyse in Beratung und Therapie. Heidelberg: Carl-Auer.

Schuster, Nadine (2011): Psychische Belastungen im Arbeitsalltag: Trainingsmanual zur Stärkung persönlicher Ressourcen. Mit Online-Materialien. Weinheim: Beltz.

Schwendner, Raimund (2012): Konflikte wirksam lösen. Systemisches Arbeiten mit Familien und Organisationen. Ein Praxishandbuch. Stuttgart: Klett-Cotta.

Schwertl, Walter (2002): Teams, ihre Ver- und Entwicklungen. Eine systemische Skizze. In: Vogt-Hillmann, Manfred u.a. (Hrsg.): Gelöst und los! Systemisch-lösungsorientierte Perspektiven in Supervision und Organisationsberatung. Dortmund: Borgmann, S. 105-130.

Siebert, Diana (2008): Zukünftige Herausforderungen für eine systemische arbeitsweltbezogenen Gesundheitsförderung. In: Göpel, Eberhard/Gesundheitsakademie e.V. (Hrsg.): Systemische Gesundheitsförderung. Gesundheit gemeinsam gestalten. Bd. 3. Frankfurt am Main: Mabuse, S. 102-129.

Simmen, Rene (2009): Grundlagen und Arbeitsweise in der Systemorientierten Sozialpädagogik – eine Zusammenfassung. In: Simmen, Rene u.a.(Hrsg).: Systemorientierte Sozialpädagogik in der Praxis. Bern, Stuttgart, Wien: Haupt, S. 15-38.

Sparrer, Insa (2006): Wunder, Lösung und System. Lösungsfokussierte Systemische Strukturaufstellungen für Therapie und Organisationsberatung. Heidelberg: Carl-Auer-Systeme.

Spier, Sven/Freiberg, Olga (2010): Betriebliche Kindertagesbetreuung. Ein Leitfaden für die Praxis. Berlin: Rabenstück.

Traub-Martin, Peter (2012): Organisationsinternes Coaching – eine Zukunftsaufgabe für die betriebliche Sozialarbeit. In: Klein/Appelt (Hrsg.), S. 243-260.

Schulte-Meßtorff, Claudia/Schulte, Michael (2010): Mitarbeiterberatung (Employee Assistance Program) als Instrument der psychologischen Gesundheitsförderung. Employee Assistance Programs für HR-Management. München, Mering.

Schwendner, Raimund (2012): Konflikte wirksam lösen. Systemisches Arbeiten mit Familien und Organisationen. Ein Praxishandbuch. Stuttgart. Klett Cotta.

Schwing, Rainer/Fryszer, Andreas (2006): Systemisches Handwerk. Werkzeug für die Praxis. Göttingen: Vandenhoeck & Ruprecht.

Steinkellner, Peter (2005): Systemische Intervention in der Mitarbeiterführung, Heidelberg: Carla Auer.

Stoll, Bettina: Betriebliche Sozialarbeit. Aufgaben ;Bedeutung; Praktische Umsetzung. Regensburg/Berlin: Walhalla 2001.

Tomaschek, Nino (2003): Systemisches Coaching. Ein zielorientierter Beratungsansatz, Wien: Facultas.

Wachter, Karin: Wirkungsweise von betrieblicher Sozialarbeit – Möglichkeiten und Grenzen. In: Klein/Appelt (Hrsg.) 2012, S. 31-44.

Wagner, Stefan (2001): Interne Positionen der Betrieblichen Sozialarbeit und Zusammenarbeit mit anderen Funktionsträgern. In: Jente u.a. (Hrsg.), S. 71-88.

Wirksamkeit und Nutzen betrieblicher Gesundheitsförderung und Prävention. *i.punkt* 21, Ztschr. der iga (Initiative Gesundheit & Arbeit), März 2008.

Wirtschaftsministerium des Landes Baden-Württemberg (2005): Betrieblich unterstützte Kinderbetreuung. Leitfaden für Unternehmen. Stuttgart: Wirtschaftsministerium.

Voss, Jenna: Familiale, soziale und ökologische Ansprüche in der betrieblichen Praxis. Probleme, Organisation und Regulierung. München/Mering: Hampp 2008.

Zwack, J./Zwack, M./Schweitzer, J. (2007): Systemische Teamberatung – Mitarbeiter und Führungskräfte miteinander ins Gespräch bringen. In: von Schlippe, A./Zwack, J./Schweitzer, J. (Hrsg.): Themenheft Coaching und Organisationsberatung. *Ztschr. Psychotherapie im Dialog*, 7 (3), S. 267-273.

Wolfram Schulze

Moderne Betriebliche Sozialarbeit und systemische Organisationsentwicklung

1. Einleitung

Betriebliche Sozialarbeit erfreut sich zunehmender Beliebtheit. Privatwirtschaftliche Unternehmen, öffentliche Verwaltungen, Hochschulen und andere Organisationen greifen verstärkt auf Angebote interner und externer Leistungsträger Betrieblicher Sozialarbeit zurück. Allein die Soziale Arbeit selbst tut sich mit diesem Arbeitsfeld nach wie vor schwer.[435] Umso mehr freut es mich, dass dieser Beitrag im vorliegenden Band „Systemische Impulse" veröffentlicht ist.

Der Artikel gibt Antworten auf die zentralen Fragen: Was ist moderne Betriebliche Sozialarbeit und was kann sie im Zusammenhang mit systemischer Organisationsentwicklung leisten? Einen Anspruch auf Vollständigkeit wird nicht erhoben. Dafür werden praxisrelevante Perspektiven und Chancen Betrieblicher Sozialarbeit, die für Menschen und Organisationen in Veränderungsprozessen tätig ist, aufgezeigt.

---

[435] Vgl. Kirchen/Rabeneck 2004, Schulze 2013.

2. Aspekte aus der Historie Betrieblicher Sozialarbeit

Betriebliche Sozialarbeit hat in Deutschland eine über hundertjährige Tradition. Noch heute haben die zu Beginn gegebenen Motivationslagen Gültigkeit. Zum einen waren es Bestrebungen der christlich geprägten Nächstenliebe, die über medizinisch orientierte Hilfen im betrieblichen Kontext zur Fabrikpflege avancierten. Hier sind der evangelische Theologe Friedrich Zimmer und engagierte Christinnen zu nennen, die im Jahr 1900 in Berlin den Evangelischen Diakonieverein gründeten. Ziel des Vereins „ist es, in eigenen Ausbildungsstätten (`Diakonieseminare`) Frauen zur Ausübung eines Berufs im Bereich der Diakonie zu qualifizieren"[436]. Aus dem Verein wurde erstmals „eine Krankenschwester, die zudem in Technik und im Umgang mit Menschen ausgebildet wurde, an eine Gummersbacher Textilfabrik"[437] vermittelt. Nicht nur unter systemischen Gesichtspunkten ist interessant, dass die ausgebildete Krankenschwester auch mit dem betrieblichen Umfeld vertraut gemacht (Technik, Abläufe und Prozesse) und zu psychosozialen/psychologischen Aspekten geschult wurde. Das spricht für ein umfassendes Verständnis, wie entsprechende Unterstützung im Betrieb geleistet werden kann und was dabei zu berücksichtigen ist.

Andere Beweggründe für betriebliche Sozialarbeit kamen von sozial engagierten Persönlichkeiten aus Arbeitgeber- und Arbeitnehmerschaft. Ein Beispiel dafür ist die heutige Degussa AG mit ihren Vorläuferorganisationen. Ende des 19. Jahrhunderts erzielten der Unternehmer Heinrich Roessler und der Werkmeister sowie spätere Mitbegründer der Sozialdemokratischen Partei Ludwig Opificius durch sozialarbeiterisches Engagement einen höheren Einsatz der Belegschaft für die Firma. Auch hier herrschte ein ganzheitliches Denken vor.

In der Zeit des Nationalsozialismus[438] büßte die Betriebliche Sozialarbeit ihr vormals gutes Ansehen ein. Zentraler Grund dafür war ihr politisch motiviertes und getriebenes Handeln. Sie wurde für ideologische Zwecke der Machthaber und als Kontrollinstrument missbraucht bzw. handelte entsprechend.[439] Ihr eigenes ethisches Berufsverständnis ging dabei verloren oder trat zumindest in den Hintergrund.

---

[436] Evangelischer Diakonieverein e.V. 2013.
[437] Stoll 2001, S. 26.
[438] Lau-Villinger 1994, S. 113.
[439] Klinger 2001, S. 17.

Bis zu diesem Zeitpunkt und noch in die 1960er Jahre hinein folgten die betrieblichen Sozialarbeitsaktivitäten überwiegend einem materiellen Defizitmodell. So sollten materielle Notlagen einzelner Beschäftigter, die besonders in und nach den Kriegen gegeben waren, überwunden bzw. erleichtert sowie die Doppelbelastungen der berufstätigen Frauen und erziehenden Mütter gemildert werden. Die Fabrikpflegerinnen/fürsorgerinnen, Volkspflegerinnen der sozialen Betriebsarbeit und Werk-/ Betriebsfürsorgerinnen, wie die in der betrieblichen Sozialarbeit bis dahin Aktiven genannt wurden, leisteten überwiegend Einzelfallhilfe zu Fragen der Erziehung bzw. Versorgung der Kinder, Ernährung, medizinischer Unterstützung und Unterkunft. Allein in der Zeit zwischen 1933 und 1945 kamen betriebspolitische und gesundheitspolitische Aktivitäten, die auf das Gesamtsystem des Betriebes und seiner Beschäftigten wirkten, hinzu. Das war allerdings durch die menschenfeindliche, rassistische Ideologie der Machthaber geprägt.[440]

Mit dem „Wirtschaftswunder" in den 50er Jahren und entsprechendem materiellen Wohlstand wechselten die Aufgaben Betrieblicher Sozialarbeit in Deutschland. Sie folgten allerdings weiter dem Defizitmodell – nun in Bezug auf psychosoziale Defizite und später der Hilfe bei Suchterkrankungen. Einflüsse aus den USA spielten eine zunehmende Rolle bei der Entwicklung der Einzelfallhilfe zu psychosozialer und therapeutischer Beratungsarbeit mit dem Grundsatz der Hilfe zur Selbsthilfe. Erst in der 80er Jahren kamen Ansätze der Gruppenarbeit wie Bildungsmaßnahmen und Schulungen zu sozialen Kompetenzen für Mitarbeiter/innen und Führungskräfte hinzu. In den 90er Jahren verstärkte sich die Entwicklung.[441]

In dem kurzen Rückgriff auf historische Entwicklungsstufen Betrieblicher Sozialarbeit wird deutlich, dass schon frühzeitig ein ganzheitliches Verständnis und multidisziplinäres Denken in der Betrieblichen Sozialarbeit relevant waren. Die materiellen und psychosozialen Problemlagen wurden aber trotzdem weitgehend als „Einzelfall" behandelt.

Noch heute ist in einigen Organisationen Betriebliche Sozialarbeit auf die Einzelfallhilfe beschränkt. Aus meiner Sicht werden dadurch jedoch Chancen und Möglichkeiten Betrieblicher Sozialarbeit vergeben. Über 100jährige Erfahrungen und die seit den 70er Jahren an Hochschulen angesiedelte Ausbildung in Kombination mit den verschiedenen Zusatzausbildungen betrieblicher Sozialberater/innen beinhalten

---

[440] Lau-Villinger 1994, S. 25ff.
[441] Krings-Sahan 2006, S. 30ff.

Kompetenzen, die deutlich über Möglichkeiten der Einzelfallhilfe hinausgehen, was durch entsprechende Untersuchungen wissenschaftlich belegt ist.[442]

3. Moderne Betriebliche Sozialarbeit

Im folgenden Teil entwickle ich ein modernes Verständnis und den aktuellen Anspruch Betrieblicher Sozialarbeit.

In Bezug auf die Vielfalt betrieblicher Sozialarbeit schrieb Uwe Henke 1992: „Stark vereinfacht ist betriebliche Sozialarbeit jede sozial intentionierte Handlung im Zusammenhang mit einem Angehörigen des jeweiligen Betriebes, die sich mit dessen Problemen beschäftigt".[443] Dieser weitgefassten Definition folge ich hier. Sie leistet eine Abgrenzung gegenüber politisch (vgl. Historie während des Nationalsozialismus) oder allein aus wirtschaftlichen Gründen (vgl. Kritik aus Reihen der Sozialen Arbeit) motivierter betrieblicher Hilfen. Gleichzeitig bleibt die Schwierigkeit festzustellen, mit welcher Intention eine Maßnahme ergriffen wurde und ob sie somit diesem Selbstverständnis hinzuzurechnen wäre oder eben nicht. Offen bleibt ebenfalls, in wie weit eine professionelle Umsetzung stattfand.

Das moderne Verständnis von (professioneller) Betrieblicher Sozialarbeit im engeren Sinne stellt eine Weiterentwicklung der anerkannten Definitionen, wie sie Bettina Stoll[444] und der Berufsverband in seiner Rahmenkonzeption[445] bieten dar. Daneben rekurriere ich auf die Definition Sozialer Arbeit der International Federation of Social Workers (IFSW 2000) und Professionalisierungsbestrebungen im Sinne der Professionsentwicklung Sozialer Arbeit.[446] Auf Grund des konzeptionellen Verständnisses und die nicht nur beratenden Tätigkeiten wird der Begriff Sozialarbeit verwendet.

Auf dem Hintergrund sozialarbeits-, sozial- und humanwissenschaftlich anerkannter, aktueller Theorien und Erkenntnisse sowie berufsethisch begründet fördert professionelle Betriebliche Sozialarbeit:

- die sozial verantwortliche Unternehmenspraxis insbesondere in Bezug auf eine human gestaltete Arbeitswelt,

---

[442] Schulze 2009, Baumgartner 2003 und 2010.
[443] Henke 1992, S. 28.
[444] Bremmer 2010, S.9 ff; Appelt 2008, S. 68f; Stoll 2001, S. 23.
[445] Engler 2008.
[446] Müller 2012, Mieg/Pfadenhauer 2003.

- die sozialen Entwicklungen in Unternehmen im Hinblick auf die unternehmerische soziale Verantwortung,
- die Lösung von Problemen in zwischenmenschlichen Beziehungen und bei persönlichen Problemlagen im Arbeitskontext und
- befähigt sowohl Mitarbeiter/innen als auch Führungskräfte in freier Entscheidung ihr (Arbeits-)Leben in bestmöglichem Einklang mit persönlichen Bedürfnissen, wirtschaftlichen Abläufen, ökonomischen Notwendigkeiten und Unternehmenszielen zu gestalten.

Professionelle Betriebliche Sozialarbeit greift präventiv und reaktiv dort ein, wo Beschäftigte mit ihrer Arbeitsumwelt in Interaktion treten, um daraus resultierenden Leistungsminderungen vorzubeugen bzw. angemessene Interventionen zur Leistungswiederherstellung bzw. Leistungsförderung anzubieten sowie bei längerfristigem und/oder dauerhaftem Leistungsverlust Kompensationsmöglichkeiten zu erschließen.

Ihre Maßnahmen beziehen sich auf Einzelpersonen, Personengruppen als auch Teilsysteme des Unternehmens, dessen Gesamtsystem sowie die Vernetzung zum außerbetrieblichen Hilfesystem. So verstanden ist Betriebliche Sozialarbeit inhaltlich weisungsfreier Partner der Belegschaft und Geschäftsleitung. Sie trägt den Prinzipien der Menschenrechte, der sozialen Gerechtigkeit und dem somato-psycho-sozialen Gesundheitsverständnis der Weltgesundheitsorganisation folgend zum Wohl des Unternehmens bei. Idealerweise tut sie das allein in beratender und pädagogischer (bildender) Funktion in der einer Stabsstelle vergleichbaren Form, deren Inhaber/in an die Geschäftsleitung angegliedert ist. Sie kann von allen Beschäftigten direkt, ohne Einhaltung von reglementierenden Dienstwegen in Anspruch genommen werden und wahrt ihre gesetzliche Schweigepflicht. Ob als interner, externer oder kombinierter Leistungsanbieter sorgen die in ihr Tätigen gemäß ihrer berufsständigen Normen und Regeln für die Qualität sowie die Dokumentation ihrer Arbeit und tragen zur wissenschaftlichen Entwicklung Betrieblicher Sozialarbeit als auch der kontinuierlichen Verbesserung der Berufspraxis bei. Der Berufsverband Betriebliche Sozialarbeit e.V. bietet sich hierbei als zentrale, berufsständige Einrichtung an.

Innerhalb dieses Rahmens passt Betriebliche Sozialarbeit ihre konkreten Leistungen an die sich ändernden Unternehmens- und Gesellschaftskontexte an und ist professionelle/r Unterstützer/in für (zwischen-) menschliche Veränderungsprozesse in Organisationen.

Ihr ethisches und wirtschaftliches Handeln gelingt auf Grundlage umfangreicher Ausbildungen und Fähigkeiten. Genannt seien: erfolgreich abgeschlossenes Hochschulstudium der Sozialarbeit/ Sozialpädagogik oder eines anderen sozial- bzw. humanwissenschaftlichen Studiums, mindestens eine wissenschaftlich fundierte Zusatzausbildung im Themenfeld (insbesondere beratungsbezogen), Kenntnisse über Projektarbeit und Veränderungsprozesse in Organisationen, ausgeprägte persönliche Belastbarkeit, eigene psychische Stabilität, Reflexionsfähigkeit und Inanspruchnahme von Supervision, konzeptionelles und vernetztes Denken, Abstraktions- und Integrationsfähigkeit, betriebswirtschaftliches Wissen und Verständnis für wirtschaftliche Abläufe.

Dass hiermit nicht nur ein hoher Anspruch beschrieben ist, sondern dieser auch in der Praxis Umsetzung findet, belegen Untersuchungen von Edgar Baumgartner[447], Wolfram Schulze[448] und Bettina Stoll[449]. Sie schrieb: „Betriebliche Sozialarbeit übernimmt tatsächlich eine wertschöpfende und gewinnmaximierende Funktion. Die wirtschaftliche Funktion bestimmt aber nicht die Inhalte, Ethik und Normen des sozialpädagogischen Handelns der Sozialberater, sondern ist eine ergänzende positive Auswirkung dieses Handelns"[450]. Dem stimme ich voll und ganz zu.

In Anlehnung an Blemenschitz[451] und Baumgartner[452] seien nachfolgend die wichtigsten Aufgaben Betrieblicher Sozialarbeit genannt:

- Individuelle Beratung von Mitarbeiter/innen, Auszubildenden, Angehörigen und zum Teil Pensionären/innen zu persönlichen, familiären, wirtschaftlichen und gesundheitlichen Fragestellungen,
- Konfliktberatung (Moderation, Mediation u. ä.),
- Fachberatung von Ausbildern/innen und Führungskräften (Kommunikationsverhalten, Schlüsselqualifikationen u. a.),
- Krisenintervention und Notfallhilfe (bei Dekompensation am Arbeitsplatz, Todesfall, beruflichen Krisen u. a.),
- Case Management (zum Beispiel im Rahmen von Wiedereingliederungsmaßnahmen),
- Information und Aufklärung zu Präventionsthemen (zum Beispiel Abhängigkeiten),

---

[447] Baumgartner 2003 und 2010.
[448] Schulze 2009.
[449] Stoll 2001.
[450] A.a.O., S. 13.
[451] Blemenschlitz 2010, S. 10.
[452] Baumgartner 2010, S. 23.

- Seminare und Schulungen zu Präventionsthemen (zum Beispiel Burn-out-Prophylaxe),
- Interne und externe Vernetzungsarbeit (zum Beispiel zu anderen Hilfeanbietern, Kooperationspartner/innen),
- Teamentwicklungsmaßnahmen,
- Beratung bei Umstrukturierungen, Begleitung von Change-Prozessen,
- Mitarbeit bei sozial relevanten, internen und kooperativen externen Projekten (Betriebsvereinbarungen, Kinderbetreuung u. a.),
- Beratung der Geschäftsleitung zu sozialen Themen (zum Beispiel im Umgang mit psychomentalen Belastungen),
- Öffentlichkeitsarbeit.

Dass die konkrete Ausgestaltung der jeweiligen betrieblichen Sozialberatungsstelle heterogen ist, gibt Doris Lau-Villinger an.[453] Daran hat sich nichts geändert. Das betrifft formale Aspekte wie zum Beispiel das Verhältnis der Zuständigkeiten von Sozialberater/in pro Mitarbeiter/in, Ausstattung, Gehaltsgestaltung aber auch die inhaltliche Schwerpunktsetzung gemäß oben genannter Aufgaben.[454]

Die Beratungspraxis zeigt jedoch unternehmensübergreifend, dass seit Jahren verstärkt Beratung und Unterstützung bei psychischen Beschwerden und Erkrankungen sowie psychosomatischen und Stresssymptomen nachgefragt werden.[455] Gleichzeitig kristallisiert sich die von Blandow beschriebene „Zuständigkeit für das Soziale im Betrieb"[456] auf individueller, Gruppen- und Organisationsebene zunehmend heraus.

4. Grundlagen systemischer Organisationsentwicklung und moderne Betriebliche Sozialarbeit

Soziale Arbeit ist nach meinem Verständnis prädestiniert dafür, systemisch zu denken, was als Voraussetzung dafür gilt, bewusst systemisch zu handeln. *Systemisch Denken* heißt, nicht nur zirkulär (in Kreisen) statt linear (monokausal) zu denken, sondern *vernetztes Denken*. Die International Federation of Social Work formuliert: „Die Arbeitsweise der professionellen Sozialen Arbeit beruht auf einem systemischen

---

[453] Lau-Villinger 1994.
[454] Vgl. auch Baumgartner 2010, Schulze 2009.
[455] Schulze 2009, bbs e.V. 2009.
[456] Nach Baumgartner 2010, S. 27f.

Wissen (…) Es wird die Kompliziertheit der Beziehungen der Menschen untereinander und ihrer Umwelt erkannt."[457] Das heißt, die Elemente einer Organisation (eines Systems) sind in vielfältiger Weise miteinander verbunden und ergeben zusammen mehr „als die Summe seiner Teile"[458]. Die moderne Berufswelt lebt von Vernetzungen. Arbeitsprozesse laufen weniger monolinear ab, vielmehr sind sie in vielfältiger Weise untereinander verknüpft. Systemisches Verständnis erfasst diese Zusammenhänge und bietet damit im Hinblick auf betriebliche Interventionen Sozialer Arbeit die Möglichkeit, angemessene Maßnahmen zu entwickeln. Betriebliche Sozialarbeit kann so verstanden auch als Change Agent beschrieben werden.

Bevor ich aber auf die Zusammenhänge näher eingehe, sei mein Verständnis von systemischer Organisationsentwicklung in seinen Grundzügen erläutert.

Systemische Organisationsentwicklung (OE) verstehe ich mit Walter Häfele als „eine von entwicklungsorientierten Werten getragene Grundhaltung für die Gestaltung von Beratungs-, Veränderungs- und Entwicklungsprozessen mit den Menschen in Organisationen. Folglich impliziert systemische OE ein Repertoire an Modellen, Methoden und Hilfsmitteln, durch die diese Grundhaltung praktisch umgesetzt wird"[459]. Auf die Organisation bezogen hat Betriebliche Sozialarbeit genau dieses Repertoire nicht. Es ist nicht Bestandteil der Ausbildung. Einige betriebliche Sozialberater/innen verfügen allerdings über entsprechende Zusatzausbildungen.[460] Die Grundhaltung ist jedoch in der modernen Betrieblichen Sozialarbeit enthalten und findet sich in Techniken der Einzelberatung wie dem zirkulären Fragen wieder. Zirkuläres Fragen ist ein Standard-Fragetypus aus der systemischen Therapie. Er dient der Erzeugung von Information, wobei die beratene Person sich selbst der besprochenen Situation gegenüber distanziert und sich in eine Beobachtungsposition versetzt. Damit ist der Gewinn einer oder mehrerer neuer Sichtweisen auf die Situation verbunden. Ein reflexiver Prozess entsteht. Symptome, Verhaltensweisen und unterschiedliche Formen von Gefühlsausdruck werden in ihrer kommunikativen Funktion verstanden, das heißt im Systemkontext statt als „Problem" der beratenen Person. Ein Mitarbeiter kann so zum Beispiel bei einem Konflikt mit einem Kollegen statt nach seinem eigenen Gefühl nach der Wirkung einer mitgeteilten Empfindung auf den Kollegen gefragt werden. Zum Beispiel: „Wie würde Ihr Kollege auf Ihr Schamgefühl reagieren, wenn er darum wüsste?" Systemisch gedacht interessieren mehr die Erwartungen, Beobachtungen, Wechselwirkungen sowie die Reaktionen auf ein bestimmtes Verhalten. Es wird

---

[457] IFSW 2010.
[458] Senge 2006, S. 21.
[459] Häfele 2007, S. 21.
[460] Schulze 2009 und 2013.

nach Mustern gefragt und nicht nach Ursachen. Ein Symptom ist kein "Ding", sondern ein Prozess, an dem Handlungen verschiedener Personen beteiligt sind. Das impliziert nicht Festschreibung, sondern Veränderung.[461]

Die Notwendigkeit systemischer Betrachtung erschließt sich, wie schon anklang, aus der Komplexität von Arbeitsprozessen und der Verlagerung zu psychomentaler, digitaler Arbeit. Das wiederum bedingt unter anderem die Zunahme von psychischen Erkrankungen im Arbeitskontext.[462] Schnelle und permanente Veränderungen in den Organisationen sind weitere relevante Aspekte. Genau hier sind Betriebliche Sozialberater/innen als Experten/innen für individuelle Hilfe, aber auch für die Initiierung und Konzeption übergreifender Maßnahmen gefragt. Dies greife ich später auf.

Ich komme zunächst zurück zu den systemischen Grundlagen der Organisationsentwicklung. Systemisch betrachtet werden Menschen als lebende Systeme sowie Gruppen und Organisationen als lebende soziale Systeme verstanden.[463] Diese Systeme stehen wiederum in Wechselwirkung mit ihrem Umfeld. Es gibt in dieser Sichtweise keine losgelöste Betrachtung einzelner Objekte quasi von außen, ohne Teil des Systems zu sein, wie es in der Kybernetik der ersten Ordnung der Fall ist. Kybernetik (erster Ordnung) ist allgemein formuliert „die Erforschung der Steuerung und Regelung des Verhaltens von Systemen, die von ihrer Umwelt und dem Beobachter isoliert sind"[464]. Die Kybernetik bildet eine wichtige theoretische Grundlage systemischer Organisationsentwicklung. Die Kybernetik erster Ordnung beinhaltet die Idee, Systeme geradlinig, im Sinne einer Ursache-Wirkungs-Kette zu kontrollieren bzw. zu steuern. An späterer Stelle kommt die Kybernetik zweiter Ordnung noch zur Sprache. Sie meint die Kybernetik der Kybernetik und bezieht „den Beobachter" mit in das System ein.

Systemische Organisationsentwicklung verfolgt im Wesentlichen, ungeachtet des konkreten Auftrags, zwei Ziele: die Effektivitätssteigerung und die Humanisierung der Arbeitswelt. Prinzipien der Selbstgestaltung, Selbsterneuerung und Selbstorganisation des Systems mit Stabilisierungs- und Destabilisierungsphasen als auch Zeiten der Homöostase (des Gleichgewichts) spielen dabei eine wichtige Rolle.[465] Ihre Erläuterungen würden an dieser Stelle jedoch zu weit führen.

---

[461] Schlippe/Schweitzer 2003.
[462] Schulze 2009, Haubl/Voß 2012.
[463] Häfele 2007, S. 21.
[464] A.a.O., S. 22.
[465] Vgl. Haken/Schiepek 2010.

Ein weiteres Prinzip, das für den vorliegenden Zusammenhang besonders relevant erscheint, wird dagegen aufgegriffen. In der systemischen Organisationsentwicklung geht es weiter darum, Zielkonflikten zwischen Effektivität und Humanisierung mit Authentizität zu antworten. Damit ist gemeint, „dass es innerhalb einer Organisation aufgrund unterschiedlicher Vorstellungen, Interessen und Sichtweisen von Organisationsmitgliedern immer wieder zu Zielkonflikten kommt: zwischen den OE-Zielen [Organisationsentwicklungszielen] Effektivität und Humanisierung"[466]. Es gilt, die Interessensgegensätze zu akzeptieren, offen anzusprechen, bewusst zu machen und ggf. auch eskalieren zu lassen, um sie einer konstruktiven Bearbeitung zuzuführen. Mit dem Authentizitäts-Prinzip wird also angestrebt, „dass Menschen in Organisationen ihre eigenen Antworten auf unvermeidbare, wichtige Zielkonflikte finden"[467]. Dabei können mal diese und mal jene Zielsetzungen stärker verfolgt werden. Gleichzeitig sollte hier insgesamt wieder das oben genannte Prinzip der Homöostase zur Geltung kommen.

Sozialer Arbeit mit ihrem Doppelauftrag von Hilfe und Kontrolle ist ein entsprechender Zielkonflikt sehr wohl bekannt. Sie sucht vor allem mit ihrer von Silvia Staub-Bernasconi führend vertretenen Menschenrechtsorientierung, Lösungen zu finden.[468] Die Menschenrechte gelten dabei als (berufsethischer) Orientierungs- und Entscheidungsrahmen sozialarbeite-rischen Handelns. Dies soll vor Missbrauch Sozialer Arbeit schützen und tut es nach meiner Erfahrung auch. Für die Betriebliche Sozialarbeit wiederum gilt, dass sie, wie eingangs beschrieben, sowohl zur Humanisierung der Arbeitswelt als auch der Effektivität beiträgt, ohne dass dies die Hauptzielsetzungen wären. Über ihre Methoden der Einzelfallhilfe und Gruppenarbeit gelingt es zum Beispiel, zur Lösung von Mitarbeiter/innen-Konflikten beizutragen. Dabei steht die Konfliktlösung im Vordergrund, die zum Beispiel getrieben ist von gesundheitlichen Belastungen der Beteiligten und/oder Produktivitätsausfällen und/oder Imageverlust. Effektivitätssteigerung und ein faires Miteinander (als Humanisierung) wären dann gewünschter, aber indirekter Gewinn. Ist der Konflikt strukturell zum Beispiel durch ungleiche Ressourcenverteilung zwischen zwei Teams begründet, kann betriebliche Sozialberatung Lösungswege aufzeigen, jedoch nicht direkt bei der Lösung helfen. Doch auch hier hilft der „systemische Blick" zum „Anstoß" weiterführender, konstruktiver Veränderungen.[469]

---

[466] Häfele 2007, S. 31.
[467] Häfele 2007, S. 32.
[468] Staub-Bernasconi 2006.
[469] Vgl. Ballreich/Glasl 2011.

„Ein Wandel im Unternehmen gelingt nur, wenn er mit den Menschen vollzogen wird, die in einer Organisation wirken" beginnen die Change Management Expert/inn/en Klaus Doppler, Hellmuth Fuhrmann, Birgitt Lebb-Waschke und Bert Voigt das Vorwort ihres Buches „Unternehmenswandel gegen Widerstände. Change Management *mit* den Menschen"[470]. Damit komme ich zu einer weiteren Schnittstelle von systemischer Organisationsentwicklung und Betrieblicher Sozialarbeit. Die betrieblichen Sozialberater/innen begleiten und unterstützen Beschäftigte in Organisationsveränderungsprozessen, diese mitzugehen und/oder eigene alternative Berufswege innerhalb oder außerhalb der Organisation zu finden und zu gehen. Dies kann in Form der Einzelberatung sein oder als Teamentwicklungsmaßnahme stattfinden. Edgar Baumgartner gibt aufgrund seiner Befragungsergebnisse an, dass 98% der befragten leitenden Sozialberater/innen Einzelfallberatung und 50% Teamentwicklung praktizieren.[471] Welcher Anteil davon im Zusammenhang von Organisationsentwicklungsprozessen stattfindet, ist nicht bekannt. Meiner Erfahrung nach liegt der Anteil jeweils über 50%. Die genannten Leistungen sind Bestandteil psychosozialer Änderungsprozesse, die wiederum zu den sieben Basisprozessen systemischer Organisationsentwicklung gehören. Psychosoziale Veränderungsprozesse können gezielt unterstützt bzw. gefördert werden, verlaufen aber auch eigenständig und benötigen individuell unterschiedliche Zeit. Beispielhaft seien folgende psychosoziale Veränderungsprozesse genannt, die durch Betriebliche Sozialarbeit gefördert werden können:

- alte Beziehungen in der Zusammenarbeit und bisherige Rollen loslassen sowie neue (kollegiale) Beziehungen eingehen,
- alte Teamregeln ablegen, neue finden,
- vertraute Arbeitsweisen und Umgebungen gegen neue zu wechseln,
- Haltungen und Einstellungen angemessen zu verändern,
- notwendige emotionale Veränderungen verarbeiten.

Bei der Erarbeitung und Umsetzung von Veränderungsprozessen gilt es immer, das Zusammenwirken der folgenden sieben Basisprozesse zu beachten und abzustimmen. Diese Basisprozesse sind nach Trigon:

1. Diagnoseprozesse
2. Soll-Entwurfsprozesse
3. Psychosoziale Veränderungsprozesse
4. Lernprozess

---

[470] Doppler et al. 2002.
[471] Baumgartner 2010, S. 20ff.

5. Informationsprozesse
6. Umsetzungsprozesse
7. Management der gesamten Veränderungsprozesse.[472]

Kurz erwähnt sei an dieser Stelle, dass Betriebliche Sozialarbeit im Hinblick auf die Lernprozesse ebenfalls aktiv werden kann. Gerade in Bezug auf soziale Kompetenzen ist sie entsprechend qualifiziert. Sie kann zum Beispiel selbst Schulungen anbieten oder bei der Auswahl und Konzeption entsprechender Leistungsanbieter/innen unterstützen sowie bei der Umsetzung bzw. Anwendung des Gelernten durch Beratung und Coaching helfen.

Im vorangegangen Textverlauf wurde die sogenannte Beobachter-Position im Zusammenhang mit zirkulärem Fragen und der Kybernetik zweiter Ordnung angesprochen. Darauf soll jetzt näher eingegangen werden.

Zu den zentralen Theorien, die die Systemtheorie beeinflussten, zählt die Kybernetik zweiter Ordnung, wie sie von Heinz von Foerster beschrieben wurde.[473] Kybernetik zweiter Ordnung bezieht den Beobachter als Teil des Systems mit ein. Seine Funktion wird verstärkt in den Fokus genommen. Im Mittelpunkt für die Organisationsentwicklung steht die mit „dem Beobachter" verbundene Perspektiverweiterung. Verschiedene Perspektiven und Sichtweisen der an Veränderungsprozessen beteiligten Personen werden nicht im Sinne von „richtig" oder „falsch", sondern als Ergänzung und Bereicherung einbezogen. Dadurch lässt sich „das System", sprich die Organisation, umfassender beschreiben und erfassen. Die Rolle des Beobachters/der Beobachterin einnehmen zu können, beruht auf einer den Menschen ureigenen Fähigkeit zur Exzentrizität. Der Mensch kann sich selbst erkennen und ist gleichzeitig er selbst, das „Ich" geht auf Abstand zum „Selbst". Dies ist eine wichtige Fähigkeit, die gerade in der Beratung benötigt wird. Idealster Weise steht die Zentriertheit (Ich bin bei mir selbst) und die exzentrische Positionalität (Ich beobachte mich selbst) in der Gleichzeitigkeit.[474] Für Berater/innen gilt es, genau das zu können bzw. zu üben und auszubauen, da sie Teil des Beratungsgeschehens sind und gleichzeitig den „Über-Blick" auf das, was gerade geschieht, und die Steuerung bewahren sollen. Das heißt: Sehen, was der/die andere *und* sie selbst tun. Der Blick aus der exzentrischen Position erschließt letztendlich für Berater/innen und Beratene mehr Möglichkeiten des Verste-

---

[472] Glasl/Kalcher/Piber 2005.
[473] Vgl. Häfele 2007, S. 22.
[474] Petzold 1993a, S. 292.

hens für gegebene Situationen und eröffnet weitere Unterstützungswege. Je ausgeprägter die Exzentrizität, umso größer wird die Überschau.[475]

Für betriebliche Sozialberater/innen, die in der eigenen Organisation handeln, ist die Exzentrizität und die damit verbundene Reflexionsmöglichkeit wichtig, um neue Impulse zur Selbstorganisation geben und nicht einfach „mitlaufendes Teil" des Systems zu werden. Umgangssprachlich ist an dieser Stelle im negativen Sinne bei internen Berater/innen auch von zu großer Nähe zum System die Rede. Gleichzeitig kennen sie eben das System von innen, was wiederum Vorteile gerade in Bezug auf informelle Strukturen und deren Effekt auf Veränderungsvorhaben hat. Externe Berater/innen können hingegen genauso Teil des Systems werden und ihren Vorteil des Blicks von außen auf die von dort eher sichtbaren Aspekte der Organisation verlieren. Beide benötigen den „systemischen Beobachter" zur Regulation von Nähe bzw. Distanz zum System. Relevant sind bei interner und externer Betrieblicher Sozialarbeit ebenfalls Aspekte:

- des Vertrauens, das teilweise mehr den internen und teilweise mehr den externen Beratern/innen entgegengebracht wird, sich erfahrungsgemäß jedoch letztendlich die Waage hält,
- die intern stärker geforderte Rollenklarheit, da „man" sich intern eher in unterschiedlichen Zusammenhängen begegnet und ggf. in verschiedenen Projekten kooperiert,
- der genauen Beachtung und Reflexion des Auftrags, der Zielsetzung und der Konsequenzen bei der Umsetzung, um ggf. in der Sache gewinnbringende interne und/oder externe Kooperationen einzugehen.

5. Möglichkeiten und Grenzen moderner Betrieblicher Sozialarbeit bei systemischen Organisationsentwicklungsprozessen

In diesem Abschnitt werden die Möglichkeiten und Grenzen moderner Betrieblicher Sozialarbeit bei systemischen Organisationsentwicklungs-prozessen kompakt herausgestellt. Ich beginne mit dem Wichtigsten. Betriebliche Sozialberatung, sei sie intern

---

[475] Petzold 1993b, S. 1313.

oder extern oder kombiniert in der Organisation tätig, sollte nicht für Organisationsentwicklungsprozesse verantwortlich sein bzw. diese federführend umsetzen. Das ist durch ihre bedingte Kompetenz in diesem Feld und andere Aufgabenstellung für die Betriebliche Sozialarbeit begründet. Sie entfaltet vielmehr ihre Wirkungskraft, in dem sie beratend, begleitend, unterstützend, intervenierend und anregend bei Organisationsveränderungsprojekten in den Unternehmen aktiv ist. Entscheidend dabei ist, dass Betriebliche Sozialarbeit sich nicht einseitig, unreflektiert bestimmten Interessenlagen in der Organisation anschließt bzw. unterwirft, sondern in ihrer fachlichen und ethischen Ausrichtung unabhängig und eigenständig handelt. Sowohl für die Mitarbeiter/innen als auch die Führungskräfte kann sie dadurch viel stärker, weil kritischer und mit erweitertem Blick, im Sinne der Gesamtentwicklung nützlich sein.

Betriebliche Sozialarbeit kann für die Gesamtorganisation und ihre Mitglieder dienen als:

- *Indikator/Seismograph* für individuelle, gemeinschaftliche und strukturelle Problemlagen, die entsprechend in der Change-Prozess-Gestaltung Berücksichtigung bzw. Bearbeitung finden müssen,
- *Impulsgeber* für konkrete, sinnvolle Bildungs-/Change-Maßnahmen für Einzelpersonen und Personengruppen
- *Fachberater* für psychosoziale Aspekte in der Change-Prozess-Gestaltung,
- *Change Agent*, der den Organisationswandel mit betreibt, in dem er als eigenständiger Experte für konstruktive Herbeiführung von Klärungen in Entscheidungs- und Konfliktsituationen sowie von Innovationen bzw. Neuerungen und Veränderungen im sozialen Bereich auftritt.
- *Entwicklungshelfer*, der besonders Individualberatungen von Mitarbeitern/innen und Führungskräften, Beratung von Personengruppen wie Konfliktbeteiligte und Teams sowie Teamentwicklungsmaßnahmen im Rahmen des Veränderungsprozesses durchführt,
- *Notfallhelfer*, der bei Überlastungsreaktionen bzw. psychosozialen Notlagen fachgerecht interveniert,
- *Coach und Supervisor* für Verantwortliche und Multiplikatoren des Organisationsentwicklungsprozesses.

In Anbetracht der Vielfältigkeit der Aufgaben und möglichen Rollen gilt es für die Sozialberater/innen mittels der Inanspruchnahme von Supervision und Intervision Rollenklarheit zu behalten bzw. wiederzuerlangen sowie persönliche Grenzen der Leistungsfähigkeit als auch sinnvoll einzunehmende oder abzulehnende Rollen zu reflektieren, zu prüfen und entsprechend zu handeln.

268

Erfahrungsgemäß ist das beschriebene Auftreten betrieblicher Sozialberater/innen nicht konflikt- und risikofrei. Persönliches Standing hilft neben entsprechend professionellem Handeln (auf die eigenen Berufskompetenzen rekurrierend und ethisch verantwortlich), als kompetente/r und vertrauenswürdige/r Ansprechpartner/in in der Organisation gerade in Veränderungsprozessen wahrgenommen zu werden.

Zu den Kompetenzen Betrieblicher Sozialarbeit im Hinblick auf Organisationsveränderungsprozesse zähle ich,

- dass vernetztes und interdisziplinäres Denken schon Bestandteil des Studiums sind,
- dass die berufsethische Orientierung und die Bindung an die gesetzliche Schweigepflicht (§ 203 Strafgesetzbuch) eine fachlich begründete, unabhängige und eigenständige Positionierung ermöglichen,
- dass die übergeordneten Ziele (Humanisierung der Arbeitswelt und Effektivität der Organisation) mit denen der systemischen Organisationsentwicklung übereinstimmen,
- dass der konstruktive Umgang mit Zielkonflikten und Ambivalenzen den Sozialberater/innen vertraut ist und sie entsprechende Kompetenzen erworben haben,
- dass sie die Rolle „des Beobachters" und den damit verbundenen Blick aus der Distanz zu bewahren und zu nutzen weiß,
- dass sie Experte für psychosoziale Diagnostik ist,
- dass einschlägige Erfahrungen und Fähigkeiten in der psychosozialen Einzelberatung, Krisen-/Notfallintervention und Teamentwicklung vorhanden sind,
- dass sie Schnittstelle für psychosoziale Unterstützungssysteme außerhalb der Organisation und zu privaten/familiären Themen bzw. Personen ist,
- dass Sozialberater/innen zum Teil über Organisationsentwicklungsausbildungen verfügen,
- dass sie die spezifische Expertise zu sozialen und personalen Veränderungskompetenzen innehat.

Negativ formuliert trägt Betriebliche Sozialarbeit das Risiko, zum Anpassungshelfer oder Erfüllungsgehilfen profitorientierter Unternehmen oder für Menschen in unmenschlichen Arbeitsbedingungen bzw. für noch mehr Leistung zu werden. Unkritisch und unreflektiert würde sie in die Gefahr geraten, am Individuum zu arbeiten, obwohl Gründe und Ursachen für „das Problem" im System liegen. So würde sie allein „Pflaster" verteilen und „mehr des Selben" produzieren. Dies würde nicht dem Sinn und Anliegen moderner Betrieblicher Sozialarbeit entsprechen.

Klinisch betrachtet würde die Behandlung und Heilung der Anpassungsstörung die Zielsetzung sein. Doch auch hier gibt es Grenzen in der Person und im Umfeld. Gleichzeitig wird sowohl über die Individualberatung als auch die Psychotherapie Menschen geholfen, sich veränderten Lebensbedingungen und damit auch Arbeitsbedingungen anzupassen, und chronisches Leiden somit verhindert. Das Thema, wie weit sich das Umfeld oder die Personen einander anpassen bzw. verändern muss, bietet weite Diskussionsmöglichkeiten. Es kann hier nur als solches angesprochen werden.

Positiv betrachtet steht für die Betriebliche Sozialarbeit im Zusammenhang mit systemischer Organisationsentwicklung die Veränderungskompetenz, wie sie zum Beispiel von Wolfgang Wittwer beschrieben wurde, im Mittelpunkt. Wittwer versteht allgemein unter Veränderungskompetenz die Bereitschaft und Fähigkeit, auf unterschiedliche und wechselnde gesellschaftliche Anforderungen einzugehen, diese im Hinblick auf die eigene Biographie zu verarbeiten und sich damit beruflich weiter entwickeln zu können.[476] Systemisch verstanden sind hier Selbstorganisations- und Systemerhaltungsfähigkeiten des Menschen angesprochen.

Psychologisch versteht man unter *Kompetenz* allgemein die Fähigkeiten und Fertigkeiten zur Problemlösung, wobei Motivationen, Volitionen und soziale Möglichkeiten zur erfolgreichen und verantwortungsvollen Handlungssteuerung einbezogen sind. Sie werden prozessual und situationsbezogen gesehen.[477] Auf Veränderungskompetenz bezogen differenziert Wittwer:

- soziale Aspekte wie Kontakt- und Orientierungsfähigkeit incl. persönliche Eigenschaften wie Selbstwertempfinden und Reflexivität,
- fachliche Aspekte wie Flexibilität, Lernbereitschaft, Eigeninitiative und Fähigkeit zur Selbstorganisation,
- institutionell-organisatorische Aspekte wie die Fähigkeit Situationen zu strukturieren, Integrationsbereitschaft, Offenheit für Veränderungen, Einstellung zu Unsicherheit und Mobilitätsbereitschaft.[478]

Systemisch weiter gedacht können diese Veränderungskompetenzen des Systems „Mensch" auf das System „Organisation" übertragen und im Sinne eines lebenden

---

[476] Wittwer 2007.
[477] Vgl. Krapp/Weidmann 2006, S. 23.
[478] Wittwer 2007.

sozialen Systems wiederum zusammengefasst werden. Der Kreis schließt sich. Bei organisationalen Veränderungsprozessen geht es eben nicht um Einseitigkeit und Linearität, sondern um Wechselwirkungen und Vernetzungen. Darin ist Betriebliche Sozialarbeit firm.

Literatur

Appelt, H.J. (2008): Betriebliche Sozialarbeit. In: Kreft, D./Mielenz, I. (Hrsg.): Wörterbuch der Sozialen Arbeit. 6.überarb. und aktualisierte Aufl. Weinheim: Juventus, S. 168-169.

Ballreich, R./Glasl, F. (2011): Konfliktmanagement und Mediation in Organisationen. Stuttgart: Concador.

Baumgartner, E. (2003): Der Nutzen betrieblicher Sozialarbeit. Eine Kosten-Nutzen-Analyse in zwei Unternehmen. Solothurn: Fachhochschule Solothurn Nordwestschweiz, Reihe A.

Baumgartner, E. (2010): Betriebliche soziale Arbeit in Deutschland – Stand und Perspektiven. In: Klein/Appelt (Hrsg.): Praxishandbuch betriebliche Sozialarbeit. Kröning: Asanger Verlag, S. 19-29.

Blandow, J. (1993): Betriebliche Sozialarbeit – Von der Fabrikpflege auf dem Weg wohin? Theorie und Praxis der Sozialen Arbeit. Jg. 44, Nr. 8; S. 312-319.

Blemenschitz, G. (2010): Die „richtigen" Worte finden – Die Darstellung psychosozialer Themen mit Relevanz für die Betriebliche Sozialarbeit in ausgewählten österreichischen Wirtschaftsmagazinen. Master-These an der FH-Campus Wien.

Bremmer, M. (2010): 100 Jahre betriebliche Sozialarbeit- Entwicklung, Geschichte und Wandel der Betriebssozialarbeit. In: Klein/Appelt (Hrsg.): Praxishandbuch betriebliche Sozialarbeit. Kröning: Asanger, S. 9-18.

Doppler, K. et al (2002): Unternehmenswandel gegen Widerstände. Change Management mit den Menschen. Frankfurt a. M.: Campus Verlag..

Engler, R. (2008): Rahmenkonzeption für das Arbeitsfeld Betrieblicher Sozialarbeit. (Kurzfassung), Internet: www.bbs-ev.de/rahmenkonzeption_ 3040101.php (Stand 17.03.2009).

Evangelischer Diakonieverein e.V. (2013): Geschichte –Seit über 100 Jahren „Diakonie an Frauen durch Frauen". Internet: www.ev-diakonieverein.de /index.php3?t= diakonieverein%2Fgeschichte.html (Stand 15.04.2013).

Glasl, F./Kalcher, T./Piber, H. (2005): Professionelle Prozessberatung. Das Trigon-Modell der sieben Basisprozesse. Bern: Haupt.

Häfele, W. (Hrsg.) (2007): OE-Prozesse initiieren und gestalten. Bern: Haupt.

Haken, H./Schiepek, G. (2010): Synergetik in der Psychologie: Selbstorganisation verstehen und gestalten. 2. Korrigierte Aufl. Göttingen: Hogrefe.

Haubl, Rolf/Voß, Günter (Hrsg.) (2012): Risikofaktoren für Arbeitsqualität und Gesundheit. Positionen – Beitrage zur Arbeitswelt 2/2102; Kassel: Universität Kassel Eigenverlag.

Henke, U. (1992): Betriebliche Sozialarbeit. Versuch eines Vergleiches von Anspruch und Wirklichkeit. Sozialmagazin 17(1992) 2, S. 28-35.

IFSW (2000): Definition Sozialer Arbeit. Internet. http://ifsw.org/policies/ (Stand 18.01.2013).

Kirchen, Th./Rabeneck, J. (2004): Betriebliche Sozialarbeit – Vom Mensch als Mittelpunkt!

Oder Vom Mensch als Mittel!-Punkt! *Landesrundbrief - Schwerpunkt Betriebliche Sozialarbeit*. Niedersachsen/Hamburg/Sachsen-Anhalt. DBSH e. V. Eigenverlag; 04/2004, S. 3-4.

Klinger, I.-J. (2001): Historischer Abriss und Rechtsgrundlagen der betrieblichen Sozialarbeit. In: Jente/Jusi/Meier/Steinmetz/Wagner (Hrsg.): Betriebliche Sozialarbeit.. Freiburg: Lambertus-Verlag, S. 15-18.

Krapp, A./Weidmann, B. (Hrsg.) (2006): Pädagogische Psychologie. 6.vollständig überarbeitete Aufl. Weinheim: Beltz.

Krings-Sarhan, V. (2006): Betriebliche Sozialarbeit in lernenden Organisationen. Saarbrücken: VDM.

Lau-Villinger, D. (1994): Betriebliche Sozialberatung als Führungsaufgabe. Frankfurt am Main: G.A.F.B.

Mieg, H. A./Pfadenhauer, M. (Hrsg.) (2003): Professionelle Leistung – Professional Performance: Positionen der Professionssoziologie. Konstanz: UVK.

Müller, B. (2012): Professionalität. In: Thole, W. (Hrsg.): Grundriss Soziale Arbeit. 4 Aufl. Wiesbaden: VS Verlag, S. 955-974.

Petzold, H.G. (1993a): Integrative Therapie. Band I. Paderborn: Junfermann.

Petzold, H.G. (1993b): Integrative Therapie. Band III. Paderborn: Junfermann.

Schlippe von, A./Schweitzer, J. (2003): Lehrbuch der systemischen Therapie und Beratung. 10.Aufl. Göttingen: Vandenhoeck & Ruprecht.

Schulze, W. (2009): Motivationsförderung zur Inanspruchnahme von Psychotherapie durch Betriebliche Sozialberatung. Internet: http://www.fpi-publikation.de/polyloge/alle-ausgaben/13-2009-schulze-wolfram-motivations foerderung-zur-inanspruchnahme-von-psychotherapie.html.(Stand 20.01.2012).

Schulze, W. (2013): Betriebliche Sozialarbeit auf dem Hintergrund mangelnder ambulanter psychotherapeutischer Versorgung in Deutschland. Noch unveröffentlichtes Manuskript.

Senge, P. (2006): Die fünfte Disziplin. 10. Aufl. Stuttgart: Klett-Cotta.

Staub-Bernasconi, S. (2006): Soziale Arbeit. Dienstleistung oder Menschenrechtsprofession? Zum Selbstverständnis Sozialer Arbeit in Deutschland mit einem Seitenblick auf die internationale Diskussion. Internet: http://www.zpsa.de/pdf/artikel_vortraege/StaubBEthiklexikonUTB.pdf (Stand 18.01.2013).

Stoll, B. (2001): Betriebliche Sozialarbeit – Aufgaben und Bedeutung, Praktische Umsetzung. Regensburg: Walhalla.

Wittwer, W. (2007): Veränderungskompetenz. Navigator der beruflichen Entwicklung. In: *Berufsbildung*, 61. Jg., 103/104, S. 3-7.

Kristina Fanelli

Betriebliche Sozialberatung und systemisches Handeln im Spiegel der Achtsamkeitspraxis

1. Einleitung

Das kbo-Isar-Amper-Klinikum München-Ost ist eines der größten Fachkrankenhäuser für Psychiatrie, Psychotherapie, psychosomatische Medizin und Neurologie in Deutschland und gleichzeitig Lehrkrankenhaus der Ludwig-Maximilians-Universität München. Mit über 2500 Mitarbeiterinnen und Mitarbeitern, annähernd 1200 Betten und 90 teilstationären Plätzen leistet das Klinikum die psychiatrische Vollversorgung der Landeshauptstadt München und des Umlandes mit Spezialisierungen für die Bereiche Sucht, Gerontopsychiatrie und Forensische Psychiatrie. Zudem sind innerhalb der allgemeinpsychiatrischen Abteilungen spezielle Stationen zur Krisenintervention und für die Behandlung von Menschen mit Depressionen, Doppeldiagnosen, Persönlichkeitsstörungen und psychosomatischen Erkrankungen vorhanden.

Die Betriebliche Sozialberatung stellt ein Angebot für die Mitarbeiter, Mitarbeiterinnen und Führungskräfte des Hauses dar, sich sowohl zu arbeitsplatzbezogenen als auch privaten Anliegen beraten zu lassen. In Einzelgesprächen werden mit dem Geist des systemischen Verständnisses gemeinsam Horizonte erweitert und Ideen entworfen, welche Wege gegangen werden können, um eine gewünschte Entwicklung zu fördern. Mit „systemisch" ist gemeint, das Eingebundensein jeder Person in die Dynamiken am Arbeitsplatz bzw. im Team oder in der Familie zu beachten und dessen Auswirkungen auf das eigene Handeln zu reflektieren. Auf dieser Basis lassen sich gangbare und stabile Lösungen herausarbeiten. Die Einzelberatung bietet Raum für die frühzeitige Reflexion entstandener Probleme, was einer Zuspitzung entgegenwirken kann.

Diese Möglichkeit lässt sich ebenso auf die Arbeit mit Teams übertragen. Die Betriebliche Sozialberatung steht zur Verfügung bei der Vermittlung von Konflikten und moderiert Klausurtage. Sie bietet einen geeigneten Rahmen, um das Team darin zu begleiten, in strukturierter Form ausgewählte Prozesse zu reflektieren.

Der Artikel soll beleuchten, warum systemische Beratungsmethoden sowohl in der Einzelfallberatung als auch in der Zusammenarbeit mit Teams (am Beispiel der Moderation von Klausurtagungen) im betrieblichen Kontext besonders geeignet sind. Zudem wird aufgezeigt, welche systemischen Grundhaltungen und Methoden zum Tragen kommen. In einem eigenen Abschnitt wird dargestellt, welche Bedeutung der Achtsamkeitspraxis zukommt: zum einen, damit sich Klienten der eigenen vorhandenen Fähigkeiten bewusster werden und sich Kraftquellen (wieder) erschließen, zum anderen, um Aspekte systemischer Beratung mit einem erweiterten Blickwinkel umsetzen und Veränderungsprozesse nachhaltig anregen zu können.

2. Grundlagen der organisatorisch-hierarchischen Struktur

Am kbo-Isar-Amper-Klinikum München-Ost fungiert die Betriebliche Sozialberatung als Anlaufstelle für die angestellten Mitarbeiter und Mitarbeiterinnen sowie Führungskräfte. Diese können sich mit verschiedensten Fragestellungen, empfundenen Schwierigkeiten und Problemen an die Sozialberatung wenden. Mit den Jahren hat sich ein breites Angebotsspektrum ergeben, zu dem auch die Spezialisierung auf die Moderation von Klausurtagungen und die Durchführung weiterführender Maßnahmen zur Team-entwicklung zählt.

Seit dem Jahr 2001, in welchem die Stelle für das Klinikum neu geschaffen wurde, berät die Sozialberatung mit dem Hintergrund der Systemtheorie und mit dem Bezug auf systemische, lösungs- und kurzzeitorientierte Methoden. Obwohl die Fokussierung des Alltagsgeschehens auf der Einzelfallberatung liegt, lässt sich anhand der Moderation von Klausurtagen durch die Betriebliche Sozialberatung das besondere Verständnis systemischen Handelns deutlich machen. Um zu veranschaulichen, wie und in welcher Form systemisches Arbeiten im betrieblichen Kontext möglich und auch sinnvoll ist, wird der Prozess hinsichtlich der Vorbereitung und Durchführung von Klausurtagen aufgezeigt.

Zuvor werden für ein besseres Verständnis die organisatorischen Strukturen des Klinikums erläutert. Von mehr als 2500 Mitarbeitern entfallen ca. 36 Prozent auf Pflegekräfte, die den größten Teil des Klientels der Sozialberatung ausmachen. In der Führungslinie der Pflegekräfte befinden sich direkt die verantwortlichen Stationsleitungen, die jeweils mit einer Stellvertretung zusammenarbeiten. Deren Vorgesetzte sind die Pflegedienstleitungen, die für mehrere Stationen eines Fachbereiches zuständig sind. Ihnen übergeordnet ist der Pflegedirektor, der wiederum der Geschäftsführung rechenschaftspflichtig ist.

Parallel dazu gibt es auf ärztlicher Seite den gleichen hierarchischen Aufbau: In aufsteigender Linie befinden sich Stationsärzte, Oberärzte, Chefärzte, die ärztliche Direktion, die wiederum der Geschäftsführung zugeordnet ist. In das direkte Gefüge bringen sich zudem ein: Therapeuten verschiedenster Fachrichtungen (z.B. Sport- und Bewegungstherapie, Kunst-, Ergo-, Musiktherapie), Psychologen und Sozialpädagogen. Die benannten Berufsgruppen entwickeln mit dem Anspruch der multiprofessionellen Zusammenarbeit die Behandlungs- und Therapiepläne mit den Patienten.

Darüber hinausgehend stehen alle Berufsgruppen in Verbindung mit den internen Schnittstellen des Hauses. Dies können Vorgaben der Verwaltungsabteilungen sein (z.B. Finanz- oder Personalabteilung), der Stabstelle für Controlling, der Stabstelle für Qualitätsmanagement und der Geschäftsführung auf oberster Ebene. Hinzu kommt der Regionalausschuss (Betriebsrat), der unter anderem auf die Einhaltung arbeitsrechtlicher Bestimmungen achtet.

Zu den externen Schnittstellen gehört der Unternehmensverbund der Kliniken des Bezirks Oberbayern (kbo), dem unter anderem das Isar-Amper-Klinikum angegliedert ist. Das kbo übernimmt im Rahmen der geltenden Gesetze die stationäre, teilstationäre und ambulante Versorgung in den Bereichen Kinder- und Jugendpsychiatrie, Erwachsenenpsychiatrie einschließlich Maßregelvollzug, Psychotherapie und Psychosomatik sowie Sozialpädiatrie und Neurologie des Bezirks Oberbayern. Eine weitere Schnittstelle sind die Krankenkassen mit ihren Vorgaben nicht zuletzt zur Abrechnung von Leistungen. Grundsätzlich muss die Klinik auf gesellschaftliche Veränderungen reagieren sowie rechtliche und gesetzliche Maßgaben berücksichtigen.

All diese und weitere Vorgaben fließen in die tägliche Arbeit auf den Stationen ein und müssen in den Konzepten entsprechend berücksichtigt werden. Es wird sichtbar, dass es klarer Strukturen bedarf, um ein adäquates und nachvollziehbares Behandlungs- und Stationskonzept zu erstellen und wie aufwändig Kommunikationsstrukturen und Entscheidungsprozesse sind, um zu gültigen Vereinbarungen zu gelangen.

Welchen Vorteil hat die Sozialberatung innerhalb des Unternehmens?

Die Betriebliche Sozialberatung ist als Stabsstelle direkt der Geschäftsführung zugeordnet. Durch ihre innerbetriebliche Implementierung und die Erfahrungen aus den Einzelberatungen sind bestehende Strukturen, Prozesse und Arbeitsabläufe nachvollziehbar. Gleichzeitig ist die Sozialberatung durch die Positionierung von aktuellen Geschehnissen so distanziert, dass Entwicklungen unbefangener und unvoreingenommener betrachtet werden können. Der besondere Vorteil der Betrieblichen Sozialberatung in Moderationen besteht durch diese benannte Koppelung, aber auch in der Entlastung von Vorgesetzten, die sich inhaltlich mit ihren Positionen in die Diskussion einbringen können anstatt sich auf die Führung des Prozesses fokussieren zu müssen. Die Struktur und die Methoden zur Bearbeitung verschiedenster Themen werden durch die Moderatorin vorgegeben. Durch den Freiraum, der so für Führungskräfte geschaffen wird, können Anliegen, Interessen und Bedürfnisse der Mitarbeiter/innen mit einer anderen Perspektive erfasst werden.

Anhand der Prozessgestaltung der Moderation soll verdeutlicht werden, wie systemische Methoden Anwendung finden können und welchen Stellenwert dabei Ressourcenorientierung einnimmt.

3. Initiierung und Vorbereitung des Klausurtages

Vorgesetzte nehmen mit ihrem Anliegen der Moderation Kontakt zur Betrieblichen Sozialberatung auf. Zur Vorbereitung der Inhalte initiiert die Sozialberatung ein Vorgespräch, in dem die Themen und die damit einhergehenden Anliegen eruiert werden können. Wichtig im Rahmen eines tiefgründigen Verstehens ist es, zu klären, auf wessen Wunsch der Klausurtag einberufen wurde. Folgt der Vorgesetzte der Idee seiner Mitarbeiter oder ist es seinerseits eine Maßgabe? Relevante Informationen sind ferner, ob am Klausurtag ausschließlich Pflegekräfte oder das gesamte multiprofessionelle Team, bestehend aus allen behandelnden Berufsgruppen (Pflegekräfte, Ärzte, Therapeuten, Sozialpädagogen und Psychologen), teilnehmen soll. Es kann erfragt werden, ob Klausurtage rituell oder aufgrund einer akuten Situation sporadisch einberufen wurden. Hat das Team eine gewisse Kultur für sich mit dieser Art des Arbeitens entwickelt oder wird Neuland betreten? Die Sozialberatung erfragt zudem die atmosphärische Situation, z.B. ob es schwelende oder offen ausgetragene Konflikte gibt, die in den Klausurtag hineinwirken könnten. Würde eine Station einen Klausurtag ausschließlich mit dem Pflegepersonal durchführen wollen, kann bereits an dieser Stelle die systemische Sichtweise eingebracht werden, indem hinterfragt wird, ob Themen berührt werden, die andere Berufsgruppen betreffen und möglicherweise Auswirkungen auf deren Tätigkeit haben.

4. Auftragsklärung

In der Vorbesprechung finden unter anderem der Prozess der Beschreibung der Themen als auch die Klärung der Anliegen statt. Beispielhaft wird benannt: „Wir wünschen uns eine verbesserte Kommunikation innerhalb des multiprofessionellen Teams". Auftragsklärung wird dabei von der Sozialberatung bei jedem Thema neu erfragt. Erfahrungsgemäß gibt es Inhalte, zu denen gegebene Informationen am Klausurtag ausreichen, Aspekte, zu denen ein Meinungsbild abgefragt werden soll, und Themen, zu denen verbindliche Regelungen gestaltet oder kreative Vorschläge entwickelt werden sollen. Zu erfassen ist ebenso, ob externe Auftraggeber direkt oder indirekt einwirken. Angenommen, die Pflegedienstleitung des Bereiches hat eine Vorgabe gemacht, die durch die Stationsleitung als Auftrag für den Klausurtag eingebracht wird, so stellt sich die Frage, ob die Pflegedienstleitung in den Moderationsprozess einbezogen werden sollte oder um zu klären, wie mit Lösungen umgegangen wird, die ohne Beisein des übergeordneten Vorgesetzten entwickelt werden. Nichts ist für Mitarbeiter ernüchternder als das energiegeladene, pulsierende Entwerfen von Ideen, die im Anschluss durch Vorgesetzte höherer Ebenen als nicht realistisch in der Umsetzung wieder ausgehebelt werden.

Es kann erfragt werden:

- Welche Erwartungen gibt es an den Klausurtag und an die Moderatorin?
- Was sollte ermöglicht werden? Was sollte auf keinen Fall passieren?
- Was müsste geschehen, sich entwickeln, damit von einem gelungenen Klausurtag gesprochen werden kann?

- Was müsste im schlimmsten Fall passieren, um den Klausurtag scheitern zu lassen?

Konkret am beispielhaft benannten Auftrag der anzustrebenden verbesserten Kommunikation unterstützt Paraphrasieren das Verstehen. So kann sich herauskristallisieren, ob unter Kommunikation bestimmte Kommunikationsprozesse, die Verbindlichkeit in der Einhaltung von Absprachen, die Weitergabe von Informationen, das Bearbeiten von Konflikten oder der Umgangston verstanden werden. Erst wenn klar ist, in welche Richtung etwas beabsichtigt wird, kann erfragt werden, welche Lösungen sich die einzelnen Berufsgruppen vorstellen und welche Auswirkungen daraus resultieren könnten. Die Moderatorin erhält zeitgleich wertvolle Hinweise, um ihre Methodik adäquat nach den Themen auszurichten.

5. Am Tag selbst

a) Vergewissern – erneute Auftragsklärung

Zu Beginn des Klausurtages vergewissert sich die Moderatorin, ob die geplanten Themen allen bekannt sind, aber vielmehr, ob bewusst ist, welche Intentionen damit verbunden sind. Es ist zu prüfen, welches Verständnis zu den Anliegen vorhanden ist oder ob zusätzlich eigene Erwartungshaltungen bestehen, die eventuell konträr zum bezeichneten Auftrag sind. Es ist notwendig, über das Verständnis zu einem Einverständnis bezüglich der zu bearbeitenden Themen zu gelangen, da man sonst Gefahr läuft, dass unbewusst unterschiedliche (Ziel-)Strömungen wirken, die in Konflikte münden können. Weiterführend werden durch das Erfragen von Gefühlen zu dem Klausurtag freudvolle Ideen, aber auch Sorgen und Befürchtungen benannt, die sich bereichernd auf die Prozessgestaltung auswirken.

b) Zielfindung und Lösungsorientierung

Aus langjährigen Erfahrungen sind aus Sicht der Betrieblichen Sozialberatung sowohl in der Einzelfallberatung als auch während der Klausurtage folgende Aspekte und systemische Methoden von hoher Bedeutung:

Allparteilichkeit

Im Zuge der Diskussion von Themen werden Lösungswege entworfen, die von den Teams teilweise auf der Ebene des Formulierens von Positionen bearbeitet werden. Der Moderatorin ist wichtig, bereits an dieser Stelle einen Unterschied in bisherige Muster hineinzubringen, diesen Prozess zu verlangsamen und zu ergründen, warum ein Mitarbeiter eine bestimmte Lösung favorisiert. Durch das Paraphrasieren, das Spiegeln dessen, was verstanden wurde, wird zum einen von den Positionen zu den Interessen übergeleitet als auch das wechselseitige Verstehen erhöht. Indem die Moderatorin formuliert, wie sie einen bestimmten Vorschlag aufnimmt, können die Mitarbeiter ihre Gedanken reflektieren und spezifizieren. Somit werden sie für alle Anwesenden nachvollziehbarer, zudem berührt es den Punkt der Allparteilichkeit, in dem alle Wirklichkeitskonstruktionen der Beteiligten erfasst und benannt werden. Für die Teilnehmer ist es immer wieder ein faszinierender Prozess, wie vielschichtig dadurch Themen werden und wie bereichernd sich die unterschiedlichen Blickwinkel auf die Lösungsentwicklung auswirken.

Lösungsorientierung

Die lösungsorientierte Kurzzeittherapie (Steve de Shazer, Insoo Kim Berg) formuliert die Theorie, dass es für die Problembewältigung hilfreicher ist, sich auf die eigenen Ziele, Bedürfnisse und Ressourcen zu fokussieren. Schwing und Fryszer betonen ausgleichend, ein Problem, das als solches benannt wird, erst einmal anzuerkennen, die Belastungen und Zumutungen zu verstehen und in der Summe zu würdigen. Es sollte Zeit gegeben werden für die Entwicklung eines Verständnisses in Bezug auf das eigene Leiden und eine wertschätzende Haltung sich selbst gegenüber.[479] Aus ihrer Sicht kann erst auf dieser Grundlage der Akzeptanz die Lösungsorientierung stattfinden.

Für die Betriebliche Sozialberatung ist dies eine elementare Haltung. Auf Klausurtagen wird als Einstieg in die Sitzung die allgemeine Situation beschrieben, indem auch Kritisches gesagt werden kann, da dies entlastet, den Weg bereitet und den Kopf frei macht, sich auch auf neue Impulse einlassen zu können.

Das multiprofessionelle Team hat auf Grundlage des bestehenden Stations- und Behandlungskonzeptes einen Abgleich vorgenommen und bezüglich bestimmter Arbeitsweisen Differenzen festgestellt zwischen dem, was erwünscht oder erwartet wird und dem, was gegeben ist. Damit verbunden werden Ziele formuliert. An dieser Stel-

---

[479] Schwing/Fryszer 2012, S.171.

le ist es sinnvoll, in oben benannter Würdigung der Probleme zu eruieren, was bisher unternommen wurde, um sich dem gewünschten Ziel anzunähern. Dadurch werden entsprechende Lösungsversuche honoriert. Durch Fragen in zirkulärer Weise können sich anfangs benannte Ziele durchaus verändern, wenn die Tragweite und Wechselwirkung von möglichen Handlungen beleuchtet wird.

Zirkuläres Fragen

Die grundlegende Theorie zirkulären Fragens ist, „dass in einem sozialen System alles gezeigte Verhalten immer (auch) als *kommunikatives Angebot* verstanden werden kann: Verhaltensweisen, Symptome, aber auch die unterschiedlichen Formen von Gefühlsausdruck sind nicht nur als im Menschen ablaufende Ereignisse zu sehen, sondern sie haben immer auch eine Funktion in den wechselseitigen Beziehungsdefinitionen. Daher kann es interessant sein, diese kommunikativen Bedeutungen sichtbar zu machen...“[480]. Mit jeder zirkulären Frage werde das Einnehmen einer Außenperspektive angeregt, aus der das eigene soziale System betrachtet werden kann.[481]

Auf Klausurtagen bietet sich diese Art des Fragens förmlich an, da durch die multiprofessionelle Besetzung die gegenseitige Einflussnahme und die systemischen Wechselwirkungen für alle transparenter werden und sich die Berufsgruppen explizit dazu äußern können.

„Bei allen Ideen und Vorschlägen, die (...) entwickelt werden, können die Vor- und Nachteile bestimmter Entscheidungen erfragt und Zusammenhänge dargestellt werden. Dies ist im kleinen Rahmen möglich, zum Beispiel, um bewusst zu machen, in welcher Form die Arbeitsweise einer Berufsgruppe Einfluss auf die Bedingungen einer anderen Berufsgruppe hat. Aber auch übergeordnet kann Bezug auf die Strukturen genommen werden, indem man die Schnittstellen besonders beleuchtet, wie zum Beispiel die Zusammenarbeit von den Aufnahmestationen mit den spezialisierten, weiterführenden Stationen, den Tageskliniken oder den Verwaltungsabteilungen des Hauses. All diese Bereiche bedingen sich gegenseitig und nehmen durch ihre Entscheidungen Einfluss aufeinander. Die Moderatorin kann diese Wechselwirkungen transparent machen und dazu beitragen, dass Ideen bezüglich einer geplanten Umsetzung unter diesem Blickwinkel betrachtet werden. So lässt sich manchmal vermei-

---

[480] Von Schlippe/Schweitzer 1997, S. 138.
[481] Von Schlippe/Schweitzer 2010, S. 46f.

den, dass eine für gut befundene Lösung in ihren mittel- und langfristigen Auswirkungen an anderer Stelle neue Probleme hervorruft."[482]

Die Betriebliche Sozialberatung sieht ihre Unterstützung in der Moderation auch darin, komplexe Situationen einzugrenzen, damit sich das Team nicht auf dem Feld der Handlungsmöglichkeiten verliert, aber ebenso durch zirkuläre Fragen und andere Impulse, Festgefahrenes aufzulockern, Grenzen zu weiten, Mut zu entwickeln, Ungewöhnliches zu denken und etwas Neues zu wagen.

Ressourcenorientierung

Wie bereits beschrieben, erleichtert es den Mitarbeitern, sich denkend und fühlend auf Neues einzulassen, wenn bisher Bestehendes auch entsprechend gewürdigt wird und das, was positiv wahrgenommen wird, auch beizubehalten und zu bestärken. Die gewohnte psychopathologische Diagnostik und die damit teilweise verbundene defizitäre Betrachtungsweise können sich auch auf die Arbeit des Teams beziehen, indem der Fokus auf die Analyse vermeintlicher Schwachstellen gelegt wird. Die Moderatorin würdigt dies und bietet dazu eine andere Betrachtungsweise an, um dem Team eigene Ressourcen und Fähigkeiten bewusster werden zu lassen.

Mit der Methode des Reframings – Umdeutens – werden Probleme unter einem veränderten Blickwinkel betrachtet, wodurch andere Bezugs- und Bedeutungsrahmen hergestellt werden.[483] Durch die Umdeutung wird für Teams oftmals eine Entlastung geschaffen, indem die bestehenden Situationen in der Interpretationsweise verändert werden oder wie Bamberger es benennt „ein Entführer aus den Bedeutungsgefängnissen von Wörtern"[484] zu sein, wodurch sich für Klienten Arbeitsprozesse oder Aspekte des Lebens in einer veränderten Qualität erschließen.

c) Umgang mit Ergebnissen

„Woran würden Sie im Arbeitsalltag merken, dass sie ihr Ziel erreicht haben bzw. diesem näher gekommen sind?" ist eine perspektivisch gedachte Formulierung, die es erleichtert, vage Ideen in konkrete Vorschläge münden zu lassen. Im systemischen Sinne werden Unterschiede zu bisher gestalteten Arbeits- und Kommunikationsprozessen entwickelt.

---

[482] Braun 2012, S. 75.
[483] Bamberger 2010, S. 123.
[484] Ebenda, S. 123f.

Dabei genügen auch kleine Veränderungen und es erscheint wichtig, übermäßige Erwartungen, dass die ultimative Lösung während des Klausurtages gefunden werden muss, zu relativieren. Die in der Praxis zu erprobenden Schritte können als Informationen verstanden werden, die wiederum in die Ausgestaltung der Arbeit einfließen. Wenn die inhaltliche Auseinandersetzung als Prozess verstanden wird, führt dies beim Team im Sinne einer Lösungsorientierung statt -fixierung zur Entlastung. Margrit Irgang zitiert Antonio Machado, der diesen Gedanken veranschaulicht:[485]

> *„Nur deine Spuren, Wanderer,*
> *sind die Straßen, sonst nichts;*
> *einen Weg, Wanderer, gibt es nicht,*
> *du selbst erschaffst im Gehen den Weg.*
> *Im Gehen erschaffst du den Weg.*
>
> *Und wenn du dich umdrehst,*
> *siehst du die Straße,*
> *die nie mehr dein Fuß betritt.*
> *Einen Weg, Wanderer, gibt es nicht,*
> *nur Spuren im Schaum des Meeres. "*

Die Moderatorin achtet darauf, dass Vereinbarungen konkret gefasst werden, damit ein wirkliches Verstehen von dem, was sich real verändern soll, erzeugt wird. Es bedarf Verbindlichkeit, ab wann mit der Umsetzung bestimmter Maßnahmen begonnen werden soll.

Für Mücke sind die relativ langen zeitlichen Abstände zwischen den Sitzungen bedeutsam für die Kompetenzorientierung in der Systemischen Psychotherapie. Aus seiner Sicht wird unter anderem betont, dass Veränderungsprozesse und damit verbundene Unterschiede für alle Beteiligten leichter zu beobachten sind. Die Klienten können stärker „auf ihre eigenen Kompetenzen, ihr eigenes Engagement und ihre eigenen Ressourcen vertrauen, indem der/die Therapeut/in unterstellt, dass sie diese Fähigkeiten haben."[486] Dieser Gedanke lässt sich auf die systemische Beratung im betrieblichen Kontext übertragen. Auch hier sollte ausreichend Zeit gegeben werden, Lösungsversuche wirken zu lassen. Da auf den Stationen des Klinikums im Schichtdienst gearbeitet wird und die Herausforderungen an Abstimmungsprozesse zwischen Tag-, Spät- und Nachtdienst sowie anderen Berufsgruppen hoch sind, wird man die-

---

[485] Irgang 2010, S. 137.
[486] Mücke 2009, S. 258.

ser Arbeitsorganisation gerechter, indem Zeit für die Entfaltung von Änderungen bei diesen Schnittstellen gegeben wird.

Bamberger führt im Rahmen der Beratung und Umsetzung von konzipierten Maßnahmen die Lösungsbegleitung an. Da Wandlungen in der konkreten Lebenswelt des Klienten stattfinden, sollte dort auch der Klient Unterstützung erfahren, die entwickelten Lösungsschritte umzusetzen.[487] Die Betriebliche Sozialberatung bietet im Kontext der Moderationen an, sich nach einer vereinbarten Zeit mit dem Team erneut zu besprechen (z.B. im Rahmen von Teamsitzungen) und nachzufragen, wie es gelungen ist, Vereinbartes umzusetzen. Schwierigkeiten können so frühzeitig erkannt werden, bevor sie zu größeren Problemen führen. Möglichkeiten einer Korrektur bestehen genauso wie eine Anpassung bezüglich der Formulierung von Lösungsansätzen.

6. Achtsamkeit in der systemischen Beratung – „Gelebte Achtsamkeit"

„Die Vergangenheit ist vorbei, die Zukunft ist noch nicht hier. Leben steht uns nur im gegenwärtigen Moment zur Verfügung." Thich Nhat Hanh

Wegweisend hat Jon Kabat-Zinn die Achtsamkeitspraxis in die medizinische Versorgung integriert und das Programm zur „Mindfulness-Based-Stress-Reduction (MBSR)" (Stressbewältigung durch Achtsamkeit) entwickelt.[488] Für ihn gleicht die Grundhaltung der gelebten Achtsamkeit „einem stillen Zusehen, einem unparteiischen Beobachten, das nicht bewertet oder die inneren Erfahrungen ständig kommentiert." Ein urteilsfreies Wahrnehmen der „Moment-zu-Moment-Erfahrung" helfe zu sehen, „was in unserem Geist geschieht, ohne dies zu verändern oder zu zensieren, ohne es zu intellektualisieren oder uns in unaufhörlichem Denken zu verlieren"[489].

Gelebte Achtsamkeit verhelfe zu einem Gewahrsein und einer Einsicht, was in der Gegenwart geschieht, welche Körperempfindungen, Gefühle, Stimmungen, inneren Bilder und Impulse sich entwickeln – unabhängig davon, ob sie als angenehm oder

---

[487] Bamberger 2010, S. 210.
[488] Vgl. Kabat-Zinn 2013a.
[489] Kabat-Zinn 2013b.

unangenehm empfunden werden. Sie lässt deutlicher erkennen, wann und wie Anforderungen wirksam werden, die man an sich selbst stellt oder die von anderen an einen herangetragen werden und kann unterstützen, eigene Grenzen zu akzeptieren, bevor sie überschritten werden.

Es wird erleichtert zu erkennen, wann gewohnheitsmäßige Reaktionen und ungünstige Muster ablaufen, so dass es im umgekehrten Sinne in einer relativ ruhigen Grundhaltung besser möglich ist, das eigene Verhalten zu überprüfen und sich konstruktiver zu verhalten.

Bei schmerzhaften Erfahrungen, krisenhaften Situationen, Erkrankungen oder Verlusten, die mit unserem Leben verbunden sind, liegt der Wert der Achtsamkeit für Jon Kabat-Zinn besonders darin, sich nicht diesen unangenehmen Erfahrungen zu entziehen, sondern sie so klar wie möglich zu sehen und anzunehmen, weil sie bereits im entsprechenden Augenblick gegenwärtig sind. Annehmen bedeutet für ihn nicht „Passivität oder Resignation. Im Gegenteil, wenn wir den Moment voll und ganz so annehmen wie er ist, öffnen wir uns den Erfahrungen des Lebens umfassender und werden fähiger, jeder Situation, die sich präsentiert, angemessen zu begegnen. Akzeptanz bietet einen Weg an, durch die Höhen und Tiefen des Lebens zu navigieren – das, was Zorba, der Grieche, *„die totale Katastrophe"* nannte – mit Würde, Humor und vielleicht mit einem Verständnis für die größeren Zusammenhänge; etwas, das für mich Weisheit bedeutet."[490] Wenn Achtsamkeit ebendiese innere Haltung ist, dann ist sie lebensleitend und somit untrennbar verwoben mit der beratenden und therapeutischen Arbeit. Im Folgenden wird dargestellt, wie sich Achtsamkeit auf die Art und Weise der systemischen Beratung auswirken kann. Auf einige bereits beschriebenen Aspekte innerhalb des Moderationsprozesses wird zur Vertiefung erneut Bezug genommen.

a) Auftragsklärung

In der Phase des Erstkontaktes finden unter anderem der Prozess der Problembeschreibung als auch die Klärung des Anliegens bzw. Auftrages statt. Für von Schlippe und Schweitzer (1997) ist es ein wesentlicher Teil des Beratungsprozesses, die an dem Problem beteiligten Personen und Kommunikationen zu identifizieren und in den Lösungsprozess – sei es mental oder real – einzubeziehen. Berücksichtigt werden sollte die Beschreibung aller bisher umgesetzten Ideen und unternommenen Versu-

---

[490] Ebenda.

che, um eine Lösung herbeizuführen. Im Zuge der Auftragsklärung ist es wichtig, den Überweisungskontext sowie die Aufträge zu erfassen. Folgende Fragen können dabei nach Schwing und Fryszer (2012) leitend sein:

- „Wer hat überwiesen, empfohlen, geschickt, gezwungen, überredet oder stark motiviert?
- Welche Erwartungen hat der Überweisende an die Durchführung der Beratung?
- Was wäre passiert, wenn der Klient nicht gekommen wäre? Was würde passieren, wenn der Klient vorzeitig die Beratung beendet?
- Um welche Inhalte geht es den Klienten? Welche Vorstellungen gibt es von der gemeinsamen Arbeit in der Beratung?
- Welchen Beitrag soll der Helfer leisten? Was soll er tun, welche Unterstützung geben?
- Was wollen die Klienten selbst tun? Was auf keinen Fall?"[491]

Schwing und Fryszer betonen, dass sich Aufträge im Beratungsprozess verändern können und nicht alle Anliegen zu Beginn zu erfassen oder von den Klienten benennbar seien. Sie gehen davon aus, dass neue Aspekte, Fragen, Themen nach und nach sichtbar werden können. Der Vorteil der Achtsamkeit in der Phase der Problembeschreibung liegt darin, dass durch die Verlangsamung des Prozesses ein vorschnelles Annehmen von Aufträgen verhindert wird. Das umfasst ebenso, nicht jeden Impuls umzusetzen, sondern sich selbst und dem Klientensystem Zeit zu geben, im Verlauf der Arbeit klarer erkennen zu können, was das Problem ausmacht. Die damit verbundene „´Zumutung der fremden Wirklichkeit´ wie Habermas es ausdrückte, auszuhalten, bedeutet die eigenen Urteile in der Schwebe zu halten…"[492].

Das übergeordnete *Neutralitätsprinzip* der systemischen Beratung bedeutet, wertungsfrei zu arbeiten und die Konstrukte, Überzeugungen, Aufträge oder Ziele nicht zu denen des Beraters werden zu lassen. Neutralität kann nach Linder-Hofmann und Zink nur wahren, „wer achtsam die Beobachterperspektive einnimmt, wer um die eigenen „Schatten" und die „nichtfunktionalen Anteile" seiner Beraterprofessionalität weiß" und dem bewusst ist, dass die „eigenen Konstrukte Repräsentationen des Selbst und keine allgemeingültigen, von allen automatisch geteilte „Landkarten" sind"[493].

---

[491] Schwing/Fryszer 2012, S. 37.
[492] Linder-Hofmann/Zink 2013.
[493] Ebenda.

Achtsamkeit unterstützt dabei zu erkennen, ob man als Berater selbst bestimmte Aufträge favorisiert, an diesen festhält und sie dem anderen zu sehr nahelegen will. Durch das Beobachten entfällt auch stressauslösendes Denken, bestimmte Zielrichtungen in der Beratung verfolgen zu müssen, der Blick weitet sich. Man kann sich als Berater selbst besser spüren, erkennt, wo man sich verhärtet oder innerlich auf etwas beharrt, verunsichert wird oder Druck aufbaut. So lernt man zu unterscheiden, was eigene benannte Aufträge sind und welche tatsächlich durch den Klienten formuliert wurden.

b) Allparteilichkeit

In klinischen Organisationen mit ihrer starken hierarchischen Führungsstruktur und den gegenseitigen Abhängigkeiten bezüglich der Arbeitsabläufe ist es in besonderem Maße geboten, die Wechselwirkungen zu berücksichtigen. Die systemisch angelegte Beratung kann daher ein Hauptaugenmerk darauf legen, das beschriebene Problem und geschilderte Anliegen des Klienten in Verbindung mit seiner Funktion, Rolle, seinem Auftrag, seinem Eingebundensein in die Organisation zu beleuchten und die bestehenden Schnittstellen in der Zusammenarbeit und damit einhergehenden Entscheidungsprozesse zu analysieren. Eine allparteiliche Haltung ist aus Sicht der Betrieblichen Sozialberatung Voraussetzung. Der Begriff der Allparteilichkeit wurde von Boszormenyi-Nagy und Spark (1993) in die Familientherapie eingeführt und beschreibt die Haltung, bei der sich der Therapeut in die verschiedenen Sichtweisen der betroffenen Familienmitglieder einfühlt.

Dies lässt sich in gleicher Weise auf die Beratung im betrieblichen Kontext übertragen. Stellt man sich einen Konflikt zwischen hierarchisch unterschiedlich eingebundenen Mitarbeitern vor, gilt es auch hier, sich in jede geschilderte Wahrnehmung der Situation (Wirklichkeitskonstruktion) einzudenken und zu -fühlen sowie die Person selbst mit ihren Fähigkeiten wertzuschätzen. Boszormenyi-Nagy verband damit die Idee, die „gegenseitige Wahrnehmungsfähigkeit für verletzte zwischenmenschliche Gerechtigkeit fördern zu können"[494]. Bezüglich dieser Komplexität unterstützt die Achtsamkeitspraxis darin, Verstrickungen bei sich zu erkennen und immer wieder in eine allparteiliche Haltung zurückzufinden.

---

[494] Zit. nach Stumm u.a. 2005, S. 61.

c) Umgang mit Gefühlen

Die Betriebliche Sozialberatung nimmt in Einzel-, Gruppenberatungen und auf Klausurtagen wahr, dass erlebte Entwicklungen, Veränderungen, Verhaltensweisen von Mitarbeitern/Vorgesetzten entsprechend positiv oder negativ bewertet werden und somit Einfluss nehmen auf die Gefühlswelten. Die Zuschreibung von Diagnosen nimmt in der (psychiatrischen) Klinik einen hohen Stellenwert ein, die zum einen leitend für die Beziehungsgestaltung mit den Patienten und die zu erstellenden Therapie- und Behandlungspläne sind, zum anderen dienen sie als Rechtfertigung bezüglich der Abrechenbarkeit von Leistungen bei den Krankenkassen, die als externe Systeme auf Krankenhausprozesse Einfluss nehmen. Die Gewöhnung, in psychiatrischen Diagnosen zu denken, leistet einer schnellen Psychopathologisierung Vorschub. In Beratungen stellt sich bei den Klienten, die zum überwiegenden Anteil mit Patienten arbeiten, stärker und schneller die Frage, inwieweit bestehende Symptome als krankhaft angesehen oder im Rahmen eines „normalen" Maßes wahrgenommen werden sollten. Insbesondere helfende Berufsgruppen empfinden diese Tatsache allein teilweise bereits als krisenhaft, sich eingestehen zu müssen, dass sie Unterstützung von außen benötigen, um eine Lebens- oder Arbeitssituation für sich zu beleuchten. Und so kommt es häufig zu dem Muster, dass bestimmte Erfahrungen negativ bewertet und als Problem definiert werden. Die negative Bewertung mit den damit einhergehenden Gefühlen verursacht einen Handlungsdruck: die Klienten möchten das Problem (auf-) lösen und beginnen, dagegen anzukämpfen. Führen die Bemühungen nicht zum gewünschten Erfolg „verdoppelt" sich das Leiden.

Und an dieser Stelle kommt ein bedeutender Aspekt von Kabat-Zinn zum Tragen, der immer wieder auf das wertungsfreie Beobachten hinweist und es „Nicht-Urteilen" nennt. Er sagt dazu: „Wir müssen das Urteilen nicht beurteilen oder versuchen, es zu verändern. Wir müssen es nur sehen. Dann kann wahre Unterscheidungskraft entstehen und wir sehen die Dinge so, wie sie sind. Nicht-Urteilen steht mit dem Nicht-Wissen in Verbindung. Wir müssen nicht sofort alles wissen, wir können offen sein und die Dinge mit neuen Augen betrachten."[495]

Gelingt es, Gefühle und Situationen wertungsfrei zu beobachten? Kann es ein Lernfeld sein, in dem man sich bewegen und die Situation verantwortlich annehmen kann? Margrit Irgang beschreibt es herausfordernd: „Das Leiden zu beenden heißt paradoxerweise, in unseren tiefsten Schmerz hineinzugehen, und das können wir nur tun, wenn wir Mitgefühl mit uns selbst haben. Nur wenn unser Herz zu einem offe-

---

[495] Kabat-Zinn 2013, S. 135f.

nen, weiten Raum geworden ist, können wir unseren Schmerz erleben und aushalten. (…) Es ist, als hätten wir unsere Hände in Schnee vergraben und hielten sie über ein wärmendes Feuer: Das Leben kehrt in das Eingefrorene zurück als Schmerz."[496] Es geht darum, anzuerkennen: es ist wie es ist. Das ist keine Resignation, keine innere Kündigung, sondern ein Fallenlassen der Schleier.

Interessanterweise gilt dies für Berater und Klienten gleichermaßen. Der Berater kann sich hinterfragen: „Was lösen Tränen eines Klienten bei mir aus? Was empfinde ich bei Ärger oder geäußerter Wut? Wie erlebe ich Verzweiflung?". Gelingt Achtsamkeit in solchen Momenten, kann der Berater sowohl die Feinheiten von Emotionen seitens der Klienten stärker registrieren und diesem widerspiegeln als auch bei sich feinfühliger wahrnehmen, welche Körperempfindungen und damit verbundenen Impulse bei ihm ausgelöst werden.

d) Umgang mit Lösungsideen

Akzeptanz

Kabat-Zinn führt die mit der Achtsamkeitspraxis verbundene Haltung der Akzeptanz an. Er betont, dass damit nicht die oft missverständlich angenommene passive Resignation gemeint ist, sondern das Gewahrsein dessen, was sich entwickelt hat. Für ihn gibt das Wissen darüber, die Situation so zu sehen wie sie ist, eine Orientierung, die wiederum Grundlage ist, sich einen Standpunkt zu erarbeiten. Kabat-Zinn bezeichnet Akzeptanz als einen Ausdruck „gelebter Weisheit" und er erläutert es in dem Sinne, dass man eher in der Lage ist zu bemerken, wie ein Wechsel zum Gewahrsein mit Akzeptanz von festgefügten Vorstellungen, wie etwas zu sein hat, befreit. Wird mit Achtsamkeit gelebt, könne leichter aus einer emotionalen Intelligenz heraus gehandelt werden, „statt von unseren Gefühlen in Bezug auf das, was wir glauben, nicht akzeptieren zu können, mitgerissen zu werden"[497].

Dennoch betont er, dass es auch Zeit braucht, bis Akzeptanz entstehen kann, insbesondere bei traumatischen Erfahrungen. „Manchmal müssen wir für eine Zeit in die Leugnung gehen; manchmal müssen wir Ärger und Wut erfahren; manchmal müssen wir unserer Trauer begegnen und sie akzeptieren. Aber letztendlich ist es unsere Her-

---

[496] Irgang 2010, S. 67.
[497] Kabat-Zinn 2013, S. 145.

ausforderung: „Kann ich die Dinge so akzeptieren, wie sie sind, Moment für Moment für Moment?" „Kann ich die Dinge so akzeptieren, wie sie jetzt sind."[498]

Aus Sicht der Sozialberatung ist Akzeptanz Voraussetzung dafür, ein anderes Verhältnis zu Lösungsideen aufzubauen, indem gewohnheitsmäßige, routinierte Reaktionsweisen auf bestimmte Situationen und Entwicklungen erkannt und unterbrochen werden. Erst wenn es möglich ist, in dieser Art und Weise positiv zu verstören, können ungewohnte und ungewöhnliche Ideen kreiert werden. Dies kann wiederum mit dem systemischen Methodeninventar, z.B. der zirkulären Fragetechnik erfolgen.

Loslassen

Auf eine weitere Grundhaltung in der Achtsamkeitspraxis soll eingegangen werden, die für den Beratenden relevant ist – das Loslassen: „Loslassen bedeutet Seinlassen (…), Loslassen ist mit dem Nicht-Anhaften vergleichbar und im Besonderen dem Nicht-Anhaften an bestimmte Ergebnisse. Dann verlangen wir nicht mehr nach dem, was wir wollen, an dem wir schon festhalten oder was wir einfach unbedingt haben *müssen*."[499] Es bedeutet aus der Sicht von Kabat-Zinn auch, das loszulassen, wogegen eine große Ablehnung gespürt wird. Ablehnung ist für ihn eine andere Form der Anhaftung. Loslassen sei keine pathologische Haltung des Rückzugs oder ein dissoziatives Verhalten, sondern etwas Heilsames, durch das Gefühle, „Opfer" der eigenen Erwartungen und Ängste zu sein, aufgeweicht werden können.

Das berührt im Grunde auch einen Punkt, der in der Systemischen Psychotherapie Veränderungs-Neutralität genannt wird. Klaus Mücke empfiehlt, einen neutralen Standpunkt hinsichtlich der Notwendigkeit einer Veränderung einzunehmen, „Nichts *muss* sich verändern."[500] Aus seiner Sicht ist es fraglich, wann und warum eine Veränderung von einem Menschen ausgelöst wird und relativiert die Einflussnahme von Beratern und Therapeuten auf Wandlungsprozesse anderer Menschen. Er plädiert für Zurückhaltung: „Sobald ich feststelle, dass ich mich dafür verantwortlich fühle, dass mein/e Kund/in so handelt, wie ich es für richtig halte, und ihn/sie unter Druck setze, wird das in der Regel auf der einen Seite als Bedrohung der eigenen Autonomie wahrgenommen und auf der anderen Seite werde ich als Berater berechtigterweise als anmaßend erlebt."[501] Für Mücke erhöht der zum Ausdruck gebrachte Wunsch, sich

---

[498] Ebenda, S. 145.
[499] Ebenda, S. 146.
[500] Mücke 2009, S. 67.
[501] Ebenda, S. 68.

in die vom Berater bevorzugte Richtung zu entwickeln, die Wahrscheinlichkeit, die gewünschte Veränderung zu verhindern.

Der Zusammenhang für den Berater besteht darin, durch die Praxis der Achtsamkeit seine eigenen Vorstellungen von Lösungen zu hinterfragen. Zu prüfen, was Wunsch und Anliegen des Klienten ist und was sich mit eigenen Ideen und Wertvorstellungen mischen könnte, wann man selbst Druck verspürt, Erwartungen aufbaut oder Enttäuschungen bei sich registriert. Durch die Achtsamkeitspraxis kann durch die erhöhte Sensibilisierung der Wahrnehmung hinterfragt werden, womit eine bestimmte Enttäuschung zusammenhängt, wodurch sie ausgelöst wurde und was dies für den weiteren Prozess bedeutet.

Aus Sicht der Sozialberatung ist diese Form gelebter Achtsamkeit hilfreich, Beratung als Impulsgebung zu verstehen, in der geäußerte Ideen „freigegeben" werden. Man behält eine offene Haltung, dem Klienten zu überlassen, ob und wie diese Impulse aufgefangen und weiterentwickelt werden. Damit einhergehend wird auch der Aspekt der Zeitqualität angesprochen.

> *„Das Gras wächst nicht schneller, wenn man daran zieht."*
> (afrikanisches Sprichwort)

Zeit und Geduld

Bernd Linder-Hofmann und Manfred Zink gehen in ihrem Artikel „Achtsamkeit in systemischer Beratung und im Coaching" auf den Begriff des Kairos ein. „In der griechischen Philosophie und Mythologie wurde zwischen dem Zeitbegriff des Chronos, der objektiven, quantitativ gemessenen, linearen, taktgebenden und planbaren Zeit, einer Zeit des Äußeren, die für alle sichtbar nachvollziehbar ist und der qualitativen Zeit des Kairos unterschieden, eine Eigenzeit der Person, die Zeit des Subjektiven, die nichtlineare Zeit, im Sinne von Situation, Person und Kontext, die höchst individuell und für das Gelingen von Beratung evident ist."[502]

Für die Autoren gibt es nach dem Verständnis des Kairos passende Zeitpunkte, die den Verlauf der Beratung und des Ergebnisses nachhaltig beeinflussen. „Das vermeintlich „Richtige" zur „falschen Zeit" führt, das wissen wir selbst aus vielerlei Alltagssituationen, meist nicht zum Erfolg. Häufig sind wir, hier überträgt sich die zunehmende Beschleunigung der Alltagswelt auch in die Beratungssituation, so in den Lösungsmodus fixiert, dass wir in der Beratung in die Lösung rasen. Zeitachtsamkeit, das notwendige sinnvolle Verweilen, Anhalten, das Warten-Können, das Verzögern

---

[502] Linder-Hofmann/Zink 2013.

von Interventionen, wird vernachlässigt."[503] Jon Kabat-Zinn spricht da auch im Rahmen von Achtsamkeit von Geduld.

Erfahren hat die Betriebliche Sozialberatung in Einzelgesprächen und auf Klausurtagen, dass Menschen unangenehme seelische und körperliche Zustände schnell überwinden möchten und unruhig werden, wenn sich Gefühle wie Trauer nach einem Verlust oder Verzweiflung in Lebenskrisen eine bestimmte Zeitspanne überdauern. Oft wird mit einem sehr hohen Anspruch nach Lösungen gesucht, die möglichst schnell greifen müssen, um ein Problem zu überwinden. Der Wunsch ist verständlich, allerdings baut sich erneut Druck auf, der zu Verengungen und Blockaden führen kann, weil ein Scheitern nicht vorgesehen ist, nachdem man sich so lange um eine Lösung bemüht hat oder weil der Klausurtag begrenzt Zeit für Reflexionen beinhaltet. Generell ist die Krux im klinischen Arbeitsfeld die, dass sich viele Arbeitsprozesse beschleunigt haben und die Erhöhung des bürokratischen Aufwandes dem Anspruch der Zugewandtheit, Bezogenheit und Präsenz den Patienten gegenüber widerspricht. Dadurch werden Aspekte aus dem Sichtfeld ausgeblendet, die feinfühligen Antennen heruntergefahren.

Wenn es die Situation zulässt, bringt die Sozialberatung das Angebot ein, spielerisch Themen aufzugreifen, zu experimentieren, im Alltag einen – wenn auch vermeintlich kleinen – Unterschied zu bisherigen Abläufen einzuführen und erst einmal zu beobachten, welche Wirkung sich aus diesem Unterschied ergibt. Entwicklungsprozesse benötigen Entfaltungszeit! Die daraus gewonnenen Informationen können reflektiert werden, um zu erkennen, ob die eingeführten Veränderungen dienlich waren.

Durch die Informationen zur Achtsamkeitspraxis kann geprüft werden, an welcher Stelle sich die Verdichtung von Arbeitsprozessen entzerren oder vermeiden lässt und wo Zeitinseln geschaffen werden können. Die Erkenntnis ist für Mitarbeiter oft erhellend und befreiend, dass sie so besser in der Lage sind, Aufgaben zu erfüllen, wenn sie sich voll und ganz auf das einlassen, was in dem Moment geboten ist.

Üben

Die Betriebliche Sozialberatung wird in Einzelberatungen, auf Klausurtagungen oder im Rahmen des Betrieblichen Eingliederungsmanagements immer wieder mit Fragestellungen zur Arbeitsbeanspruchung und damit verbunden mit den Themen Gesunderhaltung, Gesundheitsförderung, Psychohygiene und Stressbewältigung konfrontiert. Es besteht der Wunsch zu reflektieren, welche Arbeits- und Lebensbedingungen

---

[503] Ebenda.

als belastend empfunden werden, die sich auf die seelische und körperliche Gesundheit auswirken und in welchen Bereichen Veränderungen gewünscht werden.

Sind Klienten offen und einverstanden, im Rahmen ihrer gesundheitlichen Anliegen etwas anderes auszuprobieren, erläutert die Betriebliche Sozialberatung das Konzept der Achtsamkeit, vermittelt einfache Übungen, die im Alltag durchgeführt werden können und reflektiert mit ihnen die erlebten Erfahrungen. Es braucht Zeit zu verstehen, dass Achtsamkeitspraxis nicht nur als ein Bestandteil eines Methodeninventars wahrgenommen wird, dessen man sich von Zeit zu Zeit bedienen kann, insbesondere wenn sich eine Verschlechterung der persönlichen Situation eingestellt hat. Wie bereits mit Kabat-Zinn angeführt wurde, handelt es sich um eine Grundhaltung, die sich durch alle Bereiche des Lebens zieht und somit nicht abgekoppelt werden kann.

Besonders wichtig erscheint es, jeden Tag für ein paar Minuten zu üben, und wenn es auch nur 10 Minuten sind, um in den Fluss zu kommen und sich den Erfahrungen hinzugeben. Diese täglichen Übungen sind insofern bedeutsam, da sich eine gewisse Vertrautheit und Routine entwickeln muss. Vielen Menschen fällt es in Zeiten, in denen es ihnen gut geht, schwerer, diese Übungen in den Alltag einzubauen, da kein Handlungs- oder Veränderungsdruck besteht. Überwiegend lösen erst wahrgenommene Probleme oder Krisen Impulse aus, etwas verändern zu wollen. Aus der Beratungserfahrung konnte allerdings abgeleitet werden, dass es Menschen gerade in solchen Phasen schwer fällt, Energien zu mobilisieren, um notwendige Veränderungen einzuleiten, und so wäre es hilfreich, sich bereits Vertrautes nutzbar machen zu können. Es braucht Zeit zu erkennen, dass das Üben dieser Praxis dahin führen kann, sich besonders in hektischen, herausfordernden, anspruchsvollen Situationen und Zeiten auf sich selbst zu besinnen, den Körper zu spüren, um frühzeitig Belastungsgrenzen erkennen und so adäquat darauf reagieren zu können. Ein Verschärfen der Situation oder eine Entwicklung hin zu einer (Gesundheits-) Krise könnte verhindert werden.

Es ist wichtig in Beratungen zu bemerken, ob Menschen, die über ihre Belastungskapazitäten hinausgehen, sich Lösungsversuchen mit den gleichen Mechanismen zuwenden. Sie formulieren Erwartungen, Vorstellungen, forcieren bestimmte Ideen und stellen an sich perfektionistische Ansprüche. An dieser Stelle gilt es, zunächst die zugrundeliegenden Mechanismen zu beleuchten, verkrustete Strukturen aufzubrechen, so dass es mit der Achtsamkeitspraxis besser gelingt anzunehmen, was ist und sich mit dem vermeintlich Imperfekten auszusöhnen. Yehudi Menuhin hat es so gesagt: „Leben heißt Geige spielen zu lernen, während man ein Konzert gibt."[504]

---

[504] Zitiert von Irgang 2010, S. 50.

7. Schlusswort

Mit dem Duft der Pflaumenblüte
Geht plötzlich die Sonne auf
Über den Bergpfad

Haiku von Matsuo Basho, japanischer Dichter (1644-1694)

Im Unternehmen bietet es sich an, systemisch zu beraten, da so auf das hierarchische Gefüge, das (Ein-)wirken verschiedenster innerer und äußerer Systeme auf die Mitarbeiter nicht nur Bezug genommen wird, sondern als entscheidend für die Entwicklung von Lösungswegen erachtet wird. Es erhöht sich die Chance, realistischere und stabilere Entscheidungen herbeizuführen.

Gelebter Achtsamkeit fällt in diesem Zusammenhang eine besondere Bedeutung zu: Der *Berater* kann sich selbst während des Beratungsprozesses sensibler wahrnehmen, fühlen und beobachten sowie die im Artikel ausgeführten Themen in Zusammenarbeit mit den Klienten mit einem tieferen Verständnis berücksichtigen. Die Idee dieser Grundhaltung kann ebenso genutzt werden, um sie an *Klienten* weiter zu vermitteln, wie es anhand der praktischen Arbeit der Betrieblichen Sozialberatung aufgezeigt wurde.

Und nicht zuletzt greift das systemische Denken auch dort, wenn die in den Beratungen geschaffene Bewusstheit mit den Klienten wiederum in die Arbeit mit den *Patienten* einfließen könnte und entsprechende Ideen weitergegeben werden, so wie ein Stein ins Wasser geworfen wird und die dadurch erzeugten Wellen weitere Kreise ziehen.

Literatur

Bamberger, Günter G. (2010): Lösungsorientierte Beratung. 4. Aufl. Weinheim, Basel: Beltz PVU.
Basho, Matsuo. Internet: Haiku. http://www.die-lese-ecke.de/index.php?page= basho-matsuo-2. (Stand: 18.09.2013).

Braun, Kristina (2012): Vom Büro auf die Bühne – die Verbindung von Sozialberatung mit Moderation. In: Susanne Klein & Hans-Jürgen Appelt (Hrsg.), Praxishandbuch betriebliche Sozialarbeit. 2. Aufl. Kröning: Asanger.

Irgang, Margrit (2010): Wunderbare Unvollkommenheit – Das Zen-Buch der Lebenskunst. Freiburg im Breisgau: Herder.

Kabat-Zinn, Jon (2013a): Achtsamkeit für Anfänger. 1. Aufl. Freiburg: Arbor.

Kabat-Zinn, Jon (2013b): Was Achtsamkeit ist - Eine Einführung in die MBSR-Praxis. Internet: http://www.arbor-seminare.de/was-achtsamkeit-ist. (Stand: 18.09.2013).

Linder-Hofmann, Bernd & Zink, Manfred: Achtsamkeit in systemischer Beratung und im Coaching. Internet: http://www.dgsob.de/html/artikelachtsamkeit.pdf. (Stand: 18.09.2013).

Mücke, Klaus (2009): Probleme sind Lösungen – Systemische Beratung und Psychotherapie – ein pragmatischer Ansatz. Lehr- und Lernbuch. 4. Aufl. Potsdam: Klaus Mücke Öko-Systeme.

Nhat Hanh, Thich (2009): Sei liebevoll umarmt. Achtsam leben jeden Tag. Ein Begleiter für alle Wochen des Jahres. 4. Aufl. München: Kösel.

Schlippe, Arist von & Schweitzer, Jochen (1997): Lehrbuch der systemischen Therapie und Beratung. 4. Aufl. Göttingen: Vandenhoeck & Ruprecht.

Schlippe, Arist von & Schweitzer, Jochen (2010): Systemische Interventionen. 2. Aufl. Göttingen: Vandenhoeck & Ruprecht.

Schwing, Rainer/Fryszer, Andreas (2012): Systemisches Handwerk – Werkzeug für die Praxis. 5. Aufl. Göttingen: Vandenhoeck & Ruprecht.

Stumm, Gerhard u.a. (Hrsg). (2005): Personenlexikon der Psychotherapie. London: Springer.

Anett Renner & Leila Steinhilper

Systemische Achtsamkeit in der Betrieblichen Sozialen Arbeit

Burnout und das Konzept des Systemischen Ressourcen-Managements

1. Leistungsstark – überfordert – beurlaubt oder entlassen: die Folgen von destruktivem Stress im sozialen Kontext

Die Burnout-Diskussion hat inzwischen auch in die Betriebliche Soziale Arbeit Eingang gefunden[505] und wird mittlerweile über alle Berufs-, Alters- und Lebensbereiche hinweg thematisiert. Der anhaltende Trend von zunehmender Komplexität und Anforderungsdruck in der Arbeitswelt, vor allem auch im Bereich der sozialen Berufe, im Verein mit immer knapper werdenden Ressourcen (Mangel an Personal, Geld, Zeit, Erholungsmöglichkeiten, Qualifikations- und Unterstützungsmöglichkeiten etc.) fordert seinen Preis. Gerade Berufsentscheidungen, die in die soziale Richtung gehen, werden oft aus dem Bedürfnis nach menschlicher und sozialer Sinnstiftung heraus getroffen und aus moralischen Gründen und weniger aus monetären oder Karriere-Gründen. Unsere Befragungen (ca. 500 interne Kundenbefragungen seit 2010) im sozial-medizinischen und psychologisch-therapeutischen Fachkräften haben gezeigt, dass man gerade zu Beginn der Berufslaufbahn, aber auch über lange Berufslebensläufe hinweg, bei den meisten ArbeitnehmerInnen im sozialen Bereich ein hohes Maß

---

[505] Vgl. Freudenberger 1974, Maslach 1976.

an Engagement, Motivation und eine hohe Identifikation mit der Arbeit findet. Diese Grundhaltung, so sehr sie zu begrüßen ist, bildet bei vielen Menschen zugleich die Basis ihrer Burnoutgefährdung. Diese Gefährdung steigt, wenn weitere Belastungen hinzukommen. Zusammengefasst begegnen uns bei den Burnoutgefährdeten Belastungsfaktoren wie z.b.

- hohe Verantwortung, z.T. bei mangelnder Arbeitsplatzsicherheit,
- hoher Zeitdruck sowie psychischer und physischer Anforderungsdruck,
- Mangel an Geld und anderen Ressourcen,
- Trend zur Standardisierung und Formalisierung der Arbeitsprozesse,
- Dominanz betriebswirtschaftlicher Ausrichtung der Arbeit auf Kosten der Orientierung am individuellen Menschen,
- Konflikte im Team, in der Organisation,
- Begleitung von Angehörigen und KlientInnen bei kritischen Lebensereignisse und bei schwer zu bewältigenden Krisen,
- ein Mangel an autonomer Kontrolle der Arbeitsprozesse und starke Asymmetrie in den Beziehungen am Arbeitsplatz,
- Zerissenheit zwischen eigenen, klientenbezogenen und organisationalen Ansprüchen und Bedürfnissen,
- häufige Enttäuschungen, Frustrations- und Ärgersituationen, Anforderungen, die eigenen und fremden Emotionen zu regulieren,
- Konfrontation mit Grenzverletzungen, mit hoher Emotionalität und Intimität im sozialen Umfeld,
- Auseinandersetzung mit Hoffnungslosigkeit, Negativität und destruktiven Phänomenen (wie Sucht, Suizidalidät, Gewalt, etc.),
- Daueranspannung und mangelnde Erholungsmöglichkeiten.

Gerade die Mischung aus hohem persönlichen Engagement, zunehmenden Anforderungen und zurückgehenden individuellen sowie kontextbezogenen Ressourcen (z.B. Belohnungen, Handlungsspielräume oder soziale Unterstützung) birgt die Gefahr für destruktive Stressphänomene mit langfristigen Krankheitsfolgen und negativen gesellschaftlichen/organisationalen Konsequenzen.

Leistungsstark, motiviert, engagiert – so fängt es i.d.R. an, das wünschen sich Klienten und Organisationen von ihren Mitarbeitern. Doch was passiert, wenn Engagement zur Ermüdung führt, Leistungsstärke in Überforderung einmündet? Wird dieser „Kipp-Moment" von Führungskräften und den Mitarbeitern selbst nicht wahrgenommen und bearbeitet, dann wird aus Stress „Ausgebranntsein", Burnout. Allgemein haben destruktives Stresserleben und Stresssymptome in den letzten Jahren in Deutschland massiv zugenommen (erkennbar an der Zunahme von psychischen Belastungen und psychosomatischen Beschwerden, zu denen in den Industrieländern auch Stress und Burnout gehören) – etwa 9 Mio. Menschen leiden unter diesen vermeidbaren Erkrankung.[506] Das ist eine Steigerung um 80 Prozent in den vergangenen 15 Jahren[507] und korrespondiert mit einer Verfünffachung der psychischen Erkrankungen seit 1976.[508] Eine andere Zahl: ca. 3% aller Erwerbstätigen ist von Mobbing betroffen. Die sozialen Berufe sind hier die größte Risikogruppe.[509]

Dauerhafte Stressfolgen und Burnout sind Phänomene, die anzeigen, dass sich die Arbeitsbedingungen und -anforderungen in vielen Wirtschafts- und Dienstleistungssektoren zu gesundheitsgefährdenden Belastungsfaktoren entwickelt haben, die offenbar die physische und psychische Regenerationsfähigkeit der Arbeitenden überfordern. Es sind Entwicklungen unserer Arbeitswelt, denen sich Gesellschaft und Organisationen stellen müssen. Zum einen gäbe es hierfür humanitäre Gründe, zum andern: es „rechnet" sich auch; denn die Krankheitstage, die auf Burnouterkrankungen zurückzuführen sind, sind von 2004 bis 2011 um mehr als das Zehnfache gestiegen (vgl. Abb. 1).[510]

Jährlich sind in Deutschland etwa 59 Mio. Krankheitstage auf Stress zurückzuführen;[511] in 2012 fehlte ein burnouterkrankter Mitarbeiter durchschnittlich 62,7 Tage (im Vergleich zu 2004: durchschnittlich sechs Fehltage; siehe Bundesverband der Betriebskrankenkassen 2012), das bedeutet einen Arbeitsausfall von mehr als einem Vierteljahr. Zudem sind psychische Erkrankungen und ihre psychosomatischen Folgen auf Atmungssysteme und Muskeln/Skelett die zentralen Erkrankungen, die Arbeitsunfähigkeit zur Folge haben (vgl. Abb. 2). Psychische Belastungen sind die Ursache Nummer 1 für Frühverrentungen, das Durchschnittsalter der Betroffenen liegt dabei bei 48,3 Jahren.[512]

---

[506] Vgl. AOK 2012; Betriebskrankenkassen 2012, Statistisches Bundesamt.
[507] Vgl. Stressreport der BMA 2012.
[508] Vgl. BKK Bundesverband 2012.
[509] Vgl. Mobbingreport BAAM 2002.
[510] Vgl. BKK Gesundheitsreport 2012.
[511] Vgl. Stressreport BMAS.
[512] Vgl. BMAS; Dt. Rentenversicherung.

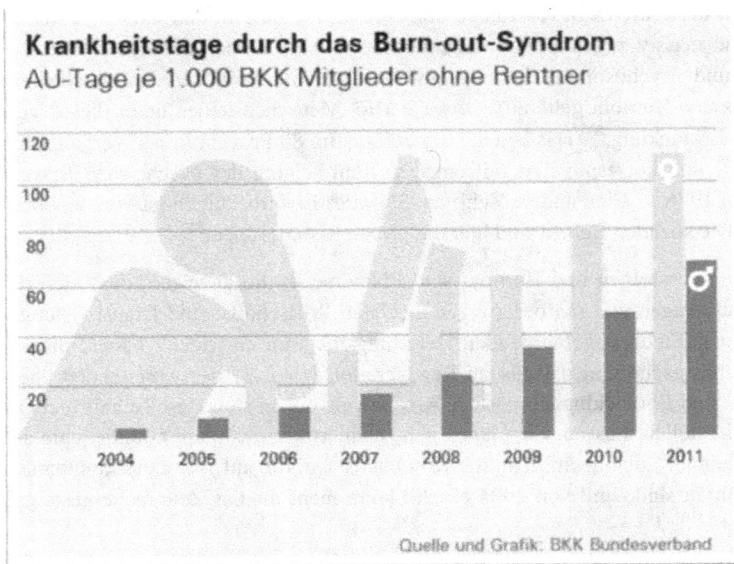

Krankheitstage durch das Burn-out-Syndrom
AU-Tage je 1.000 BKK Mitglieder ohne Rentner

Quelle und Grafik: BKK Bundesverband

Abb. 1: Krankheitstage, die auf Burnout-Erkrankungen zurückzuführen sind

Insgesamt verursachen arbeitsbedingte Erkrankungen pro Jahr in Deutschland Kosten zwischen 25 und 29 Milliarden Euro. Die Folgekosten psychischer Fehlbeanspruchung, die besonders eng mit dem Führungsverhalten und den von den Führungskräften zu verantwortenden Arbeitsprozessen verkoppelt ist, werden allein schon mit 10 Mrd. Euro beziffert.[513] Und einen letzten Punkt, der auch den sozialen Bereich betrifft, wollen wir nicht unerwähnt lassen: Der durch den demografischen Wandel zu erwartende Fach- und Führungskräftemangel wird bewirken, dass im Jahr 2050 voraussichtlich 34 Prozent weniger erwerbstätige Fach- und Führungskräfte auf dem Markt zur Verfügung stehen werden als im Jahr 2008[514]. Gründe genug also, sich mit dem Thema destruktives Stresserleben und Burnout ernsthaft und lösungsorientiert zu befassen.

---

[513] Vgl. Bundesanstalt für Arbeitsschutz und Arbeitsmedizin 2002, Studie der Betriebskrankenkassen 2011.
[514] Vgl. Demografie Netzwerk DDN 2013.

Muskeln/Skelett
422 Tage

Atmungssystem
231 Tage

Psych. Störungen
212 Tage

Verletzungen/
Vergiftungen
209 Tage

Sonstige
305 Tage

Infektionen
66 Tage

Kreislaufsystem
69 Tage

rdauungssystem
87 Tage

14,4%

13,2%

13,0%

5,4%

4,3%

4,2%

19,1%

Quelle und Grafik: BKK Bundesverband

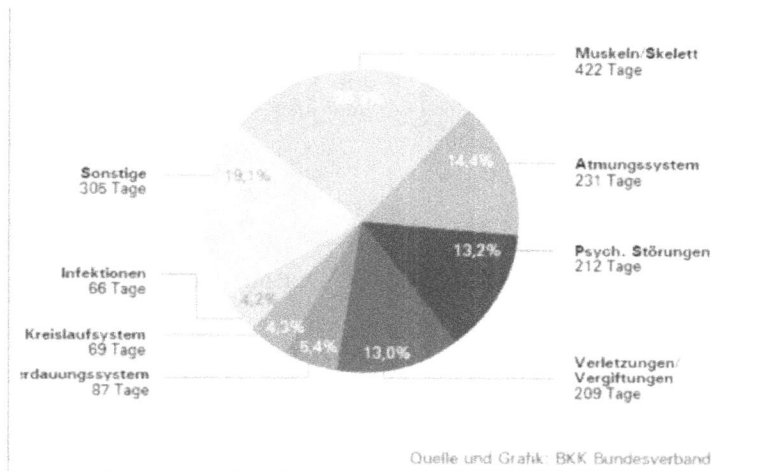

Abb. 2: Krankheiten mit Folge Arbeitsunfähigkeit

Natürlich ist diese Entwicklung an Behörden oder Unternehmen nicht folgenlos vorbeigegangen – es gibt einige Ansätze vor allem zur Prävention von Stress- und Burnoutphänomenen oder auch zur Konflikt- und Mobbingprävention. Dies ist eine positive Entwicklung. Allerdings fokussieren die Ansätze im Gesundheitsmanagement meist vor allem auf die physische Dimension (Rückenschule, Sportprogramme etc.). Hier zielen die meisten Konzepte auf Stressvermeidung ab; diese greift aber wenig für den Alltag von Fach- und Führungskräften wenig. Die klinisch stationären Angebote dienen i.d.R. der Reflexion über den eigenen gesundheitlichen Zustand und der psychisch-körperlichen Stabilisierung. Oft bewirken sie zunächst eine Besserung des Wohlbefindens. Die Praxis zeigt, dass die Angebote im Alltag wenig greifen oder nachhaltig sind, da die Situations- und Kontextbezogenheit häufig außer Acht gelassen wird. So erleben Stress-Erfahrene und Burnoutbetroffene eine weitere Demotivation, da die angebotenen Kurse häufig wenig konkret nutzbar sind und somit das Gefühl sich verstärkt, sich nicht helfen zu können.

An dieser Stelle wollen wir ansetzen: Wir haben ein Konzept des *Systemischen Ressourcen-Managements*[515] entwickelt, dass konstruktive von destruktiven Stressphänomenen ganzheitlich und kontextbezogen, und damit alltags- und praxisnah graduell

---

[515] Vgl. SRM nach Renner 2012.

differenzieren hilft sowie wirksame Interventionsmöglichkeiten bietet. Stress, Burn-out und andere destruktive Phänomene werden im SRM als „sinnvolle" Lösungsver-suche auf der Basis von systemischen Wechselwirkungen betrachtet und als Res-source nutzbar gemacht. Dies beschreiben wir im dritten Abschnitt – vorab wenden wir den Blick auf das Phänomen „Burnout".

2. Stress und Burnout – Differenzierungen und die Entstehung der Phänomene

Stress, Burnout und Depression – diese drei Begriffe fallen häufig im Kontext von psychischer Gesundheit und sie scheinen eng miteinander verbunden. Unklar bleibt aber vor allem, in welcher Weise der Begriff Burnout mit dem Thema Stress und De-pression zusammenhängt. Alle drei Begriffe haben zwar Berührungspunkte, be-schreiben jedoch drei unterschiedliche Phänomene.

Stress ist ein Zustand außergewöhnlicher körperlicher, seelischer und geistiger Bean-spruchung. Sämtliche Sinne und die meisten Körperfunktionen werden auf ein ge-meinsames Ziel ausgerichtet. Stress ist evolutionstheoretisch betrachtet eine „natürli-che" Reaktion, eine unbewusst reflexartige Reaktion, die rasche Kampf- und Flucht-Bereitschaft ermöglicht und so in Gefahrensituationen Überleben ermöglicht.[516] In unserem heutigen Arbeitskontext entsteht Stress vor allem aufgrund von fünf Belas-tungsfaktoren:[517]

1. wenn verschiedene Arbeiten gleichzeitig betreut werden müssen (Multitasking),
2. wenn starker Termin- und Leistungsdruck vorherrscht,
3. wenn Arbeitsvorgänge ständig wiederkehren, monotone Arbeiten erledigt wer-den,
4. bei vielen und ständigen Arbeitsunterbrechungen und
5. wenn Menschen schnell arbeiten müssen.

Stress erleben Menschen ganz unterschiedlich – von Muskelverspannungen und Herzflattern über psychische Symptome wie zum Beispiel Selbstzweifel, Stimmungs-schwankungen, Gehetztheitsgefühle bis hin zu Kontroll- und Sinnverlust. Wir möch-

---

[516] Vgl. Lazarus 1999.
[517] Vgl. Stressreport BMAS.

ten an dieser Stelle betonen, dass Stress grundsätzlich ganz normaler Bestandteil des Lebens ist und dazugehört. Stress muss nicht negativ und destruktiv erlebt werden. Durch Stress wird zunächst einmal die Aufmerksamkeit, Leistungsfähigkeit und Motivation gesteigert, ohne dabei dem Körper zu schaden. Stress wird dann erst zu einem ernsthaften negativen Phänomen, wenn er chronisch wird, also zu oft und dauerhaft auftritt und nicht adäquat bewältigt werden kann. Wann Stress negativ wird, hängt allein von den situationalen Bewertungen und Bewältigungsmöglichkeiten einer Person ab[518] – hier gibt es keine universellen „objektiven Kriterien". Stress ist auch abzugrenzen von anderen psychischen Beanspruchungsphänomenen, die häufig mit ihm korrelieren, wie

- Ermüdungserscheinungen bei quantitativer Überforderung,
- Monotonie bei quantitativer Unterforderung oder
- Frustration und psychischer Sättigung, wenn Erwartungen nicht eintreten.

Bei letzteren besteht die Möglichkeit, individuell oder organisational frühzeitig und niedrigschwellig gegenzusteuern (z.B. Job-Enlargement, Job-Enrichment, Erwartungsmanagement etc.). Diese Phänomene sind nicht zu vergleichen mit denen, die bei burnoutbetroffenen Menschen zu beobachten sind. Dennoch sind die Folgen von negativem Stress gesundheitsschädlich und müssen ernst genommen werden. Stress kann also auch krank machen; schädigende Verhaltensweisen und soziale, psychischen, körperliche Symptome mit Leid und Schmerzerleben können aus dem komplexen Zusammenspiel hervorgehen.

Es gibt den Mythos, dass Depression und Burnout das gleiche Phänomen beschreiben würden, der Begriff Burnout aber anschlussfähiger im Arbeitskontext sei. Dem ist nicht so, denn Depressionen treten im Vergleich zum Burnout-Syndrom nicht kontextbezogen auf, sondern eher allumfassend und zeigen Auswirkungen auf verschiedenste Lebensbereiche. Burnout kann hingegen einzelne Lebens- oder Arbeitsbereiche betreffen. Zum Beispiel kann ein Mensch in Bezug auf seine berufliche Tätigkeit ausgebrannt sein, mit Klienten bzw. am Arbeitsplatz auffällige und dauerhafte psychische und/oder körperliche Burnoutreaktionen zeigen, im privaten Bereich aber unverändert erscheinen. Ein anderer Mensch ist aufgrund der privaten anspruchsvollen Situation dauerhaft erschöpft, zeigt aber im beruflichen Kontext Leistung und Energie. Nicht selten beeinflussen sich die Kontexte jedoch gegenseitig und die Symptome zeigen sich kontextübergreifend. Hinzu kommt, dass Depressionen in den akuten Phasen ein Dauerzustand sind – bei einer Burnout-Erkrankung kann es hinge-

---

[518] Vgl. Lazarus ebenda.

gen auch unbeschwerte Phasen geben. Weitere Merkmale von Depressionen sind Passivität, Appetitlosigkeit, Antriebslosigkeit und Lustlosigkeit. – Burnout ist vor allem in der ersten Zeit stark von Aktivität, Widerstand und Kampf gekennzeichnet. Depression kann aber durchaus als eine Form von Burnout in einer späteren Phase auftreten.

Burnout ist ein Symptom, dass sich oft auf einen oder wenige Lebensbereiche wie Arbeitsumfeld, Pflege von Angehörigen, Haushalt etc. bezieht. Die hohe Anforderungs- und Komplexitätszunahme unserer Zeit bei gleichzeitigem Mangel an Ressourcen, Rückzugs- und Regenerationsmöglichkeiten kann ein ständiges Defizitgefühl erzeugen. Gerade Menschen, die besonders engagiert und kompetent sind, die es anderen recht machen wollen und die ein großes Bedürfnis nach Zugehörigkeit haben, erleben ihre vermeintlichen Defizite deutlich und sind in verstärkenden Kontexten besonders burnoutgefährdet. Menschen, die in die Burnout-Spirale einsteigen, erleben, dass es ihnen immer schwieriger fällt, „abschalten zu können". Gereiztheit, Frust, Ärger-, Wutgefühle, Zynismus, Sarkasmus nehmen zu – die Arbeitsfähigkeit wird dennoch lange erhalten. Deutlicher wird die Symptomatik, wenn sich körperliches Unwohlsein einstellt: beispielsweise anhaltende Verspannungen, Kopfschmerzen, Rückenschmerzen, Schlafstörungen, Herz-Kreislauf-Beschwerden, hoher Blutdruck (vegetative Stressreaktionen) und andere psychosomatische Reaktionen. Zu den körperlichen Symptomen kommen seelische hinzu. Manche Menschen erleben sich selbst als nervös, gereizt und ängstlich oder haben das Gefühl, den Anforderungen nicht gewachsen zu sein (kognitive Stressreaktionen wie Konzentrationsstörungen und emotionale Stressreaktionen wie das Gefühl des Ausgebranntseins). Alle Signale verweisen darauf, dass ein Gleichgewicht gefährdet und ein Umlenken nötig ist, um die Balance wiederherzustellen. Wird keine Regeneration gesucht und gelebt, kommt es irgendwann zu einer so großen Erschöpfung, dass die Handlungsfähigkeit verloren geht.

Die Gefühlszustände von burnouterkrankten Menschen sind laut Maslach[519]:

1. überwältigende Erschöpfung
2. Gefühl von Wirkungslosigkeit und verminderter Leistungsfähigkeit
3. Distanz, Zynismus, Verbitterung
4. negative Einstellung sich selbst gegenüber
5. negative Einstellung anderen gegenüber
6. eine zynische, sarkastische aggressive Einstellung.

---

[519] Vgl. Maslach 1976, 1984, 1999.

Nach vielen vorhergehenden Aufmerkversuchen im Stressgeschehen ist Burnout als fortgeschrittenes Stadium im Bereich des destruktiven Stressgeschehens einzuordnen. Spätestens nun ist professionelle Hilfe nötig, um aus der für Psyche und Körper gesundheitsgefährdenden Phase herauszukommen.

3. Burnout als Ressource – das Systemische Ressourcen-Management (SRM)

Menschen, die im fortgeschrittenen Stress-Stadium angelangt sind, bleibt häufig nur, aus dem als destruktiv erlebten Kontext auszuscheiden. Viele gehen für eine gewisse Zeit in eine Klinik, die sich auf Burnouterkrankung spezialisiert hat, um dann nach einiger Zeit mehr oder weniger stabil an ihren Arbeitsplatz zurückzukehren. Bei Behandlung und Prävention von Burnout gibt es teilweise gute Behandlungserfolge – es herrschen allerdings in großen Teilen auch Ansätze vor, die auf die Pathologie und das Individuum fokussieren und nicht auf die situativen Faktoren. Damit ist aus unserer Sicht wenig zu einem konstruktiven Umgang mit der zunehmende Symptomatik beigetragen und wenig nachhaltig positiv Wirkendes geschaffen. Sollen die betroffenen Menschen alle in klinische Behandlungskontexte „abgeschoben" werden? Hinzu kommt, dass die Behandlung in Kliniken, bei der Kur etc. wenig Verbindung zum „echten" Alltags- und Arbeitsleben hat. Was passiert nach der Auszeit, kann der Betroffene auch ohne den Schutz der Klinik und in der unveränderten Umwelt das Gelernte transferieren? Wir sollten dem Symptomen auch dort professionell und konstruktiv begegnen, wo sie auftreten und diese als Chance zur individuellen und sozialen/ strukturellen Veränderung in den Betrieben begreifen.

Die meisten bestehenden therapeutischen Konzepte beschränken sich auf kognitive und/oder verhaltensorientierte Maßnahmen (Burnout-Behandlungsmanual). Wir sind aber weit mehr als Kopf und Verhalten – in die Burnout-Falle geraten wir auch, weil unsere Gefühle, unser Körper, unsere Beziehungen maßgeblich „mitwirken". Auch hier müssen wir ansetzen, um die Entwicklung zu verstehen und wirklich nachhaltig etwas zu ändern.

Bei vielen Behandlungen herrscht das verbreitete medizinische Interventionsmodell vor: Es gibt „Diagnosen", „Experten", „Patienten". Diagnosen gehen von Störungen aus und indizieren Therapie auf individueller Ebene, die Einteilung in Patient und Experte impliziert, dass der Betroffene kaum Selbstwirksamkeit hat und sich auf die Vorgaben des Experten verlassen muss. Wir plädieren in unserem Konzept für eine Zusammenarbeit auf Augenhöhe und für einen Perspektivwechsel von der Pathogenese hin zur Salutogenese[520] und haben hierfür praktische Lösungsansätze mit SRM erarbeitet.

Was passiert mit der Umwelt, in der der Betroffene so aus dem Gleichgewicht geraten ist? Welchen Einfluss hat sie auf ihn und was passiert mit anderen Teilnehmern des Systems? In Unternehmen wird ein Mitarbeiter, der aus einer Burnout-Klinik kommt, meist ohne weitere Auseinandersetzungen wieder aufgenommen. Aber: Burnout ist und bleibt in den meisten Organisationen ein Tabu-Thema. Seine Symptome wie Leistungsschwächen oder auch Konflikte und Aggressionen werden oft ignoriert, was wiederum dazu führen kann, dass diese Phänomene verstärkt auftreten. Die aktuelle Hirnforschung zeigt, dass gerade unbewusste emotionale Prozesse viel schneller und stärker wirken.[521] Deshalb macht SRM ein Angebot zur Integration und Nutzung dieser Prozesse.

Aus der Praxis ist uns bekannt, dass es i.d.R. auch nicht nur „einen" Burnout- oder Mobbing-Betroffenen in Teams oder Organisationen gibt. In der systemischen Arbeit betrachten wir auch die Auswirkungen. Somit ist das soziale oder arbeitsbezogene Umfeld auch im Fokus vom SRM. Burnout oder andere sozial bedingte Phänomene individuell zu betrachten oder zu „behandeln", würde viele wichtige Einflüsse bzw. Ressourcen ausblenden. Wir schlagen daher vor, die Phänomene dort zu bearbeiten, wo sie auftreten: im sozialen System. Aus systemischer Sicht sind Symptome, wie z.B. auch Burnout, nicht Individuen, sondern den Beziehungen zwischen den Mitarbeitern der Abteilung bzw. den Strukturen der Organisation zuzuordnen. Die Praxis zeigt, dass Symptome wie Mobbing oder Burnout beziehungsgestaltende Fähigkeiten und oft auch systemstabilisierende und aufmerkende Funktion haben. Im systemischen Verständnis sind Symptome Beziehungsformen und nicht feststehende Eigenschaften, sie sind Antworten auf einen Beziehungsbeitrag zwischen Selbst und Anderen.[522] Symptome gehören zu all jenen Personen gemeinsam, die an der Gestaltung stress- und konfliktreicher Beziehungen irgendwie beteiligt sind. So können Burnoutbetroffene stellvertretend und als Symptomträger für die destruktiven Themen der Gesellschaft bzw. der Organisation, des Teams, der Familie etc. stehen. Holt man das

---

[520] Vgl. Antonovsky 1997.
[521] Vgl. Roth 2004; Hüther 2009; Spitzer 2006.
[522] Vgl. Wienands 2005.

Thema Burnout aus dem Tabu und auf den Tisch, ergeben sich nicht nur für alle Betroffenen Chancen auf wirkliche Veränderung – sich ergeben sich auch für die anderen Mitarbeiter der Organisation.

3.1 Prävention und ganzheitliches niedrigschwelliges Gesundheitsmanagement

Gerade im Blick auf Prävention ist uns wichtig, dass Gesundheitsmanagement ganzheitlicher gesehen werden sollte. Gesundheit in Unternehmen ist mehr als Arbeitssicherheit und Stressbewältigungskurse. Die Vermittlung von Tools und Ansätzen ohne Individualitäts- oder Kontextbezug scheitern in der Regel (beispielsweise Anleitungen wie „Simplify your Life", die Anwendung von Priorisierungslisten etc.). Gesundheitsmanagement ist eine hochgradig komplexe Angelegenheit, die dennoch pragmatisch, umsetzungsbezogen, individuell und im Kontext der Umwelten auf Organisationsebene bearbeitet werden kann. Wie können nun Burnout-Prävention und -Behandlung hilfreicher gestaltet werden? Wie ganzheitlicher (mit Einbezug von Kopf, Gefühl, Körper, Verhalten, Beziehungen)? Wie können Individualitäts- und Kontextbezug so berücksichtigt werden, dass die Selbstwirksamkeit der Betroffenen gestärkt und dass Themen wie Stress und Burnout besprechbar gemacht und so organisationales Lernen ermöglicht wird?

Mit dem Modell des *„Systemischen Ressourcen-Management"* (kurz: SRM, ©Anett Renner) haben wir ein handlungsleitendes Modell für den Umgang mit Stressphänomenen und Burnout entwickelt, das leicht verständlich und einfach anzuwenden ist. SRM ist ein ganzheitlicher Ansatz zum Erkennen, Verstehen, Beschreiben, Bewältigen und Gestalten von konstruktiven und destruktiven psychischen Prozessen im Kontext von Mensch und Arbeit (Stress, Gesundheit, Motivation, Aggression, Emotionsregulation). Ein Ansatz, der aus der Defizitsicht mit Last und Schwere herausführt und in eine lösungsorientierte Sicht überleitet und so Stress sowie Burnout als Ressource und Rückzugskompetenz erkennen lässt, die man nutzen kann. Das Systemische Ressourcen-Management (SRM) ist, wie der Name sagt, konsequent ressourcenorientiert und fokussiert die Möglichkeiten, die in den Betroffenen selbst liegen. Dahinter steht die Haltung, dass wir selbst am besten wissen, wie wir Probleme lösen können, und dass in der Lösungsorientierung eine ungeheure Kraft liegt, die – ist sie reaktiviert – uns die Energie gibt, unseren Lösungsweg zu beschreiten. Unsere Ressourcen zu erkennen, zu aktivieren und auf sie zu vertrauen, stellt daher für uns den ersten Schritt im Umgang mit Stress und Burnout-Phänomenen dar.

Die Ressourcenfokussierung ist Basis des SRM – daher an dieser Stelle einige Worte zum Thema „Ressource". Ressourcen sehen wir als das innere Potential eines jedes Menschen. Ressourcen können Fähigkeiten sein, Talente, Bewältigungsmöglichkeiten sowie Wissen im Umgang mit Problemen und Belastungen oder auch äußere Kraftquellen, Neigungen und Stärken, die uns oftmals gar nicht bewusst sind. In unserem SRM-Kontext heißen sie auch: die unbewussten Fähigkeiten zur Emotions- und Stressregulation. Im Rahmen des Systemischen Ressourcen-Managements können diese Ressourcen konstruktiv genutzt werden, da sie ohnehin vorhanden, mit Erfahrungen verbunden sind und kraftfördernd wirken. Welche Ressourcen dies sind, ist in jedem Menschen individuell angelegt und kontextbezogen unterschiedlich. Der ressourcenorientierte Ansatz bedeutet zudem, in der Arbeit mit von Stress- und Burnout betroffenen Menschen eine Haltung authentisch zu entwickeln, die mit Offenheit und echtem Interesse dazu einlädt, konsequent die Stärken zu stärken, die Schwächen zu schwächen, defizitorientierte Glaubenssätze und Verhaltensweisen positiv zu reframen und mit musterunterbrechenden Erfahrungen zu fundieren, den „guten Grund" in ihrem Verhalten zu sehen, Komplexität zu reduzieren, um sie so in ihre Selbstwirksamkeitskraft zur Lösung der destruktiven Muster zu bringen.

Neben der beschriebenen systemisch ressourcenorientierten Grundhaltung und praxistauglichen Prinzipien (siehe Abschnitt 5) liegt SRM das umfassende handlungsleitende Modell der „Gesundheits- und Ressourcen-ACHT" nach Renner (2012) zugrunde, das wir im Folgenden beschreiben.

4. Die Gesundheits- und Ressourcen-ACHT

Das Systemische Ressourcen-Management (SRM) basiert auf dem Modell der Gesundheits- und Ressourcen-ACHT[523], das sich in der Praxis vielfältig bewährt hat. Das Modell der Gesundheits- und Ressourcen-ACHT ist aus der Praxis in der jahrelangen Arbeit in Symptom- und Ohnmachtskontexten entstanden. Es vereint viele aktuell anerkannte und praxiswirksame Theorien und Methoden der Gesundheitswissenschaft, Arbeits- und Organisationspsychologie, Neurobiologie, Psychotherapie und Medizin. Es unterscheidet konstruktive von destruktiven Stress-, Konflikt- und

---

[523] Renner 2012, angelehnt an das Konzept des Systemischen Aggressions-Managements nach Renner und Schöwe 2011.

Aggressionsprozessen, macht sie verstehbar und positiv nutzbar. Das Modell bezieht neben den individuellen auch kontextbezogene Phänomene mit ein. So kann das Selbst-Verständnis (Reflexion und eigene Orientierung im komplexen Arbeitsumfeld) gefördert, eine hilfreiche Haltungsänderung (Ressourcen sehen) entwickelt und die Selbstwirksamkeit bei den ersten Schritten zu neuen Handlungsoptionen unterstützt werden. In die Entwicklung des Modells der Gesundheits- und Ressourcen-ACHT sind maßgeblich eingeflossen:

- die Ansätze zur *Salutogenese* (Kohärenzgefühl)[524],
- die Ansätze zur *Resilienz* (psychische Widerstandsfähigkeit über aktive Lösungsorientierung und Selbstwirksamkeit)[525],
- neurobiologische Ansätze[526],
- die (hypno-)systemischen Ansätze[527] sowie
- Ansätze zum *Flow-Gefühl* (intrinsische Motive und freudvolles Erleben)[528].

Wir haben die Symbolik der ACHT genutzt, um die Kraft von Bild- und Wortsprache zu nutzen sowie die achtsame Haltung zu unterstreichen. Die Acht begegnet uns in vielen kulturellen und sprachlichen Metaphern, sogar in natürlichen, biologischen Strukturen (z.B. im Äskulapstab in der Medizin, in der Doppelhelixstruktur der DNA).

Das Modell der Gesundheits- und Ressourcen-ACHT besteht aus mehreren Achten, etwa der Erfahrungs-ACHT (grau), der Begleiter-ACHT (dünn gestrichelt), der Unbewusstes-ACHT (dick gestrichelt) und anderen (hier nicht abgebildet, z.B. der Angst-ACHT, die die Ausprägung von Angstprozessen beschreibt). Die Gesundheits- und Ressourcen-ACHT lässt sich wie umseitig dargestellt beschreiben (siehe Abbildung 3).

Die Gesundheits- und Ressourcen-ACHT ist ein Beschreibungsmodell, um komplexe Wechselwirkungsprozesse abzubilden und damit Orientierung in emotionalen und oft ohmnachts-induzierenden Situationen zu geben. Die liegende Acht im Modell enthält neben den Phasen mehrere Kreisläufe, Achten, die jeweils eine besondere Beschreibungs- bzw. Interventionsfunktion haben sowie unterschiedliche psychisch-emotionale und kommunikative Prozesse abbilden. Diese Prozesse sind nach Phasen I bis XIII kategorisiert, die allerdings nicht trennscharf zu unterscheiden sind. Es sind

---

[524] Nach Antonovsky 1997.
[525] Nach Rutter 2000, Werner 2000.
[526] Etwa Hüther 2009, Roth 2008, Spitzer 2006.
[527] Nach Schmidt 2004, Wienands 2005.
[528] Nach Csikszentmihalyi 2007.

Beschreibungshilfen für einen möglichen Stress- und Emotionsablauf. Phasen können auch übersprungen werden. Das hängt von komplexen Wechselwirkungen ab, also vom Kontext und den diversen Bewertungs- und Bewältigungsmöglichkeiten des Individuums oder sozialen Gefüges.

Beginnen wir mit der Erfahrungs-ACHT (grau), also der symbolischen Abbildung von den Beziehungserfahrungen von Menschen im Laufe ihres (Berufs-)Lebens und den daraus entwickelten Ressourcen und Kompetenzen im Umgang mit Anforderungen und Stress. Die Erfahrungs-ACHT dient als Kategorisierungshilfe von Beziehungserfahrungen, kognitivem und emotionalem Erleben eines Menschen, kann aber auch für ein soziales Gefüge, z.B. Familie, Team, Organisation angewandt werden. Die aktuelle neurobiologische und Therapieforschung zeigt, dass Beziehungserfahrungen das aktuelle (Stress-)Erleben in hohem Maße beeinflussen. Beziehungserfahrungen sind bei Menschen und von Anfang an (auch schon vorgeburtlich) vor allem emotional geprägt. Emotionen sind dabei immer zentraler Bestandteil, weshalb wir sie im Modell in den Fokus rücken.

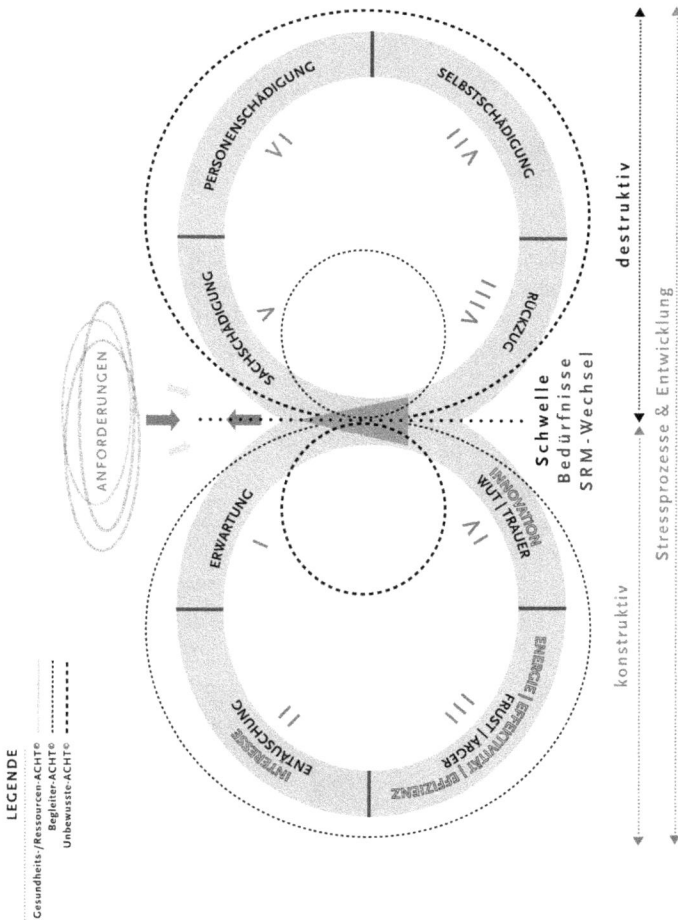

Abb. 3: Die Gesundheits- und Ressourcen-ACHT

Wir starten mit dem äußeren Kontext und dem inneren Bedürfnis- bzw. Wertegefüge eines Menschen, die im Modell *Anforderungen* genannt werden. Menschen sehen sich in ihrem Leben, an ihrem Arbeitsplatz mannigfaltigen externen bzw. kontextbezogenen Anforderungen ausgesetzt. Relevante Umwelten, die diese Ansprüche stellen können, sind zum Beispiel

- der Job (Arbeitsaufgabe, Rollenanforderungen, soziale und organisationale Anforderungen etc.),
- die Familie, Freunde,
- die Gesellschaft,
- die Schule,
- Hobbies oder
- auch der Glaube.

Keine dieser Anforderungen ist objektiv im eigentlichen Sinne[529], wir verstehen diese vielmehr stets als „Einladungen" an das Individuum bzw. an die soziale Gemeinschaft. Schon mit der subjektiven Wahrnehmung oder Bewertung der Anforderungen entstehen neue Realitäten, z.b. werden Arbeitsanforderungen u.U. von zwei Kollegen unterschiedlich interpretiert. Andere *„Anforderungen"* sind *intrapsychisch* vorhanden, wie (Grund-) Bedürfnisse, oder selbst definiert, wie Entfaltungsbedürfnisse, Werte und Glaubenssätze.

Diese komplexen Anforderungen, können sich permanent ändern (z.b. Bedürfnisse) bzw. konstant wirken (z.b. Rollenanforderungen in einer bestimmten Lebensphase oder Glaubensätze). Außerdem werden Anforderungen stets bewusst oder unbewusst intrapsychisch bewertet und mit bestehenden Ressourcen sowie Bewältigungsmöglichkeiten abgeglichen.[530] Dieser Abgleich ist der Ausgangspunkt der Gesundheits- und Ressourcen-ACHT.

4.1 Konstruktiver, positiver Verlauf der „Acht" (linke Seite, grau umrandete Schrift)

Wir betrachten nun die liegende Acht, von der Mitte ausgehend nach links oben. Im ersten Schritt (auf der linken, konstruktiven Seite der „Acht", dem Kraft- und Innovationskreislauf) gleichen Menschen in einer „Ist-und-Soll-Rechnung" diese inneren und äußeren Anforderungen ab – hieraus ergeben sich zunächst Erwartungshaltungen. Die *Erwartungen* zeigen sich in einer offenen Grundhaltung, oft in Form von Wünschen, Träumen oder Visionen. Menschen leben Erwartungen unterschiedlich,

---

[529] Vgl. Konstruktivismuspositionen in Pörksen 2011.
[530] Vgl. Belastungs-Beanspruchungs-Konzept, Transaktionales Stresskonzept nach Lazarus 1999.

sie erleben (Vor-) Freude, haben Hoffnung, sind begeistert, denken positiv, äußern Ansprüche zur Bedürfniserfüllung, Wünsche, sind überrascht oder aufgeregt.

Fließen äußere und innere Erwartungen zusammen, ist das *Interesse* erweckt (zweiter Schritt auf der linken Seite, positiver Verlauf = grauumrandete Schrift). Auf bestehende Aufgaben, Kontakte und Projekte kann man sich gut konzentrieren und fokussiert arbeiten. Die Einstellung ist positiv, neue Aufgaben und Projekte werden neugierig in Angriff genommen. Der Wissensdurst ist groß. Engagement und Anteilnahme an beruflichen Fragen sind gesteigert. Der Mensch identifiziert sich mit seiner Arbeit.

Wenn das Interesse von außen positiv gestärkt wird und die inneren Kompetenzen sowie Bedürfnisse in Einklang sind mit der aktuellen Anforderungssituation, erleben Menschen *Energie, Effektivität* und *Effizienz*. Diese verleihen ihm bei seinen Tätigkeiten Flügel (dritter Schritt auf der linken Seite, positiver Verlauf = grauumrandete Schrift). Der Arbeitseinsatz verwandelt sich in Erfolgserlebnisse. Stolz können die Früchte der Arbeit betrachtet werden, mit Schwung und Elan werden Aufgaben umgesetzt. Der Mensch ist hochkonzentriert, lösungsorientiert, fühlt sich positiv, kraftvoll und selbstwirksam bis hin zu Flow-Erlebnissen, die Innovationen hervorbringen können. Er erlebt ein ausgewogenes Verhältnis zwischen An- und Entspannung, eine stabile Selbstregulation und gelingendes Ressourcen-Management, kann optimal mit Ambivalenzen umgehen, er kann gut delegieren (Unterstützungssysteme) bzw. Hilfe einfordern oder auch sich selbst als Unterstützung anbieten.

Gute Arbeitsergebnisse und positive soziale Resonanz setzen weitere Energie frei. Neue Aufgaben werden gesucht, Herausforderungen angenommen. Der Weg ist frei für Visionen und *Innovationen* (letzter Schritt auf der linken Seite, positiver Verlauf = grauumrandete Schrift). Menschen fühlen sich zutiefst angenommen und gestärkt. Der Stolz auf die eigenen Leistungen verwandelt sich in Sprungkraft: Bisher ungelöste Probleme und Aufgaben werden reibungslos bewältigt, die Ideen sprudeln, Interesse für Neues und Anderes ist geweckt, Wissen, Fähigkeiten und Erfahrungen werden vertieft und erweitert, gegebenenfalls werden neue Kontakte geknüpft. Das wiederrum kann bedürfnisnährend und selbstwertstärkend wirken. Die Identifikation mit der Aufgabe oder der Organisation, dem Team, dem sozialem Gefüge nimmt i.d.R. zu.

4.2 Konstruktiver, negativer Verlauf der „Acht" (linke Seite, schwarze Schrift)

Ist das Ergebnis des Erwartungsabgleiches (Schritt eins) negativ, stehen die äußeren und die inneren Anforderungen und die daraus hervorgehenden Erwartungen in einem nicht stimmigen Verhältnis. Es entsteht als Grundgefühl *Enttäuschung* (zweiter Schritt auf der linken Seite, negativer Verlauf = schwarze Schrift). Die enttäuschte Erwartung zieht Zweifel nach sich. Vielleicht wurden Hoffnungen auf eine berufliche Weiterentwicklung zerstört. Vielleicht konnten ein berufliches Ziel, eine Aufgabe, ein Projekt etc. nicht verwirklicht werden. Fest ins Auge gefasste Pläne für den Berufsweg wurden entmutigt zur Seite gestellt oder Wünsche nach einem weiteren Schritt gingen nicht in Erfüllung. Enttäuschungen rütteln am Selbstwertgefühl und können die Handlungsfähigkeit lähmen. Enttäuschung wird oft nicht zugelassen oder benannt.

Dabei sind Enttäuschungserlebnisse auch Motor für Begegnungen und Wandel. Enttäuschungen werden, wenn sie genutzt werden, zur Kompetenz. Sie zeigen an, dass verborgene Bedürfnisse oder Potenziale noch nicht gelebt worden sind. Die Wahrnehmung und die Einschätzung der Enttäuschung ebnen den Weg in die konstruktive Aktion und Lösungsorientierung. Oft verkennen und nutzen Menschen das Enttäuschungserleben nicht als Ressource. Damit verstärkt sich das negative Gefühl, es entsteht z.B. vermindertes Selbstwertgefühl und Traurigkeit. Im Grübeln, in mangelnder Konzentration, in Selbstzweifeln, im Überspielen von eignen Bedürfnissen, im Rückzug auf Handlungsroutinen („alter Trott", „Dienst nach Vorschrift"), in einem kurzzeitigen Ausstieg (sich neue Gedanken machen und etwas Neues vornehmen, Ortwechsel etc.) und schließlich auch in psychischen und körperlichen Stresssymptomen wie Unsicherheit, kurze schnelle Atmung, Verspannungen zeigen sich diese Gefühle.

Werden Enttäuschungskompetenzen nicht als solche wahrgenommen und aus ihrer eigentlichen Funktion der Bedürfnisbeachtung heraus beantwortet, entstehen *Frust und Ärger* (dritter Schritt auf der linken Seite, negativer Verlauf = schwarze Schrift). Die Gründe für die eigenen Zweifel und die Unsicherheit werden eventuell im Außen gesucht. Ärger über die Situation, die Kollegen, den Chef oder die Kunden/Lieferanten entsteht. Neue Strategien oder Ziele werden entwickelt, um eine positive Bilanz der Anforderungen zu erreichen („Jetzt erst recht.")

Der Mensch handelt und agiert Gefühle aus, auch das ist eine Kompetenz. Versagensangst kann sich einstellen. Frust und Ärger können unterschiedlich gelebt werden: viel reden, Unterstützung suchen, gereizt, genervt und unkonzentriert sein, unkoordiniert Aufgaben erledigen, innerliches Aufbäumen („nicht mit mir"), Selbstmitleid, Bedrohungsgedanken und Gefühle der Unterlegenheit, Zweifel an der Erfolgsfähigkeit („das geht schief"). Viele Menschen kompensieren ihre Situation mit Ersatzhandlungen wie zum Beispiel Frustessen, hoher Alkoholkonsum und Frusteinkäufe. Auf der körperlichen Ebene zeigen sich Stresssymptome mit vegetativen und muskulären Reaktionen ebenso, zum Beispiel beim Reden mit einer lauten oder leiseren Stimme, Kurzatmigkeit, Herzklopfen, Erröten, starken Verspannungen und/oder Kopfschmerzen. Auch für das Stadium von Frust und Ärger gilt: Das Erleben, aber auch der Ausdruck dieser Gefühle ist eine Kompetenz. Können Frust- und Ärgergefühle gelebt und beantwortet werden oder stehen persönliche oder organisatorische Bewältigungskompetenzen zur Verfügung, kann auch diese Phase konstruktiv für den Betroffenen genutzt werden.

Werden die Frust-/Ärger-Kompetenzen nicht genutzt als Hinweisgeber auf die eigentlich dahinter liegenden Bedürfnisse, auf die negative Anforderungsbilanz, so verstärkt sich der Ärger zur *Wut* (letzter Schritt auf der linken Seite, negativer Verlauf = schwarze Schrift). Die Gefühle kippen um in Resignation und innere Aufgewühltheit bei oft gleichzeitiger Handlungsunfähigkeit. Die Hilflosigkeitsempfindungen verstärken sich. Die Spannung steigt, es entsteht das Gefühl, als „könne einem der Kragen platzen". Ausweichmöglichkeiten sind nicht im Blick, die Sicht über den eigenen Tellerrand ist erschwert. Alternativ können Traurigkeit oder eine stille Wut, oft verbunden mit einem temporären Rückzug, entstehen. Falls Auseinandersetzung und Streit dauerhaft durch Schweigen ersetzt werden, steigt der Druck. Im beruflichen Kontext sind Wut und Traurigkeit meist ein Tabu. Verhalten wie Schreien oder Schweigen führt häufig zu noch mehr Spannungen, Distanz und Konflikten. Mögliche weitere Verhaltensweisen sind in Phasen der Wut zu beobachten: kognitive Fokussierung (Tunnelblick), ehrgeizig um etwas kämpfen, schweigen und mauern, aber auch viel reden und Dampf ablassen bei Kollegen, kurzzeitige Verweigerung und Widerstand (gegenüber Führungskräften, Kunden, gegen Veränderungen, etc.), negative Selbstbewertung, streiten, schreien oder/und weinen, Versagensangst, vermehrte sportliche, künstlerische oder administrative Tätigkeiten. Körperliche Stresssymptome und verstärkte vegetative und muskuläre Reaktionen setzen sich fort. Wird die Wut als Aufmerkversuch für ungestillte Bedürfnisse etc. nicht verstanden oder als Kompetenz nicht gelebt, wird eine Schwelle überschritten und der destruktive Kreislauf beginnt.

4.3 Destruktiver, negativer Verlauf der „Acht" (rechte Seite)

Die Spirale der Destruktion beginnt, wenn das Wuterleben, das noch auf der konstruktiven (linken) Seite der „Acht" angesiedelt ist, nicht gelebt und aufgelöst werden kann. Zu diesem Zeitpunkt „springen" die Bewältigungsmuster um auf die destruktive (rechte) Seite der „Acht". Destruktion meint Zerstörung oder Gewalt. Destruktives Stresserleben wird dem Betroffenen häufig nicht bewusst. Es beginnt ein Schädigungskreislauf gegenüber

1. Sachen und Dingen (Sachbeschädigung/ Unternehmensschädigung),
2. Personen (Personenbeschädigung / Unternehmensschädigung),
3. sich selbst (Selbstschädigung),

der im Rückzug endet.

Unter das destruktive Stresserleben fallen auch Mobbing, innere Kündigung, Burnout oder Abhängigkeitsphänomene (z.b. Alkohol- oder Medikamentensucht, Essstörungen etc.). Diese Phänomene können auch den Wunsch nach Richtungswechsel und Umkehr ausdrücken. Auch hier gilt die konsequente Ressourcenfokussierung: Das geschärfte Bewusstsein zu dem eigenen Zustand ist ein erster Schritt des Neubeginns. Meist ist jedoch auf der destruktiven Seite des Acht-Modells professionelle Hilfe nötig.

Ist ein Mensch über die konstruktiven „Aufmerkversuche" ohne eigene und äußere Unterstützung in dieser Situation in die destruktive Seite der Gesundheits- und Ressource-ACHT gelangt, kennzeichnet eine Phase nach der Hemmschwellenüberschreitung häufig die *Sachschädigung* (erste Kategorie auf der rechten Seite). Menschen in diesem Stadium sind nachlässig, unvorsichtig, teilnahmslos, allerdings ohne dass Personen dabei Schaden nehmen. Sie verweigern oder sabotieren die Arbeit oder die Arbeitszeit wird verstärkt privat genutzt (Zeitung lesen, langes Surfen im Internet, private Kopien machen, Arbeitsmaterialien mitnehmen, teils sogar zerstören oder Daten löschen). Vandalismus ist schließlich die höchste Form von Sachschädigung, auch „Sachgewalt" genannt.

Findet der Mensch keinen Weg aus dieser Phase des destruktiven Stresserlebens heraus (sie kann auch übersprungen werden, da diese Form der „Aufmerkversuche" nicht mit Erfahrung belegt ist), hat er die Möglichkeit über die *Personenbeschädigung* „aufzumerken" (zweite Kategorie auf der rechten Seite). Sie äußert sich in Respektlosigkeit gegenüber anderen, dem Vertuschen und Zurückhalten von Informationen, dem Schlechtmachen von Dritten, insbesondere des Arbeitgebers (auch öffentlich), dem Streuen von Gerüchten, Rufschädigung, verbalen Angriffen, Kränken, Entzug von Aufmerksamkeit, Beleidigen, Beschimpfen, Bedrohen und Erpressen von Menschen. Hierunter fällt auch Mobbing. In manchen Fällen werden andere körperlich angegriffen und verletzt oder auch bestohlen (Kaffeetasse, Portemonnaie, Kleidung, Laptop etc.). Amoklauf und Totschlag sind die höchste Form der Personenschädigung, auch „Personengewalt" genannt.

Die nächste Kategorie in der destruktiven Stressspirale ist die *Selbstbeschädigung* (dritte Phase auf der rechten Seite). Hier sprechen wir von der Zuspitzung des destruktiven Stresserlebens, z.B. in Form einer *Burnouts*. Menschen, die sich auf der Ebene der Selbstbeschädigung befinden, waren oder sind unachtsam mit sich selbst – „sind nur im Kopf" und spüren ihren Körper wenig oder nicht mehr. Sie haben starke Selbstzweifel, ein Gefühl der permanenten Unterlegenheit, Angstgefühle und Gefühle von Hoffnungslosigkeit, negativer Zukunftsbezogenheit, Ausweglosigkeit, deren Konsequenzen teilweise bis zur Isolation reichen. Ihre Arbeitsweise ist ineffizient, dennoch lässt sich bei vielen Menschen eine gewisse Arbeitssucht (workaholic) beobachten. Menschen in diesem Stadium haben ihre Erholungsfähigkeit verloren, ihre Reserven sind aufgezehrt, sie zeigen Schutz- und Abwehrphänomene mit „Krankheitswert" (Symptombildung), wie beispielsweise Nägelkauen, sich kratzen oder die Haare herausziehen, aber auch Essstörungen etc. Auch Sucht- und Substanzmittelmissbrauch können in diese destruktive Phase fallen. Körperlich können sich Herz-, Kreislauferkrankungen, Rückenschmerzen, Magen-Darmbeschwerden und/oder Hautbeschwerden einstellen. Das destruktive Stresserleben ist zum dauerhaften Phänomen geworden – Burnout, zum Teil einhergehend mit Depression. Die höchste Form der Selbstschädigung ist der Suizid.

Die letzte Phase des destruktiven Stresserlebens ist der *Rückzug* (letzter Schritt auf der rechten Seite). Rückzug im destruktiven Sinne äußert sich z.B. in einer inneren Kündigung, in einer inneren Leere, der permanenten Interessens- und Teilnahmslosigkeit, beharrendem Schweigen, Resignation, Isolation, verstärkt durch dauerhaftes Kranksein und eine beschränkte Lebensfähigkeit (z. B. „nur" Essen, Trinken, Schlafen). Andere Menschen haben häufig das Gefühl, den Betroffenen nicht erreichen zu können – das Gegenüber lässt sie nicht zu ihm durch.

Der Rückzug ist in der letzten Phase der Gesundheits- und RessourcenACHT angeordnet. Die Erfahrung zeigt, dass Menschen im „Rückzug" sehr schwer von professionellen Helfern oder Begleitern zu erreichen sind und es vieler achtsamer kleiner Schritte der Beziehungsgestaltung sowie großer Geduld für lange Prozesse bedarf. Was „Begleitung" heißt, wird im Folgenden beschrieben.

Alle destruktiven Phänomene auf der rechten Seite der Acht verstehen wir im SRM als „Kompensationsversuche" der unstimmigen Bilanz von Anforderungen und Bedürfnissen, von eigenen und sozialen Bewältigungsmöglichkeiten und damit auch von Ressourcen, die nach vielerlei Aufmerkversuchen (auch auf der linken, „gesunden" Seite der Acht) nur im aktuellen Zeitpunkt und Kontext aufgezeigt und professionell gewandelt werden können. Ziel ist dabei immer die Rückführung in den konstruktiven Bereich (linke Seite der Acht). Dazu bietet SRM zahlreiche praxiswirksame und erprobte Methoden und Prozesse.

Das Modell der Gesundheits- und Ressourcen-ACHT zeigt einen dünn und dickgestrichelten Kreis. Die links außen und rechts innen um die Erfahrungs-ACHT dünngestrichelte Linie symbolisiert die sogenannte *Begleiter-ACHT*: Begleiter sind Bezugspersonen, Vorgesetzte, Helfer, Lehrer, Therapeuten, etc. Die Begleiter-ACHT symbolisiert die Art der Begleitung der Betroffenen. Rein symbolisch: linke Seite der Acht, „außen" = großer Kreis um die Erfahrungs-ACHT; links innerer kleiner Kreis, d.h. Begleiter nehmen sich „in (die) Acht", was andere Interventionsmaßnahmen erfordert als im linken Teil. Auf der konstruktiven, linken Seite der Acht ist die Begleitung der Wahrnehmung und des Umgangs mit dem Stresserleben z.B. in Form von professioneller Führungsarbeit (Führen über Ziele, wertschätzendes Feedback, Interesse, Gespräche führen, etc.) oder eines Coachings möglich – mit viel Freiraum zur Reflexion, dem konsequenten Schauen auf die Ressourcen, die hinter den jeweiligen Phasen stehen und einer lösungsorientierten Entwicklung. Ist der Betroffene bereits über die Hemmschwelle in die destruktive, linke Seite der Acht „abgerutscht", muss die Begleitung sehr viel enger werden. Auch hier wird der Blick auf Ressourcen und Lösungsorientierung gerichtet, allerdings im Rahmen einer nahen professionellen Begleitung durch Vorgesetze oder andere Helfer (wie Berater, Kollegen, etc.) und gegebenenfalls therapeutischen Begleitern. Das geschieht auch durch das Kreieren von neuen Erfahrungsräumen für konstruktive Stress- und Emotionsregulationen. Auf der rechten Seite bedarf es i.d.R. Helfersysteme und professioneller Begleitprozesse, um Menschen oder Organisationen aus dem destruktiven Kreislauf zu führen. Allein ist es den Betroffenen meist unmöglich.

Die dickgestrichelte Linie mit dem kleinen Kreis links und dem großen rechts ist die unbewusste ACHT. Diese bildet alle unbewussten Phänomene ab. Sie liegt genau spiegelverkehrt zur Begleiter-ACHT, nämlich links innen und rechts außen um die Erfahrungs-ACHT.

Links innen bedeutet z.B., dass jeder Mensch positive wie negative Lebensergebnisse, Situationen oder Belastungen erfährt und spezifische Kompetenzen/Ressourcen entwickelt, um damit umzugehen bzw. sie zu bewältigen. Diese sind nicht immer bewusst, liegen versteckt im inneren Erfahrungsraum eines Menschen/einer Organisation. Links sind sie zudem noch konstruktiv und positiv entwicklungsfördernd. Darüber hinaus können solche Erlebnisse inadäquat verarbeitet werden, in dem Sinne, dass sie nicht konstruktiv bewältigt und genutzt werden können. Dann werden sie über die Symptomsprache auf der rechten Seite sichtbar und nach außen gebracht: z.B. als chronische Erschöpfung, Sachschädigung oder Sucht, als sichtbares Phänomen für vielerlei unbewusste vergangene und aktuelle Prozesse der Belastungsbewältigung.

4.4 Die Dreidimensionalität in der Acht

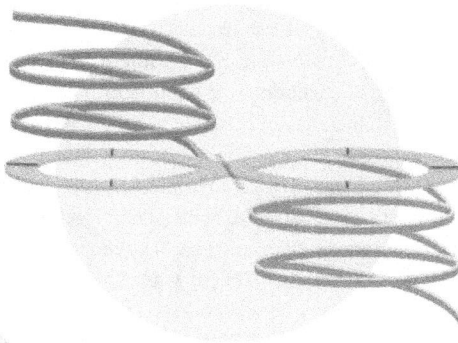

Abb. 4: Die Gesundheits- und Ressourcen-ACHT dreidimensional

Die Dreidimensionalität in der Acht visualisiert die Erfahrungspotenziale im System oder auch die Mehrgenerationalität. Zum Beispiel erleben wir in der Praxis, wenn viele Kompetenzen bzw. (Beziehungs-)Erfahrungen in den jeweiligen Phase der Acht bei einer Person oder in einem System vorhanden sind, dann kann sich das konstruktiv (rechts, d.h. es sind viele konstruktive Beziehungserfahrungen, Möglichkeiten der Belastungsbewältigung und Ressourcen vorhanden) oder destruktiv (links) verstärken. Ein Beispiel für destruktive Phänomene sei hier angebracht: I.d.R. gibt es nicht eine Abhängigkeits-, Selbst-, Fremdschädigungs- oder Rückzugssymptomik im System als Erfahrung. Dem Drogenmissbrauch geht häufig die Personenschädigung voraus, z.b. Missbrauch oder Gewalterfahrungen oder auch die Erfahrung, dass z.b. Bezugspersonen bei Stress schnell „zur Flasche greifen". Mobbing oder Burnout kommt selten allein vor, ist doch oft die Dunkelziffer hoch. Rein symbolisch kann man sich auch mehrere graue Achten übereinanderliegend vorstellen als Veranschaulichung der Ressourcen bzw. Symptomphänomene im System (z.b. Familie, Organisation, Gesellschaft, etc.).

5. Das Systemische Ressourcen-Management in der Anwendung

Das Modell der Gesundheits- und Ressourcen-ACHT ist eine hervorragende Möglichkeit, gemeinsam mit dem Klienten und allen Mitbetroffenen die Situation und das Stresserleben zu reflektieren, zu klären, was Ziele sein können, wo der Betroffene oder die Bezugspersonen stehen, welche Bedürfnisse zu kurz gekommen sind und was Menschen nun benötigen. Die Visualisierung im Rahmen der „Acht" reduziert die Komplexität und hilft den Betroffenen und allen Beteiligten zu verstehen und in konstruktiven Austausch zu gehen. Beispielsweise kann man den Weg des bisherigen Stresserlebens Phase für Phase gemeinsam „zurückgehen" – immer mit der Frage, welche Bedürfnisse hinter den Phasen stehen, was die Funktion des Symptoms ist und was dies konkret für den Betroffenen bedeutet (konsequenter nachhaltiger Alltagstransfer) – auch der Kontext und der Blick auf Ambivalenzen sollten mit einbezogen werden. Das Modell ist besonders hilfreich, um den Blick auf die Ressourcen und Potenziale zu richten, die der Betroffene und das Umfeld zur Lösung der Situation in sich tragen, d.h. auf die Umwandlung von Problem- in Lösungserleben. Dies stärkt das Gefühl der Selbstwirksamkeit aller, kreiert positives Erleben und Verhalten, schafft oder erweitert den Gestaltungsspielraum und unterstützt dabei, (neue) konstruktive Lösungen zu finden.

Hilfreich bei der Arbeit mit dem Systemischen Ressourcen-Management sind dabei die klassischen fünf Fragen:

1. *Was ist das Problem?*
   Die Frage nach dem Problem – Was ist das Problem? Anstatt gleich in die Lö-

318

sung zu gehen, damit können Problem platziert und auch begrenzt werden.

2. *Was wurde bisher unternommen, um das Problem zu lösen?*
Die Frage nach den bisher versuchten Lösungen – Welche Maßnahmen oder Lösungsversuche wurden bisher durchgeführt? Aus welchen (guten) Gründen sind sie gescheitert oder gelungen?

3. *Was ist das Ziel, der Wunsch, das angestrebte Verhalten?*
Die Frage nach den erwarteten Lösungen – Wie lassen sich die Ziele der Lösung mit deutlichen Alltagsbeschreibungen definieren und nach Prioritäten entlang der Zeitschiene bestimmen? Wie könnte sich ein übergeordnetes Ziel als Metapher für eine positive Stigmatisierung formulieren lassen, beispielsweise „von der Müllhalde zur schönen sonnigen Urlaubsinsel"?

4. *Wie können wir es verändern?*
Die Frage nach den realistischen Auswirkungen – Was geschieht im ungünstigsten Fall infolge der Lösung? Hier ist auf greifbare Unterstützungsangebote zu achten. Was passiert im günstigsten Fall?

5. *Wer kann es verändern? Welcher erste Schritt ist zu tun?*
Die Frage nach den ersten kleinen Schritten zur Zielerreichung (SRM-Wechsel) – Was sind die ersten möglichen und machbaren Schritte zur Zielerreichung mit hoher Wahrscheinlichkeit zur erfolgreichen Umsetzung? Wie können erste Aufträge zur Zielerreichung formuliert werden? Welche Zwischenziele wären dies und wie lassen sie sich den übergeordneten Zielen zuordnen? (Abgleich mit der 3. und 4. Frage) Bei der Arbeit mit Teams: Welche konkreten Aufgaben/Zwischenziele übernimmt jeder Einzelne oder das Team nach seinen Möglichkeiten und Ressourcen?

Schließlich haben wir bestimmte Prinzipien des Systemischen Ressourcen-Managements entwickelt – sie sind sozusagen die Grundhaltung, das Rückgrat bei der Arbeit mit SRM, und lauten wie folgt (hier Auszug aus den zahlreichen SRM-Haltungsprinzipien): z.B.

1. Immer zuerst explizit einen Auftrag abholen, nie ohne Auftrag arbeiten! Ansonsten werden leicht Erwartungsgrenzen überschritten, etwa wenn unaufgefordert Ratschläge gegeben werden.

2. Wir suchen erst und ständig nach Zahlen, Daten und Fakten (ZDF-Prinzip) und vermeiden Zuschreibungen, Urteile, Vergleiche oder Anklagen.

3. Wir nutzen zur Klärung der Situation vor allem die W-Fragen – was, wann, wo, wie, wer? (siehe oben)

4. Die Frage nach dem „Warum" lassen wir außen vor, denn „Warum" macht oft stumm – besser fragen wir nach dem „Wie".

5. „Danke Fehler" (Ich darf dazu lernen!). Fehler sind nicht nur ok, sondern erwünscht; wer frühzeitig Fehler macht und meldet, eröffnet Möglichkeiten zum Reflektieren, zum Dazulernen, Verändern und zu einem frühzeitigen proaktiven Fehlermanagement.

6. Wir beachten das Prinzip der Würdigung: Wir würdigen, was da ist und erreicht wurde; denn ernstgemeinte Würdigung und Wertschätzung tun gut und bewirken oft Wunder im Kontakt und in der Motivation.

7. Positives hat Vorrang (auch in Ausnahmesituationen); denn Positives stärkt. Je nach dem, worauf fokussiert wird, ändert sich die Wahrnehmung und demzufolge ändern sich die zur Verfügung stehenden Ressourcen.

8. Wir müssen Stopp-Grenzen ziehen, wenn etwas zu weit geht – immer bei destruktiven Phänomenen; hier gilt es den „alten Trott" zu unterbrechen, inne zu halten und in neuen Richtungen zu denken.

9. Es gilt Verbindung herzustellen und zu halten, im Kontakt mit sich selbst und anderen zu sein und Verbindungen zwischen mehreren Ebenen herzustellen (Kontext, Geist, Seele, Emotion, Körper bzw. Verhalten und Verhältnisänderung).

10. Wir haben Mut zum „professionellen Faulsein" – unsere Zurückhaltung fördert die Entwicklungsinitiativen bei den Klienten.

11. Wir vermitteln Ideen und Vorschläge statt Ratschläge. Mitdenken, Fragen stellen und Lösungen erarbeiten lassen schafft Inspiration und gewährleistet Beteiligung und Ressourcenaktivierung.

12. „Lasst Synapsen klapsen" – und „Lust statt Last"! Wir geben Raum zum gemeinsamen Nachdenken, zum freien Assoziieren und neue Gedanken spinnen; Synergien und Verrücktes haben Potenzial und sollen genutzt werden.

13. „Keiner geht verloren" – wir geben die Sicherheit, dass jeder sicher ist, und vermitteln, dass alle im (Sub)System mit betroffen sind und zum Problem dazu gehören (auch die Außenseiter, Gesunde, „Kranke/Ver-Rückte" etc.).

14. „Spüren und Denken" – beides ist zentral für das menschliche Leben und die Entwicklung. Spüren kommt i.d.R. vor dem Denken (siehe z.B. Ontogenese, Neurobiologie) bzw. manchmal gleichzeitig. Wenn es schon da ist, warum sollen wir es dann nicht einbeziehen?

15. Jedes Verhalten hat einen „guten" Grund. Wir versuchen, diesen gemeinsam herauszufinden. Es ist aber auch wichtig, nach den Auswirkungen des Verhaltens auf die Beziehungen zu anderen zu fragen.

16. „Alles ist immer anders" – Standardrezepte gibt es nicht, auch wenn man denkt, die Lösung liegt auf der Hand, gibt es immer andere gute Gründe bzw.

viel bessere Ideen aus dem System.

17. Stärken gilt es zu stärken, um die Schwächen zu schwächen.

18. „Keiner geht verloren."

19. Lange Prozesse müssen von kurzen Prozessen unterschieden werden. Denken und Entwicklung müssen als langwierige Prozesse beachtet werden. Es gibt selten schnelle Lösungen oder große Sprünge. Wichtig für das Erwartungsmanagement ist die Kleinschrittigkeit der angestrebten Veränderungen; Rückfälle sollten miteingeplant und konstruktiv genutzt werden.

20. Es gilt das Prinzip: „Beachten statt beobachten", d.h. wir kommunizieren auf Augenhöhe, mit Respekt, und haben den Auftrag und die Selbstgestaltungsmöglichkeiten und Handlungsspielräume der Klienten im Blick.

Für den *individuellen* Weg aus dem akuten Burnout arbeiten wir mit Mitteln psychischer und körperlicher Stabilisierung, mit Auszeiten, mit der Aktivierung, dem weiteren Aufbau und der Stabilisierung von Ressourcen und mit der Analyse und dem Aufbau von Bewältigungskompetenzen. Wichtig sind weiterhin die ganzheitliche Refokussierung von Aufmerksamkeit (geistig, emotional, körperlich, bewusste und unbewusste Erfahrungen und Kompetenzen) und der Umgang mit Ambivalenzen. Auf der *organisationalen* Ebene ist bei der Arbeit mit Burnout für uns die Sensibilisierung und Enttabuisierung des Phänomens zentral, die bewusste Gestaltung von Lebens- sowie Arbeitsverhältnissen und Anforderungen, eine ernsthafte Reflexion und Gestaltung von Unternehmenswerten und der Kultur sowie ein echtes Systemisches Ressourcen-Management innerhalb der Organisation.

Diagnostik mit SRM wie auch die SRM-Interventionen können narrativ, strukturell, in systemischer Metaphern- oder Skulpturarbeit bzw. mit körperorientierten oder mentalen Methoden nutzbar gemacht werden. Dazu gibt es einen großen Methoden-, Erfahrungs- und Anwenderpool.

6. Diagnostik: Stresskompass und Ressourcenwecker

Der Stresskompass und Ressourcenwecker ist ein Online-Tool und bildet das Modell der Gesundheits- und Ressourcen-ACHT in Form einer Selbstauskunft für Individuen oder soziale Einheiten wie Teams oder Organisationen ab. Im Rahmen einer sicheren Online-Befragung wird ein Fragebogen zur Selbstauskunft anonym einmal oder mehrfach ausgefüllt. Dahinter läuft ein wissenschaftlich evaluierter Auswertungsalgorithmus, der einen Ergebnisbericht produziert. Damit erhält der Anwender einen Überblick über persönliche und organisationale/kontextbezogene Ressourcen und Potenziale entsprechend der derzeitigen Arbeits- und Lebenssituation. Es lassen sich Trends, Risiken und Möglichkeiten sowie praktisch nützliche Schritte ableiten.

Das Tool besteht optional aus drei Teilen:

1. Ein Modul bildet die psychische Gefährdungsanalyse am Arbeitsplatz oder der Organisation ab aufgrund valider arbeits- und organisationspsychologischer Skalen.
2. Ein anderer Teil bildet *Ressourcen und Potenziale* entsprechend der Gesundheits- und Ressourcen-ACHT im Berufs- und/ oder Privatleben ab.
3. Der dritte Teil ist ein genereller *Gesundheitsfragebogen* zur Erhebungen des allgemeinen Stressempfindens, der arbeitspsychologischen Kriterien, der Erholungsfähigkeit, der Schlafqualität, der Burnoutsymptome und der persönlichen und organisationalen Ressourcen.

Die Vermittlung der Auswertung erfolgt nur in einem individuellen Rückmeldegespräch mit einem erfahrenen zertifizierten SRM- und Gesundheits-Coach. Dabei sind individuell und organisational differenzierte Empfehlungen möglich. Ziel ist es, die Ergebnisse ressourcen-, und nicht defizitorientiert zu vermitteln und den Fokus auf die sich daraus ergebenden Möglichkeiten und Chancen für mehr Achtsamkeit bei Gesundheit und Miteinander zu legen.

7. Abschließende Worte

Wir haben zu Beginn dieses Artikels gesehen, dass Stress und vor allem das destruktive Stresserleben bis hin zu Burnout-Phänomenen traurige Realität in Deutschland und für den sozialen Bereich sind. Die Zahl stressbedingter Erkrankungen steigt weiter, gleichzeitig scheint es an tragfähigen, wirksamen und vor allem nachhaltigen Präventions- und Behandlungskonzepten zu fehlen. Das *Systemische Ressourcen-Management* ist ein Ansatz für Menschen und Organisationen, um sich präventiv, aber auch in einer akuten Burnout-Situation individuell und im Team ressourcen- und lösungsorientiert mit dem Thema auseinanderzusetzen, ein Ansatz, der Menschen

nicht stigmatisiert und statt der defizit- eine lösungsorientierte Sicht auf die Problemsituationen und Symptome erzeugt. Wir richten dabei das Augenmerk vor allem auf
das Thema Ressource, da Stress wie auch Burnout eine Rückzugskompetenz sind, die
man nutzen kann – „das Gute im Schlechten" bei persönlichen Stresserfahrungen. Es
wird deutlich, dass diese Ressourcen- und die Lösungsfokussierung eine ungeheure
Kraft entwickeln kann und Menschen auf diese Weise selbstwirksam den eigenen
passenden Schlüssel für eine Lösung der Situation finden.

Dabei gilt es aber auch, Umwelten einzubeziehen, ganz besonders in Organisationen.
Burnoutbetroffene können stellvertretender Symptomträger für destruktive Strukturen
der Gesellschaft oder der Organisation sein. Wir plädieren für die Sensibilisierung
und Enttabuisierung des Themas, denn so ergeben sich nicht nur für den Betroffenen,
sondern auch für Mitarbeiter sowie Führungskräfte und letztlich auch für die Organisation Chancen für eine wirkliche Veränderung, für die ACHTsame Gestaltung von
Unternehmenswerten und Unternehmenskultur – weg von destruktiven Arbeitsprozessen hin zu einem echten Systemischen Ressourcen-Management.

Literatur

Antonovsky, Aaron (1997): Salutogenese. Zur Entmystifizierung der Gesundheit. Tübingen:
    A. Franke.
AOK Gesundheitsbericht 2012. Internet: www.aok.de/downloads.
BKK Bundesverband Gesundheitsreport 2012. Internet: www.bkk.de/ gesundheitsreport.
Bundesagentur für Arbeit (2011): Perspektive 2025: Fachkräfte für Deutschland. Bunde-
    sagentur für Arbeit, Nürnberg.
Csikszentmihalyi, M. und Charpentier, A. (2007) Flow: Das Geheimnis des Glücks. 13.
    Aufl. Stuttgart: Klett-Cotta.
ddn – Das Demographie Netzwerk (2013): Der demographische Wandel – Zahlen, Daten
    und Fakten. 2. erweiterte Aufl. Dortmund.
Freudenberger, Herbert (1974): Staff Burn-Out. In: *Journal of Social Issues*. Jg. 30, Nr. 1, S.
    159–165.
Hüther, Gerald (2009): Ohne Gefühl geht gar nichts. Müllheim-Baden: Auditorium
    Netzwerk.
Lazarus, Richard S. (1999): Stress and Emotion. A New Synthesis. London: Free Associa-
    tion Books.
Maslach, Christina (1976): Burned-out. In: *Human behavior* Jg. 5, Nr. 9, S. 16-22.
Maslach, Christina (1984): Burnout in organizational settings. *Applied Social Psychology
    Annual* 5, S. 133-153.
Maslach, Christina (1999): Burnout and engagement in the workplace: A contextual analy-
    sis. Advances in motivation and achievement. T. Urdan. Stamford, JAI Press. 11, S. 275-
    302.

Pörksen, Bernhard (Hrsg.) (2011): Schlüsselwerke des Konstruktivismus. Wiesbaden: VS.

Renner, Annet (2012): Achtsamkeit von Anfang an. Umgang mit Aggression in der Systemischen Pädagogik. *Zeitschrift für Systemische Pädagogik*, H. 2, S. 50-62.

Renner, Anett (2012): Neurobiologische Grundlagen des Systemischen Aggressions- und Ressourcen-Managements, Vortrag 1. ISAM – Fachtagung, Güstrow.

Roth, Gerhard (2004): Das Problem der Willensfreiheit. Die empirischen Befunde. *Information Philosophie*, H. 5, S. 14–21.

Rutter, Michael (2000): Resilience reconsidered: Conceptual considerations, empirical findings, and policy implications. In: Shonkoff, J.P./Meisels, S.J. (Hrsg.): Handbook of early childhood intervention. Cambridge: Cambridge University Press, S. 651-682.

Schmidt, Günther (2004): Liebesaffären zwischen Problem und Lösung. Hypnosystemisches Arbeiten in schwierigen Kontexten. Heidelberg: Carl Auer.

Spitzer, Manfred (2006): Geist und Gehirn. DVD Auditorium Netzwerk, Müllheim.

Schoewe, Dirk, Lorenz, Bärbel (2008): Die Aggressionsacht. Kongress-band System und Körper. Band 1. Berlin: GST.

Statistisches Bundesamt. Internet: www.statistischesbundesamt.de.

Stressreport der BMA (2012). Internet: www.bmas.de/.../Publikation-baua-Stressreport.

Werner, Emmy, E. (2000): Protective factors and individual resilience. In: Shonkoff, J.P./Meisels, S.J. (Hrsg.): Handbook of early childhood intervention. Cambridge: Cambridge University Press, S. 115-132.

Wienands, András (2005): Choreografien der Seele. Stuttgart: Kösel.

Autorinnen und Autoren

Christiane Bauer

Diplom-Sozialpädagogin (FH), Systemische Therapeutin, Supervisorin, Business-
und reteaming-coach®, langjährige Leitung einer Kinder- und Jugendeinrichtung; seit
1995 freiberuflich als Trainerin und in eigener Praxis tätig; autorisierte ICH
SCHAFFS!® – Ausbilderin; Fachautorin; Lehrtrainerin, lehrende Supervisorin und
lehrende Coach zertifiziert durch die Systemische Gesellschaft/Berlin; Leiterin des
KiMInstitutes in Gauting bei München. info@kim-institut.de, www.christiane-
bauer.info und www.kim-institut.de.

Stephan Ellinger

Prof. Dr. phil., Soziologe (M.A.), Dipl.-Pädagoge und evangelischer Theologe,
Inhaber des Lehrstuhls für Pädagogik bei Lernbeeinträchtigungen in der
Philosophischen Fakultät II der Universität Würzburg. Weitere Informationen:
.http://www.sopaed-lern.uni-wuerzburg.de/team/ellinger.

Kristina Fanelli

Dipl.-Psychologin, geb. 1972, Studium der Psychologie an der Universität Bremen,
ausgebildete Mediatorin (Heidelberger Institut für Mediation). Seit 2001 zuständig
für den Bereich der Betrieblichen Sozialberatung am kbo Isar-Amper-Klinikum
München Ost mit den Arbeitsschwerpunkten: systemisch basierte Mitarbeiterberatung, Führungskräftecoaching, Konfliktbearbeitung, Moderation von
Klausurtagen. Email: kristina.fanelli@kbo.de.

Christine Jahn

Diplom-Sozialpädagogin, Mediatorin; Studium der Wirtschaftswissenschaften;
Dekanatsreferentin an der Ostfalia Hochschule Wolfenbüttel, Fakultät Soziale Arbeit;
Lehre im Themenschwerpunkt Betriebssozialarbeit, Sozialberatung, Mediation;
Untersuchungen im Bereich der quantitativen Sozialforschung, Mitglied im
Bundesfachverband Betriebliche Sozialarbeit, Bundesverband Mediation und der
Deutschen Gesellschaft für Soziale Arbeit; E-Mail: chr.jahn@ostfalia.de.

Wolfgang Krieger

Prof. Dr. phil., Dipl.-Päd., Ehrenprofessor der IEML Kazan (Russland), Hochschule
Ludwigshafen am Rhein, Fachbereich Sozial- und Gesundheitswesen, Professur für
Erziehungswissenschaft, Schwerpunkte im Bereich Allg. Pädagogik, Jugendhilfe,
Systemische Soziale Arbeit und Didaktik, Mitglied der Deutschen Gesellschaft für
Soziale Arbeit und der Deutschen Gesellschaft für Systemische Soziale Arbeit, email:
wolfgang.krieger@hs-lu.de,   http://www.hs-lu.de/fachbereiche/fachbereich-sozial-
und-gesundheitswesen/team/professoren-lehrkraefte/prof-dr-wolfgang-krieger.html.

Brigitta Michel-Schwartze

Prof.i.R. Dr. phil., Dipl.-Päd., Hochschule Neubrandenburg, Fachbereich Soziale Arbeit, Bildung und Erziehung, Schwerpunkte: theoretische Fundierungen sozialer Arbeit, Methoden der Sozialen Arbeit, Beschäftigungsförderung, Mitglied der Deutschen Gesellschaft für Soziale Arbeit und der Deutschen Gesellschaft für Systemische Soziale Arbeit, www.hs-nb.de/ppages/michel-schwartze-brigitta.

Ralf Osthoff

Dr. phil., Dipl.-Päd., Qualitätsmanager Dienstleistungen /TAP; Pädagogischer Mitarbeiter in der Beschäftigungsförderung und in der Gemeinwesenarbeit; Lehrbeauftrag-
ter in den Fächern Erwachsenenbildung und Erziehungswissenschaft an der Hochschule Ludwigshafen am Rhein. email: osthoff@caritas-worms.de.

Anett Renner

Dipl.Psych., Entwicklerin des Konzepts der Systemischen Achtsamkeit©/des
Systemischen Ressourcen-Managements (SRM©), Systemische Beraterin*/ Coach*/
Supervisorin*/ Einzel-, Paar- und Familientherapeutin*/ Lehr-Coach*/ Therapeutin*
(DGSF*). Arbeitsschwerpunkte: Gesundheit, positive Psychologie, Stress, Emotion,
Aggression nutzen und konstruktiv wandeln; entwickelt und entfacht Ressourcen und
Potenziale bei Menschen, Teams, Einrichtungen und Unternehmen zu Motivations-,
Führungs-, Konflikt-, Veränderungs- und Gesundheitsfragen. Langjährige
Erfahrungen in sozialpsychologischen, pädagogischen, klinischen Supervisions- und
Fachkräfteweiterbildungen; mit Trauma- und Ohnmachtskontexten; in der Wirtschaft.
Zahlreiche Veröffentlichungen; Coaching-/ Therapiepraxis www.dieschoepferei.de;
Leitung SACHT-Institut und Die Gesunde Unternehmensberatung, www.sacht-
institut.de, Kontakt: ar@sacht-institut.de.

Volker Schäfer

Diplom-Sozialarbeiter (FH), Diplompädagoge. Beschäftigt bei der Stadt Worms in verschiedenen Projekten des Übergangsmanagements Schule/Beruf. Konzeptentwicklung Regionales Übergangsmanagement (RÜM), Jobstarter und Kompetenzagentur. Tätig in der Weiterentwicklung im Bereich Kompetenz-feststellungsverfahren und erlebnispädagogischer Angebote. In der Kompeten-zagentur zuständig für Netzwerkarbeit und Case Management.

Wolfram Schulze

Diplom-Sozialarbeiter (FH) und Master of Science "Integrative Therapie", Notfall-psychologischer Berater (NP AG), Seniorcoach (DCV), Mediator – Wirtschaft (stw), Supervisor (DGSv), Certified Change Management Professional (Q-Pool 100), Lehr-coach Hochschule RheinMain, selbstständiger Unternehmensberater Coaching & Consulting, info@wolframschulze.de , www.wolframschulze.de

Leila Steinhilper

Dr. phil., Dipl.-Kommwiss., Systemische Organisationsberaterin, Coach & Supervi-sorin (DSGF), für das Systemisches Gesundheits- und Ressourcen-Management© zertifizierte Trainerin und Coach, Yoga-Lehrerin (YA). Arbeitsschwerpunkte: Bera-tung von Unternehmen in Veränderungsprozessen, bei Organisations- und Personal-entwicklungen sowie den Themen Gesundheit, Führung, Zusammenarbeit und Kom-munikation. Coaching von Einzelpersonen, Führungskräften und Teams im Wandel und in Neuorientierung, in Konflikt- und Krisensituationen. Beratungs- und Coaching-Praxis in Berlin: www.leila-steinhilper.de, Trainerin und Coach bei SACHT Arbeitswelten: http://www.einfachwirksam.de.

Peter C. Weber

Dr. Phil., Dipl. Päd., geb. 1972, Studium der Erziehungswissenschaft/Weiterbildung, Soziologie und Wirtschaftswissenschaft an den Universitäten Bremen und Leiden. Wissenschaftlicher Mitarbeiter an der Universität Bremen (Arbeitsschwerpunkt Existenzgründungsberatung). Seit 2004 akademischer Mitarbeiter in der Arbeits-einheit "Weiterbildung und Beratung" am Institut für Bildungswissenschaft der Ruprecht-Karls-Universität Heidelberg. Arbeitsschwerpunkte sind arbeits-weltliche Beratung, Kompetenz und Lernen Erwachsener, Organisationsentwicklung sowie Systementwicklung, z.B. Bildungspolitik.

ibidem-Verlag

Melchiorstr. 15

D-70439 Stuttgart

info@ibidem-verlag.de

www.ibidem-verlag.de
www.ibidem.eu
www.edition-noema.de
www.autorenbetreuung.de